科学&财富文化

CULTURE 第1—2辑

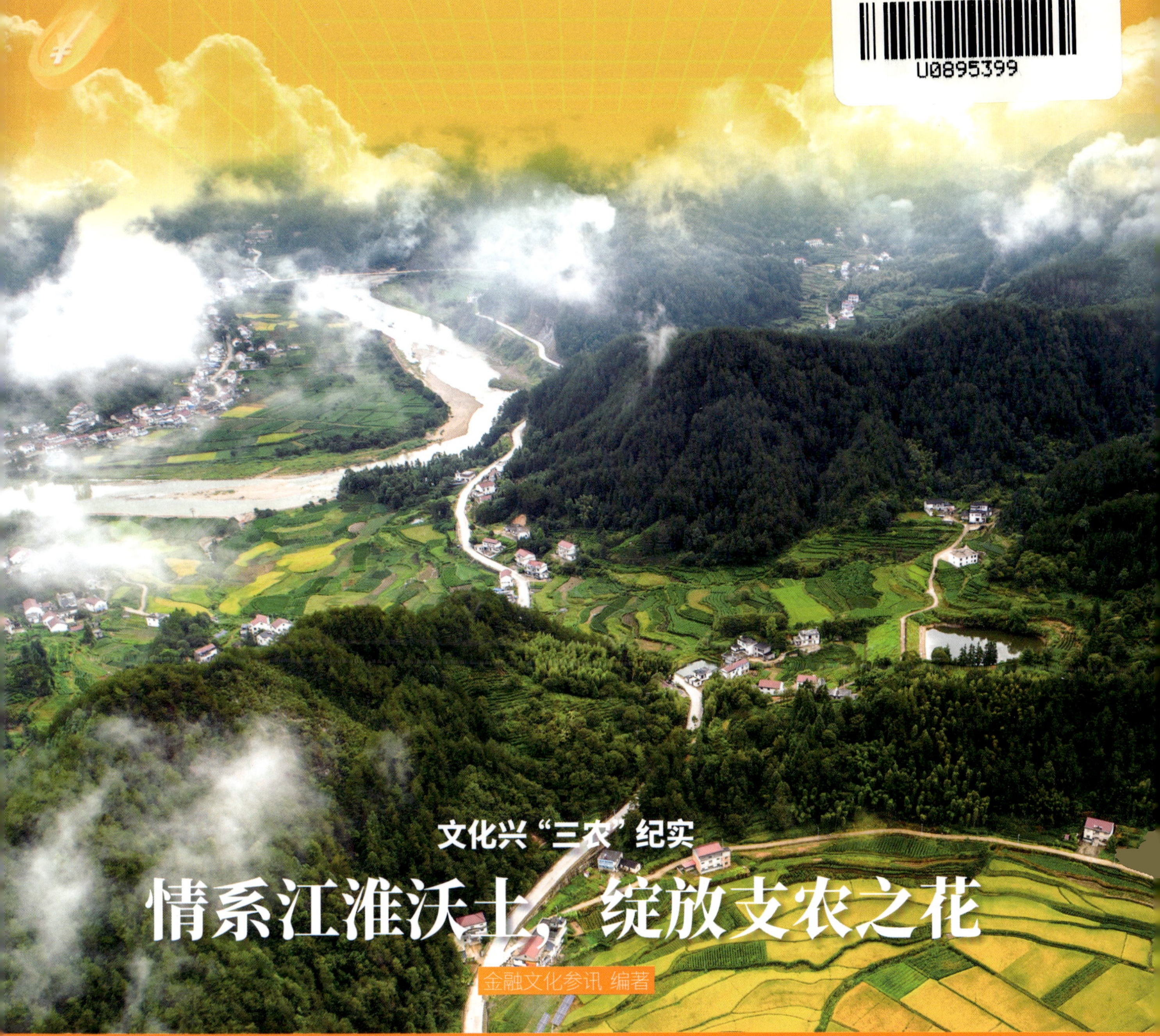

文化兴“三农”纪实

情系江淮沃土，绽放支农之花

金融文化参讯 编著

作为服务乡村振兴的国家政策性银行，农发行建行30年来，注重培植金融文化，始终坚守“支农为国、立行为民”的崇高使命，致力于打造新时代农发行支农产品，展现了农发行在服务乡村振兴战略中的责任与担当。

中国财富出版社有限公司
CHINA FORTUNE PRESS CO., LTD.

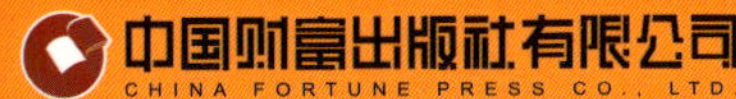

乡村振兴
金融助力家乡建设
“乡村振兴
我们一直在路上”
乡村振兴 如火如荼
金融机构 不遗余力
产业兴旺、生态宜居、乡风文明、
治理有效、生活富裕的
美好图景正一步步绘就

科学&财富文化
CULTURE 第1—2辑

文化兴“三农”纪实

情系江淮沃土，绽放支农之花

金融文化参讯 编著

中国财富出版社有限公司

图书在版编目（CIP）数据

科学&财富. 文化. 第1-2辑 / 金融文化参讯编著.-- 北京：中国财富出版社有限公司, 2025. 7.
ISBN 978-7-5047-8458-2

Ⅰ. F832.3

中国国家版本馆CIP数据核字第2025F7G497号

策划编辑 杜 亮　　**责任编辑** 杜 亮 杨白雪　　**版权编辑** 武 玥
责任印制 尚立业　　**责任校对** 孙丽丽　　**责任发行** 董 倩

出版发行 中国财富出版社有限公司
社　　址 北京市丰台区南四环西路188号5区20楼　　**邮政编码** 100070
电　　话 010-52227588转2098（发行部）　　010-52227588转321（总编室）
010-52227566（24小时读者服务）　　010-52227588转305（质检部）
网　　址 http://www.cfpress.com.cn　　**排　　版** 北京银企华融广告有限公司
经　　销 新华书店　　**印　　刷** 天津中恒印务有限公司
书　　号 ISBN 978-7-5047-8458-2/F·3833
开　　本 889mm × 1194mm　1/16　　**版　　次** 2025年7月第1版
印　　张 26.25　　**印　　次** 2025年7月第1次印刷
字　　数 809千字　　**定　　价** 174.00元（全三册）

科学&财富文化
CULTURE
文化兴“三农”纪实
情系江淮沃土，绽放支农之花
作为服务乡村振兴的国家政策性银行，农发行建行30年来，注重培植金融文化，
始终坚守“支农为国、立行为民”的崇高使命，致力于打造新时代农发行支农产品，
展现了农发行在服务乡村振兴战略中的责任与担当。
中国财富出版社有限公司

拥抱新智能，走向新未来

文 / 本书编委会

2025年的两会，应和着时代的脉搏，款款而来。

在历年的政府工作报告中，我们都能听到关于金融改革与创新的铿锵之声——深化金融供给侧结构性改革，推动金融科技发展，加强金融监管……层层政策的落地，不断为金融业注入新的活力。如今，人工智能，这个曾经只存在于科幻小说中的概念，正悄然渗透进金融的每一个角落，重塑着这个古老而又现代的行业。

想象一下，未来的银行，或许不再是一个实体建筑，而是一个无处不在的智能助手。它能够通过你的语音指令，瞬间完成复杂的金融操作；它能够根据你的消费习惯，为你量身定制理财方案；它甚至能够预测你的需求，在你尚未意识到之前，就已经为你准备好了解决方案。这一切，不再是遥不可及的梦想，而是正在发生的现实。人工智能如同一双无形的翅膀，带着金融行业飞向新的高度。

然而，单靠技术的翅膀，还不足以支撑起整个金融创新的天空。我们需要构建一个更加完善的生态系统，让AI的力量得以充分发挥。这个生态系统不仅包括技术的创新，还包括制度的完善、人才的培养，以及跨界合作的深化。

制度的完善，是金融生态系统的基石。传统的金融监管框架，在面对AI带来的新挑战时，显得有些力不从心。我们需要一种更加灵活、更具前瞻性的监管模式，既能鼓励创新，又能防范风险。人才的培养，是金融生态系统的血脉。AI金融的创新，需要既懂金融又懂技术的复合型人才。这要求我们的教育体系和职业培训进行深刻的变革。跨界合作，是金融生态系统的纽带。金融机构、科技公司、学术界，这些原本看似不相关的群体和领域，如今正紧密地联系在一起。通过开放的合作平台，各方资源得以共享，创新火花得以碰撞。这种跨界融合，不仅加速了技术的进步，更催生了更多突破性的金融创新。

春风十里，不如两会的暖意。未来已来，站在新起点上，我们满怀期待，在中国特色金融文化的润泽下，去迎接这场波澜壮阔的金融创新浪潮。

CONTENTS 目录

深度报道

研究探讨

CONTENTS 目录

文化交流

创世纪

保险之家

八面来风

科学之窗

轻阅读

热点聚焦

来自一线

红红火火过大年

蛇年春节期间，江苏沭阳农商银行各营业网点的客流量达到高峰，为全面提升客户满意度和体验感，沭阳农商银行备足金融“年货”，全力满足客户在春节期间的各项金融需求。

文、图 / 胡玲玲

深度报道

In Depth News

把握大势，创造未来

情系江淮沃土 绽放支农之花

——中国农业发展银行安徽省分行文化兴“三农”纪实

统筹/李晔 文/丁安国

第一次到安徽，我便有了一种“一梦到徽州”的感觉。

安徽省，得名于“安庆府”与“徽州府”之首字，简称“皖”，位于华东腹地，既处于南北交汇中心地带，又是东部沿海向内陆过渡的桥梁纽带。境内长江东去，淮河奔流，故又称“江淮”。

淮河以北，地势平坦，辽阔无垠，自古以来就是粮棉油生产的重要基地，也是孕育中华文化的一方沃土。江淮之间，丘陵舒展，沃野绵延，既是我国有名的鱼米之乡，也是唐宋以来文化发展繁盛之地。皖南地区，山峦起伏，群峰竞秀，黄山自然风光闻名中外，徽州文化独具特色。

独特的地理环境，深厚的文明积淀，孕育出安徽文化的多元组合与绚丽多姿，逐步形成了徽州文化、淮河文化、皖江文化和庐州文化，四大文化特征鲜明，影响深远。由此可见，安徽文化源远流长，历史悠久，名家迭出，精品繁多，是中国文化史上一颗璀璨的珍珠。

有幸受邀参加金融文化兴“三农”采风活动，我们走进了中国农业发展银行安徽省分行。作为服务乡村振兴的国家政策性银行，建行30年来，该行注重培植金融文化，始终坚守“支农为国、立行为民”的崇高使命，致力于打造新时代农发行支农产品，展示了农发行在服务乡村振兴战略中的责任与担当。

临近岁末，寒气袭来。窗外，看似有些萧瑟的原野，如水墨画卷般地扑面而来，令人心旷神怡。与农发行安徽省分行办公室副主任等人一路同行，我们按事先规划好的线路，直奔所在县市走基层、看乡村，重点围绕金融文化兴“三农”这一主题，先后走访了宣城泾县支行、绩溪县支行，安庆桐城市支行、岳西县支行及所在行支持的特色项目，实地感受了农发行安徽省分行在服务“三农”方面的责任与担当、继承与创新、践行与深耕，亲身感知了农发行人在江淮大地谱写的高质量发展新篇章。

深耕"三农"让传统文化生辉

"中国特色，世界唯一"
——"红星"闪耀

中华优秀传统文化是中华民族的精神命脉。中华文明根植于农耕文明，农耕文明闪烁着中国人民的勤劳与智慧。习近平总书记早就提出，要让有形的乡村文化留得住，充分挖掘具有农耕特质、民族特色、地域特点的物质文化遗产。保护厚植于乡土中的传统文化，一直是农发行安徽省分行服务乡村振兴战略的重点工作，也是所辖各基层行践行"千万工程"、推动宜居宜业和美乡村建设的重要内容。

抵达泾县后，我们走访的第一站是中国宣纸文化园。宣纸宜书宜画，保存长久，有"纸寿千年"之美称。泾县是宣纸原产地，被誉为"宣纸之乡"，一张张洁白如雪的宣纸承载着千年文化精华和历史沉淀，宣纸的传统制作技艺已被列入国家级非物质文化遗产名录。走进中国宣纸文化园，历史的厚重与艺术的灵动完美融合，我们仿佛穿越时空，走进了一座纸造的文化圣殿。人在"纸山"行，如在画中游。穿行其间，我们可以看到宣纸制作过程中各种繁杂的手工艺，无不为工匠们的智慧与心血所感叹！

8.29亿元

据悉，项目总投资8.29亿元，其中农发行泾县支行第一时间针对宣纸授信6.5亿元，已累计投放贷款2.04亿元，政策性资金"贷"动作用成效显著。

据农发行泾县支行行长魏从昕介绍，为保护宣纸这一非物质文化遗产，支行对宣纸小镇建设给予了积极的信贷支持。2017年，在得知县政府启动谋划宣纸小镇项目后，泾县支行领导展现出特有的前瞻性和行动力，第一时间主动与县政府相关部门进行对接，表达了对项目高度关注和积极参与的意愿。为深入融入项目，行领导积极主动向县政府汇报工作进展，认真听取县政府及相关部门对宣纸小镇项目的意见和要求，确保双方的合作做到紧密且高效。在此基础上，行领导和客户经理充分发挥自身的金融专业优势，积极建言献策，从金融视角为宣纸小镇项目的谋划与设计提供了宝贵的建议，并结合项目的定位和需求，制定了一系列具有针对性的金融解决方案，不仅展现了农发行作为政策性金融机构的责任与担当，而且为项目的顺利实施和长期发展贡献了不可或缺的力量，也为双方未来的深度合作奠定了坚实基础。据悉，项目总投资8.29亿元，其中农发行泾县支行第一时间针对宣纸授信6.5亿元，已累计投放贷款2.04亿元，政策性资金"贷"动作用成效显著。

宣纸小镇项目分三期实施，以"纸山行"为建筑设计概念，以连绵的山体为小镇的天然背景，通过建筑与景观一体化设计，把自然山体、

水系、道路等巧妙结合起来，使建筑仿佛成为自然山体的一部分，如同在乌溪河畔安放了一座如画“纸山”。目前，园区内已建成技艺展示区、艺术交流区、活力产业区、宣纸生产区、艺术怡养区、配套服务区六大区块，为游客提供了一个养眼、静心、体验、研学的休闲场所。

穿过书页状的拱形走廊，来到技艺演艺厅，我们先后观赏了选捡、切皮、制浆、捞纸、晒纸、剪纸等一道道工序，大开眼界。在最大的捞纸车间，有一重达上千斤的捞纸竹帘，据说一张长11米、宽3.3米的宣纸被捞出的那一刻，需44人从纸浆池中共同发力。从工作人员播放的视频中，我们看到了几十人协力捞纸的宏大场面，伴着号子声，一张巨型纸被捞出，转入下一工序，无分毫差错，令人惊叹！“轻似蝉翼白如雪，抖似细绸不闻声”，可见宣纸之美妙。

走在园区路上，仿佛置身于传统中国水墨画中，既感受了中国传统文化之美，又观赏了现代建筑之美。听园区工作人员说，中国宣纸文化园自开园以来，受到了全国各地游客的青睐和追捧，许多父母带着孩子、学校老师带着学生纷纷来参观体验，了解宣纸文化，欣赏建筑美学，感受到了心灵愉悦。2024年，园区累计接待游客41.75万人次，同比增长65%，获得了良好的社会效益。

纸韵千年，墨舞泾川。宣城分行行长史贤军深有感触地说，作为安徽省首批省级特色小镇，中国宣纸小镇是宣纸产业集聚升级、业态跨界融合、产业创新发展的重要载体。近年来，农发行泾县支行以聚焦乡村特色产业发展、积极培育发展地方优势产业为指引，立足资源禀赋、比较优势，大力支持具有地方特色的宣纸小镇项目，围绕“红星”牌宣纸做文章，延伸拓展文化含量，加大文旅融合的金融支持力度，突出红星宣纸品牌和非遗特色，聚集和提升宣纸及文房四宝产业，致力传承和发扬千年宣纸文化，打造中国独有、现代美学与传统文化相结合的宣纸特色产业，实现了既保护传统文化，又带动地方特色产业发展的目标。省市两级分行对这一项目格外重视，多次实地考察调研，在信贷支持上畅通渠道并把好舵，有力地促进了项目提升，为宣纸小镇成为“中国特色、世界唯一”的文化小镇夯实了基础。

深度报道

“小小绩溪县，大大仁里村”
——古村新貌

致力于“村落徽州”建设，是徽派建筑得以继承与保护的重要途径。2022年以来，农发行安徽省分行聚焦农业政策性金融支持皖南地区传统村落保护利用，创新推出“村落徽州”项目贷模式。宣城分行积极响应号召，将基础设施、公共服务、生态修复、优势特色农业产业链等内容有机嵌入到村落资源保护利用中，探索出一条政策性金融服务乡村振兴的新路径，在徽文化地区支持了一批产业带动效应明显、支农成效突出的项目。2023年年末，中国农业发展银行强化职能定位，聚焦主责主业，以传统村落保护利用为载体，加强对传承保护农耕文明的信贷支持。在住房和城乡建设部支持指导下，及时出台《关于做好信贷支持传统村落保护利用工作的意见》，坚持以学习运用“千万工程”经验为引领，积极推动传统村落保护，将信贷工作有机融入全行服务乡村振兴战略任务。安徽农发行认真贯彻总行部署，抓住机遇，勇于担当，充分利用政策性银行的优势，加大“村落徽州”信贷支持力度，有力促进了传统村落保护利用。

为了更好地调研“村落徽州”项目，在宣城分行安排下，我们当天离开泾县，赶往绩溪。宣城分行行长说：“今晚大家将入住村里的民宿。”入住后，我们才知身后就是第二天要调研的“村落徽州”——仁里村项目。

第二天早晨，带着好奇心，我走出民宿，沿村里的沥青路散步，开阔的视野，静谧的原野，清新的气息，莫不是一种享受。放眼望去，前后都有白墙黑瓦的村落，收割后袒露的土地，冬日裸身的树干枝丫，还有平坦不见泥泞的村路，呈现出现代乡村的和谐之美。走过村头的广场和党员服务中心，便见西门楼，我想仁里古村落就分布于此吧。果然，对面路口白砖墙上的“千年仁里”标识及旁边的宣传栏告诉我：仁里村是具有1100多年悠久历史的古村落。最早因有程姓世居，原名“程里”；明末清初改称大仁里。又因南北朝时，工部尚书耿源进与耿汝进游历新安江，而定居于此，遂以“仁乃二人”之意，改村名为仁里。

早餐之后，我们一行从西门楼进入仁里村，漫步在石板路上，参观古村风貌，感受这里的历史变迁。在一栋改造中的老房子前，一位老大娘迎过来，有人问："您这房子是在改造升级吗？"她答道："是啊，这都是村里统一帮我们改造呢。"我顺便问道："您的房子有多少年了？"她告诉我，有四五十年了。并说，这几年不断有游客来参观，就需要住宿，村里的房子大都改成民宿了。民宿建成后，农户就多了收入来源。我问："您的房子重修后也做民宿吧？"老大娘说："是呢，欢迎你们来哟。"我们顺路走到一块"原色共富庭院项目简介"牌前，才知这里是原色农业科技发展有限公司为仁里村打造的"微苗圃"，让庭院"方寸地"成为"致富园"，发展有特色、有产业、有循环的特色"庭院经济"。另一"共富庭院"指示牌上还有改造前后的对比图，并注明"户主：陈X景，花卉面积27.69平方米，村民增益775.3元/年"。而村落的围墙上"人人有事做，家家有收入"的口号，更是"村落徽州"的发展目标之所在。走进千年仁里村，那石板路、白墙青瓦，让我们仿佛回到了儿时的村庄。一座座保护完好的房子，又像对参观者诉说着徽商创业的艰辛；每户房屋墙上所挂的程氏家训三字经，更是徽州人严厉家规家训的真实写照。仁里村依山傍水，文化积淀深厚，保留大量元、明及清代的建筑，历史上为徽商会集的水陆码头。村里多古城门、古祠堂、古牌坊、古书院、古民居等历史遗存，也是徽杭古道上的重镇。我们顺路参观了仁里下祠堂、思诚书院、程开甲故居等具有历史感的遗存，都保存完好。为了合理利用民居，很多农户也通过改造提升房屋利用率，将闲置民房改造成民宿，以满足游客所需，并从中获得收入。从千年仁里村，我们看到了徽州历史文化保护传承所取得的丰硕成果。

下午4点，来到农发行绩溪支行，我们看到了青春洋溢的年轻员工，颇具特色的文化墙，并从他们自制的宣传视频和与行长的交谈中，了解到支行以金融文化兴"三农"所取得的成绩。绩溪县是安徽省首个全国传统村落集中连片保护利用示范县，该县上庄镇、瀛洲镇传统村落保护利用项目获评2023年中国人居环境范例奖。近年来，仅有10来名员工的绩溪支行，坚持党建引领，通过深入挖掘徽州文化的精神内涵和现代价值，将金融文化理念融入当地文化元素，打造出"五色生徽，厚绩薄发"的绩溪农发行党建品牌，以党建带动业务发展，立足传统村落等历史文化资源优势，依托"村落徽州"模式，不断探索政策性金融赋能传统村落发展新路径，推动县域传统村落焕发时代活力，彰显文化价值，助力美丽乡村向"美丽经济"转变。

2023年，支行充分挖掘当地资源，在绩溪县东部片区基础设施提升项目获批基础上，以“村落徽州”模式为载体助力乡村振兴，审批绩溪县村落徽州保护和利用项目（一期）。该项目申贷金额4亿元，投放贷款2.69亿元，用于支持包括仁里村等传统村落的工程建设。该项目将古村落周边农田、荒地等土地资源纳入规划，打造新型“土地+古村落”项目模式，利用政策性金融资金深度盘活绩溪县传统村落内土地和闲置民房，帮助村集体和村民同步增收，让农民的“冷资产”变成“热财富”，也让历史文化在利用和保护中得到更好的传承。2024年，支行落实省市分行党委有关政策性金融赋能传统村落发展要求，持续支持“村落徽州”项目，贷款余额从2020年的3.58亿元，增加到31.82亿元，持续为绩溪地方经济发展注入充沛的金融“活水”。

“小小绩溪县，大大仁里村。”绩溪农发行持续深入实施“千万工程”，扎实推进城乡融合发展，如今的仁里村已成为绩溪农发行金融支持打造“村落徽州”的新样板，让群众望得见山、看得见水、记得住乡愁，有力推动了全省传统村落从“一时好”向“持久好”、从“外在美”向“内在美”、从“一处富”向“一片富”的转化。

服务“三农”为地域文化添彩

楚皖遗珠，文脉悠长
——孔城新生

2024年10月17日，习近平总书记到安庆桐城市六尺巷考察时说，六尺巷承载着中国古人的历史智慧。特别强调，要加强历史文化保护，坚持创造性转化、创新性发展，在发展社会主义先进文化、弘扬革命文化、传承中华优秀传统文化上协同发力，打牢社会治理的文化根基。

跟随总书记的脚步，12月11日，我们一行来到桐城，在农发行安庆分行行长等人陪同下，听到了广为流传的“六尺巷”的故事。相传清朝康熙年间，在京为官的大学士张英收到一封家书，邻居吴氏扩建宅院挤占了张家空地，引发纠纷，告到县衙，一时难解，遂驰书京都请老爷定夺。张英批复：“一纸书来只为墙，让他三尺又何妨。”于是，张家主动将院墙退让三尺。吴家为张家的退让所感动，也退让三尺，退出了一条六尺巷，成为邻里和谐礼让的美谈。

走进六尺巷，巷南为张家宰相府，巷北为吴氏宅。2019年，桐城市政府对六尺巷进行恢复性修缮，形成了巷道、东“礼让”石牌坊和西“懿德流芳”石牌坊、休闲广场、诗画照壁等主体建筑，蕴含“谦和礼让、知进退、和为贵”的深刻内涵，为后人接受谦让教育、弘扬清风正气的重要载体。走过鹅卵石巷道，我们先后参观了张氏家族陈列及礼让文化陈列、廉洁文化陈列等展馆，仿佛穿越时空与古人进行了一场对话，感悟到六尺巷“礼让”的人生哲理，真乃“一条老街，连接古今；一段佳话，感召后人”。张、吴两家“礼让”巷道，是古人的智慧、相处的法则、和谐的美德。最难能可贵的是，桐城人还把“礼让”折射的文化内涵运用到实际工作中，形成了“六尺巷调解法”，使传统美德焕发出新时代光芒。

桐城作为一座历史文化名城，迄今已有1200多年历史。这里文风昌盛，文艺繁荣，名士辈出，既是主盟清代文坛200余年“桐城派”的故里，又是黄梅戏之乡，院士之乡。行长说，桐城的历史文化深厚，来到这里，一定要去看看文庙，沾沾文气。第二天上午，我们便走进古香古色、气势恢宏的文庙，顺道经过了泮池、状元桥，再到大成殿，只见殿内供奉着“一圣四贤十二哲”的坐像，是人们祭拜孔子的殿堂。桐城历来有崇文重教的传统风尚，据称文庙建成以来，明清有近千名臣硕儒，于成名前从桥上步入大成殿祭孔，最终金榜题名。

在“桐城派”文物陈列馆，我们了解到，作为清代散文的最大流派，“桐城派”统领文坛200余年，创立了系统的散文理论，先后归聚作家千人之多，留下了极为丰富的文学作品。其主要代表人物方苞、刘大櫆、姚鼐，被尊为“三祖”。文庙既是桐城历史文化的标志性建筑，又是“桐城派”的重要象征。尽管文庙透出了沧桑风情，但仍不失流韵遗风秀丽之美，漫步其间，令人感怀。

行长不无感慨地说，为深挖传统文化资源，让“沉睡”的文物活起来，焕发出新光彩，近年来，农发行安庆分行坚持以中国特色金融文化为指导，认真落实上级行指示精神，以保护和利用传统村落文化资源为主线，以加强农村人居环境整治、全面推进乡村振兴为着力点，全行上下坚守职能定位，运用“六尺巷文化精神”和“千万工程”经验，加强与市政府的联系与合作，对文化资源保护利用项目给予积极的政策性支持，并让利于民，在项目营销上争取主动，赢得了市政府对农发行的赞誉，为地方经济发展注入了更多金融活力。

山水有灵，古色生香。当天下午，我们一行来到孔城老街，在这座保存完好的千年古镇，至今仍

可看到历史的痕迹。据说三国时吕蒙曾在此屯兵筑城。孔城古镇经历隋唐，渐渐形成水城雏形，北宋成为江北名镇，明清时发展到鼎盛，成为名副其实的水乡古镇和商贸重镇，周边山水环绕，风景如画。孔城河为巢湖与长江间的重要航运水道，孔城自建镇以来就十分繁荣，而太平天国时期却遭到严重毁坏，现存房屋都为太平天国以后所建。古镇老街延绵数里，留存古建筑百余幢、临街商铺数百间，依据地势建有一条主街、两条横街，区段分为十甲，被称为保甲制的“活化石”。老街路面均为麻石铺成，店铺房舍皆为青砖灰瓦，多飞檐翘角、花窗木镂，兼具江南水乡及皖南徽派建筑特色。老街是古朴的，千年如斯，饱经沧桑；老街也是沉寂的，经朝历代，静守岁月。难怪人们都说这是江北地区保存体量最大、最完整、最原汁原味的一条明清老街。走在这里，我们可以感受古代楚皖商业的繁华，触摸千百年来不同时期历史文化的沉淀，为我们了解一座城市的历史文明打开了一扇窗口。

说到古村落保护项目的推进情况，农发行桐城支行行长介绍说，省市分行历来十分重视对历史文化遗迹保护利用的信贷支持，我们统筹文化传承、产业振兴、人居环境整治，把支持古村落保护利用同推广“千万工程”有机结合起来，逐步加大农业政策性金融支持传统村落保护利用力度，在传统历史文化资源丰富的唐湾村和孔城古镇先行先试开展传统村落保护利用的金融服务。其建设项目包括：唐湾村种植产业示范区，古村落保护、环境综合整治和人居环境整治；孔城老街传统古村落保护利用，孔城河人居环境整治。该项目总投资为7.4亿元，目前，桐城支行已获批5.9亿元并实现首笔投放1亿元，以助力推动形成生活环境优美、村民生活富裕、经济社会协调发展的特色古村落。当地人都说，靠政府和金融支持，孔城的环境改善了，基础设施提升了，有了一个宜居和美的新孔城。

在通过“文化资源开发+产业资源导入+农旅资源融合”模式最大限度保留唐湾村、孔城古镇特色文化资源的同时，该支行还通过金融支持，助力4950亩茶园、2280亩中草药、640亩食用菌种植示范基地建设，同步改造闲置民宿100余间，推动形成了传统文化资源与特色优势农业资源、休闲观光农业融合发展，古村落“旧貌换新颜”，村民都喜笑颜开。

桐城支行员工在学习习近平总书记在安徽考察时的重要讲话精神后倍受鼓舞，劲头十足。他们表示，要充分利用好桐城市传统村落文化保护资源丰富的优势，进一步探索“乡

7.4亿元

该项目总投资为7.4亿元，目前，桐城支行已获批5.9亿元并实现首笔投放1亿元，以助力推动形成生活环境优美、村民生活富裕、经济社会协调发展的特色古村落。

村振兴+农文旅”发展路径，坚持与地方政府同向发力，因地制宜，量身定制桐城市传统村落保护项目，让农发行政策性金融品牌更加闪亮。桐城市委常委、常务副市长充分肯定桐城农发行在传统村落文化保护中所给予的政策性金融支持。他说，乡村振兴让古村落文化保护利用得到了农发行金融支持，农发行人的为民情怀促进了古村落文化的保护利用。支行行长表示，对孔城老街等遗迹进行保护性改造利用给予政策性信贷支持，是农发行人的家国情怀，更是一种责任与担当，我们的目的只有一个，就是为保护和传承好桐城的历史文化贡献金融力量。

云上岳西，康养福地
——金融兴农

岳西，是我们这次采风的最后一站。2024年12月12日上午，我们前往岳西之前，有人提醒说，那边前一天下雪了，大家要添加衣服。

一路上，同行的安庆分行副行长介绍，岳西地处大别山腹地，位于安徽省西南部，地跨长江、淮河两大流域，西与湖北省英山县交界。全县平均海拔600米，境内最高海拔1755米，是全省唯一一个集革命老区、脱贫地区、纯山区、生态功能区、生态示范区“五区”于一体的县。境内山清水秀，拥有天峡风景区、明堂山、彩虹瀑布等5个4A级景区。岳西“无霾”“夏天喝稀饭不淌汗”，受到省内外游客赞许。

我们来到石关乡马畈村实地调研“一宅两院”民宿项目，虽有寒风拂面，农家院里树墩椅上还

残留着未融化的雪水，但冬阳更暖心。瞧，这被群山围着的山间民宿，还有那被刷成黑色的上下坡弯道的村路，展示着乡村特有的美，简直就像进入了世外桃源，让人心醉！我们不顾旅途疲劳，参观乡间民宿，附近几户新建的相互重叠的“一宅两院”“小洋楼”亮了我们的眼。村主任带我们边参观、边讲解。走入民宿样板楼，一位妹子迎了过来，刘主任介绍，这是民宿管家，主要负责客人接待、生活管理。妹子说：“我们房子的改造装修都由村里负责，不需自己出钱。除了平时的租金，到年底还能分红，如今待在家里就可以赚钱了。”原来她还是这家的女主人。到民宿客房一看，感觉一点都不比城里的酒店环境差。

岳西支行行长向我们介绍，依托海拔高、生态好、山水美的优势，近年来，岳西县贯彻落实习近平总书记“千方百计拓宽农民增收致富渠道”的指示精神，致力乡村振兴，着力打造“云上岳西，康养福地”品牌，推动全域人文旅游。岳西支行充分发挥自身优势，为政府分忧，为村民解难，灵活运用“千万工程”经验，立足石关乡“生态优良、民宅闲置”的资源禀赋，全力谋划了“岳西县石关乡‘一宅两院’集聚示范区（一期）项目”，总投资1.63亿元，获批农发行贷款1.3亿元，贷款期限20年，已投放4706.6万元，为民宿经济发展注入政策性金融“活水”。

“一宅两院”是马畈村发展乡村旅游的重要载体，充分利用农户现有住房进行改造，增加一个门，将房子分成两个独立的院子（或上下层），一层农户自住，二层、三层发展民宿，农户与游客住行分隔，互不影响，核心是“使用而不占有”。作为乡村游民宿发展的新模式，在项目创新上做到以下四点：一是体现“三轻”，即“轻设计”“轻改造”“轻运营”，为农民盘活了闲置资产，创建全省乡村振兴民宿典范。二是采取“二八法则”，不平均用力，在重要区域和亮点区域重点投入，出效果；在其他区域降低成本，便于形成样板模式推广。三是“以生意换生活”。城里人住乡宿，可感受乡村环境、体验生活；乡宿主人住在自己家，一边正常生活，一边当管家获得收入。四是利益辐射。国有企业将项目核心区域打造成样板区，提升公共区域价值，发挥示范引领和经济辐射作用，带动周边村民自发投资改造；通过建立乡村学堂，为村民提供客房服

1.63亿元

总投资1.63 亿元，获批农发行贷款1.3亿元，贷款期限20年，已投放4706.6万元，为民宿经济发展注入政策性金融“活水”。

务、烹饪等技能培训，让村民搭上致富快车，让风景变“钱景”。

“推窗见绿、抬头赏景、出门闻香、院中致富”，这是人们对马畈村“一宅两院”新民宿的形象描述。一方面，“一宅两院”模式试点使农村宅基地被激活，以最小干预、最低成本，既保护了农民宅基地的收益，又吸引了城市养老人员。而盘活乡村闲置资产、促进城乡要素流通，更是打通了绿水青山向金山银山的转化通道。另一方面，推广“一宅两院”模式，农村基础设施建设得到完善，环境得到改善，交通更为便利，让村民告别了“一脚泥”的日子，带动“后备箱”经济，不仅扮靓了村庄“颜值”，更为农业转移人口就业、农民增收创造了条件，富了村民“口袋”，成为乡村振兴的新亮点。村主任刘伟说，“一宅两院”模式试点推广，得到了农发行政策性贷款的大力支持，乡里建设产业强、生态美、乡风好、治理优、百姓富的幸福新石关，在我们村试点推广新民宿，村民尝到了甜头，我们更要加油干，神奇的石关一定会焕发更加迷人的光彩！

在乡村振兴要“走乡村文化兴盛之路”、建设农业强国要“赓续农耕文明”的精神引领下，当天下午，我们驱车来到菖蒲镇菖蒲村铁滩高标准茶园基地调研茶产业项目。一条乡村公路直抵茶园，起伏的山峦还留有秋天的余韵。远处山边，依稀可见树林、古亭、民居，袅袅炊烟、层层梯田，夕阳映照满山茶树。“绿水青山就是金山银山”醒目的巨幅标语，是村民的希望。我们从茶园路口的国家农村产业融合发展示范园创建基地（茶园基地）简介牌上得知，这里依山傍水，产业兴旺，高标准茶园面积达370亩，茶叶一产收入232万元，带动农户增收显著，已成为省级美丽乡村中心村。这里有良好的产业基础、和谐的自然人文环境，乡村旅游蓄势待发。

岳西县地处北纬30度黄金产茶带，气候宜人，土壤富含有机物质，加之茶园多位于海拔500~1000米的山谷，使岳西茶叶品质卓越，独具特色。同时，层叠的山脉形成的屏障有效阻隔了病虫害的传播，为茶叶生长提供了天然的保护。近些年来，为了推动兴农产业带动农户增收，岳西农发行坚持职能定位，围绕全行发展战略，利用地域资源优势，积极支持服务创建茶业产品品牌，促进了本地茶产业高质量发展。据悉，岳西县乡村振兴茶产业融合发展（一期）项目总投资9.18亿元，岳西支行获批贷款7.34 亿元，已累计投放5.59亿元，主要是对流转的39172 亩低效茶园进行改良提升，如对土壤改良、原有茶树修剪、苗木补植、肥水及病虫害防治，并配套建设园路、灌溉设施及其他附属设施等，为岳西县茶叶整体扩量、提质、增效提

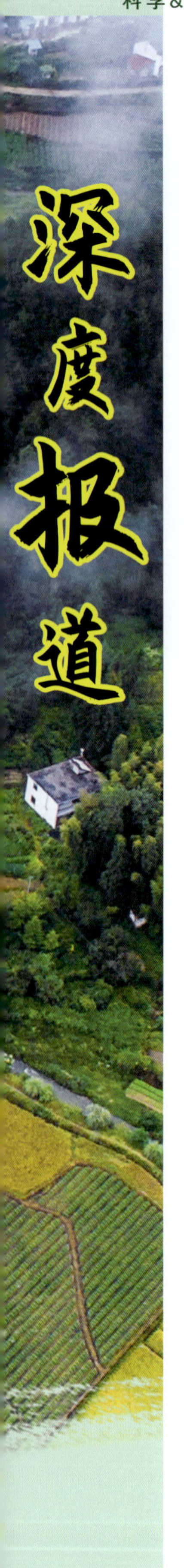

供了良好的金融服务。该项目全面贯彻“生产基地标准化、加工营销集群化、经营体系一体化、要素集聚先进化、利益联结共赢化”全产业链理念,抓住生产加工、市场销售等薄弱环节,持续发力推进补链、延链、强链,为此,农发行还助力岳西翠兰实现集约化生产,提升茶叶品质,带动茶叶产业步入现代农业发展轨道,以产业带动乡村振兴。

茶园调研过后,安庆分行行长还带我们到制茶企业安徽翠兰投资发展有限公司参观、品茗。这是一家县农业产业化龙头企业,2010—2012年,“百年翡冷翠”岳西翠兰连续三年四次成为国宾礼茶,并成功入选全国两会用茶。2021年,国有企业皖岳集团增资扩股,推动岳西茶业发展,提升产业链、提高价值链,打造茶叶品牌系列产品,开发茶业产品近40种。展示厅内“因茶致富、因茶兴业”八字目标,深深吸引了我。茶叶融入国人的生活,成为传承中华文化的重要载体,小叶子,大产业,一片叶子富一方百姓,已不再是梦。坐在茶桌前,两位服务人员娴熟地边泡茶,边向我们介绍所泡黄茶的功效,室内弥漫着黄茶独特的清香,抿上一两口,甘醇鲜爽,回味无穷。

9.18亿元

岳西县乡村振兴茶产业融合发展(一期)项目总投资9.18亿元,岳西支行获批贷款7.34亿元,已累计投放5.59亿元。

岳西支行副行长介绍说,岳西翠兰茶叶,不仅成为乡村振兴的主导产业,更是农民增收的主要渠道。支行将利用政策性银行优势,助力岳西县茶产业一产向后延伸,促进规模化、组织化种植;二产向两端拓展,提升标准加工能力,助力岳西翠兰品牌建设;三产向高端开发,推动茶旅融合发展。预计一期项目实施,能充分吸收当地群众参与工程建设,为当地农村劳动力、城镇低收入人口和就业困难群体等提供就业岗位,提高工资收入,并带动地方产业发展,从而有效改善当地的生产生活条件,巩固脱贫致富成果,装点美丽乡村的最亮底色。

岳西县委副书记、县长,县委常委、宣传部部长对农发行支持岳西县“三农”发展所取得的成效给予了很高的评价。支行行长说,县领导历来十分重视农发行为县域经济发展所做的工作,我们也与县委、县政府保持联系,参与县域发展与项目谋划等重大事项。在县委、县政府的领导与支持下,新的一年,我们将运用政策性金融助力支农产业发展,为乡村振兴作出新贡献。

江河奔流去,潮涌风帆劲。中国农业发展银行安徽省分行始终秉承政策性银行办行宗旨和理念,深入学习宣传贯彻习近平总书记在安徽考察时的重要讲话精神,把握科学内涵、领会精髓要义,服务国家战略、坚守职能定位,弘扬金融文化、深耕“三农”沃土,聚焦“六大领域”、建设“四个银行”,支农履职能力持续提升,农业政策性金融在14万平方公里的江淮大地上落地生根、开花结果。截至2024年年末,贷款余额达6778亿元,是成立之初的27倍,对公贷款、粮食贷款、水利贷款余额均位居全省银行业金融机构首位,成为服务安徽“三农”经济社会发展的主力军。在新的一年里,全行将坚定发展第一,强化目标导向,守正创新、拾遗补漏,不折不扣抓落实,深入推进“高质量发展+支农履职”行动,持续用力补齐支农短板,为奋力谱写中国式现代化安徽篇章贡献农发行更大力量!

研究探讨

Research

为有源头活水来

用中华优秀传统文化厚植中国特色金融文化

写在"中国特色金融文化"命题提出一周年之际

文 / 赵晓舟

2024年1月16日，习近平总书记在省部级主要领导干部推动金融高质量发展专题研讨班开班式上的讲话中首次提出积极培育中国特色金融文化，为中国特色金融发展之路树立了文化旗帜，为新时期金融文化建设提供了行动指南。一年来，全国各金融机构在党建引领、文化融合、学习教育、典型示范、氛围营造、实践探索等方面已经取得明显成效。许多单位还积极将中国特色金融文化工作纳入全面从严治党主体责任、意识形态工作责任以及精神文明创建活动，融入单位和干部员工绩效考核及评先表彰中，并建立健全长效机制。以上这些成效表明，中国特色金融文化建设正在逐步深化，并在实践中展现出强大的生命力和影响力。

事实证明，推动金融高质量发展，不仅要加强金融基础设施等“硬实力”建设，也要提升价值观和行为规范等“软实力”。浙商银行党委书记、董事长陆建强认为，当前金融领域存在的一些矛盾和问题，能在金融文化建设中找到症结。这折射出一些金融机构以及金融专业人士的站位、格局、情怀有待提升，而站位格局和情怀正是文化建设的内涵所在。

积极培育中国特色金融文化是一项长期系统工程，有赖于金融主体在加快金融强国建设实践过程中不断进行自我凝聚、升华、优化、积累，需要在推动金融高质量发展进程中进一步丰富、完善、创新、发展，从而为走好中国特色金融发展之路提供强大的向心力、凝聚力、引导力、推动力。

优秀的金融文化能塑造金融从业人员正确的世界观、人生观、价值观和社会公德、职业道德、家庭美德、个人品德，产生内在激励和约束作用，让诚实守信、以义取利、稳健审慎、守正创新、依法合规成为金融从业者的自觉遵循，从而赋能金融事业，推动中国特色金融发展之路越走越宽广。劣质的金融文化会破坏金融秩序，影响社会信任，阻碍金融健康发展，加剧金融不公平竞争，诱发金融危机。在世界百年未有之大变局下，积极培育中国特色金融文化，是把马克思主义金融理论同当代中国具体实际相结合、同中华优秀传统文化相结合的探索实践，是文化强国建设和中国式现代化建设的重要组成部分，有助于提升我国金融业的国际竞争力，防范金融风险，推动金融高质量发展。

中国特色金融发展之路既遵循现代金融发展的客观规律，更具有适合我国国情的鲜明特色，与西方金融模式有本质区别。因此，要坚持法治和德治相结合，在金融系统大力弘扬中华优秀传统文化，积极培育中国特色金融文化。

中华优秀传统文化是中华民族的根脉，也是中国特色金融文化之灵魂。中华优秀传统文化蕴含着丰富的共同体思想，包括天人合一的宇宙观、天下为公的世界观、华夷一体的民族观、贵和尚中的处世观、兼容并包的文化观等。这些思想体现出中华民族深刻洞察世界万物的运转规律，形成了应对世界复杂变化的处世哲学，是中华民族性格、世界观、价值观的直观体现。

中国特色金融文化是一种融合中华优秀传统文化精髓和现代金融发展规律的独特文化形态。它继承了中华优秀传统文化的精华，融入了社会主义核心价值观的时代要求，彰显了现代金融元素、金融理念，同时也坚持了马克思主义立场观点方法，与中华优秀传统文化、马克思主义基本原理一脉相承，既有“根脉”，也有“魂脉”。

中华优秀传统文化不仅为金融活动提供了深厚的文化土壤，而且为金融系统的高质量发展提供了重要的文化支撑和内在动力。大力弘扬中华优秀传统文化，既可以为积极培育中国特色金融文化提供坚实的文化基础，提升中国金融文化软实力，形成核心竞争力，也有利于推动中国金融在全球范围内取得更大成就。

要深刻认识中华优秀传统文化在赋能金融高质量发展中的文化引领作用

中华民族5000多年历史中所形

成的优秀传统文化，是中华民族的独特精神标识和精神命脉，是中华民族身份和凝聚力的重要标志，其中所蕴含的道德规范、价值理念、行为守则等，在凝聚人心、汇聚力量方面与中国特色金融文化具有内在相通性。用中华优秀传统文化为培育中国特色金融文化培根铸魂赋能，对于深化金融体制改革，强化金融治理，坚定不移走好中国特色金融发展之路意义深远。

中华优秀传统文化是中国特色金融文化思想之源。探寻中国货币的起源，"玉起于禺氏，金起于汝汉，珠起于赤野，东西南北距周七千八百里。水绝壤断，舟车不能通。先王为其途之远，其至之难，故托用于其重，以珠玉为上币，以黄金为中币，以刀布为下币"（《管子·国蓄》），蕴含了金融因繁荣经济而生之意。中国特色金融文化蕴藏着中国人的处世哲学，蕴含富民厚生、义利兼顾的金融伦理，以及丰富的道德资源，从中华优秀传统文化中汲取养分，是培育中国特色金融文化的内在要求。

中华优秀传统文化是中国特色金融文化精神之基。文化是一个民族显著的特征，坚守中华优秀传统文化立场和自信，事关中华民族现代文明发展与中国式现代化文化根脉。中华优秀传统文化是中国特色金融文化的根脉与灵魂，是中华文明智慧的结晶，"天下为公、民为邦本""为政以德、革故鼎新""自强不息、厚德载物""天人合一、道法自然"等理念，为中国特色金融文化提供了强大精神基因和深厚文化底蕴。

中华优秀传统文化是中国特色金融文化强身之本。"求木之长者，必固其根本；欲流之远者，必浚其泉源。"中国特色金融文化源于马克思主义金融理论同当代中国具体实际相结合、同中华优秀传统文化相结合，同时吸收了当今世界文明成果。这一文化强调诚实守信、以义取利、稳健审慎、守正创新和依法合规等原则，旨在促进金融服务实体经济、便利人民群众，并在防控风险、创新和监管等方面提供指导。

要充分发挥中华优秀传统文化在助力金融强国建设中的文化铸魂功能

文化关乎国本、国运，是一个国家、一个民族的灵魂。中国特色金融文化，既吸收了中华优秀传统文化精髓，又彰显了现代金融元素、金融理念和金融精神，其中蕴含的中国特色，并不是马克思主义基本理论的简单移植，也不是中国传统金融经营和金融治理文化的再现，而是将优秀传统金融文化注入现代金融理论，实现本土传统金融智慧与现代金融理论的有机结合。

一是要深度汲取中华优秀传统文化精髓，进一步推进其与马克思主义金融理论的深度结合。中国自古以来形成了丰富的金融思想，诚实守信、以义取利、稳健审慎、守正创新、依法合规，是中华民族在长期经济社会活动中凝聚而成的道德观、义利观、经营观、创新观、治理观，这些观念与现代金融治理高度契合。

二是要积极发挥中华优秀传统文化优势，进一步推进其与当代中国金融体系治理深度结合。把中华优秀传统文化融入现代金融体系建设，贯穿于金融机构经营发展的全过程。在全社会尤其是金融机构内部大力弘扬中华优秀传统文化和中国特色金融文化，不断强化金融从业人员的规矩意识和规律意识，从源头规范其个人行为、降低道德风险。引导金融机构和从业者恪守市场规则和职业操守，发扬"铁规、铁账、铁算盘"的"三铁"传统，始终守住底线、不越红线、坚守防线，诚实经营，珍惜信誉。

三是要积极挖掘中华优秀传统文化资源，进一步推进其与培养高素质金融人才的深度结合。建设金融强国，人才是基石。培养高素质金融人才队伍，既是金融高质量发展的需要，也是金融强国建设的内在要求。要以文化人，教育金融从业人员牢固树立正确经营观、业绩观和风险观，平衡好功能性与盈利性的关系，坚持盈利服从功能发挥。要积极弘扬中华优秀传统文化，自觉践行社会主义核心价值观，深入学习领会中国特色金融文化的实践要求，胸怀“国之大者”，强化使命担当，增强纯洁性和战斗力。

要积极推动中华优秀传统文化在金融文化建设中创造性转化和创新性发展

中华优秀传统文化是中华民族的精神命脉，是涵养社会主义核心价值观的重要源泉，也是我们在世界文化激荡中站稳脚跟的坚实根基。它承载着中华民族的历史记忆和文化基因。通过传承和弘扬中华优秀传统文化，可以唤起金融从业者的自豪感和归属感，增强金融队伍凝聚力、向心力，形成共同的价值观和认同感，这对于走好中国特色金融发展之路和推动中国式现代化建设具有重要意义。

把中华优秀传统文化融入各级金融机构的党性教育，进一步坚定党员干部文化自信。党性鲜明地体现了一个政党的理想信念、政治追求和人格修养。中国共产党本身就成长于中华优秀传统文化环境中，党员干部多读中华优秀传统文化书籍，经常接受中华优秀传统文化熏陶，有利于净化身心、培基固本、提升修养、增强党性。

把中华优秀传统文化融入金融文化建设，提升金融从业者的人文素养和思想道德水平。中华优秀传统文化作为中华民族的精神血脉，包含了丰富的哲学观念、爱国情怀、道德规范和奋斗精神，这些都是金融教育不可或缺的内容。中华优秀传统文化融入金融文化建设能够提升金融教育的实效，推动形成具有中国特色的金融教育体系。

把中华优秀传统文化融入金融经营管理中，积极营造风清气正、健康和谐的企业氛围。中华优秀传统文化内涵丰富、形态多样，包括物质文化、制度文化、行为文化、思想文化等，集合了道德文明与思想精神。从管理思想角度出发，儒家倡导的“以人为本”“仁者爱人”“富民、惠民”“中庸”等核心思想，道家倡导的“无为而治”，法家倡导的“法”“时移而治不易者乱”等，皆可运用于金融机构管理中。

（作者系中国企业文化促进会金融文化工作委员会常务副主任，西安培华学院金融文化研究院院长、教授）

不动产权证遗失的历史遗留问题解决途径
——以中国人民银行忻州市分行为例

文/张军峰 赵培君

2021年的上级行审计中，中国人民银行忻州市分行不动产权证缺失这一历史遗留问题显现，分行党委以高度的责任感与使命感，本着对人民对历史负责的态度，毅然踏上维护单位合法权益、彻底解决历史遗留问题的艰难征程。这不仅是对巡查问题整改的有力回应，更是对群众殷切期盼的答复。

历史沉疴：公有住房不动产遗留问题剖析

忻州市分行新建南路57号院宿舍楼于20世纪80年代初由农行建设完成，1986年由农行划转至人行忻州市分行，2004年银监局与人行分设时进行财产财务划转，其中新建南路57号院内的宿舍有19套所有权归人行忻州市中心支行所有，但人行与银监局所有宿舍仍共用"大证"。后"大证"遗失，属于人行的公有房产证缺失，成为历史遗留问题。2021年，对原行长经济责任审计问题反馈中指出："忻州市中心支行有20套公有住房未办理不动产登记证书，房产管理不规范，仍需不断加强管控。"2023年，对忻州市分行预算管理审计中尚未整改到位的问题中再次指出："仍有10套公有住房因土地使用权等原因暂未办理不动产登记证书。"

因势而谋：多重因素驱动下破题决心如磐

解决不动产权证缺失历史遗留问题，已然成为忻州市分行刻不容缓的使命。其一，这是回应职工期盼的温暖之举。问题整改前，两名职工的住房早已退交单位，但房产仍然登记在其名下，给职工购置商品房上户带来了诸多不便。其二，这是落实问题整改的刚性要求。2021年上级行审计发现问题，后续再次指出整改不彻底，如声声战鼓般催促分行加快步伐。其三，这是保护国有资产的关键举措。不动产证书犹如国有资产的坚固盾牌，是国家对不动产所有权的法定见证，拥有无可撼动的法律效力。补办证书，能够在历经历史改革的复杂脉络中清晰界定产权归属，确保房产证实相符，切实维护人民银行的合法权益。

基于此，忻州市分行党委肩负起整改的政治使命，抽调骨干成立"不动产权证处理专项小组"，由分管行领导负责，召开专项办公会议通报具体情况，对落实问题整改作出详细安排，为这场攻坚之战奠定了坚实的组织基础。

荆棘载途：不动产权证办理过程中的重重困境

历史遗留问题造成办理困难。因不动产权证缺失问题年代久远，许多资料遗失，相关当事人皆已不在岗。由于房屋建设于20世纪80年代初，距今已40多年，原房产证遗失，须公告丢失后再办新证。很多当时的建筑资料、手续等也在机构改革、人员岗位变动的过程中遗失。此外，还存在因历史久远造成的原房产证面积与现在测绘地界面积不符、建筑物实际情况与设计图纸不一等其他问题，需要重新出具测绘报告和查找建筑物资料以满足房管局的备案要求。

不动产权证办理的流程不明晰导致办理进展缓慢。由于承办人员未曾办理不动产权证，缺乏办理不动产权证的经验，不了解办理流程，需要多次前往有关部门咨询办理程序，导致办理进展缓慢。

办理不动产权证所需材料繁杂。有些材料需

要较长时间准备，过程较为烦琐。在办理过程中，不动产登记中心要求提供的材料包括：15套100%公房产权明确承诺书，忻州市中心支行单位名称变更文件，原不动产权证遗失声明，不动产测绘报告，四邻地界确认证明等，其中完成不动产测绘报告经历了多次实地考察和修改，耗时较长。

不确定性因素拉长办理时间。比如，人民银行与银监局宿舍共同拥有"大证"，因"大证"丢失，与银监局协商后决定由银监局出具承诺书承诺8套房屋为100%银监局公房产权，人民银行先向不动产登记中心承诺15套房屋为人民银行公产房屋，待全部手续办妥后，人民银行再将8套房屋按照有关文件划给银监局。而在办理过程中，发现产权归属于银监局的3户与在不动产登记中心登记的信息不符，需要重新提交材料，因此前往国土资源局、档案馆、城建局等相关单位查询当时的审批文件和建筑资料，花费了大量时间。再如，测绘报告需要四邻确认签字，其中相邻的忻州市运输公司派相关人员对自身的地界进行实地考察、测量并与自身档案中的界址进行核对，持续时间长达一个月。

攻坚之路：不动产遗留问题处理历程

在重重困境面前，专项小组成员并未退缩，而是梳理出清晰的办理流程。明确房屋产权情况是首要任务。为便于后续办理产权回购手续，将个人产权转为单位产权，需确定办理不动产证的9套房屋的具体产权情况。承办人员多次赴政务大厅不动产登记中心窗口，最终查询到所办理房屋的产权信息。

准备相关材料的过程虽然烦琐，但承办人员有条不紊：在《忻州日报》登报声明房屋产权证遗失；对于个人产权回购材料，细心收集夫妻双方身份证和结婚证、户口本，确保材料齐全；房屋测绘报告的准备更是关键，需经四邻确认并盖章，取得法定代表人签字、法定代表人身份证复印件、营业执照复印件，承办人员多次实地走访，耐心沟通，终于完成了这一任务。此外，承办人员还将土地证、单位名称变更文件、15套100%公房产权明确承诺书等其他材料收集齐全。

承办人员按要求缴纳办理中的各项费用，包括契税、印花税、证工本费、测绘报告费用等，确保每一环节都合法合规。

房管局进行材料审核后将全部材料递交至不动产登记中心，经过等待，审核终于通过，承办人员成功领取到了不动产权证。历时5个月，忻州市分行关于不动产的历史遗留问题得到了全面解决。

经验之鉴：解决问题带来的深刻启示

以民为本，勇担历史使命。在解决不动产权证遗失这一涉及单位和职工个人利益的重大问题时，忻州市分行深刻领悟到必须"以人民为中心""对历史负责"。面对历史遗留问题，首先要勇敢正视历史，单位要负起责任，而非逃避问题。即使过程困难重重，只要下定决心并付诸行动，就能够达到目的。

其次要找到正确的解决方法，加强统筹，落实责任。在具体实践中，分行主要从以下三点发力：一是党委重视，责任到人，行领导挂牌督战。安排专人负责，并定期汇报工作进展，及时发现和解决问题。二是提前咨询流程和准备材料。在这一过程中需要向有关部门寻求专业帮助，与相关人员保持良好沟通，使解决问题更加高效。三是总结经验并建立长效机制，避免历史遗留问题再次发生。最后，还需要足够的耐心，坚持不懈。

持续跟进，强化问题整改。取得不动产权证并非终点，而是新的起点。在取得不动产权证后，相关部门及时将证书存档备案，并将不动产权证的相关信息更新至单位档案中。同时，安排人员定期检查不动产权证的有效性，一旦发现证书遗失、损坏等情况，及时办理补办手续。通过这次办理经验，分行更加重视对不动产权证的保管，将常态化落实整改不到位的问题融入日常工作，确保不动产管理工作始终处于严密的监控之下。

全面管控，筑牢房产管理根基。全面加强房产管理，是忻州市分行从此次经历中得出的又一重要启示。健全房产管理制度，制定详细的房产管理规定，明确房产的购置、使用、维护、处置等各个环节的职责和权限，确保房产管理工作有章可循；加强房产登记管理，对单位的房产进行全面、准确的登记，建立房产档案，定期进行盘点，确保房产信息的准确性和完整性；建立房产处置制度，对于闲置、报废、无法继续使用的房产按照规定程序进行处置，实现资源合理利用；加强相关人员培训，定期对房产管理人员进行业务培训，确保房产管理工作高效运行。

（中国人民银行忻州市分行）

商业银行内部审计的增值功能研究

文/蒋丹

内部审计作为商业银行经营管理的重要组成部分，具有监督、评价、咨询、建议等功能。随着商业银行不断转型升级，新质金融生产力、特色金融等金融新概念、新趋势涌现，如何更好用内审力量增加商业银行价值，改善商业银行经营管理将是一个颇具意义的课题。商业银行应顺应改革与时势，探索内部审计新的价值，激发内部审计新兴生命力，赋予内部审计更多增值功能。

内部审计增值功能的研究意义

以合规为前提，同频业务发展。内审部门针对经营与业务查摆问题与风险，在商业银行业务营销如火如荼的势头中，对内审人员的承压能力也提出了新的要求。内审部门能够顺势而变，在常规性审计中融入增值型审计，为管理层与经营层提出有建设意义与参考意义的策略、建议，为银行发展助力，促进风险防控与业务发展同频共振，对提高审计价值具有深远意义。要结合审计的审慎思维与营销的发展思维，使业务发展更加合规与稳健，从而推动银行高质量发展。

以新质为方向，激发管理质效。以新质审计为方向，以审计增值功能的应用促进管理质效的提升是内部审计新的价值与意义。审计增值建立在探索新质审计生产力的基础上，与时俱进，是内审人员迎接挑战、建立可持续发展内生动力的基础。在坚守审计以问题为中心，以风险为导向的基本定位基础上，不断推陈出新、提质增效是内部审计紧跟复杂多变大趋势，助力银行业务改革发展的主动作为。创新审计方法有利于促进审计质量与效率的同步提升，高质量的审计质效有利于促进银行业务发展与综合管理能力的提升。

以成果为导向，助力价值创造。从发现问题到促进体制、机制、流程的完善，从发现短板及缺陷到探索设计端、流程端、应用端改革，增值型内部审计部门以审计发现及整改成果为导向，以助力银行创造更多价值，实现高质量发展为目的。内审部门在防偏纠偏的过程中，前移防线关口，将审计行动前置，成为商业银行稳健成长与价值提升的助推器。内部审计既要以审计成果体现审计价值，又要超越审计成果本身，透过审计现象看清内源成因，靶向识别增值点，满足对审计工作要求不断增高的期望，为商业银行创造更多价值。

内部审计发挥增值功能的路径

拥抱智能浪潮，提升数据思维。充分运用数字化审计工具是提高审计效率的关键，增值型审计应以提高非现场审计占比为主，促进审计质效提高。运用审计系统等各类信息科技系统，以数据驱动审计方法的转型，打破各个系统之间的壁垒，形成口径统一、数据统一、标准统一的“三一”精准数据源，为做好数据分析、创新数据应用、创新模型设计提供有力支撑。积极拥抱科技改革、智能引领大潮，引入AI分析工具，强化智能审计应用，提升审计的前瞻性以及竞争力。重视内审部门的数字化梯队建设，引入科技型人才，推进筑峰强链式审计人才培育计划，如设立科技人才为数字型审计示范岗，梯次化培育审计链条上的各业务人才，筑牢数字化审计人才培育网格。

当然，新技术的不断探索及数据化审计占比的不断提升，也对审计数据安全管理提出了更高的要求。增值型审计中对效能、效率等的评价、监督使数据量呈指数型增长，对数据分析的要求也更高。必须建立严格的数据保密机制以及数据导出复核跟踪机制，严格规范数据保管、调阅、删除等流程，以防范数据安全风险，织密织牢审计过程防火墙。

厚植文化力量，赋能团队建设。人才强企，增值型审计离不开内审队伍素质的提升。一是注重内审文化的建设，给予内审人员更多的归属感与使命感。二是提升内审队伍专业素质，坚持专业创造价值的理念，以扎实的专业知识与审计经验做支撑，在审计增值价值的探索上不偏离审计功能主线。三是提高内审人员幸福感，激发员工活力与战斗力，打通内审人员交流晋升通道，促进内审人才的科学选拔培养。

要探索科学合理的审计人才评价体系，形成有活力的人力激励机制。相较于营销部门、外拓部门有指标数据支撑的考核特点，内审部门作为后台部门，容易弱化考核。有效的考核办法是激发团队内生活力以及提升竞争力的重要手段，应积极探索定性与定量相结合的审计考核模式。审计项目质效是审计工作质量的直接体现，如将审计项目成果分解为问题数量、问题质量、项目创新性、项目成果性、学术研究等考核指标，促进内审人员钻研项目深度和广度，实现人员素质与项目成效的全面提升。

多维互动发力，实现乘法效应。一是在检查过程中，充分发挥各道防线的叠加作用，相互配合、齐心发力，实现资源共享、信息共建。如和纪律监督室协作，将巡察和纪检联动，以审促巡、以巡带审，既减轻被审计单位提供资料、配合检查的负担，也实现了检查任务的共担和检查资源的共享；和二道防线部门如风险管理部、法律合规部协作，实现风险预警平台、合规管理平台与审计系统的同时运用，达到疑点数据校验及互补的效果，提高了审计效率，也使审计作用前置。几道防线联合发力，风控作用更强，打通部门壁垒的同时也有利于部室间的沟通协调。二是对审计发现的问题，要充分从体制、机制、流程上进行分析整改。当被审计单位是基层网点时，其整改的力量与深度很难形成长效机制，容易流于形式。整改通知书应同时下达业务条线，既有利于条线部门管理，也有利于从根源上解决问题。三是在审计闭环管理上，要充分运用经营层、高管层的力量，对审计发现、审计成效进行通报、传阅，以上促下、以下递上层层闭环，提高全体员工对审计工作的重视程度，既防范同质问题屡查屡犯，也促进整改过程中举一反三，有效规范了管理，增强全员防控风险即增加效益，减少损失即提高利润的理念。

顺应时代发展，聚合多方智慧。审计工作需要有不断更新知识的能力，需要有对行业风险、区域风险、人员风险、业务风险等敏锐的判断力与准确的理解力。基于此，内审工作更需要有一种新时代的创新能力，即调节自己的能力及与被审计对象良性沟通的能力。听取民意、聚合民心不仅是经营管理的重要方式，在审计综合管理中也尤为重要。一方面，审计要保持独立性，审计人要有自己独到的思维力与判断力，与被审计单位的立场不能混淆；同时，审计也不能与业务脱节，审计的专业性与实操性必须充分融合，才能保证审计更有针对性、更加接地气。

为更好发挥内审增值功能，应向不同岗位人员、不同部门、各个支行开展调研，设计有效问卷；了解不同视角对审计工作的看法、需求、建议等，以第三人身份思考内审工作可以发挥作用的地方，以及往期审计的盲点象限；洞察被审计单位经营管理、业务发展中的难点、痛点以及审计可以助力提升的地方。调研、问卷等应以匿名形式发放，提高调研的全面性，点拨审计增值方向，背对背模式也更有助于提升调研的客观性。

内部审计发挥增值功能的案例探索

促进银行提高服务质效，创造品牌衍生效益。内审部门开展审计过程中，如对支行进行全面审计时，应关注柜面服务状况，如客户等待时间、柜员服务态度、网点投诉管理、大堂迎客与维持秩序情况、厅堂环境等，发现问题时，提出可促进提升的可行性建议，有助于提升支行客户满意度以及商业银行服务质效。传统审计中，服务质量与业务风险的不直接关联性，使其似乎被冠以低风险标签，往往容易被忽视。实质上，高质量的服务是银行实现产品价值、业务增值的有效途径，更是提高客户黏性的关键。内审部门在服务类审计中发现的共性问题，可以经提炼分析后向经营管理层提出管理建议书或者风险提示书，提出有价值及落地性的审计建议，促进全行服务管理水平的提升。

推动银行优化客户管理，跃动新质生产力。在账户与客户类的审计过程中，内审部门应关注联动营销情况、存款归行情况、账户使用情况等，如是否存在开户后长期不动、客户信息过期不完整、对公客户未开通电子银行、对私客户长期未回访等情况。必要时，可以开展客户问卷调查、走访调研等，了解客户在办理本行业务及使用本行产品过程中存在的问题，了解商业银行客户经理的主动性、专业性。银行账户是金融业务的纽带，是银行与客户间的纽带，应通过对账户的分析及对业务的跟踪，充分发挥审计的评价功能。审计人员从独立性的视角，就发现的问题提出可行性建议，如职能部门就产品联动营销形成跟踪机制，引入客户评分指标，强化对管户客户经理的考核等，提供给经营层、管理层有效的审计建议，助力各项业务全面发展，激发商业银行的新质生产力。

驱动银行提高管理水平，将风险从根源化解。第一，通过商业银行的内部审计提升银行的经营管理水平，做好内审发现问题的整改，一方面，做好问题整改闭环管理，形成长效机制；另一方面，对闭环管理再深入，如提交闭环整改流程，通过科技系统进行流程化节点控制。第二，设计整改链条，向科技部门提交需求，在原书面下发审计整改通知书的基础上，下发电子流程，向被审计单位及条线管理部门双向下发整改通知书。问题整改按照主审—审计部负责人—被审计单位负责人—相关责任人—相关管理部门—管理责任人的流程下发，整改反馈时层层返还，并对不符合要求的退回补充整改，形成完整的、可追溯的整改链条。第三，将审计整改情况作为被审计单位提高管理水平的工具，被审计单位负责人可实时追溯流程，对同质同类问题发生情况进行自查自纠及回头看，驱动支行、部门自我管理，实现风险从根源化解。第四，通过系统化管理，对不同主体形成风险画像，提高审计检查内容的针对性以及审计计划的靶向性。

助力银行精准降本增效，开拓更多利润空间。商业银行的降本增效与高质量发展相辅相成。内审工作中，应关注银行创利空间，强化资产端、负债端、中收端的联动管理，补齐短板、苦练内功。比如，通过审计模型跑批，核实是否存在存贷款利息执行与规则不一致的；审计过程中有发现协定存款设定长时间未调整，导致单户对公大户每年多付利息数十万元的；关注不良贷款清收，不局限于其贷款情况，应联动其对公结算户、担保人账户、关联人存贷款情况等，审计时发现相关利益人账户进账后未及时扣收被转出，造成银行直接损失的。同时，审计人员在收单商户审计过程中，应关注套现、刷单等异常行为时，分析银行因此多付的手续费等支出，促进经营层强化源头管理；在中收业务审计过程中，应关注代销机构、代销流程、代销制度端的成本控制、利润分配等，优化合作模式，达成各方的互利共赢，也为银行创造更大的获利空间。

（江苏宜兴农村商业银行）

关于中小银行内部控制体系构建的探讨

文 / 吴旭波

建立内部控制体系是银行业务管理中的一项重要的基础性工作，中小银行因其经营规模、客户结构等，内部控制的要求、流程等与大型银行相比有明显特色，本文试就中小银行的内部控制体系建设实务进行探讨。

中小银行内部控制体系建设难点

普惠金融服务是指为小微企业、小微企业主、个体工商户、农户及新型农业经营主体等提供的金融服务。基于内部控制视角，普惠金融服务有以下特点。

一是普惠金融服务的客户数量庞大且分散，信贷服务需求呈“短、小、频、急”特点，贷款期限短、金额小、频率高、要求的服务响应比较急促，而且对传统的存贷汇之外的金融产品需求不强烈。这些特点决定了作为服务主体的中小银行必须建立一整套能够快速、全面响应的服务机制，且需要通过专业分工的服务团队来实现。

二是由于普惠金融的服务客体自身经营规模小，大多缺少完备的财务管理架构，需要银行主动提供服务。而中小银行一线营业机构基于成本考虑，多采取客户经理以包户方式提供专门服务，这种全系列产品同时营销的服务模式会因客户经理对各种产品风险理解不同，对产品后续监控能力偏弱，导致产品设计中隐含的风险因素被放大。

三是个别经营者法规意识不强，为快速达到满足其金融服务需求的目的，通过非正规渠道争取更多利益，容易为日后的纠纷产生留下隐患。这就导致很多纠纷需要由基层网点先行、快速处置，以防止事态扩大产生舆情风险和监管部门的介入，而上级专业团队提供的支持比较少。

一家银行的经营模式是由其主要客户群体决定的，内部控制模式则是由经营模式决定的。当前，我国中小银行主体是城商行和农村中小银行，多以普惠金融服务为主要市场定位，其客户结构决定了内部控制体系建设很难引用规范的、标准的模板，主要有如下难点。

标准化流程与需求即时响应的矛盾。中小银行的服务客体主要是小微企业、个体工商户、农户，大多资产规模小、经营领域分散，经营个体差异度很高，这就决定了中小银行很难以标准化的产品与服务流程来契合细粒化的服务需求，意味着中小银行需要缩短并下移决策链，以迅速对市场作出反应，更好地贴合客户需求，容错、容缺受理业务现象不可避免。

而内部控制的关键在于各项经营管理行为的全流程受控，中小银行的经营环境比较复杂，规则与效率矛盾突出，加上内部控制评价机制不够完备，产品、服务开发及优化的风险评审流程执行不到位，难以制定统一的操作规程和作业标准，控制措施不能被落实到位问题会显得更为突出。

强化内部控制与提升客户服务体验的矛盾。内部控制机制要落实到基层一线，在权衡风险与成本基础上，强化对基层营业机构的高频决策行为的有效控制，才能发挥应有的作用，这就需要上级管理部门有强有力的控制手段，及时发现问题并干预。但中小银行的客户结构又决定了这种体系需要更具弹性，不可能是高标准化的，尤其是不能过度控制。流程灵活简便、执行高效也就意味着内部控制机制的刚性被削弱，导致员工作业行为瑕疵多。强控制与高弹性的矛盾对于中小银行的内部控制体系是一个挑战。

基层营业机构内部控制能力本身存在的矛盾。从中小银行的现状来看，基层营业机构中内部控制体系处于从属地位，有限的资源毫无疑义地向业务发展倾斜，控制环境建设缺少战略层面的规划。规则设计者与执行者的信息鸿沟有加大趋势，规则设计偏差难以及时通过正常的信息采集、沟通渠道被发现并纠正，这就很容易导致控制过度与控制不足同时出现，中小银行内部控制体系健全性的缺失程度要明显高于大型银行。

在这样的内部控制环境里，容易导致上级在产品设计时不严谨而产生的设计瑕疵会在支行一线被放大。而支行面对竞争压力，技术动作容易变形，导致内部控制制度执行的严谨性明显降低，对内部控制体系的设计理念是一个挑战。

专业人才严重不足与内部控制要求日益提高的矛盾。内部控制主要职能是通过流程管理使业务运行结果符合预期，是一个动态的过程，需要根据经营环境变化及时调整控制策略，这不仅需要系统、大数据等基础工具支持，更重要的是需要一支熟练掌握内部控制技术并熟悉银行业务的内部控制专业队伍。

内部控制体系固然可以通过IT等管理工具的辅助实现管理，但管理成效往往还需要依靠内部控制岗位员工的履职能力来保障，发现问题背后的根源性原因，提出有效的整改路径，相关人员的职业判断目前尚无法被工具所取代。

要拥有良好的职业判断能力，相关人员不仅需要熟练掌握风险管理前沿理论和各项技能，更重要的是要熟悉各项业务流程，具有较宽阔的管理视野，非常熟悉本行的企业文化、控制环境，才能抓住问题的核心，发现问题背后的原因，提出切实可行的改善建议。中小银行由于人才储备原因，符合要求的人员比较紧缺，且首先会被充实到业务一线，很少到属于中后台的风险管理部门。而因年龄原因从一线退下来的员工，又会因观念等滞后无法及时跟进前沿技术的应用。

当前大多数中小银行内部控制队伍人数明显不足，质量不高，难以有效完成各业务规则在流程层面的整合，难以及时将风险特征、操作习惯标准化，更难以完成对操作失误、员工舞弊、外部攻击等常见的风险成因及应对策略的有效性评估，内部控制体系成熟度仍普遍处于较低水平。

中小银行优化内部控制体系的思考

内部控制体系是风险管理的工具，只能表明企业的风险管理能力，体现企业对风险的识别、处置、预防机制灵敏程度，并不能衡量企业实际的经营风险程度以及控制水平。内部控制的作用是及时发现风险，处置风险并不是内部控制的功能。中小银行在设计、优化内部控制体系时，在遵循监管要求的同时，还应充分吸纳国际内部控制前沿理论，将各类风险管理体系在流程层面整合，以改变体系林立的状况，便于基层营业机构落地，提升管理成效。

内部控制管理的目标是促进业务发展。无论是理论界还是实务领域，都认为风险管理应该围绕业务发展的目标而展开，只不过内部控制更多体现在对实现业务经营目标的保障上。内部控制体系的设计应当紧紧围绕核心业务流程来展开，在功能上应当突出业务流程的过程控制，强化内部控制信息的双向互动，确保各类需要受控的流程节点规则执行情况能够被后台业务监督部门所感知。关键控制节点应有即时监测功能，通过统计功能及时发现偏离规则的行为。而对于全行风险控制目标影响程度很低、新产品推广期等特定的营销过程以及非业务领域的各类流程，如办公用品采购等，可以通过强化后果管理来提高效率。

内部控制环境决定了运行成效。内部控制体系所控制的是各业务流程节点上的经办人员行使职权所依据的规则健全性、符合性、有效性，这些职权并不一定表现为审批权限，还包括业务经办人员拥有的审核权、放行权、计量权、信息权等履职所必需的各类权力，风险往往会出现在经办人不能正确行使这些职权时。拥有审批权的决策者有效履职是建立在全过程各节点经办人正确履职的基础上。且越接近客户的岗位拥有的信息就越完整，层级越高的决策者掌握的信息越不充分，他们更依赖于下级的正确、有效履职。

小微金融的特点决定了业务决策所需要的信息比较分散，且这些信息难以标准化，信息不对称表现更加突出，基层决策者行为特征以及企业的管理习惯对内部控制效果影响更为突出。银行经营管理特点决定了业务一旦发生，风险就已形成，事后的任何行动都只是转移风险、减少损失。如何管好高度分散的决策行为，是设计中小银行内部控制体系时必须首要解决的问题。

中小银行优化内部控制体系的对策

内部控制体系建设是专业性、实务性很强的工作，应以促进业务发展为目标，强化流程管理，提升内部控制体系的健全性、符合性、有效性和合理性。中小银行在优化内部控制体系时，不仅要遵循监管要求，更要切合本行实际情况，还应保持一定的前瞻性，参照风险管理领域的前沿理论适时优化。这里试就一些具体实施中应当关注的问题提几点建议。

优化内部控制环境是体系建设的首要任务。内部控制体系要有效发挥效用，控制环境是关键。控制环境的建设离不开企业文化。企业文化所体现的是企业价值观以及价值观支配下的行为规范，通过管理层所说、所做来体现，并为全体员工所知晓。

一是通过检查监督来呈现企业文化的价值观导向。虽然各银行都在加强企业文化建设工作，但不容忽视的是，大部分中小银行对于企业文化的理解还停留在企业的VI、员工的各类团建等，对于企业文化的核心——价值观传导方面重视是不够的。在这种大环境下，内部控制体系建设的核心——内部控制文化建设自然也难以发挥应有的作用。

价值观的传导并不是通过各类宣教活动就能达成目标的，而是需要通过各级管理者和员工的所言所行才能真正呈现出来，而检查是最简单、直接、有效的价值观传导方式。就内部控制部门而言，需要通过对全行各级员工的履职行为进行常态化的检查，并通过检查结果、问责等来体现出企业所倡导的价值观。当然，也并非检查越多越好，其发挥作用的主要方式在于发现的问题如何处置，要确保全行采用同一标准实施检查，又要考虑基层一线规则执行时的具体场景，要区分问题成因，属于偶发因素还是规则设计、执行中的系统性问题，以此来体现企业的价值观。

为达成这个目标，就不能把检查只简单地定位于发现问题，而是要通过场景复原来对问题的根源性原因进行分析，在违规问责与业务发展之间进行权衡。从某种程度上来说，制度一经制定，就是用来突破的，毕竟制度是对过往内部控制实践的总结，而小微客户的个性化需求在不断发生变化。比如，许多银行都提出“以客户为导向”的服务理念，但当涉及对客户某些特定的服务需求，成文的制度很难及时响应客户的需求变化时，一线人员需要对规则进行变通甚至违规操作，如何权衡利弊实施问责，这很考验管理者和内部控制专业人员的职业能力。

企业文化是一种务虚、柔性的规则，如何把企业文化与刚性的内部控制规则结合起来，需要各级管理者和内部控制专业部门的共同努力，使内部控制规则成为标准化、有弹性的管理架构。

二是压实各级管理者内部控制第一责任人的职责。企业文化建设不仅需要制定规则，更重要的是各级管理者的率先垂范，对违反企业文化行为给予严厉打击。毕竟任何规则都不可能做到业务和管理全覆盖，在规则的空白处，能有效发挥风险控制作用的就是企业文化。

要解决如何在企业文化大背景下提升员工内部控制履职能力，重视内部控制目标、规则宣导、落地，使各级主管对自身岗位风控职责、作业标准知其然更知其所以然，通过他们将风险意识内化为全体员工的职业习惯，不符合内部控制规则的行为能及时被识别并得到合理处置，形成有效的内部牵制，夯实管理基础。这不是一个专业部门所能完成的，需要从最高层做起，全员参与才能完成，其中各级主管的作用尤为重要。

因此，要压实各级管理者的责任，就要加强对系统性问题的问责力度。上级应当首先问责而且只问责各级主管，对经办人的问责交由其主管实施；对因规则设计缺失长期存在且未得到有效整改导致的问题，要对规则设计部门主管进行问责。

与业务结构相适应是内部控制体系建设的目标。银行是经营风险的企业，内部控制是风险管理基础，为各类别风险管理提供必要的流程保障、信息保障、规则保障。风险分级分类是实现有效控制的前提，对通过容错容缺机制进入银行业务体系的客户、业务进行标注，业务信息发生重大变更时给予适当标识，并确保这些信息能被有效识别，保障风险隐患能及时得到适当处置，同时又要防止过度控制、垃圾信息泛滥而掩盖真正有用的信息传递。

一是合理设定内部控制阶段性目标。中小银行的业务结构相对简单，与之相适应的组织架构也相对简单。建立过于完善的内部控制体系，无论从风险控制有效性还是从成本控制合理性的角度，都是不适宜的。事实上，超前或滞后于当下业务发展水平的内部控制都将影响经营目标的实现。超前的内部控制将会使经营部门失去发展机会，滞后的内部控制将无法有效防范风险的发生。内部控制也并不能阻止外部风险的侵害，不应过度扩大工具的作用。过度控制并非加强内部控制的表现，不仅徒增成本，降低效率，更是内部控制体系低成熟度的表现。

应合理确定控制目标，以定性、定量分析逐项梳理、权衡各业务流程关键控制节点放松内部控制力度后对风险水平、业务发展影响程度的敏感性分析，据此合理界定控制目标、作业规则、监测体系和问责规则。强化业务系统关键节点的刚性控制，减少人为操作影响程度，并能实现监测和自动预警，确保操作过程可控制、可追溯、可检查。更应强化精细化管理，常态化开展基于风险控制体系成熟度的内部控制有效性评价，通过流程再造减少内部控制缺失项，为实现经营目标提供更有效的保障。

二是整合业务系统和数据平台。银行业务的特点就是少量业务品种大量重复发生，如网上转账、贷款等。在海量数据面前，靠人工来及时获取内部控制规则执行信息已无可能，通过大数据系统及时发现执行与规则的偏离，精准定位风险信息，是内部控制体系建设中十分重要的工作。如何建设一个符合设计定位和管理需求的内部控制系统，是困扰从事内部控制实务的人员的难题。

内部控制系统建设一方面是要把各项控制要求整合到业务系统中，另一方面要能及时对违背控制规则的行为作出预警，基于确定的外部规则和监测指标，实现对业务的主动干预。这在信息反馈与沟通功能上如何实现，需要相关业务部门与内部控制部门实现方法上的整合和系统上的融合。从某种程度上可以认为，内部控制体系无须单独建立系统，而每一个系统均应体现内部控制要求。

高质量的基础数据是内部控制系统的基础，应覆盖银行全部客户、全体员工，并能依据内部控制规则随时取数，以满足开展非现场检查、监测等需求。数据至少应包括客户身份信息、全量交易信息、发生的活动痕迹(包括未发生实际交易的活动，如各类申请、预授信、查冻扣等)，同时还应建立足够的监测模型，包括前瞻指标和结果指标，定期呈现运行结果。

全流程管理是内部控制体系建设的核心。内部控制目标是通过各项业务、管理流程有效受控来实现的，制度只是提供了各项流程的作业标准和职责分配，并不能自动落实到执行过程中。尤其是在各种体系林立的当下，各项管控要求应当在流程层面予以整合，方可在基层一线真正落地。

一是在流程层面实现各类风险管理体系的整合。当前银行的各种风险管理系统比较多，使各类风险管理工具之间出现条线分割，有悖于内部控制体系的基本要求。中小银行要建立、优化符合企业实际、可操作性强的内部控制体系，应以全流程管理的思路展开内部控制关键点梳理，找到控制关键点，设计必要、够用的控制措施，在此基础上界定各控制点的作业标准、操作步骤并制度化，是比较符合实际的做法。毕竟中小银行不像大银行那样管理链条长、内部分工复杂、产品多样化程度高，不需要有庞大的专业团队、充裕的时间、大量的资源投入就能完成。

全流程管理容易出现的一个问题：规则设计者往往是银行管理总部人员，习惯从银行内部的产品流程入手，很容易将控制标准局限在业务条线部门的职责范围内，而不是以客户为导向，从客户视角来审视、整合流程。从业务实践来看，内部控制缺失多数会出现在条线的结合部，比如常规信贷业务中的内部控制风险点往往出现在客户与银行、授信条线与运营条线的交互节点上，客户准入以及退出等需要多个业务条线参与的控制节点容易被选择性忽视。这就要求内部控制主责部门强化自身能力建设，能从更高的视角、更宽的视野，通过流程分析以及内部控制体系健全性、符合性、有效性评估，及时发现流程管理中存在的问题，才能更有效地行使管理职能。以流程管理为基础实施管理，是内部控制部门有效履职的基本手段。

二是建设一支专业化的胜任内部控制实务的队伍。内部控制的成效很大程度上取决于相关人员的职业判断，不懂业务的内部控制人员是难以胜任管理职责的。内部控制人员还需要具备流程管理能力，能够绘制标准的业务流程图，并能根据流程开展规划、诊断、设计、优化、评价等工作，这是做好内部控制工作的前提与基础。此外，实施标准化的内部控制体系检查、监督、评价，是有效的内部控制管理的常规化工作，内部控制人员不仅要能发现问题，更要能够最大限度还原出现问题时的场景，通过原因分析等技术查明根源性原因，提出可落地的解决方案，这是基本功。以上这些要求内部控制人员通过大量的实践积累经验，形成职业判断能力。

银行要向内部控制队伍建设投入必要的资源，要确定内部控制人员所须具备的能力，这些能力应表现为他们所从事的工作对内部控制体系绩效和有效性的影响程度。银行要采取措施保障内部控制人员能获得所需的能力，提供适当的内外部教育、培训或工作经历，确保这些人员充分具备履职所需的能力。

内部控制体系建设对于银行风险管理而言，是一个永恒的主题。中小银行内部控制体系建设面临着诸多矛盾，不仅需要从高层视角，更应从业务视角开展工作，使内部控制体系能够真正在业务一线得以落地，将风险水平控制在银行风险偏好内，以保障业务发展质量。

（浙江台州银行绍兴孙端支行）

浅谈如何提高农村金融机构内部审计人员的专业胜任能力

文 / 全庆斌

随着经济社会的快速发展，信息科技日新月异，金融市场和环境也发生了前所未有的变化。农村金融机构作为服务地方、支持“三农”的基层金融机构，其面临的环境和业务发展趋势也迎来新的挑战。利用好内部审计监督职能，提升内部审计人员的专业胜任能力，提高内部审计人员的职业素养、业务能力，迫在眉睫。

当前农村金融机构内部审计人员的现状

人员构成。当前绝大部分农村金融机构都能够按照《商业银行内部审计指引》的规定，建立独立垂直的内部审计体系，理事会（董事会）下设审计委员会，设立独立的内部审计部门，内部审计人员人数按要求配备。但也有部分农村金融机构未按照监管规定配置内部审计人员，造成审计人员紧张，难以有效完成审计任务。而且，农村金融机构对内部审计部门人员的配置并未从专业特长和业务领域来考虑，内部审计部门人员配置较随意，一些农村金融机构存在将一些无法安置的人员分配到内部审计部门的现象，造成内部审计人员结构老化，缺乏足够的专业素养。

缺乏足够的胜任能力。由于农村金融机构历史形成原因，其从业人员文化程度相对较低，虽然经过近年来的人员更替，但拥有全日制系统学习经历的年轻农信人员数量尚未满足业务需求，加上农村金融机构管理层对内部审计部门的人员构成不是以专业胜任能力为前提来考虑，造成当前内部审计人员缺乏应有的职业能力和道德素养。一些审计人员只是依据以往的工作经验来完成审计工作，对新的规章制度不了解，也不主动学习，使一些审计结论存在不符合实际的情况。同时，随着信息技术的快速发展，一些新的金融业务应运而生，这也使内部审计人员缺乏足够的专业知识，无法应对金融科技业务的审计要求，难以高质量完成新兴业务的审计监督工作。

工作缺乏有效的监督。当前农村金融机构的内部审计部门主要以完成年度审计计划为目标，很多审计项目存在“走过场”的情况，不能发现业务流程中的深层次问题，甚至存在碍于情面，对发现的问题熟视无睹的情况。而农村金融机构缺乏对内部审计人员的KPI考核，管理层也缺乏对审计工作的监督思维，导致有些问题在内部审计中未被充分暴露，却被监管部门或行业审计查出的情况。比如，国家金融监督管理总局近期公布的对多家农村商业银行的处罚决定，主要违法违规行为有“关联交易管理不到位、员工行为管理不到位、集团客户授信集中度超比例、违规发放异地贷款、中间业务开展不规范”等，这些问题是基本的业务合规性问题，理应在常规内部审计中被发现并纠改，但最终被监管部门处罚，这说明内部审计工作流于形式，内部审计人员工作缺乏有效的监督。

强化提升内部审计人员的专业能力和职业道德素养

优化人员结构，为内部审计部门输入新鲜血液。农村金融机构高级管理人员要提高对内部审计工作的重视程度。首先，人员配置数量要符合《商业银行内部审计指引》监管规定，配备充足、稳定的内部审计人员，保证内部审计部门人员不低于职工总人数的1%，并提供充足的内部审计经费，确保内部审计人员、资金充足到位。其次，要选拔业务精英和骨干人员，包括精通信息技术的人员，将其配置到内部审计部门。最后，建立内部审计人员后备库并及时更新，防止出现审计人员断层，并定期对内部审计人员进行内部、外部业务培训，及时掌握审计动态和新的审计技术。

提高内部审计人员专业胜任能力。各级农村金融机构要对内部审计人员进行上岗培训，定期组织知识技能考试，保持和提升内部审计人员的专业胜任能力，使其掌握金融业务的最新发展动态，了解相关法律法规、专业知识、技术方法和审计实务的发展变化。要培养内部审计人员的职业判断能力，审计工作对职业判断的要求非常高，审计判断贯穿于整个审计过程，其准确性、意见一致性、决策一贯性、稳定性对审计结论的影响至关重要，是审计人员执业的基本能力。要扭转审计人员的思维，让其有成为审计专业人士的想法，促使其主动学习业务知识、审计专业知识和新的规章制度，激励内部审计人员考取各种审计资格证书，如CPA、CIA、CISA等专业资格证书，提升内部审计人员专业胜任能力。

加强对内部审计人员工作的监督。各级农村金融机构要针对本单位的具体情况，制定对内部审计部门和内部审计人员的KPI监督考核办法，健全内部审计质量控制制度和程序，定期实施内部审计质量自我评价，并接受内部审计质量外部评估。对每个审计项目中审计人员的工作成果进行考核监督评价，促使内部审计人员对审计工作给予重视，杜绝屡查屡犯问题，真正做到客观公正地发现审计中的各种问题，公平合理出具审计结论，为管理层提供有价值的审计建议。同时，也要建立有效的激励机制，为审计人员建立个人成长渠道和机制，对审计中发现有价值问题的审计人员给予物质和精神奖励，提高审计人员的积极性，让内部审计为企业健康发展增加价值，真正做到聚焦主责主业，以高质量审计监督护航农村金融机构高质量发展。

总之，面对新的经济发展趋势和新的金融市场环境，各级农村金融机构的审计人员要从自身抓起，认真学习党中央、国务院对审计工作的指示精神，全方位多角度提升自己的专业胜任能力和职业道德修养，遵循独立性、客观性原则，坚持职业操守，遵循客观、保密原则，圆满完成各项审计任务，向农村金融机构管理层提供客观、公正的审计建议，促进各项金融业务合规发展，为农村金融机构健康发展增加价值。

（河北邯郸市城区农村信用合作联社）

中小银行低风险业务风险防范策略探究

文 / 邹宝和

中小银行在我国金融体系中占据着重要地位，其业务范围涵盖了各类低风险业务，如储蓄存款、国债投资、银行承兑汇票、保函、存单质押贷款业务等。然而，低风险不等于零风险。看似低风险的业务背后，仍潜藏着信用风险、市场风险、操作风险等多种风险因素。在当前复杂多变的金融环境下，深入研究中小银行低风险业务风险防范具有重要的现实意义。本文通过对中小银行低风险业务风险类型的分析，探讨其成因，并提出相应的防范策略，旨在为提升中小银行低风险业务的风险管理水平提供些许参考。

中小银行低风险业务概述

中小银行的低风险业务通常包括传统的存款业务、全额保证金银行承兑汇票业务、全额保证金保函业务、政府债券投资业务、低风险的同业业务以及一些风险可控的中间业务等。这些业务具有收益相对稳定、风险较低的特点，在银行的资产负债表中占据着一定比例，对银行的流动性管理和稳健经营起到重要作用。然而，由于制度缺失、科技落后、操作失误等原因，低风险业务仍存在风险。

中小银行低风险业务风险类型及成因

信用风险。在低风险业务中，如银行承兑汇票业务，虽然有保证金作为保障，但如果开票企业的经营状况恶化，出现资金链断裂等问题，或者因未签订保证金质押合同，一旦遭遇诉讼，保证金账户被冻结，可能丧失优先受偿权而无法按时兑付汇票款项，银行将面临垫款风险。部分中小银行对客户的信用评估体系不完善，过度依赖抵押物或担保，而忽视了对企业实际经营能力和现金流的深入分析，容易高估客户的还款能力，从而增加信用风险。

市场风险。对于债券投资类低风险业务，市场利率的波动会对债券价格产生影响。当市场利率上升时，债券价格下跌，中小银行持有的债券资产可能面临市值缩水的风险。中小银行由于自身规模和专业人才的限制，对宏观经济形势和金融市场走势的预测能力相对较弱，在资产配置和投资决策过程中，可能无法及时准确地把握市场变化，进而遭受市场风险。

操作风险。低风险业务流程相对简单，但如果内部控制制度不完善，容易出现操作漏洞。例如，在储蓄存款业务中，可能存在员工违规操作，如挪用客户资金、泄露客户信息等问题，给银行带来声誉损失和法律风险。部分中小银行的信息系统建设滞后，在业务处理过程中可能出现系统故障、数据错误、操作环节错误而系统不能提示等情况，影响业务的正常开展，增加操作风险。

中小银行低风险业务风险防范策略

完善信用风险管理体系。一是强化客户信用评估。中小银行应建立科学、全面的客户信用评估模型，综合考虑企业的财务状况、经营历史、行业前景、现金流等因素，对客户的信用风险进行准确评估。不仅要关注企业的静态财务指标，更要注重其动态经营变化，及时调整信用评级。

二是优化担保管理。对于涉及担保的低风险业务，要加强对担保物的评估和管理，确保担保物的价值充足、权属清晰、变现能力强。同时，要合理控制担保杠杆率，避免因过度依赖担保而放松对客户信用风险的审查。

加强市场风险监测与应对。一是提升市场分析能力。加强对宏观经济形势、货币政策、金融市场动态的研究和分析，组建专业的市场分析团队或借助外部专业机构的力量，提高对市场趋势的预测能力，为银行的资产配置和投资决策提供科学依据。

二是实施风险对冲策略。根据银行的风险承受能力和业务特点，合理运用金融衍生工具，如利率互换、国债期货等，对债券投资等低风险业务面临的市场风险进行对冲，降低市场波动对银行资产的影响。

强化操作风险防控。一是健全内部控制制度。完善低风险业务的操作流程和规章制度，如大额存单质押贷款需存单所有人的配偶共同签字，银行承兑汇票保证金增加质押合同等。明确各岗位的职责和权限，建立相互制约、相互监督的内部控制机制。加强对关键岗位和关键环节的风险控制，定期对业务操作进行内部审计和检查，及时发现和纠正违规操作行为。

二是加强信息系统建设。加大对信息系统的投入，升级和优化业务处理系统，提高系统的稳定性和安全性。

加强数据管理，确保数据的准确性和完整性，利用信息技术手段对业务操作进行实时监控和预警，防范操作风险。

优化业务结构与创新风险管理模式。一是业务结构优化。中小银行应根据自身的资源禀赋和市场定位，合理调整低风险业务结构，避免过度集中于某一类低风险业务。例如，在存款业务方面，注重拓展多元化的存款来源，降低对单一客户或行业的依赖程度；在投资业务方面，优化债券投资组合，分散投资风险。

二是创新风险管理模式。积极探索适合中小银行的风险管理模式，如引入金融科技手段，利用大数据、人工智能等技术对客户信用风险、市场风险进行实时监测和分析，提高风险管理的效率和精度。同时，加强与其他金融机构的合作与交流，学习借鉴先进的风险管理经验和技术，不断完善自身的风险管理体系。

结论

中小银行低风险业务的风险防范是一项系统工程，需要从信用风险、市场风险、操作风险等多个维度入手，完善风险管理体系，加强风险监测与应对，优化业务结构和创新风险管理模式。只有这样，中小银行才能在激烈的市场竞争中，有效防范低风险业务风险，实现稳健可持续发展，为我国金融体系的稳定和经济的健康发展提供有力支持。

在未来的发展中，中小银行应不断适应金融市场的变化，持续提升风险管理能力，加强内部管理和外部合作，确保低风险业务真正成为银行稳健经营的基石，在服务实体经济的同时，保障自身的安全与稳定。

（江苏金湖民泰村镇银行）

浅谈农商银行资金业务高质量发展之道
——以四川绵阳农商银行为例

文 / 马金国

面对利率市场化进程中同业竞争加剧和疫情后经济"弱复苏"背景下信贷需求持续萎靡的双重冲击，农商银行存贷款业务规模增长乏力、息差收窄，生存空间面临严重挤压。在此形势下，农商银行资金业务的规模持续增大，重要性也随之提升。以绵阳农商银行为例，截至2024年12月末，资产总额811.35亿元，其中贷款业务资产规模417.60亿元、资金业务资产规模362.72亿元，资金业务规模与贷款业务规模相差不多，占比达44.71%。在资金业务规模接近贷款业务规模的背景下，推动资金业务高质量发展对调整银行收入结构和改善盈利状况显得尤为关键。

客观存在的劣势

与市场同业相比，农商银行的资金业务具有自有资金充足、业务办理流程"短平快"、资金配置灵活等优势，但也面临着以下四个方面的客观劣势。

第一，政策劣势。根据《中国银监会办公厅关于加强农村合作金融机构资金业务监管的通知》（银监办发〔2014〕215号，以下简称"银监会215号文"）文件要求，监管评级二级（含）以上的农村合作金融机构可以开办AA级（含）以下债券投资、信托产品投资、资产管理计划投资等业务，但全省满足条件的农商银行占比不到5%，大部分农商银行的投资范围受限。很多农商银行所在区域的区县级甚至市级城投公司信用评级均在AA级（含）以下，不满足农商银行债券投资的监管要求，导致农商银行在支持当地实体经济、与当地公司客户深化合作等方面处于劣势。此外，AA级（含）以下信用债收益率较高，限制农商银行投资也降低了农商银行整体的利润率，对农商银行完成经营指标不利。

第二，业务劣势。与国有银行、股份制银行、大型城商行相比，农商银行通常存在以下业务劣势：一是由于资金规模较小、办公地点较偏，往往不被市场同业重视，同时缺少与市场同业的交流合作，议价和定价能力较弱，在市场上缺少话语权，在市场处于极端情况时容易出现流动性风险；二是缺少银行理财、金融衍生品业务等方面的营业牌照，投资范围较窄，缺少投资低信用评级高收益信用债和风险对冲的手段；三是资金来源受限，仅能通过债券回购市场和同业拆借市场募集资金，难以发行同业存单或者金融债，加杠杆的能力有限。

第三，资本劣势。农商银行普遍缺少上市融资和发行二级资本债的资质，股东主要为当地企业，资本外源性补充途径受限。资本内源性补充方面，由于信贷业务投放乏力、利率下行，资本内源性补充需要资金业务贡献更多收入。农商银行提高资金业务收入，基本上只有投资高收益信用债、拉长持仓久期或者开展债券交易三个手段。投资高收益信用债必将占用更多的银行风险资产，导致资本充足率下滑，规模严重受限，对银行收入提升程度有限。而拉长持仓久期或者开展债券交易必将面临较大利率风险，对资金业务从业人员专业性要求较高，可能出现严重浮亏，导致资本充足率进一步下降。上述因素导致资本充足率较低的农商银行资本金补充较为困难，虽然近年来地方政府纷纷发行专项债券补充中小银行资本金，缓解局部风险，但对农商银行整体缺少资本金的局面帮助有限。

第四，人才劣势。由于在地理位置、薪资待遇和社会地位等方面的天然劣势，农商银行的资金业务从业人员与其他商业银行、券商和基金的从业人员在初始学历、从业经验和专业能力等方面均差距较大。农商银行交易员基本为内部人员调岗选拔，通常需要经历柜员、客户经理等多岗位锻炼培养，普遍存在学历较低、专业基础薄弱且年龄偏大的特点。以绵阳农商银行为例，交易员平均年龄44岁，明显高于金融市场上其他机构。虽然农商银行资金业务交易策略通常以配置为主，对从业人员的专业性要求相对同业较低，但在当前市场“低波动、快调整”的特点下，即使是单纯的配置策略也需要交易员具有专业的研判能力和及时的应对能力，才能避免在同业竞争中持续处于不利地位。

主观存在的不足

第一，对资金业务重视程度不够，将资金业务用于监管、财务指标的“锁口”。农商银行普遍在不良贷款率、信贷规模、流动性比例等监管指标和营业收入、净利润等经营指标方面的考核压力较大，而资金业务具有相对灵活便捷的特点，因此资金业务长期以来被用于为其他业务“填坑”“锁口”，违背了资金业务本身的发展规律，重要程度远远被低估。资金业务部门无法根据市场走势自主决策交易行为，往往要受信贷、财务等部门的影响，在季末根据其他业务的指标完成情况集中进行购买票据转贴现、出售债券等交易。这种在季末时点集中交易的行为一方面会被交易对手“趁火打劫”，造成银行经济损失，影响市场声誉；另一方面违背了资金业务发展规律，让资金业务部门丧失开展交易的主观能动性，对资金业务长期发展不利。还有许多农商银行要求资金业务从业人员和总行其他中后台部门人员一样参与“全员营销”、分配存贷款任务，也忽视了资金业务作为银行主要收入来源之一的重要性，也忽视了资金业务从业人员能够创造的价值。以绵阳农商银行为例，2023年5月末，绵阳农商银行金融市场部配置人员7人，占银行总人数不到7%；管理的资金业务规模为325亿元，占全行总资产的比例超过45%；创造的资金业务收入为3.86亿元，占全行总收入的比例达34%。给资金业务从业人员分配存贷款业务，对总体经营目标而言不过是“杯水车薪”，却占用了资金业务从业人员的时间和精力，不利于资金业务的高质量发展。

第二，缺少对资金业务风险的全面客观认识，对信用风险过于谨慎、对利率风险不够重视。一方面，部分农商银行由于历史原因存在“一朝被蛇咬，十年怕井绳”的心理，对信用债投资过于谨慎，缺少对信用风险的客观准确认识，投资范围仅限于利率债和金融债，甚至只投资利率债，不利于收益率的提高和资金业务的正常发展。另一方面，部分农商银行对利率风险不够重视（上述只投利率债的农商银行往往久期较长），为了提高收益率盲目拉长债券久期，使利率风险大幅增加，甚至出现严重浮亏的风险隐患。信用风险通常被视为资金业务的生命线，基本上是“零容忍”，一旦出现违约，必然会进行问责和处分。而利率风险具有两面性，既可能增加收入、提高收益率，也可能造成浮亏、减少银行资本。部分农商银行对于利率风险的管理过于激进，在其他债权资产（原可供出售科目金融资产）出现浮盈时兑现浮盈，在当年获取了较高收益；但是在其他债权资产出现浮亏时，即使在判断收益率可能持续上行时仍不愿止损，避免浮亏兑现，导致利率风险持续提升。

第三，对资金业务专业性要求认识不够充分。农商银行信贷业务的宗旨是“服务‘三农’、服务小微”，开展业务的对象主要是当地小微企业、个体户和农民，具体的竞争对手主要是国有大行的县级分支行。而农商银行资金业务的交易对手是市场上所有金融机构，主要为银行总行交易员和券商总部交易员，竞争更加激烈，专业程度要求更高。市场同业资金业务人员轮岗通常在资金业务条线内进行，如资金交易岗与债券交易岗之间进行轮岗，轮岗人员均满足现岗位的从业资质和专业要求，负责人更是需要有多年资金业务从业经验和较高水平的专业能力。但是部分农商银行低估了资金业务的专业性要求，经常跨业务条线对资金业务从业人员甚至负责人进行轮岗，轮岗人员及负责人往往来自信贷、财务等其他条线，缺少资金业务从业经验，在资金业务专业能力、风险管理和同业资源等方面均缺少积累，难以持续有效推进资金业务高质量发展。

建议

针对农商银行资金业务客观上的劣势和主观上的不足，建议从以下五个方面着手，在守好“三农”阵地的同时，实现资金业务的高质量发展。

第一，确立信贷业务与资金业务共同发展的战略。信贷业务是农商银行发展的根基，资金业务是收入多元化的重要途径，应该相互协同，不可偏废。一是将资金业务的投资方向从传统的金融市场转变到实体经济上来，资金业务部门应该加强同公司机构业务部的业务沟通协调，借助成渝绵一体化发展的东风，积极参与到实体经济主体的营销中去，通过债券投资、协助发债等措施加大公司存贷款业务的营销，抢占市场。二是通过加强资金调度，提升资金利用效率，为贷款业务提供充足的资金支持和流动性保障。

第二，扩展资金业务范围。扩展资金业务范围是推动农商银行资金业务高质量发展的重要举措。具体而言，可以采取以下三个方面的策略：一是获取更多经营牌照及资质。农商银行可以积极申请银行理财、柜台发行地方政府债券等相关资质，以丰富银行产品线，特别是针对高净值客户和年轻客户的需求提供更多具有吸引力的金融产品。二是丰富融资渠道。农商银行可通过扩大市场化的负债手段和负债比例，增加非自有资金的获取能力。例如，通过发行同业存单和二级资本债来获取提高财务杠杆和补充资本金。三是拓展合作伙伴和交易对手范围。农商银行可以寻求与不同类型的合作伙伴和交易对手展开合作，从而扩大市场影响力，并提高定价能力。例如，与券商机构签订投资顾问或者智库机构等协议，从多方面加深合作关系。

第三，加强资金业务人员储备。资金业务对专业能力和职业操守要求较高，应从以下四个方面加强人员储备。一是从业人员选拔时更加注重专业性，优选金融专业、有证券从业资格、对金融市场尤其是国债期货、股指期货有一定了解的人员。二是加强从业人员背景审查，优先选择家庭状况稳定、朋友圈单纯、无任何不良嗜好和自律意识较强的人员。三是交易员队伍要年轻化，保证团队的学习意识和主动性，增强团队成员间经验的交流分享。四是加大对资金业务负责人的培养力度，通过参与市场先进同业举办的培训班、策略分享会以及现场考察、跟班学习等方式，加强对资金业务负责人专业能力、风险意识和同业资源等方面的培养。

第四，确定科学发展和风险管控兼顾的绩效考核办法。目前农商银行的资金业务绩效考核通常分为三种：一是随总行其他科室考核，拿全行工资平均数，这种考核方式通常适用于中后台人员的业绩考核，不利于调动前台交易员的积极性。二是单纯考核交易量，这种考核方式容易导致交易员不计成本增大交易量，增加了资金业务成本。三是单纯考核收益率或者收入，这种考核方式容易引起交易员采取激进的交易策略，增加资金业务风险。上述考核办法考核维度较为单一，建议综合考虑效益和风险，采取将发展类指标（如交易量、收益率、收入、区域协同等指标）、风险类指标（如债券久期、不良率等指标）和合规类指标（定性指标如流程、权限等，定量指标如杠杆率、大额风险暴露等）相结合的考核方式，形成一套完善全面的资金业务考核体系，加大激励力度，充分调动交易员积极性，同时增加考核科学性，对考核指标进行动态调整。

第五，强化对资金业务风险的全面管理。资金业务风险主要可以分为信用风险、利率风险、流动性风险和操作风险。信用风险是资金业务的“生命线”，要做到零容忍，防患未然。债券投资存在金额较大的特点，一旦发生信用风险，将对农商银行造成重大影响。此外，债券投资通常无抵押物，如果发行人在异地，不良处置难度更大。目前房地产市场下行、地方政府财政吃紧，城投债风险加大，城投债投资需要更加谨慎客观评估。利率风险管理最能体现资金业务专业水平，资金业务部门应当首先根据资本充足率等指标确定利率风险最大承受范围，在范围内根据市场走势合理调整债券久期，择机兑现浮盈，避免浮亏。由于利率债流动性较好，农商银行利率债持仓比例普遍较高，资金业务流动性风险实际上较为可控，只是需要按照监管流动性指标要求进行一定的仓位调整。操作风险管理体现农商银行合规管理和制度建设水平，是最容易被监管和审计处罚的方面。操作风险主要体现在超范围投资、未进行名单制管理、无资金业务审批权限授权书、逆流程审批和档案管理不健全等方面，需要日常工作中对照相关规章制度逐一进行审查和管理。

（作者系四川绵阳农商银行副行长）

文化交流

Culture

三人行必有我师

培育践行中国特色金融文化，推动银行高质量发展行稳致远

文 / 钱燕奇 王子龙

中华民族的文化血脉传承数千年而历久弥新，是推动党和国家事业不断向前发展的伟大精神力量。习近平总书记在省部级主要领导干部推动金融高质量发展专题研讨班开班式上发表重要讲话时指出，推动金融高质量发展、建设金融强国，要坚持法治和德治相结合，积极培育中国特色金融文化，做到：诚实守信，不逾越底线；以义取利，不唯利是图；稳健审慎，不急功近利；守正创新，不脱实向虚；依法合规，不胡作非为。这一重要论述，深刻阐明了中国特色金融文化的核心要义，为金融系统大力弘扬中华优秀传统文化，积极培育践行中国特色金融文化指明了方向，是新时代新征程推动金融高质量发展的根本遵循和行动指南。

中信集团应改革开放而生，因改革开放而兴，为改革开放而强，具有听党话、跟党走的光荣传统，在45年创新发展历程中形成了以"32字中信风格"为核心的企业文化和价值观体系，这是中信事业发展壮大的力量源泉和宝贵的精神财富，成为区别于其他企业的显著特征和最鲜明的精神标志。作为中信集团驻闽分支机构，中信银行福州分行坚持用习近平新时代中国特色社会主义思想凝心铸魂，传承红色基因，赓续红色血脉，认真学习领会中国特色金融文化的丰富内涵和实践要求，深入实施文化建设"四大工程"，积极推动中国特色金融文化入脑入心入行，为高质量发展行稳致远提供精神滋养和文化支撑。

深刻领会中国特色金融文化的丰富内涵和实践要求

"诚实守信，不逾越底线。" 诚实守信是金融工作的基本原则。中华优秀传统文化强调"重信守诺"，社会主义市场经济是信用经济，金融行业以信用为基础，没有诚信寸步难行，必须以诚信为基础，坚持契约精神，恪守市场规则和职业操守，发扬"铁算盘、铁账本、铁规章"传统，并将其作为安身立命的生命线。诚信是中信集团的立身之本和经营哲学。早在中信事业创立之初，被习近平总书记赞誉为"爱国企业家的典范"的荣毅仁董事长就强调，信誉是公司的生命，中信人在经营活动中要诚实守信，讲信用、讲商誉、讲道德、讲规则，恪守承诺。45年来，中信集团始终以信交天下，以信取信，受之以信，付之以信，得之以信。在建设金融强国

中信是靠吃“改革饭”、打“创新牌”发展起来的，创新被视为中信集团至为宝贵的优良传统和文化基因。

的新征程上，更要扎扎实实将诚实守信作为基本原则融入各项业务和具体行动中，始终做到诚实经营，珍惜信誉，不逾越底线。

“以义取利，不唯利是图。” 以义取利是衡量企业经营行为的标尺。重义轻利、取利有道是中华民族一以贯之的道德准则和行为规范。金融具有功能性和盈利性双重属性。西方金融本质上是逐利的，服务于资本，而中国特色金融服务于人民，强调不能单纯以盈利性为目标，盈利要服从功能发挥，这是中国特色金融和西方金融模式最本质的区别。荣毅仁董事长曾反复强调：“我们要做有利可图的事，但不做唯利是图的事。”中信银行福州分行坚持把功能性放在首要位置，从疫情期间主动为市场主体纾困解难，到大力推动普惠小微、涉农、民营、制造业中长期等薄弱环节贷款投放加速增长，再到积极落实乡村振兴战略、拓展绿色金融、战略性新兴产业、消费金融、养老金融等，始终致力于以更高质量、更有温度的优质金融服务满足人民金融需求，努力实现金融与经济、社会、环境共生共荣。

“稳健审慎，不急功近利。” 稳健审慎是银行经营发展的法则。“欲速则不达”，金融业是经营风险的行业，只有将稳健经营作为核心理念，才能行稳致远、基业长青。中国特色金融文化的“稳健审慎”，一方面，引导金融机构树立正确的经营观、业绩观和风险观，既看当下，又看长远，不贪图短期暴利，不急躁冒进；另一方面，强调将风险防控作为永恒主题，坚持稳健审慎的“铁律”约束，持续优化内部管理制度，提升应对市场风险和外部冲击的能力。特别是当前百年变局加速演进，更要坚持稳中求进的总基调，统筹好发展和安全的关系，牢牢守住不发生系统性金融风险的底线。近年来，中信银行福州分行探索出台《分支行主要负责人加强自身建设“1+6”工作制度》，要求履行好客户经营、产品推动、风险控制、环境营造、团队建设、党建工作六大职责，目的就在于引导各经营单位坚持干今年、想明年、思长远，谋远谋好谋快并举，不断提升可持续发展能力。

“守正创新，不脱实向虚。” 守正创新是实现高质量发展的重要路径。中国特色金融文化的“守正创新”，强调要扎根于为实体经济服务、适应消费者和投资者需要进行金融创新，不能搞偏离实体经济需要、规避监管的“创新”，不能大搞资金体内循环和脱实向虚，更不能搞庞氏骗局，否则就是伪创新、乱创新。中信是靠吃“改革饭”、打“创新牌”发展起来的，创新被视为中信集团至为宝贵的优良传统和文化基因。近年来，中信银行福州分行充分发挥中信集团金融全牌照的协同优势，联合中信建投证券创新打造“晋江发债模式”，助力当地政府进行国企整合，拓宽融资渠道、降低融资成本，四年累计发债超过500亿元，为企业节约融资成本10亿元以上；量身推出“链生态”金融服务体系，助力强链延链补链，累计服务九牧集团、紫金矿业、安踏集团等相关上下游企业2349户、投放650亿元，三年两获“福建省十大金融创新项目”，服务实体经济质效监管评价连续四年位居当地股份制银行前列。中信银行福州分行在总行新三年战略规划的指引下，以做好“五篇大文章”为牵引，全力推进“五个领先”银行建设，努力以具有中信特色的综合金融服务，赋能实体经济高质量发展。

“依法合规，不胡作非为。” 依法合规是一切经营管理的前提。中国特色金融文化的“依法合规”，要求金融机构和从业人员将依法合规作为本色和底线，严格遵纪守法和遵守金融监管要求，自觉在法律和监管许可范围内依法经营，杜绝“胡作非为”等错误思想及行径，绝不靠钻法律和制度空子、规避监管来逐利，自觉形成依法合规、严守底线的行为准则和氛围。中信集团企业文化凝结着党中央对中信的希望和嘱托，荣毅仁董事长所倡导的“32字中信风格”，首先强调的就是“遵纪守法、作风正派”。近年来，中信银行福州分行坚持正己守道，持续推进“3666平安中信”建设，牢牢守住合规底线、风险底线和行为底线，合规意识更加牢固，合规文化持续厚植，内控体系更加健全，内控效能持续提升，以高水平安全护航高质量发展。

做深做细做实文化建设“四大工程”

文化铸魂工程。文化是金融的灵魂，为新时代新征程推动金融高质量发展提供了根本遵循和行动指南。中信银行福州分行坚持“学文化、强理念、树典型、重践行”，探索建立常态化长效化学习机制。一是党委带头学。充分发挥领学促学作用，把深入学习习近平文化思想、《习近平关于金融工作论述摘编》以及习近平同志在福建工作期间关于金融工作的创新理念和重大实践紧密结合、融会贯通，纳入中心组理论学习、党委会“第一议题”学习，带动全员深学细悟，不断加深对中国特色金融文化本质的理解认识。二是及时跟进学。依托“三会一课”“一月一主题”、青年理论学习等平台机制，通过专家讲学、集体研学、书记讲党课、党员讲微课等方式，深入开展“干部讲心得、骨干教方法、党员谈收获”活动100多场次。三是创新载体学。依托分行党建馆“红色金融教育基地”平台，及时增设中国特色金融文化学习专栏，打造场景式学习氛围，引导教育全行干部员工深刻把握中国特色金融文化的丰富内涵、实践要求和路径方法，并化为日用而不觉的道德准绳和行动标准。

文化融合工程。中国特色金融文化为金融机构推进企业文化建设提供了丰富的精神滋养。中信银行福州分行厚植清晰统一的文化核心理念，持续掀起培育和弘扬热潮，实现全员覆盖、全员参与、全员践行。一是持续内化深化转化。坚持把“诚实守信、以义取利、稳健审慎、守正创新、依法合规”作为企业文化建设根本遵循，推动融入银行发展理念、战略规划和经营管理，并将其与学习宣贯“32字中信风格”有机结合，推动中国特色金融文化入脑入心、落地深植。二是大力开展全行群众性讨论。聚焦业务发展和文化建设两手抓、两不误，探索培育经济效益与社会效益相统一的经营文化，合规和责任相融合的管理文化，资本、风险和收益相平衡的风险文化，客户至上、诚信为本的服务文化以及风清气正的廉洁文化。三是广泛开展“行为公约”征集。结合内外部检查、党委巡察及审计发现的常见问题，面向全行开展践行中国特色金融文化“行为公约”征集工作，引导全行干部员工正确看待义与利、稳与进、守正与创新的关系，将“五要五不”蕴含的内容和思想内化于心、外化于形。

文化育人工程。一是积极打造家园文化。加强员工关心关爱，探索制定“我为群众办实事”实践活动长效机制，持续打造员工关爱体系50条、为员工办实事“十个一”等，积极帮助职工解决急难愁盼问题。组织开展春节纳福、团聚元宵、三八巾帼、主题登山、全行健步走、趣味运动会等特色活动，丰富员工精神文化生活，增强员工归属感、获得感和幸

中国企业文化促进会金融文化工作委员会专题培训班一行到访党建馆参观学习

中信银行福州分行邀请福建师范大学经济学院副教授作专题授课，探讨培育中国特色金融文化的基本条件、路径根基与重要原则

福感。二是打造特色志愿服务品牌。凝聚全行爱心捐修“红军长征出发地”龙岩中复村红军夜校、“中国扶贫第一村”宁德赤溪村“中信路”，持续开展无偿献血、义捐义卖等公益行动，广泛开展消费者权益保护进畲族、“与新市民同心、与新时代同行”金融知识骑行活动，积极传播践行“金融向上向善”理念，不断擦亮“阳光互助，中信同行”志愿服务品牌。

文化塑形工程。坚持知行合一、贯穿塑形，加大对全行上下文化建设的垂直统一管理。一是强化文化阵地建设。聚焦“金融强国建设”、做好“五篇大文章”等重点领域，持续开展文化产品创作、展示、传播等主题活动，积极开展书画活动、演讲比赛、征文比赛等，努力打造该行精品文化项目和品牌。二是加强人才队伍建设。依托分行“100200”优秀年轻干部人才库工程建设，建立全行文化人才队伍储备库。三是持续丰富学习践行场景。集中开展中国特色金融文化诵读，统一制作全辖各经营网点党建墙、图书角文化展示内容，结合“党建服务下基层”开展专题教学、现场答疑、交流访谈，精准辅导。四是积极发挥典型示范引领作用。从全行选树一批符合中国特色金融文化实践要求、能够代表中信风格和文化传承的先进典型，进行隆重表彰宣讲，持续增强文化说服力、感召力，让文化建设更加可知可感可学可做。

文化建设是一项系统工程，需要久久为功、持续发力。中信银行福州分行将进一步厚植金融报国情怀，认真做好中国特色金融文化的学习研究和培育践行工作，不断把文化优势转化为发展优势，努力打造文化自信自立自强的基层实践样本。

（钱燕奇，中信银行福州分行党委组织部副部长、副总经理；王子龙，中信银行福州分行党群工作部员工）

中信银行福州分行开展“中国特色金融文化”专题学习月，分批次组织全行1500余名干部员工赴党建馆参观学习

中信银行福州分行积极践行金融向善向上理念，连续两年开展“我在乡间有亩田”志愿服务活动

东来不是一天就“胖”起来的

——中国中小金融企业如何向胖东来学习企业文化落地

文 / 张文强

胖东来，一个在中国零售业中熠熠生辉的名字，即便在其线上超市中，也能见到其独特的文化印记。胖东来的线上超市中有两本书，《美好之路》和《走在信仰的路上》，这两本书作为胖东来企业文化的传播载体，不仅彰显了胖东来对于文化建设的重视，更揭示了其核心竞争力——文化的影响力。每一次消费者在线上超市的驻足，都是对胖东来企业文化的一次关注和思考，引发人们探究：胖东来究竟凭什么？

在当今这个竞争激烈的市场环境中，企业文化作为企业软实力的重要组成部分，对企业的长远发展具有不可估量的价值。胖东来作为中国零售业的佼佼者，其独特的企业文化不仅赢得了顾客的广泛赞誉，更为众多企业提供了宝贵的学习范本。中国中小金融企业如何借鉴胖东来的成功经验，实现企业文化的有效落地？本文将从胖东来企业文化的核心理念出发，结合中国中小金融企业的实际情况，深入探讨企业文化落地的策略与实践。

学习胖东来的企业文化，其实是一个分层次的过程。企业文化由三个层次构成：表面层的物质文化，即企业的“硬文化”，包括（企）厂容、（企）厂貌、硬件设备、产品造型、外观、质量等；中间层的制度文化，涵盖领导体制、人际关系以及各项规章制度和纪律等；核心层的精神文化，即“企业软文化”，涉及各种行为规范、价值观念、企业的群体意识、职工素质和优良传统等，是企业文化的核心，被称为企业精神。因此，如果我们学习胖东来仅停留在物质文化层面，最终结果只能是邯郸学步，不伦不类。真正的学习，必须深入到制度层面和精神层面。

胖东来企业文化的核心理念

胖东来的企业文化以“自由·爱”为核心信仰，致力于传播先进的文化理念，培养健全的人格，成就阳光个性的生命。其企业文化体系丰富而全面，涵盖了顾客至上、员工关怀、持续改进和社会责任等多个方面。

顾客至上。胖东来始终将顾客的需求和体验放在首位。他们通过提供高质量的服务，如提供多种购物车以满足不同人群需求，定期清洁消毒购物车等；在商品细节上，蔬菜裹保鲜膜贴贴纸，卷袋顶端设湿手器，切开水果配勺子，海鲜称重前沥干水等，这些细致入微的服务让顾客感受到了被重视和关怀。胖东来深知，只有真正把顾客当家人，才能赢得顾客的信任和忠诚。

员工关怀。胖东来重视员工的个人发展和幸福感。他们为员工提供优越的工作环境和丰厚的福利待遇，包括极具竞争力的薪酬、免费体检、带薪假期、员工培训和发展计划等。此外，胖东来还设立了员工关怀基金，帮助有需要的员工渡过难关。这种以人为本的管理理念，极大地激发了员工的工作积极性和创造力，使员工能够在企业中找到归属感和成就感。

持续改进。胖东来企业文化中持续改进的精神尤为突出。他们倡导不断创新和改进，鼓励员工提出改进意见，并实施卓越运营管理。通过引入智能化的仓储和物流系统，胖东来提高了库存管理和配送效率，不断适应市场变化，保持竞争优势。

社会责任。胖东来积极参与社会公益活动，履行企业社会责任。他们组织各种慈善活动，将部分利润用于支持教育、环保和其他公益项目。这种社会责任感不仅提高了胖东来在公众心目中的形象和地位，也为企业赢得了更多的社会支持和认可。

中国中小金融企业文化落地的挑战

相较于胖东来等零售企业，中国中小金融企业在企业文化落地方面面临着诸多挑战。

行业特性差异。金融行业与零售行业在业务性质、服务对象、监管要求等方面存在显著差异。金融行业更加注重风险控制和合规经营，而零售行业则更加注重顾客体验和商品质量。因此，中小金融企业在借鉴胖东来企业文化时，需要更加注重风险管理和合规性建设，确保企业文化与金融监管要求相契合。

资源有限性。相较于大型企业，中小金融企业在资金、人才、技术等方面存在明显劣势。这使它们在企业文化建设和落地过程中面临更多困难，例如，缺乏专业的企业文化培训师、缺乏足够的资金用于企业文化建设等。因此，中小金融企业需要更加注重资源的高效利用和合理配置，确保企业文化建设的有效推进。

员工素质参差不齐。部分员工可能缺乏对企业文化的认同感和归属感，这增加了企业文化落地的难度。因此，中小金融企业需要更加注重员工的培训和教育，提高员工对企业文化的理解和认同度，确保企业文化能够在企业中得到有效传播和实践。

胖东来的企业文化以“自由·爱”为核心信仰，致力于传播先进的文化理念，培养健全的人格，成就阳光个性的生命。

中国中小金融企业向胖东来学习企业文化落地的策略

针对上述挑战，中国中小金融企业可以从以下几个方面入手，向胖东来学习企业文化落地。

明确企业文化核心理念。企业文化核心理念是企业文化的灵魂和核心。中小金融企业需要结合自身实际情况，明确企业文化的核心理念。例如，可以将“诚信、稳健、创新、共赢”作为企业文化的核心理念。这一理念既体现了金融行业的特性，又符合中小金融企业的发展需求。通过明确企业文化核心理念，中小金融企业可以为企业文化建设提供明确的方向和目标，确保企业文化建设的有效推进。

加强员工培训与教育。员工是企业文化的传播者和实践者。中小金融企业需要加强员工培训与教育，提高员工对企业文化的认同感和归属感。可以通过定期举办企业文化培训、开展企业文化主题活动等方式，加深员工对企业文化的理解和认识。同时，还可以将企业文化纳入员工绩效考核体系，激励员工积极践行企业文化。通过加强员工培训与教育，中小金融企业可以培养出一支具有共同价值观和使命感的员工队伍，为企业文化建设提供有力的人才保障。

注重细节管理与服务提升。胖东来在服务细节上做到了无微不至，这种极致的服务赢得了顾客的广泛赞誉。中小金融企业可以借鉴胖东来的做法，注重细节管理与服务提升。例如，在客户服务方面，可以提供更加便捷、高效的金融服务；在内部管理方面，可以优化业务流程、提高工作效率。通过细节管理与服务提升，中小金融企业可以增强客户的满意度和忠诚度，提升企业的品牌形象和市场竞争力。

强化社会责任与品牌建设。社会责任是企业文化的重要组成部分。中小金融企业需要积极履行社会责任，参与社会公益活动，树立良好的企业形象。同时，还需要加强品牌建设，提高品牌知名度和美誉度。可以通过加强与媒体的合作、开展品牌宣传活动等方式，提升品牌形象和影响力。通过强化社会责任与品牌建设，中小金融企业可以赢得更多的社会支持和认可，为企业的长远发展奠定坚实的基础。

推动企业文化与业务融合。企业文化与业务融合是企业文化落地的关键。中小金融企业需要将企业文化融入日常经营活动中，实现企业文化与业务的有机结合。例如，在产品开发方面，注重产品的创新性和实用性，开发出符合市场需求和监管要求的金融产品；在市场营销方面，注重营销策略的针对性和有效性，通过精准营销和差异化竞争赢得市场份额。通过推动企业文化与业务融合，中小金融企业可以提升企业的核心竞争力和市场地位，实现可持续发展。

企业文化是企业发展的灵魂和动力。中国中小金融企业需要借鉴胖东来等优秀企业的成功经验，结合自身实际情况探索适合自身的企业文化落地路径。通过明确企业文化核心理念、加强员工培训与教育、注重细节管理与服务提升、强化社会责任与品牌建设以及推动企业文化与业务融合等措施的实施，可以逐步实现企业文化的有效落地和企业核心竞争力的提升。

正如古人云：“合抱之木，生于毫末；九层之台，起于累土。”企业文化的建设不是一蹴而就的，需要长期的积累和沉淀，胖东来也不是一天就“胖”起来的。中国中小金融企业需要保持耐心和恒心，持续推动企业文化的落地和实践，为企业的长远发展奠定坚实的基础。同时，还需要不断学习和借鉴优秀企业的成功经验，不断完善自身的企业文化体系，以适应不断变化的市场环境和客户需求。在未来的发展中，中国中小金融企业将以更加坚定的步伐和更加饱满的热情，迎接新的挑战和机遇，实现更加辉煌的成就。

（作者系互联网实验室营销中心执行主任）

“发”毫泼墨！擘画皖城“兴农”新画卷

文 / 李晨霞

徽风皖韵，人间仙境，于四季更迭中沐光前行。初见，春色曼妙，盛开于“桃花潭水深千尺，不及汪伦送我情”的桃花潭中；重逢，炎炎盛夏，勾勒浓墨风骨，书写在“沿溪纸碓无停息，一片春声撼夕阳”的古法造纸中；再遇，秋日硕果，传承于峥嵘岁月大集体时代的记忆，未曾在历史长河中化为沧海一粟；回眸，银装素裹青瓦白墙，又见故乡，乡愁得以寄托。四季的变化，描摹出不一样的水墨色彩，却将皖城的绚烂山河于时光变幻的缝隙中逐一拼凑！一幅鲜活生动的文化画卷跃然纸上。

这时，如果将时光悄然划定为1995年——农发行安徽省分行成立伊始，细细寻找，不难发现，这幅卷轴中，有一抹政策性金融的身影。

2024年，中央经济工作会议指出，统筹推进新型城镇化和乡村全面振兴，促进城乡融合发展；2023年10月召开的中央金融工作会议提出做好科技金融、绿色金融、普惠金融、养老金融、数字金融“五篇大文章”；2019年，国家机关发布报告，强调深入学习浙江“千村示范、万村整治”工程经验，扎实推进农村人居环境整治工作；2017年，习近平总书记在党的十九大报告中提出乡村振兴战略；2012年中央“一号文件”提出，加大力度保护有历史文化价值和民族、地域元素的传统村落和民居……紧跟国家政策步伐，向阳而生的农发行人，聚焦主责主业，坚守“三农”阵地，一系列抓铁有痕、落地有声的实绩，激活非遗文化的魅力，唤起乡愁的回忆，点亮信仰的灯塔，产业焕新，乡村蝶变，美好生活正从向往逐渐走进现实。

2024年12月，由中国企业文化促进会金融文化工作委员会联合部分媒体开展的“金融文化兴‘三农’——中国农业发展银行媒体采风”活动，走进了安徽省分行。在徽风皖韵与政策性金融交织下，采风小组见证了一幅幅“支农为国、立行为民”的动人画卷，在这片山川起伏、人文荟萃的热土中徐徐展开……

非遗画卷：徽墨瑰宝，宣纸琼浆

非遗画卷描摹在“以义取利”中。

剥皮、踩皮、摊晒成燎皮、鞭皮洗皮、漂白成檀皮纤维料……从原料采集到成品，经过108道工序的宣纸，成就了“墨韵千年，纸染江山”的美名。留白、晕染、书写、泼墨、勾勒……宣纸之上，跳动的是山水仙境，是情愁思绪，亦是家国大义。

那一年，蔡伦的弟子孔丹，仿佛受到师傅的指引，寻觅到青弋江畔，忽见青檀树枝条浸入水中，其细腻的纹理、恰到好处的吸水性，吸引着他，遂发匠人之心。于是，“千年寿纸”有了印迹。又春华秋实，岁月鎏金，电子载体铺天盖地，喜乐哀愁、山水美景、缕缕墨香，似乎消弭在一方方小小的屏幕内。曾经的纸中之王，中华文化瑰宝的非物质文化遗产又将何去何从？

“历史文化遗产承载着中华民族的基因和血脉，不仅属于我们这一代人，也属于子孙万代。要敬畏历史、敬畏文化、敬畏生态，全面保护好历史文化遗产。”习近平总书记的重

要讲话，让非遗传承保护者信心倍增，也让正在迷茫中的宣纸找到了新希望。

重拾非遗，延伸宣纸产业链，打造文旅融合发展模式，让传统文化飞入寻常百姓家，迫在眉睫。在泾县政府的悉心呵护下，以现有中国宣纸股份有限公司、中国宣纸博物馆和文化园为核心，总投资8.29亿元，占地约2.83平方公里，突出宣纸这一非遗特色的中国宣纸小镇项目被提上日程。

然而，项目立项之初，庞大的资金缺口，一时间让人犯了难。一般来讲，追求效益是各行各业的立业之本，但面临投入巨大，收益却打上问号时，你的选择会是什么?以“支农为国、立行为民”的崇高使命践行正确的义利观，便是万千农发行人的答案。

“我们将家国情怀书写在祖国大地上!”农发行宣城市分行行长这样说，“在经营中始终坚守伦理道德，将国家利益、社会利益、客户利益置于自身利益之上，不能只顾追求经济利益，更应注重社会效益。”

路漫漫其修远兮，宣城分行一次次沟通对接，一趟趟实地考察，前期资料的收集，“保姆式”的服务，中国宣纸小镇项目6.5亿元融资授信终于成功获批。随着一笔笔资金的迅速到位，2023年10月，“纸山行不尽，如在画中游”的中国宣纸小镇有了雏形。突出宣纸和非遗特色，聚集和提升宣纸及文房四宝产业，吸引一批书画艺术家落户小镇，建设一批艺术馆、展示馆，盘活宣纸产业链的非遗致富之路正从画卷中款款而来。

千年寿纸，正是风华正茂时!

青色画卷：人间烟火，千年仁里

青色画卷践行在“实干笃行”中。

雕梁画栋，飞檐翘角绘春秋；青瓦白墙，回廊深幽挂落花；石桥古巷，细雨蒙蒙映春愁；山水相依，诉说千年兴衰沉浮……漫步皖南，扑面而来的是乡土的气息，我们仿佛穿越时光，回到了阔别已久的故乡!查阅资料不难发现，安徽共有470个村落被列入中国传统村落保护名录、818个村落被列入省级传统村落保护名录。

如何保护好这一历史的馈赠，激活古村落生态产品价值?

农发行安徽省分行将农业政策性金融与皖南地区传统村落保护利用相结合，创新推出了“村落徽州”模式。立足传统村落等历史文化资源，分析借鉴浙江“千万工程”经验做法，结合安徽省“千村引领、万村升级”部署要求，采取地方政府负责制度建设、市场主体负责运营管理、村民负责提供用地经营权及房屋供应、农发行负责评估市场化融资模式推进，通过盘活传统村落土地、村民闲置民房，着力打造徽州特色村落，融合发展农耕体验、农业创意、乡村手工艺等乡村产业，“政府+银行+企业+乡村”的“村落徽州”模式被逐步确立，并逐渐成为乡村振兴的重要抓手。

宣城市绩溪县作为安徽省首个全国传统村落集中连片保护利用示范县，在“村落徽州”项目中紧跟步伐，上庄镇、瀛洲镇……绩溪县的传统村落保护项目开展得如火如荼。瀛洲镇仁里村便是“村落徽州”项目的典型案例之一。

“部分年轻人回来了！”“闲置的房屋有了去处，还可以提高收入！”“外地人多起来了，我们村不再冷冷清清了！”……身为新晋网红打卡地的仁里村的村民们看着这些年的变化纷纷感慨道。

村民们扬眉吐气的背后是绩溪县农发行不遗余力的资金支持：2022年在绩溪县东部旅游片区基础设施提升项目中授信1.5亿元，其中投放6600万元用于仁里村村庄基础设施改造提升项目；2023年，以“村落徽州”模式为载体助力乡村振兴，审批绩溪县“村落徽州”保护和利用（一期）项目，该项目申贷金额4亿元，投放贷款2.69亿元，用于支持包括仁里村等传统村落的工程建设。在村房翻新、街道提亮、雨污管网改造、电力埋线等一系列行动下，昔日仁里焕发出新的色彩。

“我们将继续立足传统村落等历史文化资源优势，依托‘村落徽州’模式，不断探索政策性金融赋能传统村落发展新路径，推动县域传统村落焕发时代活力。”谈及未来，绩溪农发行行长信心满满。

一蓑烟雨梦徽州，青砖黛瓦马头墙。“要让居民望得见山、看得见水、记得住乡愁。”总书记的话语践行在皖南大地上，践行在政策性金融的披星戴月中。

古色画卷：人烟开小聚，传说吕蒙城

将古色画卷刻画在“扎根本土”中。

2024年10月17日，习近平总书记在六尺巷考察时指出，“要加强历史文化保护，坚持创造性转化、创新性发展，在发展社会主义先进文化、弘扬革命文化、传承中华优秀传统文化上协同发力，打牢社会治理的文化根基。”晨曦微露中，循着总书记的脚步，我们再次踏上政策性金融之旅，这一次的目的地是桐城市。

这是一座有着文都美誉的城市，有一个小巷，宽不过六尺，却蕴含“谦和礼让、知进退、和为贵”的深刻内涵；有一座文庙，以祈文运昌盛，桐城派名家辈出；有一条老街，传说吕蒙城，仿佛从记忆中走来……桐城的历史底蕴、人文建筑、文化传承之深令人陶醉。

然而，与六尺巷和文庙的摩肩接踵相比，老街的另一番景象，则让人唏嘘不已。

老街名曰孔城，位于孔城古镇。《桐旧集 · 孔城》有云“人烟开小聚，传说吕蒙城。”漫步在这幅有着1800多年历史的悠远画卷中，古老的青石板光滑如镜，仿佛记录着过往岁月的脚步声和喜怒哀乐；两旁的建筑，飞檐翘壁、斗拱雕梁、青瓦白墙，依旧保持着原汁原味的历史风貌；一甲、二甲，直至十甲，零星的人影诉说着无尽的寂寥。

在历史资源、文化遗产如此丰富的热土上，如何紧跟总书记的殷切嘱托，依托古村落，带领当地百姓捧上旅游饭碗，考验着政策性金融的智慧。

基于习近平总书记在安徽考察时的重要讲话精神，以及“扎根本土”的丰富的传统村落文化资源保护优势，桐城农发行积极探索“乡村振兴+农文旅”发展路径，因地制宜制定“文化资源开发+产业资源导入+农旅资源融合”模式，在资源丰富的孔城古镇先行先试，最大限度地保留特色文化资源的同时，助力桐城4950亩茶园、2280亩中草药、640亩食用菌种植示范基地建设，同步改造闲置民宿100余间……量体裁衣的桐城市传统村落保护（一期）项目新鲜出炉。

古村落“旧貌换新颜”，正是朝气蓬勃时！

时光不负追光者，相信随着政策性金融活水的滴灌，历史记忆的一卷卷画轴将被修复，栽下梧桐

树，引得凤凰栖的致富之路已铺就，昔日吕蒙城的寂寥也将很快蜕变成美丽的烟火人间。

创新画卷：世外桃源，一宅两院

优美画卷呈现在“守正创新”中。

你见过隐居于群山深处的民宿吗？

从安庆市岳西县县城出发，沿着盘山公路蜿蜒起伏，驱车行驶大约1小时，进入大别山深处。只见流水潺潺，茭白青青，间或有行人悠然自得，漫步于乡间小道；村口处，石墙上白色的“中国一宅两院发源地”与红色地理标志“马畈”二字相得益彰；远眺，蓝天白云下，一座座白色二层小楼给满目的绿色添加了别样的景致，我们便知到达了此行的目的地。

凭借着适宜的温度、美丽的乡村风景与大别山滑雪乐园，这里成为游客向往的“诗和远方”。而马畈村也逐渐形成了“一宅两院”，即一户农宅、两个“院落”，农户在原来的农村房屋基础上加一个门，将房子分成两个院子（或上下层）这样的两个独立空间，一楼由农户自己居住，二楼改造为民宿，供客人居住，互不影响，核心是“使用而不占有”的发展概念，并在全省率先实施试点。

如何实现院景向“钱”景的转变？

2023年，时任安徽省委书记在前往岳西县石关乡“一宅两院”模式示范点调研时指出，要盘活农村空闲住宅资源，实现农房变客房、田园变公园、资源变资产、乡村变景区。有了前行的方向，心系“三农”，作为服务乡村振兴的银行，岳西农发行在对县域基本情况、“一宅两院”实施进展等进行深入调研后，主动对接谋划，在“村落徽州”的基础上创新推出“一宅两院”民宿发展模式：以县级国有公司与当地村集体经济组织按照市场化原则共同出资设立新公司，采取“EPC+O”模式负责项目投资、建设、运营，项目完工后，固定资产使用费、运营利润分成及母公司补贴作为第一还款来源，第三方县级国有公司提供全额连带责任保证担保作为第二还款来源，力求破解土地资源制约相关项目推进的难题。

2024年6月24日，农发行岳西县支行获批改善农村人居环境贷款1.3亿元，用于支持岳西县石关乡“一宅两院”集聚示范区（一期）项目建设。随着政策性金融的迅速到位，马畈村也迎来了致富热潮。

“现在，住宿既有收入，还可以实现家门口就业，幸福感满满的！”烈勇，马畈村人，是第一批“吃到螃蟹”的人。项目自建设以来，有力带动了马畈村农业转移人口就业、促进农民增收。在建设过程中，以当地农村剩余劳动力作为组织务工的重点对象，吸纳农业转移人口不少于50人，带动当地农民就业增收2万元/人。可以预见，项目完全建成后，各功能区正常运营，新增就业岗位超过150个，带动当地农民就业不少于60个；带动当地特色农产品销售，预计增收3万元/年。

“一宅两院”只是政策性金融支持乡村振兴的一隅。正如农发行安徽省分行办公室副主任所说：“我们农发行干事业很多时候都是带着对农业农村的这种感情在做，首先考虑的是能否带动当地农民致富。”守正创新，星星之火，足以燎原，愿政策性金融的星火，借助新奇独特的金融模式，吹向乡村振兴的每一个角落。

绿色画卷：云上岳西，茶满芳庭

绿色画卷书写在“持之以恒”中。

提起茶叶，你会想到什么？是或苦、或涩、

或鲜、或甜、或酸的口感?还是绿、红、白、黄、黑的各种颜色?我首先想到的是北纬30度的传奇,来自大别山深处的岳西翠兰。

人们常说,茶叶的出生地决定了茶叶的先天品质。岳西县地处北纬30度黄金产茶带,加之大别山腹地独特的条件,土壤富含有机质、500~1000米的海拔,使岳西茶叶叶片肥厚,色泽翠兰,清香持久,也成就了岳西翠兰"茶中仙子"的美誉。

于冬日暖阳中行路,走进岳西县菖蒲镇,只见一望无际的茶园内,红色、黄色交织在一大片绿色中,风吹过,簌簌的响声奏响生命的乐章。远处,"绿水青山就是金山银山"的标语分外明显。我们还来不及大饱眼福,谁知"我们后面还有几座茶山!"菖蒲镇镇长向我们介绍道,"得益于好政策,茶叶也已成为我们脱贫致富的抓手,再加上政策性金融的支持,我们底气十足!"

"乡村振兴义不容辞!"听着储超满是赞美的话语,岳西农发行行长信心满满。回首过往,"一次次项目的落地、政策性金融的一回回过关……"岳西农发行服务乡村振兴信念的力量就此拔节生长。这一掠影穿越时光,与数十年前大集体时代皖南一心为社员服务的公仆——生产队长会面,带领社员辛勤耕耘,成为那一段星星之火的赓续。

岁月如梭,似水流年,正如农发行安庆市分行行长所言,"农发行的基层行长就是生产队的队长"。数十年前,一个个踏实能干的生产队长化作满天星辰,数十年后又聚沙成塔,发挥"领头雁"优势,成就了一个个忠诚于党,忠于人民,坚持"家国情怀、专业素养"价值追求的基层农发行队伍。

数十年前,一个个踏实能干的生产队长化作满天星辰,数十年后又聚沙成塔,发挥"领头雁"优势,成就了一个个忠诚于党,忠于人民,坚持"家国情怀、专业素养"价值追求的基层农发行队伍。

于是,绿色画卷被逐渐绘就……

过往,岳西县茶园低产低效,树龄过长、立地条件过差、树冠培育不合理等制约着茶产业的发展。而此类茶产业融合项目回报周期长、资金需求大。但乡村振兴要继续,脱贫攻坚要跟进,需要的不是仅关注短期收益状况的资金,而是着眼长远,综合考虑技术创新、领先优势、商业模式等非财务指标的耐心资本的介入。

沟通交流、调研走访、可行性分析、立项报告……岳西农发行将乡亲们的期盼化为一笔笔资金。目前,岳西县乡村振兴茶产业融合发展(一期)项目总投资9.18亿元,获批农发行贷款7.34亿元。随着大额资金的入账,流转的39172亩低效茶园改良提升也提上了日程,土壤改良、原有茶树修剪、苗木补植、肥水及病虫害防治,并配套建设园路、灌溉设施及其他附属设施等改造正如火如荼……项目建成后,将助力岳西县茶产业一产向后延伸,促进规模化、组织化种植,二产向两端拓展,提升标准加工能力和"岳西翠兰"品牌建设,三产向高端开发,推动茶旅融合发展,从而实现"因茶致富、因茶兴业"目标。

一叶知秋,岳西农发行对茶产业的长期贷款,只是农发行安徽省分行发展"耐心资本"的个例。可以想象,在幅员辽阔的祖国大地,政策性金融的福音,以社会效益为先,将润泽一个又一个项目,持之以恒,久久为功。

星光不问赶路人,时光不负有心人。沉浸在政策性金融的润泽中,从非遗传承宣纸出发,一路奔波,我们亲身经历了"村落徽州"里的人间烟火;我们穿越在吕蒙城中,看到历史的卷轴被一点点修复;我们行至大山深处,与村民一同沉浸在民宿致富热潮中;我们眺望未来,茶山化为金山银山……我们感受到流淌在政策性金融血脉里跳动着的"以义取利、实干笃行、扎根本土、守正创新、持之以恒"的文化因子。

一半烟火以谋生,一半诗意以谋爱。于是,这幅山水画卷有了不一样的色彩。曲终人未散,"支农为国、立行为民"的皖城"兴农"画卷仍在擘画!

(中国企业文化促进会金融文化工作委员会)

农行阜蒙县支行组织党员干部开展“缅怀革命先烈 传承红色基因”主题党日活动

关于新形势下中国农业银行基层党组织建设的调查与思考

文 / 白俊成 国 明

《中国共产党章程》中明确，党的基层组织是党在社会基层组织中的战斗堡垒，是党的全部工作和战斗力的基础。当前，正值中国农业银行深化改革和转型发展的关键时期，促改革、求发展是当前农业银行经营发展的主题。在这种新形势下，进一步加强基层党组织建设，充分发挥基层党组织的战斗堡垒作用，是摆在我们面前的一大课题。

当前基层党组织存在的主要问题

近年来，在各级行党委的正确领导下，农业银行系统越来越重视基层党建工作，“围绕经营抓党建，抓好党建促经营”的理念已深植于广大基层党员干部的内心，党建基础不断夯实，基层党组织的战斗力、凝聚力明显增强。但由于受到各种主客观因素的影响，基层党组织的工作仍然存在不少问题，客观上造成了党建工作与业务经营发展“两张皮”。经实践调查，主要表现在以下几方面。

思想认识不到位。受传统思想影响，“重业务发展、轻党建工作”在基层农行，特别是营业网点仍普遍存在。部分党员干部、特别是基层网点人员有的认为党建工作是“上头”的事儿，与自身无多大关系；有的认为党建工作是“软指标”，把业务经营搞上去才是“硬道理”，没有按要求将党建工作摆到应有的位置进行对待和研究，致使此项工作依然处于说起来重要、做起来次要、忙起来不要的状态。

学习教育有短板。部分党员干部存在“学习教育空对空，干好工作才是实打实”的片面思维，特别是当业务经营与学习教育发生矛盾时，往往认为学习教育可以缓一缓、推一推，存在被动搞、不想搞、不愿搞、应付搞的现象。加之部分基层人员的理论水平和自身能力不高，在传达贯彻上级决策部署时，存在层层“打折扣”的问题。

认真学习领会习近平总书记系列重要讲话精神，理解掌握增强党性修养、践行宗旨观念、涵养道德品格等基本要求。

组织生活制度不落实。有的党组织负责人常常以业务工作忙为由，忽视各项组织生活制度的落实，导致组织生活流于形式，没有充分发挥党建工作对业务发展的重要指导作用；有的党组织民主评议党员时讲成绩多、谈问题少，批评和自我批评不深刻，达不到红脸、出汗和改进、提高的目的；有的党组织没有将党建制度有机地镶嵌到履行职责、内部管理的各项制度中去，导致党组织制度执行偏松偏软，党内监督形同虚设。

党员作用发挥不明显。有些党员对自己要求不严，标准降低，在工作中不能做到“平时能够看出来，关键时刻能够站出来”，未能真正发挥作为一名党员的骨干带头作用。加之基层网点人员调动相对频繁，在人员调整时，有时未能充分考虑到党建工作方面的衔接性和持续性，从而影响了党员先锋模范作用和党支部战斗堡垒作用的发挥。

党建业务“两张皮”。一些基层党组织重业务、轻党建，就党建抓党建，甚至党建工作被弱化、虚化，一定程度上影响了党建作用的发挥；有的基层党组织党建与业务工作结合不紧密，若即若离，存在着结合不实、交融不深的“两张皮”现象，甚至有时各弹各的曲、各唱各的调，党建对业务工作的引领和促进作用不佳；有的基层党组织找不到党建工作与业务工作的结合点，做不到党建工作引领什么，中心工作就推动什么，党建工作统领全局的作用得不到有效发挥。

加强农业银行基层党组织建设的建议

思想决定出路。政治觉悟和思想认识是塑造优秀共产党员队伍的根本。新形势下，农业银行要想长期可持续发展，就必须加大对共产党员的政治思想教育与培训力度，积极寻求最具科学性和先进性的教育方式，来全面调动起共产党员干事业、争进步的积极性和主动性，深入挖掘党员干部的发展潜力，打造出一支强有力的共产党员职工队伍，这对于增强基层营业网点的营销拓展能力、提升农业银行的综合竞争实力，有着非常重要的意义和作用。

强化思想引领。做好当前乃至今后一个时期的各项工作，都离不开党的领导，也离不开各级党委、政府的大力支持。坚持党的领导，务必要进一步强化思想引领，旗帜鲜明保持和增强党建工作的政治性。要引领基层广大党员干部切实增强政治敏锐性和政治鉴别力，推动全体党员增强“四个意识”、坚定“四个自信”、做到“两个维护”，自觉在思想上、政治上、行动上始终同以习近平同志为核心的党中央保持高度一致；要严明党的政治纪律和政治规矩，及时传达学习、坚决贯彻执行党的路线方针政策，把上级行党委的决定、决议切实落实到实践工作中去，决不允许在贯彻落实总、省行党委决策部署上打折扣、做选择、搞变通；决不允许对上级党委决定置若罔闻、虚以应付，必须坚决遏制“重业务轻党建”，将业务工作与党建相对立的不良倾向。

强化学习教育。一方面，动员和组织全体党员逐字逐句对党章党规进行通读，引导党员尊崇党章、遵守党章、维护党章，养成纪律自觉，守住为人、做事的基准和底线。另一方面，要认真学习领会习近平总书记系列重要讲话精神，理解掌握增强党性修养、践行宗旨观念、涵养道德品格等基本要求。在学习的过程中，要丰富学习方式和学习方法，坚持党支部集中学习和个人自学相结合，学习研究与讨论交流相结合，组织各种培训，要通过学习不断解开思想扣子，纠正认识偏差，在学思践悟中牢记党规党纪，坚定正确政治方向。

加强队伍管理。一要加强党员的党性教育。各基层营业网点党支部要把党性教育放在更加突出的位置，不断提高党员的政治理论水平和解决实际问题的能力。二要建立健全党员学习、“三会一课”、民主生活会、民主评议党员、党组织目标管理、党员承诺践诺等制度，定期召开支部党员大会、党支部委员会、党小组会，按时上好党课，切实加强党员的管理。三要切实发挥党员的先锋模范作用。在营业网点开

农行阜新县支行组织党员干部参观红色教育纪念馆

农行阜新县支行与退役军人事务局联合开展主题党日活动

展党员"亮身份、当示范"活动，实行党员承诺制，为党员设岗定责，充分发挥党员的先锋模范作用。同时要严把党员入口关，努力把业务骨干培养成党员、把党员培养成骨干、把党员中的业务骨干培养成基层干部。对长期游离于党组织之外，不交纳党费、不参加组织生活的党员，要经过民主评议程序，毫不手软地进行处置，进一步畅通党员出口，纯洁党员队伍。

提升服务质量。通过组织"人人戴党员徽章、人人亮身份"活动，主动让基层党员亮身份、强意识，进一步增强群众对农业银行工作的监督。通过在营业网点配备爱心座椅、常见外用药、手机充电、雨伞租借、轮椅等，主动向社会公众提供有"温度"的特色服务。同时，抓住影响客户满意度提升的突出问题，引导基层党组织积极开展作风整顿，以作风转变促进服务效率改进，通过集中梳理各岗位人员职责、厅堂服务流程和厅堂大堂经理、客户经理人员配置，进一步强化客户服务意识和能力，改进客户服务机制和模式，提高客户服务质量和效率，切实打通服务群众的"最后一公里"。

创新党建工作。坚持党建工作与业务发展两手抓、两手都要硬，做好党建工作与业务发展的有机统一。一方面，基层党支部书记要把抓党建作为主业，从思想上重视党建，从行动上狠抓党建，从业务上检验党建，将二者融会贯通。党支部班子要切实发挥领导核心作用，对支部的各项建设和单位的中心问题、重点问题、难点问题进行研究，常抓不懈、抓出成效，不断发挥党支部的战斗堡垒作用。另一方面，坚持与时俱进，把基层党建工作融入农业银行的改革发展中，融入支持乡村振兴和做好科技金融、绿色金融、普惠金融、养老金融、数字金融"五篇大文章"中，围绕改革发展拼业绩、比贡献，调动全体党员围绕岗位工作比、学、赶、超的积极性，发挥党员在员工队伍中的模范带头作用。同时，将党建工作与群团工作相结合，充分发挥群团组织的纽带桥梁作用，强化关爱意识、服务意识和责任意识，支持工会开展民主管理和监督，维护和保障职工权益。广泛开展"文明单位""十佳网点"、青年文明号和青年文明窗口创建；积极开展党员志愿服务者进社区、精准扶贫、帮孤扶困等公益活动，把党员的先锋作用体现在履行社会责任上。

（中国农业银行阜新蒙古族自治县支行）

商业银行全面加强党的思想建设的思考

文 / 周锋荣

党的思想建设，即用马克思主义教育与武装全党，克服和改造党内的非无产阶级思想的工作，是党的政治、组织、作风和纪律等建设的前提和基础，也是党保持先进性、凝聚力和战斗力的根本保证。

习近平新时代中国特色社会主义思想，是马克思主义与时俱进的最新理论成果。加强党的思想建设，要以学习贯彻习近平新时代中国特色社会主义思想为重点。

商业银行是我国国民经济的重要组成部分，其党员的思想建设，是商业银行经营管理高质量发展的重要保障。在取得成绩的同时，党的思想建设也面临着一些问题。加强党的思想建设，发挥好基层党组织的战斗堡垒和党员的先锋模范作用，是商业银行面临的一项重要而又紧迫的任务。

全面加强党的思想建设的重要性

新时代以来，我们党始终把思想建设作为党的基础工程来抓，坚持不懈地用习近平新时代中国特色社会主义思想凝心铸魂，形成强大的战斗力，从而推动党和国家事业取得了历史性成就。商业银行要把思想建设放在首位，并把思想建设贯穿党的各项建设之中，以此促进思想与业务的深度融合。

全面加强党的思想建设，是强化党员队伍建设的有效手段。思想建设是党的各项建设的基础和前提。新时代加强党的思想建设，提升广大干部和党员的思想政治素质，对于保持我们党的先进性和纯洁性，防止和抵制腐朽思想文化的侵蚀，有效地进行反腐败斗争是极为重要的。

加强党的思想建设，关键在于提升党员干部的思想素质。一个党员领导干部，只有在思想上始终保持纯洁，才能坚定理想信念不动摇，才能保持其党性的纯洁。加强思想政治建设，是党员领导干部保持党的先进性和纯洁性的内在要求。

加强党的思想建设，关键在于加强党员干部对共产主义理想信念的学习认识，践行全心全意为人民服务的宗旨。商业银行要紧密联系发展稳定的实际和党员队伍建设的现状，把创新思维作为加快发展的重要前提，引导党员干部奋发图强，以创新思维推动业务发展。

全面加强党的思想建设，是制度建设的有效保障。思想理论建设水平制约着制度建设的水平，制度建设的推进要以思想理论的发展为先导。解决新问题，需要不断进行较长过程的制度创新。只有始终不放松思想建设，才能够为新制度的制定赢得宝贵的时间。

新制度从出台到发挥效应，需要一个过程。新制度要通过思想建设，进行广泛深入的宣传、教育，为大家所熟知。任何新制度都会存在一定的缺憾，制度的贯彻执行有时也会产生“负效应”。因此，必须把制度建设和思想建设有机结合起来，融会贯通。

全面加强党的思想建设，是提升竞争力的重要前提。当前，来自国际竞争等方面的挑战日益加大，世界经济形势和国家经济体制改革对行业的影响逐渐增大。如何提升竞争力，实现较快发展，关键在于各级领导班子坚强有力，在于党员队伍素质整体提升，能够发挥模范作用，带动干部员工齐心发力。

各级领导班子作为商业银行发展战略的具体执行者，加强其思想政治建设，有利于增强投身银行业发展的进取精神，自觉地思考自身发展的不足，积极进取，主动实践，进一步促进商业银行的发展。

全面加强党的思想建设的现状

从现状来看，商业银行的党员来源广泛、成分复杂，要求我们必须把思想建设摆在更加突出的位置，紧抓不放。

长期以来，各商业银行努力加强党的思想建设，重视坚持思想政治工作的与时俱进，注重党的建设从教育人为重，向教育人、关怀人并重转化，引导干部员工把牢政治方向，坚持用党的创新理论武装头脑、指导实践，以激发商业银行建设的内生动力，有力助推各项业务的强劲发展。

当前，国际国内环境正发生深刻变化，各种社会思潮纷繁复杂。与此同时，银行干部员工的思维活跃，党的思想建设还存在着一些不足和差距。

理论学习不足，联系实际不够。理论学习还不深不透、不系统，学用脱节，学习碎片化和随意化，对党中央决策部署和该行战略要求的理解领悟不够深入、不够准确，执行上缺乏敏锐洞察和坚定执着，运用理论指导实践的能力不足。

思想教育不足，影响业务发展。由于业务经营压力大，基层行较多地关心业务经营，关心经营业绩带来的实际效益，思想教育的创新点子不多，对应当抓什么、怎么抓、谁来抓，还缺乏深入的思考，造成有的党员只关注本身业务工作，不注重党性修养，领导干部对党员开展谈心谈话活动不够，致使党建工作缺乏深度和力度，一定程度上影响业务经营的发展。

思想认识不足，忽视传统文化教育。商业银行普遍对中华优秀传统文化学习的重要性和必要性认识不足，对中华优秀传统文化的教育开展程度参差不齐，中华优秀传统文化教育内容仍处于较浅的层次。

建设手段不多，缺乏生机活力。没有将思想建设摆到加强队伍建设的首要位置，没有认真研究新时代思想建设的规律和办法，思想建设手段不多，没有特色，更不会运用大数据等科技手段，缺乏生机和活力。同时，缺乏统一、具体和可量化的思想建设素质考核办法。

产生这些问题的原因，一是领导班子成员“一岗双责”，责任意识不强，对部门或条线党建工作的责任体系、标准要求和督导检查等工作缺少思考，党建和业务的融合度不深；二是到基层调研不多，对一线情况不熟，开展针对性帮助和指导能力不足，解决问题认识不够、方法不多；三是部分党员存在不求有功、但求无过的意识，工作责任心不强，不同程度存在着惯性思维。

全面加强党的思想建设的建议

商业银行要用中国特色社会主义理论体系武装全党，不断创新思想教育方式方法，坚定理想信念，加强党的思想建设。

加强理论武装，提高政治素质。习近平新时代中国特色社会主义思想，是理论武装的重中之重。广大党员必须持续深化理论武装，坚持全面系统学、深入思考学、联系实际学，深刻领悟蕴含其中的精髓要义。同时，持续推进党员干部读原著、学原文、悟原理，将学习领悟的重点放在批评和自我批评上，确保每名党员都能够在思想上保持先进性和纯洁性。

发挥“以上率下”的示范效应，是理论武装的有效途径。以经常性的思想建设为主要内容，开展好党内组织生活，开展丰富多彩的系统培训，引导党员对照入党誓词与榜样楷模检视自己，促进党员掌握党的基本理论和基本知识。将嘹亮的主旋律与强劲的正能量融入学习和研讨中，提升党员干部的信心和斗志，汇聚起高质量发展的强大力量。

注重发挥党支部教育管理党员的主体作用，坚持把思想建设工作做在日常、做到党员个人，组织开展主题党日和志愿服务活动，采取现场教学与课堂演练等多种方式，增强思想建设的感染力。完善思想建设的各项制度，以党员大会、党小组会、上党课为基本形式，组织党员开展好活动，确保每次活动的质量。

强化思想教育，提供强大动力。党的思想建设的第一任务，就是加强马克思主义基本立场、观点、方法，即马克思主义科学的世界观和方法论的教育。

当前，人们的思想日益多元化，社会矛盾更加复杂化，迫切要求坚定理想信念。商业银行必须采取多种形式，对党员深入开展革命传统教育、形势政策教育、先进典型教育、党纪学习教育和警示教育，坚持经常性教育和集中性教育相结合，增强学习教育针对性与感染力。并对党员干部进行教育引导，强化党性修养，跟上时代前进步伐和业务发展需要。

思想建设是在党员头脑里搞建设，进行经常性教育时，要注重分清场合，有时候要进行集体教育，有时候却要进行单独个别教育等。注重把握党员的思想状况和价值取向，精准发力，做到解决思想问题和解决实际问题相结合。积极回应和化解思想疑点、社会热点和实践难点，以广大党员为主体广泛开展先进性教育，锻造高素质党员队伍，加强对党员领导干部的教育，自觉加强党性修养，以党员干部“八小时”外精神世界打造为着力点，不断推进党员干部“初心使命”精神建设，自觉实践党的宗旨。

商业银行必须教育引导党员，守牢思想阵地，真正树立科学经营理念，合规经营。围绕业务经营短板，主动征询党员及家属意见，通过召开建言献策恳谈会，不断激发党员工作热情。定期在办公平台和微信推送国家金融政策、地方金融措施、先进同业做法等，培养广大党员开拓市场、化解风险的能力。

重视文化熏陶，贯穿经营管理。中华优秀传统文化有其永不褪色的时代价值，其中关于教育与学习的理念，与党的思想建设的要求高度契合，有助于推动理论武装的长效化和大众化。商业银行必须充分发挥中华优秀传统文化“以文化人”的作用，依据实际情况推进相关教育工作，提升中华优秀传统文化素养。为了党的思想建设能够注入丰富的优秀传统文化营养，在中华优秀传统文化教育中，不能仅侧重知识、技能和智慧的提升，而要将文化素养的提升贯穿于教育的整个过程，从中汲取智慧力量。

利用中华民族传统节日开展活动，有针对性地开展诵读传统文化经典著作、书法绘画展览等活动，不断培养干部员工的精神气质。将中华优秀传统文化纳入党员日常学习教育、“三会一课”和主题党日等教育活动，为商业银行的高质量发展当好主力军。

运用科技手段，拓宽思想阵地。传播党的声音、讲好党的故事，是党的思想建设的重要职责。互联网是当前思想建设的崭新战场，又是开展思想建设的科技平台。在互联网上有效地应对各种思潮的挑战，清除思想垃圾，对党员提出了更高的要求。

在党的思想建设中，必须牢牢守住互联网这一重要阵地，善于运用现代科技手段，开展思想教育。注重科技赋能，加强线上线下联动，注重新兴媒体与传统媒体的优势互补，引入大数据分析、情景式互动等模式，用好用活“学习强国”等平台。丰富话语表达，用好网言网语，确保广大党员对科学理论入脑入心。

加强阵地治理，引导社会舆论，从思想源头扶正祛邪，掌握好主阵地、话语权。积极运用大数据、“互联网+”、手机App等智能手段，拓展信息收集渠道，实现动态监管、智能分析。

（中国农业银行江西上饶市分行）

“四力”并举筑防线，“芙蓉廉开”育清风

文 / 惠国语

发挥文化建设治本功能，将中国特色金融文化基本要义植入清廉金融文化建设，坚持惩治震慑、制度约束、提高觉悟协同发力，持续构建金融行业良好政治生态，是一体推进金融行业不敢腐、不能腐、不想腐的基础性工程。近年来，江苏江阴农商银行持续夯实清廉金融文化建设，将清廉理念深植于心、践之于行，打造彰显江阴特色的“芙蓉廉开”廉洁文化品牌，持续发力“四个力”，守牢“四条线”，织好廉洁防护网，充分发挥廉洁文化的教育、示范、引领和导向作用，以清廉金融文化滋养金融政治生态的“绿水青山”。

增强引领力，筑牢廉洁“防线”

该行高度重视廉洁文化建设，织好宣传网，从聚焦党的二十大精神出发，贯彻执行省联社党代会“3741”战略，推动全面从严治党落地生根。

坚持党建引领。通过制订实施党风廉政建设方案、清廉金融文化建设方案、思想政治建设方案、巡查督导工作方案等，把廉洁文化建设纳入党风廉政建设和反腐败工作布局，主体责任与监督责任同向而行、同向发力，全行68个机关部门、分支行、村镇银行签订《廉洁从业责任状》，1700余名干部员工签订《廉洁从业承诺书》。以党纪学习教育为契机，结合党委会“第一议题”学习、专题发言等形式，召开党委会33次，加强对清廉金融文化建设研判，把全面从严治党、强化风险防控、厚植清廉理念融入日常工作中。先后召开2次全面从严治党、党风廉政建设和反腐败工作专题会议，研究年度全面从严治党主体责任及领导班子成员责任清单、党风廉政建设工作意见、政治生态评估等19项议程，推动全面从严治党工作向纵深迈进。

健全工作机制。制定《党委2024年度落实全面从严治党主体责任清单》《纪委2024年度落实全面从严治党监督责任清单》，全面从严治党“三级责任清单”，通过主体责任“六个纳入”，构建有权必有责、有责要担当、失责必追究的工作机制。贯彻落实2024年江苏银行业保险业清廉金融文化建设重点工作要求，出台《清廉金融文化建设重点工作任务》，突出重点工作任务，确定时间表、任务书、路线图，明确牵头责任部门，构建“党委主导、纪委主推、部门主责”的工作格局。

聚焦示范引领。坚持党管金融，突出党建引领，挖掘弘扬江阴红色革命文化中的廉洁思想元素，融入新时代党风廉政建设要求，党委书记带头讲纪律党课，纪委围绕权力运行关键环节，列出“一把手”20项负面清单，明确红线与底线，营造清廉文化浓厚氛围。围绕“十百千”“三精”工程创建，打造“四务融合”服务阵地、“银龄关爱”“普惠便民”“澄心驿站”等金融服务网点，全面推进“党建+金融挂职”，以结对共建为载体，弘扬清廉金融文化，选派37名干部员工投身挂职岗位，全力当好政银合作“联络员”、村情民意“信息员”、企业群众“服务员”、清廉金融文化“宣传员”。该行先后荣获省联社“精准走访惠主体 量质齐升促发展”劳动竞赛二等奖、“强案防、促发展案防劳动技能竞赛活动”最佳团体一等奖等荣誉。

增强执行力，划清行为“红线”

该行在坚持制度建行的理念下，进一步明确规矩意识，扎紧“不能腐”笼子，织好制度保障网，推进制度建设长效化。

持续制度建行。制定落实“两个清单”和“两个要点”，即“全面从严治党主体责任清单、全面从严治党监督责任清单”和“党建工作要点、纪委工作要点”，建立健全作风建设考核评价机制，将作风建设情况纳入年度绩效考核。先后制定、完善《党员干部违规及涉嫌违纪违法被查处情况即时报告制度》《贷款责任追究管理办法》《纪检委员管理办法》《工作人员违反规章制度移送处理实施细则》等规章制度，强化内部管理规范性，明确规矩意识。

该行高度重视廉洁文化建设，织好宣传网，从聚焦党的二十大精神出发，贯彻执行省联社党代会“3741”战略，推动全面从严治党落地生根。

夯实薄弱环节。加强对职能部门履责“监督的再监督”，紧密关注业务流程中的薄弱环节和潜在风险点，推动条线部门完善内控制度，优化业务流程，提升风险防控能力，防止“慢作为”“乱作为”，先后向小微金融部、普惠金融部、运营管理部等部门下发加强信贷管理、抵贷通业务、按揭贷款业务管理、提升网点服务能力、优化开门红宣传用品采购及支付的5份意见书，堵塞管理漏洞。对照各条线各岗位工作职责，对廉洁风险点进行系统梳理，形成《廉洁风险点手册》，下发到每位员工进行学习，时刻牢记履职禁区、权力界限。

将清廉文化与合规文化深度融合。将清廉要求嵌入信贷业务、同业业务、资产处置、基建采购招标等具体业务中，用制度约束行为，防范商业贿赂、不正当竞争、徇私舞弊、设租寻租、利益输送等问题，规范金融交易行为，推动全方位合规发展。坚持惩前毖后、治病救人方针，综合运用监督执纪“四种形态”，因人施策、精准施策。常态化开展监督谈话，党委书记与下级一把手集中谈话2次，个别谈话38人次。纪委书记先后与7名班子成员、做小做散工作落后的5家支行行长、13名党支部书记就巡察整改工作开展监督谈话。

增强制度执行力。系统化管理党员干部廉洁档案信

家庭助廉座谈会

息，强化员工异常行为常态排查，开展员工互评、客户回访、家庭走访、员工征信情况排查、员工账户异常情况监测、与不法中介合作、"吃拿卡要"专项检查7次排查活动，覆盖全行每位员工，及时处置问题线索，从严查处各类违规违纪问题，2024年共收到内外部移送的问题线索6件，问责处理11人次，经济处罚4人共7万元，追索扣回延期支付10.65万元，起到了很好的警示教育作用。

增强公信力，打造道德"高线"

该行从廉洁教育入手，打造思想阵地，完善清廉载体，织好修身自律网，强化党员干部修身自律，发挥"倡廉于有形、润物于无声"的教育作用，丰富"芙蓉廉开" 清廉金融文化品牌。

弘扬优秀文化。开展中层干部反腐倡廉警示教育馆实地教学活动，全体党员观看《严于律己的杰出楷模——周恩来》专题片，开展"传承红色基因 坚守初心使命"主题教育活动，学习充分挖掘和利用地域廉洁文化资源，重温革命人物廉洁事迹、廉政精神，注入清风正气。

建好"思政家园"教育培训基地。积极打造并不断完善涵盖党建阵地"初心苑"、廉建阵地"清风苑"、妇联阵地"巾帼苑"、团建阵地"青春苑"、学习强国线下专区"书香苑"五个板块的"思政家园"，举办"芙蓉廉开"清廉金融文化作品展，有效展示了全行员工良好的精神风貌，大力宣传了清廉金融文化的创新成果。

搭建"清廉金融文化地图"。搭建云展馆，全面展示43家基层机构清廉文化活动照片、视频，以线上方式激发集聚效应，增强全行清廉金融文化的具象化、大众化。

丰富清廉文化宣传平台。充分利用既有平台开辟清廉金融文化分论坛和主题板块，开展清廉金融文化建设的宣传与研讨。通过"JRCB金芙蓉"微信订阅号、官网专题网页、学习强国、云端学习等载体，及时发布清廉金融文化建设动态。建设清廉文化角、文化墙、长廊、广场等小微清廉金融文化板块，在办公室墙面、桌面张贴廉洁警示牌和标语，积极宣传清廉文化内容。

开展清廉文化活动。举办“青年说廉”演讲比赛，选拔业务精湛、表达能力强的青年员工组建清廉金融讲师团，举办“坚守职业底线坚持廉洁从业”征文比赛、“银行工作人员坚守初心 拒绝不法贷款中介围猎”微视频大赛，制作《勤于克己 廉以奉公》微电影，开展“芙蓉廉开”书画摄影展等活动以及讲座，多维度多层次宣导清廉金融文化。

发挥先锋模范作用。深入开展“党员廉洁示范岗”建设工作，围绕“遵规守纪、秉公用权、服务热情、务实高效、清正廉洁”宗旨，号召全行570余名党员在带头弘扬先进清廉理念和行为的同时，积极带动身边人共同追求清正廉洁的职业操守，为清廉金融文化建设注入了强大动力。

增强防护力，守住纪律“底线”

监督的根本目的，是发现问题、纠正偏差，抓早抓小、防微杜渐。该行织好责任监督网，实施精准监督，强化拒腐防变，推动清廉文化走深走实。

抓好常态监督。通过畅通监督渠道，强化政治监督、开展重点监督、做实日常监督等，提升监督质效。该行加强对“一把手”和领导班子监督，常态化做好选人用人、“三重一大”、集中采购、招投标等监督，注重重大事项监督，对本行年度重点工作、三年战略规划、做小做散、不良贷款核销等进行监督。2024年以来行纪委派员参加并列席党委会33次、行办会42次、财审会46次、集采会52次、招投标监督65次、新员工面试53人次、后备人才库面试108人次，出具廉洁从业回复函21件。

加强部门协同监督。出台《内部监督贯通协同工作办法》，建立纪委和审计、合规、风险、运营、计财、人事、信贷等部门“1+8”内部监督贯通协同机制，每季度召开协同联动会议，借助信息资源共享，充分发挥惩治震慑、惩戒挽救、教育警醒等作用，把纪律规矩鲜明地立起来、严起来。

持续办好“清廉学堂”。聚焦新入职员工、新晋客户经理、新任中层干部，上好“入职廉洁第一课”，扣好廉洁履职“第一粒扣子”，以“坚守职业底线坚持廉洁从业”为主题，4次对54名新入职员工开展廉洁教育，对75名新提拔中层干部开展任前廉洁谈话，组织总行班子成员、机关部室总经理、分支行行长以及关键岗位等90余人前往江阴市反腐倡廉警示教育馆和江阴看守所开展现场警示教育。制定涵盖清廉金融与合规双重主题的培训内容，营造讲纪律、守规矩、树清廉的浓厚氛围。邀请市纪委专家为全行1700余名干部员工讲解金融领域腐败案例，剖析与风险防控的关联要点。召开警示教育大会2次，通报行内典型案例2个。

推进清廉专项行动。坚持廉洁提醒，通过节日廉洁微信提醒、廉洁倡议书，转发通报典型案例等，严防“节日病”。开展“五四”青年清廉金融专项行动，开展清廉金融文化建设月等活动，以廉政微讲坛、读书分享会、清廉故事会等形式，进一步强化青年员工的执业守纪意识，将清廉文化融入干部教育、基层治理和企业文化之中。

突出家庭助廉联动。组织开展覆盖全行员工的“家庭助廉走访活动”，召开24名员工家属参会的“涵养好家风 当好廉内助”家庭助廉座谈会，通过观看家风建设教育片《远离家庭腐败》、赠送家风建设书籍、致家属一封清廉家书、家属代表发言和手写廉洁寄语卡片等方式，形成家庭廉洁共鸣，引导职工家属当好“勤内助”“廉内助”“贤内助”，充分发挥好家庭这个社会细胞在党风廉政建设和反腐败工作中的作用，让家庭建设成为反腐倡廉的坚强堡垒。

行源于心，力源于志。江阴农商银行将继续秉承清廉金融文化的核心理念与精神内涵，依托深化“芙蓉廉开”品牌，不断抓“牢”文化教育、抓“实”文化宣传、抓“严”文化实践，推动清廉金融文化建设向纵深发展。

（江苏江阴农村商业银行）

以“四心”之力
引领推动党纪学习教育见行见效

文 / 卢 程

2024年中共中央办公厅印发《关于在全党开展党纪学习教育的通知》，通知要求自2024年4月至7月，在全党开展党纪学习教育。当前，党纪学习教育虽已“收官”，但是踏上深化自我革命、落实全面从严治党新征程的脚步却永不停歇。“守初心、明忠心、正廉心、暖民心”，以“四心”之力引领党纪学习教育见行见效，为推动全面深化改革、强化高质量发展、推进中国式现代化增添了金融动能。

常怀“立身以立学为先，立学以读书为本”之思，在以学铸魂中推动“学纪”守初心。习近平总书记强调，“学好了党规党纪，就能弄清楚自己该做什么、不该做什么，能做什么、不能做什么”。“温水煮青蛙，前车之鉴不可忘却，每个人还是要好好复习一下。脑子里要有个‘紧箍咒’”。学思用贯通。以学为本，学是提升认识最为直接的途径。党纪学习教育是一场淬炼党性的旅行，也是一次旷日持久的灵魂洗礼之旅，需要我们坚持下去。“问渠那得清如许，为有源头活水来。”党纪学习教育的重点不仅仅是对《中国共产党纪律处分条例》原文的学习，更是通过学原著，悟原理，以“六大纪律”为根本，结合本职工作要求，不断学深学透，入心入脑，深挖纪律内涵，提振干事精神，清除懈怠思想，提高实践觉悟，在以学铸魂中坚守金融为民的初心，践行全心全意为人民服务的宗旨。

常怀“言文致远念无声，射石没羽一力行”之悟，在以学增智中推动“知纪”明忠心。知者行之始，行者知之成，把“知”与“行”有机结合起来，努力做到知行合一、以知促行、以行求知，是以习近平同志为核心的党中央治国理政的鲜明特点，也是习近平总书记始终强调的重点和关键所在。知信行统一。如何在知行合一中体现金融机构本质?“农商姓党”，这便是践行全面加强党的领导，彰显金融为民的根本属性。要强化本质属性，实现金融高质量发展，就必须从“学纪”中加强“知纪”的领悟。“知纪”是对党的纪律的全面认识和深入理解，是准确贯彻执行党中央方针政策的关键先导。只有“知纪”才能履职尽责，保持行动的规范统一。面对当前地缘政治的不确定性，全球贸易摩擦的加剧，外部环境仍不容乐观的情况，只有以学增智，不折不扣落实纪律要求，强化“肌体骨骼”培育，才能在外力不断冲击下，保持政治信仰不变、政治立场不移、政治方向不偏，围绕“五大金融文章”，落实高质量发展的具体部署，不断在“知纪”中展现责任担当。

知者行之始，行者知之成，
把“知”与“行”有机结合起来，
努力做到知行合一、以知促行、
以行求知，是以习近平同志为核心的
党中央治国理政的鲜明特点，
也是习近平总书记始终强调的
重点和关键所在。

常明“咬定青山不放松，立根原在破岩中”之责，在以学正风中推动“明纪”正廉心。深化党纪学习教育，能更加清晰地理解党的纪律要求，明确工作中的行为边界和

责任。明纪是党员党性修养的升华，是将“知纪”转化为“守纪”的关键环节。广大党员干部要在思想上牢固树立党纪观念，严格按照党的纪律要求自己，知底线、明边界，把党的纪律要求内化为自己的精神追求，外化为自己的行为自觉，不断在“明纪”中继承光荣使命。要把党的纪律规矩作为“悬梁扣”“三尺剑”，时刻明法纪、知敬畏、存戒惧，谨小慎微、防微杜渐，做到内正其心、外正其容，不断增强自我完善、自我革命、自我提升，以廉洁本心践行责任担当。

常持“涓流积至沧溟水，拳石崇成泰华岑”之践，在以学促干中推动“守纪”暖民心。习近平总书记强调，“坚持严的主基调不动摇”，要求“党规制定、党纪教育、执纪监督全过程都要贯彻严的要求，既让铁纪‘长牙’、发威，又让干部重视、警醒、知止”。守纪是对党员最基本的要求。广大党员干部必须时刻保持清醒的头脑，时刻把准底线、红线，时刻保持自省、自警、自律，用党性意识、政治觉悟和组织观念约束自己，带头在政治上守纪律、讲规矩、明底线，实现自我的净化和革命。“守纪”是党员的行动先导。要聚焦新时代新征程的中心任务，时刻叩问为民初心、时刻践行为民使命、时刻履行为民责任，主动融入人民关心领域，积极响应人民现实愿景，切实解决人民所盼需求。“守纪”是党员的监督标尺。党纪作风关乎人民利益。广大党员干部在主动挺膺担当作为、真心实意为民办实事的同时，自觉接受人民的监督，以人民的满意度为标尺、答案检验工作成效，不断在人民群众的批评中健康成长。

（江西新余农村商业银行）

“廉政+”模式，推动党员干部守好“廉关”，过好“廉年”

文 / 刘振江

为深入落实中央八项规定精神，驰而不息纠正“四风”，河北三河农商银行采取“廉政+”模式，切实加强春节期间党员干部廉洁工作，具体如下。

“廉政+组织架构”，筑牢“防火墙”。2024年年初，对廉洁反腐工作进行任务分解，明确主要责任单位、主要责任人。建立健全纪检监察机构，成立纪检监察委员会，设置纪检监察室，并配备专职纪检监察干部及一定数量的兼职纪检监察员。借助政府搭建的平台，充分发挥联席会议成员单位的监督职能作用。设立举报电话、举报箱，聘请党风廉政监督员等形式，进一步拓宽和畅通监督渠道。

“廉政+规章制度”，扎紧“篱笆墙”。制定完善党风廉政建设规章制度，各党支部坚持每月学习一次，推行领导干部述职述廉制度、诫勉谈话制度、民主管理制度及评议制度，不断强化党内监督和社会监督力度，增强基层党组织的战斗力。

“廉政+思想教育”，打好“预防针”。利用党委会、班子会、党员会、微信宣传平台等多种形式，教育在先、警示在先、预防在先，教育引导广大党员、干部认真学习廉洁自律方面的政策、法律、法规，增强纪律观念，筑牢纪律防线，严守纪律规定。

“廉政+明察暗访”，严防“节日病”。坚持“抬头必查”“露头就打”的高压态势，通过联合检查、交叉检查、跟踪检查、点穴检查等多种方式，深挖细找问题线索。特别是对容易被忽视的地方和单位，不断加大检查的力度、频度，做到全覆盖、无死角、无盲区，强力正风肃纪。

“廉政+追究问责”，推动“零容忍”。对出现违纪违规的个人依规依纪严肃问责，并与个人评先奖优、绩效工资及职务晋升等挂钩，对严重违纪违规的移交有关司法部门查处。

（河北三河农商银行）

创世纪

Genesis

领异标新二月花

细分赛道，竞速发展；建圈强链，集群发展——四川加速培育壮大战略性新兴产业

文/张帆 王明峰 游仪

《哪吒之魔童闹海》全片1900多个特效镜头，平均每个镜头包含5种以上特效元素。“惊艳特效的背后，离不开庞大算力支持与人工智能技术。”位于四川成都高新区的《哪吒之魔童闹海》制作团队——成都可可豆动画影视有限公司相关负责人介绍。

2023年7月，习近平总书记在四川考察时强调：“要把发展特色优势产业和战略性新兴产业作为主攻方向。”牢记总书记殷殷嘱托，四川积极培育具有国际先进水平和竞争力的战略性新兴产业。2024年，全省人工智能、生物技术、核技术应用等新兴产业增加值增长超过20%，高技术制造业增加值增长8.4%，国家先进制造业集群增至5个，新增国家高新技术企业1200家，成为经济增长的重要拉动力。

培育战略性新兴产业，四川细分赛道，竞速发展。

2月17日，走进位于绵阳游仙区的中玖闪光医疗科技有限公司，科研人员正忙着组装、调试设备。“我们的e-Flash放疗设备即将进入临床试验阶段。3月，要向3家医院各交付一台设备。”项目负责人杨沁说。

2023年，四川印发产业新赛道争先竞速行动计划；2024年年底，规划25条产业新赛道，核医药就在其中。四川省经济和信息化厅副厅长敬茂明说，6条“主赛道”、19条“快车道”，推动全省形成加速竞赛、争先发展的良好氛围。

壮大战略性新兴产业，四川建圈强链，集群发展。

“从制氢、储氢，再到用氢，东方电气氢产业科技应用示范园中都能实现。”指着琳琅满目的设备，东方电气氢能产业技术中心研发工程师闫旭东介绍。作为新能源产业链主要承载地的德阳，已集聚氢能相关企业20余家。

推进重点产业建圈强链，遂宁今年将围绕产业链布局创新链，与成都、宜宾等地共建锂电产业技术创新联盟或平台。“利用高校和科研机构等优势资源，我们加快技术创新突破。”遂宁市发展改革委主任肖霞说。

聚焦航空航天等15条重点产业链和轨道交通等优势产业链，四川建立“链长+副链长+牵头部门+主要承载地+协同发展地”的重点产业链协同推进机制。“以改革为动力，我们正推动重点产业构建上下游左右岸配套联动、承载区协作区互补发展的产业生态。”四川省发展改革委副主任黄志表示。

培育壮大战略性新兴产业，四川强化资源省级统筹和高效配置，开展有组织的科技创新。

2月8日，四川省“双向揭榜挂帅”2025年首批榜单发布，包含“企业找技术”“成果找市场”两个方向，涉及航空航天、医药健康等重点领域的40项技术需求及拟转化（研究）内容。

从成都人形机器人创新中心的双轮足机器人爬楼训练，到自贡航空产业园的新型无人机调试，再到通威太阳能金堂基地5G智能制造生产车间的全自动智能制造生产线，一个个新兴产业逐步成为四川现代化产业体系的有力支撑。

四川省领导同志表示：“战略性新兴产业是引领未来发展的新支柱、新赛道。我们将瞄准世界科技进步和产业变革趋势，坚持‘一业一策’推进新能源、人工智能、生物制造等新兴产业发展，谋划布局6G、机器人、量子科技等未来产业，培育打造更多新模式新产业新业态，努力抢占未来发展制高点。”

来源：《人民日报》2025年2月19日 第1版（原文有删减）

山西陵川农信联社
执金融画笔，绘乡村之美

文 / 牧 人

作为服务地方经济发展的核心力量，近年来，陵川农信联社始终坚守支持农业和小微企业金融定位，充分利用自身链条简短、机制灵活等优势，围绕地方经济产业链进行布局，积极与当地特色产业进行对接，通过创新金融产品和服务方式，为乡村企业注入持续的金融动力。2024年，该联社各项贷款新增5.42亿元，发放普惠涉农贷款2.12亿元，发放普惠小微企业贷款1.50亿元，不断提升金融助力乡村振兴质效。

量体定制，助“小巨人”茁壮成长

在踏入位于陵川县崇文镇嘉落铺村的晋城天成科创股份有限公司之前，一股特有的橡胶气息便迎面而来。步入公司厂房，映入眼帘的是一袋袋排列有序的橡胶助剂，它们纷纷在仓库中静候着被打包发往全国各地乃至海外。

通过创新金融产品和服务方式，为乡村企业注入持续的金融动力。

据了解，该公司自2007年成立以来，一直专注于橡胶硫化促进剂的生产。经过十余年的稳健发展，已与多家国内外知名轮胎企业建立了稳固的供需关系。其产品不仅在国内20多个省、自治区、直辖市广受欢迎，还远销至印度尼西亚、泰国、越南以及美国、澳大利亚等国际市场，成为国内橡胶助剂行业的佼佼者。2020年，该公司荣获国家级“专精特新”企业称号。

回顾企业的发展历程，该公司负责人表示，十余年的迅速成长离不开陵川农信联社的信贷支持。在信贷资金的助力下，公司成立之初便解决了建厂初期厂房建设和原材料采购的资金难题。到了2024年，随着生产能力的扩大，公司亟须增加流动资金以适应产能提升和市场需求，此时陵川农信联社提供的950万元贷款额度再次成为关键，帮助公司顺利购买原材料，确保其快速适应产能提升并满足市场需求，使其年销售额稳定增长20%。此外，自公司成立以来，已为200多名当地居民提供了就业机会，员工人均月收入近5000元。

快速授信，支持药企渡过难关

凭借其得天独厚的生态环境和气候条件，陵川县孕育了521种优质地道药材，被誉为“太行药乡”。这一环境优势吸引了众多药企纷纷选择在此落户，山西绿之金制药有限公司便是在陵川县平城镇杨寨村中药材扶贫产业园落户的企业之一。

据该公司相关负责人介绍，山西绿之金制药有限公司成立于2019年5月，总投资4.2亿元，是一家集中药配方颗粒、中药提取物、中药制剂、中兽药、功能食品研发、生产、销售为一体的现代高科技企业。作为山西省规模最大的中药提取物生产企业及省级农业龙头企业，该公司一直致力于打破传统思维定势，专注于产业的转型升级，并全面赋予中药材科研创新的力量。通过创新性的努力，该公司成功开辟了一条具有特色的中药材产业发展道路，根据当地实际情况推动中药材产业向中高端化发展。

该公司一期项目已投入资金1.2亿元，用地面积达30亩，已建成一座年处理能力达2万吨中药材的5000平方米的多功能提取车间、GMP标准的粉剂生产线、植物饲料添加剂生产车间以及配套的质控实验室和综合办公楼等设施。该项目主要致力于山西省特产的“十大晋药”，如连翘、黄芩、黄芪、柴胡等，进行抗病毒抗菌中药原料药的研发与生产。截至2024年10月，一期中兽药项目已圆满完成。在这一背景下，陵川农信联社响应企业需求，迅速提供了800万元的授信额度，为用地面积达65亩的二期项目的中药配方颗粒、创新中兽药、党参黄芪等功能食品、清热解毒类经典名方的研发与生产提供了强有力的支持。此举有助于企业迅速发展成为当地经济的支柱产业，进而推动中药材种植基地扩展至50万亩，惠及10万户药农，并为300多人提供就业机会。

主动调研，支持乡村旅游建设

乡村旅游的建设是陵川县近年来推动乡村振兴战略的关键措施之一。为了深入探究乡村旅游的发展现状及其需求，陵川农信联社积极采取行动，派遣专业团队深入乡村进行实地调研，为乡村旅游项目精心设计了金融支持方案。该方案不仅提供了优惠的贷款政策，推动了乡村旅游的繁荣发展，也为当地农户带来了切实的经济收益，为乡村振兴注入了新的生机与活力。

松庙村，是“太行一号”旅游公路“0km”标志文化驿站打卡处，毗邻棋子山，与王莽岭相连，气候温和，风光旖旎。村民主要以种植玉米、土豆等经济作物为生，人均年收入仅为2600元。由于地处山区，交通不便利，多数村民选择外出务工，仅留下少数老年人在村中居住。近年来，随着“太行一号”旅游公路的开通，村“两委”在“公路+旅游”战略的指导下，积极发展康养民宿产业。借助晋城市“百村百院”项目的良好机遇，采用“县农投公司+村股份经济合作社+村民”合作模式，依照“太行人家·云锦系列”整体品牌和“睡眠小镇·康养松庙”经营主题，高标准建设了生态木屋餐厅、小木屋、民

950万元

到了2024年，随着生产能力的扩大，公司亟需流动资金以适应产能提升和市场需求，此时陵川农信联社提供的950万元贷款额度再次成为关键，帮助公司顺利购买原材料，确保其快速适应产能提升并满足市场需求，使其年销售额稳定增长20%。

宿院落、汤药浴池、青年旅社、康养健身步道等康养项目，实现了餐饮、住宿、休闲、医疗、体育等康养项目的全面发展。这一切成就，均得益于项目建设初期，陵川农信联社主动走访对接，迅速提供的475万元信贷资金支持。如今的松庙村，林海环绕、繁星可望、木屋为居，每一步都是一幅动人的田园画卷。自2020年8月建成试营业以来，该村村级集体经济收入已超过20万元，人均收入达12000元，较之前有了显著增长。

同时，位于晋豫两省交界，被太行山脉深处的群山所环绕，位于晋城市陵川县东北角的浙水村，也呈现出一片繁荣的景象。作为一座历史悠久的传统村落，浙水村拥有约2070亩耕地，共有471户农户，人口约1230人，是六泉乡中人口最多的村庄。这个位于太行山深处的古朴小山村，群山环抱，历史底蕴深厚，风景如画，早在2016年，已被列入“第四批中国传统村落”名录。然而，由于交通不便，该村的发展曾长期滞后。直至2020年，随着“太行一号”国家风景道的开通，以及陵川段起点的优势，加上陵川农信联社提供的437万元信贷资金支持，古村落得以迅速修复和重建，浙水村的命运因此发生了改变。现在，该村专注于发展康养文旅、中药材种植、饮用水开发等特色产业，走出了一条以党建引领发展特色产业、壮大集体经济的新路。浙水村先后荣获“第四批中国传统村落”“中国慢生活休闲体验区”“中国森林康养人家”荣誉称号。随着游客数量的不断增加，这个小山村重现了往日的繁华，许多在外务工的村民选择回乡创业。目前，仅个人经营的民宿就已达到36户，并获得了陵川农信联社570万元的信贷支持。此外，农家乐和乡村咖啡馆，以及阳马古道两侧的作坊小街也重新开业，甚至村里的老人也在家门口做起了小生意，处处显现出幸福生活的景象。

积土成山，非斯须之作。未来，陵川农信联社将持续坚守服务“三农”的初衷与使命，聚焦“三农”关键领域的融资难题，优化基础金融服务、增加涉农信贷投入、创新金融产品开发，深入洞察涉农主体的金融需求，依托专业的金融服务、高效的办理流程，在乡村振兴的征程中不断绘制出一幅幅壮丽画卷。

（中国企业文化促进会金融文化工作委员会）

政策性金融润泽传统村落“古韵新生”

文 / 吴凤莎

近年来，农发行江苏省分行以国家级传统村落集中连片示范区无锡宜兴先行先试，在省内金融同业中，率先与省住建厅签订传统村落保护利用合作协议，共同推出“苏乡贷”专项产品，形成了一批可复制可推广的“江苏模式”，以政策性金融活水润泽江苏古村落焕发新生。近五年，农发行江苏省分行累计支持国家级传统村落17个，获批贷款69亿元，累计投放22亿元；累计支持省级传统村落59个，获批贷款236亿元，累计投放105亿元。

“集中连片”串起散落乡间明珠。被誉为“中国陶都”的无锡宜兴，是世界著名紫砂陶制作技艺发源地，成功入选2023年传统村落集中连片保护利用示范区，辖内有6个国家级传统村落、23个省级传统村落。2024年，农发行江苏省分行与宜兴政府签订服务“千万工程”推动传统村落保护利用合作协议，银政企在宜兴联合召开村落保护专题座谈会，现场调研掌握第一手资料，形成“政策性金融服务传统村落保护”的整体思路。在项目设计中，遵照集中连片整体规划，将乡村建设、自然资源、生态环境和文化保护等多元需求统筹融合，提供整体融资方案。同时，注重“一村一品”，积极探索“传统村落保护+人文品牌活化利用”融资模式，兼顾古村落整体保护和资源利用。在丁蜀三洞桥村，以“龙窑柴烧技艺”非遗为特色，带动紫砂文化和特色产业焕新发展；在徐舍芳庄村，以“江南羊肉烹饪”民间技艺为传承，激活传统美食品牌价值；在张渚祝陵村，以“梁祝爱情故事”为主调，吸引游客体验梁祝文化魅力。该行支持宜兴国家级传统村落3个、审批贷款12亿元，经验做法同时入选《传统村落保护利用可复制经验清单第二批》和《农发行服务“千万工

宜兴传统村落

程”典型案例汇编》。

“文化传承”守住沉淀千年乡愁。焦溪，以其深厚的历史文化底蕴和独特的水乡风情，被列入“中国历史文化名村”，并入选“中国传统村落”名录。2018年，焦溪古镇正式启动参与“江南水乡古镇”联合申遗。从申遗所需资金的初次对接到2024年9.6亿元常州焦溪古镇保护提升项目的落地，从初期古镇专班成立到项目顺利投放的银企“同频共振”，在长达五年的坚守与服务中，省市县三级行紧密协作，紧贴需求解难题，服务“申遗标准+文化经济”两条主线，构建“生态保护、文化传承、经济发展”三融合、“形态、业态、文态、生态”四位一体的“焦溪模板”。在项目设计中，对照申遗标准启动修复规划，坚持原格局、原生态、原风貌和原住民的保护原则，采用传统技艺修缮加固明清古建筑，对历史街区及周边建筑进行风貌提升，让古建古迹焕发生机。同时，项目依托特色的季子文化，复建舜山书院，支持焦溪竹编等非遗文化，打造研学基地，推动文化浸润经济，让古镇守住根、留住人。

“三生融合”打造田园乡村样板。名扬天下的汉代“海陵之仓”坐落于“稻粱千里熟，鱼蟹多无算”的泰州仓场村。农发行江苏省分行精心谋划，借助仓场村创建“省级特色田园乡村”契机，靠前服务，组建营销团队，提前介入仓场村传统村落保护与活化利用规划和特色田园乡村规划设计，融智在前，为政企拓思路、优规划，结合仓场村特有的“古韵仓场，水润粮仓”品牌和地域结构特征，打造以“韵味古村、摇曳西泊、垎田粟香、野趣田园”四大景观为依托，集“古村落、农文旅、特种水产养殖”为一体的特色田园乡村。农发行江苏省分行2023年投放1.9亿元支持姜堰区仓场传统村落保护，助力仓场村打造“传统村落+特色田园乡村”新格局；在项目方案设计中，将“美村和富村”嵌入村落保护中，在注重村落环境提升的同时，打造农特产品展销、传统技艺展示等一批“研学、观赏、体验”IP引流新业态，让乡村农文旅“流量”变游客“流量”，提高项目的平衡性和可持续性；推进“公司+村集体+村民”合作运营，创新“收租金、挣薪金、获奖金”的“三金富民”模式，引导项目成果向村集体和村民倾斜，带动仓场村500名农民就业，人均年增收约3万元，让仓场村实现从“保起来”到“美起来”再到“富起来”的蝶变新生。

1.9亿元

2023年投放1.9亿元支持姜堰区仓场传统村落保护，助力仓场村打造“传统村落+特色田园乡村”新格局。

（中国农业发展银行江苏省分行）

常州焦溪古镇

债贷投联动举措落实，打好债券营销“组合拳”

文 / 刘靖

近年来，农发行江西省分行坚守政策性金融职能定位，以债券承销业务为重要抓手，充分发挥投贷债综合服务优势，在拓展支农服务手段、降低企业融资成本、提升支农筹资质效等方面取得显著成效。

强组织重谋划，健全债券营销管理网。牢固树立投行思维，按照债券承销“以贷引债”总体工作思路，每年年初制定全省债券营销方案，明确方向、细化措施，确保债券营销有的放矢。持续优化债券承销业务考核激励制度，将更多资源向债券承销业务考核倾斜，把债券承销指标纳入经营绩效考评、创新成果评比等体系。定期组织省市县三级行业务骨干参加交易商协会专业培训，安排基层行人员到省分行债券承销岗位跟班锻炼。坚持深入一线开展政策宣介，向市场传递农发行债券承销的政策优势与服务特色，持续拓宽业务营销的深度广度。

重创新聚合力，找准债券营销突破点。聚焦客户多元化金融需求，打好产品“组合拳”，统筹推进投、贷、债、本外币一体化营销，形成多元化、深层次合作模式。省、市、县三级行同向发力，实行省分行直接服务重点客户、二级分行行长服务企业“一把手”、二级分行副行长带队服务企业融资团队的“三服务”举措，创新形成一小队冲锋、一站式办理、一体化服务的“三个一”工作模式，与债券合作企业建立更加优质、稳定的合作关系。紧扣债券市场客户特点，制定差异化营销策略，创新债券营销两类模式。针对多元化债券产品发行企业，充分运用企业债、公司债等市场工具，作为企业债券资金监管行，为企业提供融资融智服务，优化资金配置。积极与商业银行、证券公司、基金公司等机构开展深度合作，通过整合各方优势资源，借助投行机构的专业力量，全面提升资本市场信息获取、业务熟悉度等能力水平，实现多方共赢的良好局面。

抓落实优服务，提升债券营销质效。紧密结合债券市场环境和政策要求，在研究制定全年营销方案的基础上，进一步明确债券业务工作责任、细化分工，形成项目营销工作“两张清单”。精准对接目标客户，提升营销资源配置效率，确保工作开展有的放矢。结合区域、客户、产品特点，用好乡村振兴债券、绿色债券等创新类债务融资工具，创新应用REITs、资产证券化等融资产品，制定差异化金融服务方案。先后承销发行扶贫债券、长江大保护债券等创新产品，实现全系统及全省金融系统内首单债券产品发行，不断丰富服务乡村振兴金融工具箱。积极顺应经济形势变化和政策调整，捕捉债券承销业务发展关键契机，及时调整营销产品、营销对象、资金监管等策略，加强债券市场投研能力建设，建立完善市场研究和分析体系。印发债券融资方案建议书，强化投研服务，指导客户对市场变化做出快速反应，实现政策快速响应和业务高效落地。

（中国农业发展银行江西省分行）

农发行绵阳市分行支持的农村土地托管项目丰收场景

忆三秩春秋，叙“支农华章”

文 / 杜宁梵

岷山千里雪，涪江万古流。越王楼头月，富乐山上花。涪江之水见证着四川绵阳千百年来的岁月变迁，也见证着近30年间农发行四川绵阳市分行根植于此，以源源不断政策性金融活水持续注入“三农”重点领域和薄弱环节，在绵州大地上谱写“信贷支农”的乡村振兴华美篇章。

回首支农岁月，初心与坚守

30年来，走过起步探索、专司收购资金供应管理、服务新农村建设、服务脱贫攻坚、全面服务乡村振兴五个重要阶段，初时贷款规模仅20亿元的农发行绵阳市分行，已然稳健成长为贷款规模超480亿元的金融支农“强军”。

伴粮成长践初心。1994年11月，在适应我国建立社会主义市场经济体制、支持和加强农业发展的大背景下，中国农业发展银行登上了我国金融业的大舞台。1997年，中国农业发展银行绵阳市分行正式挂牌成立。成立当年，该行就以集中做好粮油收购资金供应与管理作为首要任务，全年新增收购贷款超3亿元。1998年，国务院对农发行业务范围进行了调整，该行进一步加强收购资金封闭管理，认真贯彻落实国家粮食流通体制改革政策，截至2004年年末，累计投放粮棉油收购资金近80亿元，有效解决困扰多年的粮棉油收购“打白条”问题，切实保护农民利益，确保了国家粮食安全。

“两轮驱动”勇开拓。2004年起，该行便认真贯彻党中央、国务院决策部署，牢牢抓住新农村建设的历史机遇，将履职范畴由单一粮棉油收购逐步扩大到服务农业产业化经营和支持农业农村建设上来，开启“两轮驱动”业务发展新格局。2007年获批开办农业开发和农村基础设施建设贷款业务以来，7年共投放贷款近52亿元助力农田水利建设、农业综合开发等项目建设，不断开创业务发展新格局。

农发行绵阳市分行支持的绵阳市北川羌族自治县省道S105线安昌至任家坪灾后重建项目公路

深化改革助腾飞。2014年12月，国务院正式批复了农发行改革总体实施方案。该行积极推进改革方案落地，加快全行治理体系和治理能力现代化建设步伐，将服务国家重大战略作为履职发展的遵循和方向。“十三五”期间，聚焦脱贫攻坚、国家粮食安全、农村基础设施建设、农业现代化等重点领域，该行累计投入支农资金超180亿元，充分发挥政策性金融“当先导、补短板、逆周期”职能作用。“十四五”期间，根据总行制定实施的《中国农业发展银行2021—2025年发展规划纲要》，以服务乡村振兴战略为统领，全力支持“六大领域”，着力打造“四个银行”特色品牌形象，累计投放贷款约450亿元，年均投放超100亿元。截至目前，贷款余额超480亿元，取得历史性突破；资产质量保持稳定，经营效益稳中向好。

深耕“三农”沃土，业精而笃行

30年来，该行牢记使命，不负嘱托，始终奋斗在服务乡村全面振兴的最前线。

奏响端稳“中国饭碗”的丰收曲。1997年建行以来，该行始终坚守政策性粮油信贷业务主阵地，累计投放粮油类贷款约190亿元守护绵州粮仓。近年来，该行积极顺应粮食市场化收购转型，常年保持收购市场份额不低于80%，连续5年实现全省系统内夏粮收购贷款首笔投放。切实延伸粮食供应链条，依托总行新信贷产品体系重构，成功投放系统内首批“种植贷”。积极落实“两藏”战略，依托绵阳水稻、蔬菜、生猪三大优势种业，2021年以来，累放种业类贷款超11亿元支持安州区、梓潼县两个国家级水稻制种基地建设，助力三台县“天府油菜”示范基地油菜种植面积和产量维持全省第一。积极助力耕地保护，累计获批高标准农田建设项目近20个，平均产量提升15%；累放农地类贷款超70亿元，支持约25万亩低效地改良、近3万亩农村闲置建设用地整理。

助力啃下脱贫摘帽的“硬骨头”。2015年脱贫攻坚战打响以来，该行有效落实精准扶贫方略，构建多层次、全方位的金融扶贫格局，全力支持2个贫困县脱贫摘帽。利用涉农资金整合政策，灵活精准运用产业扶贫、基础设施扶贫、旅游扶贫、光伏扶贫、教育扶贫等业务品种，充分发挥政策性金融优势，助力打赢脱贫攻坚战。截至2020年年底，累计投放扶贫贷款56亿元，扶贫贷款余额42亿元，服务带动帮扶人口10万余人。脱贫攻坚战胜利收官后，该行开启“巩固拓展脱贫攻坚成果同乡村振兴有效衔接”的新征程，按照“四个不摘”原则，累计向2个脱贫县投放贷款32亿元，连续3年在当地金融机构服务乡村振兴考核评估中被评为“优秀”。

书写服务乡村振兴的“绵州卷”。牢牢把握“千万工程”内涵实质，围绕农村路网、农村人居环境改善，农业农村基础设施提档升级，助力建设宜居宜业和美乡村。2021年以来，累计投放贷款超290亿元，支持安州区现代化灌区、三台县祠堂湾水库工程等省市重点项目建设。牢牢把握产业振兴是乡村振兴的重中之重，聚焦肉羊、蚕桑、麦冬等地方特色产业，助力推动乡村产业强龙头、树品牌。2021年以来，累计投放产业类贷款120亿元，为三台麦冬全产业链、盐亭天府肉羊现代智慧产业园等特色产业项目提供信贷资金支持。牢牢把握绿色是“三农”的底色，积极发展绿色金融。截至目前，绿色贷款余额超120亿元，涵盖生产生活污水处理、绿色畜牧业、江河流域污染防治和生态修复、森林碳汇资源培育产业等多个绿色信贷细分领域，助力绵阳深入实施生态美市战略。

600亿元

该行累计投放各项贷款超600亿元，有力支持灾后地区重建，助推地方经济和“三农”事业发展。

牢记“国之大者”，责任与使命

30年来，在一次次时间紧、任务重、要求高的考验中，该行用非常之举担起非常之责。

抗灾战“疫”践行人民至上。2008年“5·12”特大地震，绵阳辖内北川受灾严重，牵动了亿万国民的心。在上级行的坚强领导和该行全体员工的齐心协力下，从抗震救灾到灾后重建，从迅速完成自身修复到大力支持地方经济建设，绵阳农发人凝心聚力、共克时艰。灾情就是命令。地震发生后，该行第一时间搭建绿色办贷通道，紧急投放农村公路贷款超5亿元，助力北川、三台、盐亭县部分交通干道恢复通行。截至目前，该行累计投放各项贷款超600亿元，有力支持灾后地区重建，助推地方经济和“三农”事业发展。2020年年初，新冠疫情肆虐。该行迅速启动疫情防控和复工复产应急通道，投放全省系统内首笔疫情防控专项贷款，第一时间投放贷款近4亿元助力企业复工复产，保障粮油收购顺利进行，为防疫物资的生产供应和重要民生物资的保价稳价提供充足资金保障。

聚焦民生落实国家战略。2018年，党中央提出实施三年棚改攻坚计划。三年时间里，该行累计审批棚户区改造贷款超70亿元，投放贷款近30亿元，帮助棚户区8万居民实现“安居梦”，其中建档立卡搬迁对象近1万人。2024年，为进一步贯彻落实党中央作出的加快“三大工程”建设重大战略部署，该行优质高效做好城中村改造专项借款工作，省、市、县三级行与市县政府、相关部门和承贷企业建立全面高效的政银企合作机制，合力推动城中村改造项目快速落地，率先发放绵阳首批城中村改造专项借款。截至目前，已签约城中村清单内项目7个、金额达50亿元，投放贷款超7亿元，有力支持绵阳经开区金广、群丰片区，科技城新区西片区，安州区城北片区等多个区域城中村改造。

时光荏苒，镌刻着奋斗者的足迹；大潮奔涌，激荡着逐梦者的征程。农发行绵阳市分行将始终怀揣追梦赤子心，矢志不渝立足“三农”、服务“三农”，为建设一流省级分行贡献更多绵阳力量，为助力绵阳加快建设中国科技城、全力打造成渝副中心持续注入更多农业政策性金融活水！

（中国农业发展银行四川绵阳市分行）

农发行上饶市分行服务
生态文明建设一景

强化支农履职担当，全力服务乡村振兴

文/李薇

2024年，农发行江西上饶市分行坚决履行农业政策性金融责任担当，深耕主责主业，守牢业务边界，全年累放贷款159.1亿元，年末贷款余额741.1亿元，较年初净增45.5亿元，信贷支农更加精准高效，推进乡村全面振兴成效显著。

多点发力服务国家粮食安全。坚决落实“藏粮于地、藏粮于技”战略，聚焦支持政策性收储和市场化收购、耕地保护和种业振兴、重要农产品稳产保供等领域、环节，累放粮棉油类贷款9.1亿元，筑牢“粮食银行”品牌。其中，善用优惠政策，粮食信用保证基金贷款覆盖面和余额实现“双提升”；信贷支持横峰兴安种业公司，助力小种子发挥大价值。

17.1亿元

以农地保护与提升利用为核心，创新“农地+”等信贷模式累放农地类贷款17.1亿元，助力上饶当地特色农业产业发展，激活土地能量。

多措并举服务农业现代化。以农地保护与提升利用为核心，创新“农地+”等信贷模式，累放农地类贷款17.1亿元，助力上饶当地特色农业产业发展，激活土地能量。其中，创新“农地+人居+产业导入”模式，投放全市首笔全域土地整治项目贷款3.1亿元，大力推进当地一二三产业融合发展；助力铅山、鄱阳等地新建蔬菜产业示范基地，让小小蔬果“走进”长三角；积极服务各类涉农经营主体发展，累放普惠小微贷款2.3亿元，助推婺源绿茶、广信粮油等普惠小微企业健康发展。

补齐短板服务城乡融合发展。聚焦农村水利、农村交通基础设施、农村路网等重点民生领域，其中累放贷款36.6亿元，支持水网、电网、市政道路建设等项目26个；累放贷款48.03亿元，支持县道、乡道、村道新建及改造提升项目22个；累放贷款17.3亿元，支持河道治理、山塘水库加固等项目18个，进一步补齐县域基础设施短板弱项，助推城乡融合发展更深入。

饱含情怀服务生态文明建设。积极践行“两山”理论，深入推进生态文明建设，全年累放绿色贷款35.5亿元，2024年年末绿色贷款余额175.4亿元，大力支持废弃矿山修复、农村水环境治理、农村人居环境改善等绿色项目，助力德兴尾矿库“变身”候鸟天堂、铅山湖坊河水更清草更绿、婺源石门村“丰”景如画、广丰等18个乡镇齐“焕”新颜。在农业政策性金融“画笔”的描绘下，“大美上饶”的幸福画卷正徐徐展开。

（中国农业发展银行江西上饶市分行）

“筑巢引凤”聚合力，加压奋进谋新篇

文 / 王 棋

2025年1月15日，陕西西乡农商银行在全行启动“归巢、引巢”两大工程，聚焦流失客户、他行存量客户精准营销，以实际行动推动各项业务再上新台阶。

发力于“准”，完善名单精准营销机制。一是做好数据赋能。西乡农商银行总部及时整理下发了流失客户“归巢”名单台账8000余户，指导客户经理“按图索骥”，精准发掘已流失客户动向，逐户摸排客户流失原因，因户施策开展客户回流营销。二是夯实工作责任。切实将网格化管理与名单制营销相结合，坚持推进“挂图上墙”“带表作战”“进度公示”。旺季营销期间，该行全面启动农户、小微等各类客群大摸底、大走访活动，对全县15个镇、2个街道，179个村、36个社区逐个划分并明确客户经理营销网格责任，累计摸排村小组1245个，实现营销网格底清数明。三是聚焦重点领域。充分利用春节前后人流、物流增加，经营、消费需求旺盛的有利时机，开展返乡人员专项营销，营销贷款金额800万元。同时，牢牢把握当前购房、购车等大宗消费需求加大，以及围绕“国补”优惠等政策打造专属消费类场景营销，不断做大客群资源。

着力于“实”，塑造敢打敢拼营销团队。一是支行班子带头干。支行正副行长、机构负责人以身作则，牵头走访辖内政府机关、企事业单位主要负责人，积极参与机构走访和营销活动，与员工上下联动、合力攻坚，不断发挥全员营销工作合力。二是严抓管理扎实干。围绕流失客户名单落实分层营销责任，机构内外勤配合每周不少于3天进行批量电话营销，机构负责人筛选优质客户进行上门走访营销。业务部门按周通报营销进度，包片部室定期对支行营销工作进行督导检查，有效促进营销工作见行见效。三是营销竞赛比着干。每天在营销微信群中开展“晒单”评比活动，对成功营销的前十名员工分别给予“首单奖”和“晒单奖”，按天兑现奖金，全面激发员工营销积极性。

聚力于“精”，积极优化创新产品服务。用好旺季优惠政策，不断发挥“线上+线下”产品优势。一方面，加大“返乡惠利贷”等产品宣传力度，灵活运用贷款利率“一事一议”机制，不断提升产品竞争优势。另一方面，针对流失客户的不同原因执行差异化的归行政策。对于因手续烦琐而流失的客户，利用市民e贷、秦V贷等线上产品提供上门服务、重新测算额度并以即时下款打动客户；对于因考虑资金成本而流失的客户，则利用“一事一议”定价实现“以量补价”。通过精准分析客户需求、找准痛点、突出产品卖点等方式进行营销，成功挽回了大量流失客户，进一步巩固了西乡农商银行的客户基础和市场地位。

（陕西西乡农村商业银行）

西乡农商银行工作人员与支持企业相关工作人员积极沟通交流

发挥建设性作用，增强防护性功能

文 / 杜海涛 朱克佳

中国农业银行湖南省分行下辖15个二级分行、134个一级支行、865个营业网点，机构设置遍布“三湘四水”，承担着服务湖南经济发展主力军和金融稳定压舱石的重任。近年来，受疫情和经济下行双重影响，湖南省分行曾经面临回升发展减速、不良信用急增和市场拓展艰难等多项挑战。中国农业银行审计局武汉分局作为该行的监督管辖行，面对挑战不回避、不躲闪，在2024年度风险审计项目中，深入贯彻落实习近平总书记对审计工作提出的“三个如”要求和中央金融工作会议精神，积极加强与湖南省分行贯通协同监督，实现内部审计职能与湖南“三高四新”战略深度融合，发挥建设性作用，助力该行持续增强金融服务地方经济动能。

助力优化内控管理，提升金融服务质量和效率

审贷时间长、办贷手续繁既是当前国内商业银行的短板，更是众多中小微信贷客户的痛。2024年4月，武汉分局赴湖南省分行风险审计组进点后，通过调查走访，敏锐捕捉到这一难点热点问题，联手该行信用管理部门深入分析这一问题的根源，提出扩大基层行审批权限、简化上报审批流程、推行差异化管理、扩展“掌上e贷”产品市场等系列建议，受到该行上下及信贷客户的一致肯定。常德分行某支行行长高兴地说，信贷风险等级未变，再贷款或者同类型信贷产品审批权限和报备政策调整不仅简化了业务流程、节省了人力资源，还可大幅提升审批审查效能，有效缓解了内部控制与业务发展的矛盾。武汉分局风险审计项目组负责人表示，做好“审计+”，赋能前台，提升建设性、防护性作用，是审计部门义不容辞的责任。2024年6—9月，湖南省分行借助武汉分局风险审计东风累计发放各项贷款1185.76亿元，截至9月末，本外币贷款余额达6492.71亿元，较年初净增757.47亿元，较同期多增25.2亿元，增量排在四行第一。其中新增14793个农户、36754位中小微客户喜得金融活水，农行湖南省分行信贷市场拓展金融服务呈现崭新局面。

1185.76亿元

2024年6—9月，湖南省分行借助武汉分局风险审计东风累计发放各项贷款1185.76亿元。

助力整改审计问题，防范行业性系统性金融风险

防范金融风险是商业银行永恒的主题。2024年度的湖南风险审计项目深入揭示了少数地区、行业、企业及产品暴露出的经营管理缺陷和风险，并提出审计建议，要求组织立行立改、持续性整改和根源性整改，以及时化解风险、缓释风险，规避迁移、传染、扩大导致行业性、系统性风险。对此建议，湖南省分行党委高度重视，积极采纳，兼收并蓄。针对某项目信贷资金转移挪用问题，及时停贷，向客户提出限期归位的管理要求，纳入风险预警管理清单进行治理。针对多收手续费问题，全额退赔、立行立改，牢固树立金融为民形象。对个别一时难以整改的问题，除按有关法规严厉追究各环节主责任人，还要深入解剖挖掘深层原因，从体制机制上进行整改。据此，湖南省分行先后出台了4项内控管理制度和考核办法，下发规范性通知52个，完善流程、堵塞漏洞，把制度篱笆进一步扎紧。

为了促进审计发现问题全面整改、深入整改，武汉审计分局采取现场督导、远程辅导和分层分类分程指导等多种办法推进整改。据统计，截至2024年10月末，湖南风险审计反映的立行立改问题已经全部整改，分阶段持续整改率达87.5%，重大、较大类型问题整改率达25%，历年未整改的遗留问题整改率在98.8%以上。整改“下

风险审计组开展党日活动

农行审计局武汉分局赴湖南省分行风险审计组临时党支部召开支委会，研究落实风险审计方案

半篇文章”实现提质加速，行业性系统性金融风险得到有效遏制。

助力服务实体经济，焕发城乡经济活力

立足湖南“三高四新”战略中的金融需求，武汉分局将信贷业务审计重点落脚在支持先进制造业、科技创新、内陆地区改革开放等领域，通过对湖南分行信贷政策、资金投向、服务效率等方面的检查监督，助推金融资源更多地向实体经济、新兴产业及科创企业倾斜，为湖南打造国家级产业集群增添强劲动力。审计组在长沙、郴州、常德等地组织开展调研性审计，与政府部门、科创企业面对面交流，了解发展规划、痛点困惑和金融需求，现场探究解决业务合作和共赢发展中的急难愁盼问题。审计组还就科技创新中可能存在的网络和数据安全隐患进行专题核查，访谈了近百名一线员工，抽查了数百台办公终端、自助设备和广告屏，提示了银行数字化转型中运用RPA机器人、大数据模型等新技术产生的新型风险，督促湖南省分行及时改进完善，筑牢科技创新的“安全之基”。

湖南省是全国粮食贡献大省，湖南省分行是农行系统“三农主力行”，武汉分局深入贯彻落实习近平总书记在湖南考察时提出的“湖南要扛起维护国家粮食安全的重任，抓住种子和耕地两个要害”的重要指示精神，将金融服务粮食安全作为项目审计的重要内容，围绕信贷支持种业振兴、农业优势特色千亿产业、农业产业化龙头企业、高标准农田建设等领域，重点关注县域经营行在支持乡村振兴、促进农民增产增收等方面的政策落实情况和实际效果。为获得一手材料，审计人员有的下到田间地头，与种粮大户话农时农事，调查分析种粮收入成本；有的深入行业产业园区，与企业主交流互动，实地掌握企业对金融服务的有效需求；有的拜访政府部门，广泛听取多方意见和建议，汇集成助力湖南省农行服务地方经济发展的涓涓细流。

（中国农业银行审计局武汉分局）

以变应变：江苏高邮农商银行积极迎战息差收窄

文 / 姚渔洋

近年来，我国商业银行净息差呈持续收窄趋势，2021年年底至2024年第三季度，全国商业银行净息差由2.08%下滑至1.53%。其中大型商业银行净息差由2.04%降至1.45%，农商银行由2.33%收窄至1.72%，下降61个百分点。目前，农商银行净息差下降趋势明显，较大型商业银行优势缩减。农商银行净息差收窄原因主要有以下几点。

资产端部分，让利实体经济背景下，收益率持续走低。贷款定价方面，受LPR连续下调和重定价因素影响，各类贷款收益率均有所下降；结构方面，受需求不足影响，收益率相对较高的消费贷款、按揭贷款、信用卡增长乏力；市场环境方面，大行积极下沉拓展长尾客群，银行业竞争日益激烈，农商银行优质客户被“掐尖”。

负债端存款成本居高不下。一是因为对公存款成本“韧性”较强。二是存款定期化、长期化现象尚未缓解，低成本结算性活期存款增长不足。农商银行资金来源渠道较少，主要通过吸储来扩充资本，加之规模所限，经营范围仅为一地的县域及农村，为吸纳存款通常会采取上浮定价策略。

净息差是影响银行盈利能力的重要因素，在当前经济不确定性加剧的大背景下，农商银行受到的冲击与影响较大行而言更为显著。如何在净息差收窄这一大环境下逆风前行，保障稳健经营，打赢收益保卫战，高邮农商银行进行了一些有益的探索与实践。

费用端“做除法”：降低综合管理费用

实施全面预算闭环。落实滚动预算机制，从严从紧控制费用预算，按照总额控制、结构优化、有保有压的思路，避免费用预算虚高，业务及管理费采用零基预算编制，预算额度细化到具体项目和三级科目，序时关注并管控好预算执行情况。

强化费用过程管理。估算物品消耗速度规划好采买计划，避免物资采购、领用积压等浪费现象，部分宣传品已纳入省联社采购统谈清单，实现办公经费、管理成本等可控成本有效降低。截至2024年9月末，运营费用和折旧摊销费用占净收入比例为10.21%，较年初下降0.45%。

压降非生息资产占比。长效组织推动挂账资金、抵债资产、闲置房地产清理工作，有效减少非盈利资产占用，进而提高资金运用效率，激活资产生息能力。截至2024年9月末，非生息资产占比为2.31%，较上年同期下降0.23%，还组织开展表内外资本无效低效占用清理专项活动，表外可随时无条件撤销贷款承诺清理额度在1亿元以上。

负债端“做减法”：控制存款付息成本

加强利率定价精细化管理。实行差异化定价手段，紧盯市场和对标同业，充分考虑金额区间、城乡差异、网点差异和竞争激烈程度等因素，设置多层级、多档次差异化利率。在竞争激烈的城区市场，投放限量的较高利率存款产品揽客。截至2024年9月末，该行存款付息率1.85%，扬州地区农商银行最低，较上年同期下降0.11%。

针对各类客群留存好资金。根据客户需求及AUM值分层精准营销，实现客户清单化管理。多种渠道发力营销，努力做好代发客群工资，收单商户资金，社保卡客群资金留存等；积极对接政府机构，争取财政长期资金储蓄留存；及时关注存款到期需转存客户，高净值客户及贷款客户资金留存状况。截至2024年9月末，该行存贷比为79.74%，较年初上升18.84%。

转化定期存款调增补结构。重点转化长定期存款，鼓励客户选择灵活度更高的活期及一年期存款。扩充政府、企业渠道吸纳对公活期存款，提升单位和个人客户存款综合贡献度。用好FTP定价考核机制，设定好各类存款系数，激励支行做好低成本存款吸纳工作。截至2024年9月末，对公高成本存款日均占比较年初下降3.06%，储蓄高成本存款（二年期及以上存款）日均占比较年初下降1.78%。

资产端"做加法"：控制贷款收息降幅

立足地方大虾产业，打好服务"组合拳"。多元化丰富客户服务体验。依托本地大虾特色产业建立"11234"金融服务体系，全面服务罗虾养殖上中下游客户。将龙虬支行打造为大虾特色支行，作为助力产业发展的重要窗口，邀请专家入驻提供养殖相关咨询服务。着力做好信贷服务、网点服务、综合服务、融合服务四项服务。

构建产业链金融产品体系。针对产业链上中下游客户差异化特征打造"拳头产品"，创新推出"养殖贷""产业贷""融合贷"，全力满足不同客户的金融需求。规范贷款授信定额标准，推出"见塘即贷"功能。根据养殖成本制定额度模型，为各类养殖成本进行定价测算，结合养殖塘口规模，现场测算贷款额度直接放款。

建立健全客户档案信息。实现"一户一档"，强化客户身份识别，动态掌握信用状况，为实现精准授信，制定严格的数据收集标准，对接农业农村局、行业协会、地方政府交叉验证客户经营主体信用信息、业务资料等。

优化贷款定价机制，把好利率"执行关"。

前台人工优化定价。以江苏省联社定价系统为基础，设定好特定产品底价，执行单户单笔定价机制，根据不同客户风险状况、担保措施、经营情况等信息合理设定好定价因子，形成客户定价综合成本。截至2024年9月末，该行贷款收息率为4.32%，较上年同期下降0.41%，与年初相比贷款收息率下降趋缓。

合理分配优惠额度。财务部门测算全行利息收入预算完成及收息率变动情况，制定每月利息收入优惠总额度，信贷管理部将该额度根据条线贷款投放情况进行分解，设定优惠额度分配优先级。营销条线根据既定的优惠额度，统筹使用利率优惠有效实现增户拓面。

优化贷款办理流程。推动贷款申请、受理、审批、放款等环节全链条线上办理，实现快速高效的服务模式。定期组织客户经理及授信审批人员培训，提升全链条业务人员工作质效，规范各类贷款业务办理时间，简化经办工作流程，提高业务整体效率。

高邮农商银行工作人员实地走访企业，了解企业产品生产情况

4.32%

截至2024年9月末，该行贷款收息率为4.32%，较上年同期下降0.41%，与年初相比贷款收息率下降趋缓。

发挥人缘地缘优势，建好各类“朋友圈”。深耕“网格化”营销。与高邮镇启动社区网格化共建合作，向各社区选派兼职网格员，成立“邮我在”公共服务驿站。根据“区域管户+自主认领+刚性分配”的原则，将高邮镇21个社区，7万余户家庭，按客户经理人均1855户进行细分，明确各支行、客户经理网格化营销“责任田”。

强化党建“主引擎”。依托“党建+金融”，持续推进“强村惠民攻坚行动”，以“兴村强体贷”为抓手，推动金融助力村集体经济发展“拔高”“提低”“扩中”计划。把个体工商户和小微企业作为做小做散的着力点和突破口，组织开展“金融支持个体工商户服务质效”专项行动，按照“生存、成长、发展”三类个体工商户类别逐户走访，差异化开展营销。

优化政银企对接。为畅通政银企沟通渠道，助力地方企业健康稳健发展，该行2024年组织举办13场政银企对接会，覆盖高邮所有的乡镇(园区)，以及2场大虾养殖、科技型企业专题座谈会。目前，已通过政银企对接累计服务企业301家，新增用信50户、金额4.5亿元。建立“政银担”一体化融资体系，创新推出“资金池项目贷”。截至2024年10月末，累计投放“资金池项目贷”236户、12.3亿元。

管理端“挖潜能”:推动收入结构优化

建立客户价值分类体系。为丰富业务收入增长点，该行自2023年开始开展代销理财、保险业务，2024年9月末，代销理财规模达4.22亿元，代销保险业务量达1734.2万元，并逐步从产品导向到客户导向转型，为客户建立综合财富管理方案，根据AUM值进行分层分类客户管理，整合公私联动资源，挖掘高净值客户价值。

开拓手续费佣金收入来源。丰富以“收单商户+”“信用卡+”等为核心体系的电银服务场景建设，联合本地商户在特色节日开展消费优惠活动，有效提升收单客户和银行卡用户活跃度，对于授信用信及AUM优质客户予以免除收单手续费优惠，产品用户群体互相覆盖促进营销，有效提升客户黏性。截至2024年9月末，该行手续费及佣金收入为0.12亿元，较上年同比上升50%，占净收入比重为1.11%。

提升投资收入增厚收益。降低净利润对存贷款利差的依赖，强化投资部门员工理论学习和实操的能力，要求投资决策前对市场进行深入研究和充分判断，充分了解宏观经济形势和国家政策，在省联社的战略指导和综合研判下通过优化投资组合有效平衡风险与收益。截至2024年9月末，该行投资收益为3.23亿元，较上年同期增长15.77%。

（作者系江苏高邮农商银行党委副书记、行长）

高邮农商银行工作人员实地走访企业，了解企业资金需求情况

为丰富业务收入增长点，该行自2023年开始开展代销理财、保险业务，2024年9月末，代销理财规模达4.22亿元，代销保险业务量达1734.2万元。

保险之家

Insurance

诚担重义，安享生活

国家金融监督管理总局发布《保险集团集中度风险监管指引》

为进一步加强保险集团监管，提升保险集团风险管理能力，2025年1月26日，金融监管总局发布了《保险集团集中度风险监管指引》（以下简称《指引》）。

《指引》坚持问题导向和目标导向，注重循序渐进，并借鉴国际监管规则，旨在引导保险集团建立审慎经营理念，加强集中度风险管理，切实守住不发生系统性风险的底线。

《指引》共5章28条，包括总则、集中度风险管理体系、集中度风险管理政策和程序、管理信息系统与报告披露和附则5部分。主要内容包括明确集中度风险管理原则，规范集中度风险管理流程，推动保险集团建立多维度指标及限额管理体系，完善信息披露和报告制度等。

《指引》明确了保险集团集中度风险管理标准，为保险集团提供系统化指导，对提升集中度风险管理能力和水平具有重要意义，是进一步提升监管有效性，推动保险集团加强风险管理的有力举措。下一步，金融监管总局将扎实推进《指引》落地实施，促进行业高质量发展。

答 记 者 问

国家金融监督管理总局有关司局负责人就《保险集团集中度风险监管指引》答记者问

为进一步加强保险集团监管，提升保险集团集中度风险管理水平，近日，金融监管总局发布《保险集团集中度风险监管指引》（以下简称《指引》），有关司局负责人就《指引》回答了记者提问。

发布《指引》的背景是什么？

保险集团因涉及业务领域广、成员公司多，极易形成对同一主体、投资品种、业务区域等相对集中的大额风险暴露。目前，相关监管要求散落在保险集团监管、偿付能力、资金运用等各类文件中，尚未出台统一、规范的集中度风险监管规则。金融监管总局坚持问题导向和目标导向，研究制定了《指引》，为保险集团加强集中度风险管理提供遵循。

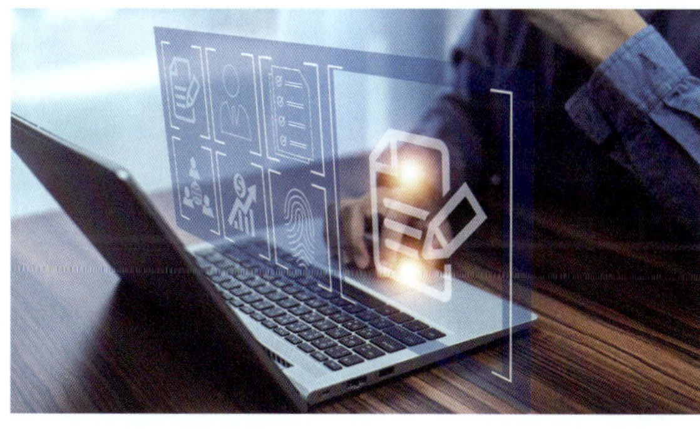

《指引》主要内容是什么？

《指引》旨在促进保险集团有效管理集中度风险，切实提升风险管理水平。主要内容包括：一是明确集中度风险管理原则。集中度风险管理需遵循审慎性原则、匹配性原则、统一性原则、动态性原则，要求在并表管理基础上，按照实质重于形式和穿透原则对集中度风险进行管理。二是规范集中度风险管理流程。《指引》要求保险集团建立包括集中度风险识别、计量、监测、报告等在内的集中度风险管理流程。三是要求保险集团建立多维度指标及限额管理体系。《指引》要求保险集团推进多维度指标及限额体系建设，建立集中度风险指标与限额的回溯更新机制、集中度风险预警机制、超限额管理机制。四是完善信息披露和报告。《指引》要求保险集团在官方网站披露年度集中度风险管理信息，定期统计集中度风险指标、报告集中度风险状况。

《指引》的指导原则有哪些？

一是坚持问题导向和目标导向。针对保险集团集中度风险管理现状和问题，完善监管制度依据、丰富监管政策工具，引导保险集团建立审慎经营理念，加强集中度风险管理，守住不发生系统性风险的底线。

二是注重循序渐进。集中度风险监管主要以原则性要求为主，未来随着行业和监管实践逐渐成熟，再进一步完善监管措施和手段。

三是借鉴国际监管规则。在方向和理念上借鉴联合论坛《金融集团监管原则》等国际监管规则，从集中度风险识别、计量和披露等方面作出规定。

来源：国家金融监督管理总局
网址：https://www.nfra.gov.cn/cn/view/pages/ItemDetail.html? docId=1198334&itemId=917&generaltype=0
发布时间：2025年2月8日
下载时间：2025年2月8日

DeepSeek火爆，保险业抢抓机遇

文 / 谭乐之

近日，DeepSeek在保险行业掀起热潮，多家保险机构纷纷入场，积极抢占AI赋能的新机遇。究竟是什么原因让保险机构及从业者争相使用DeepSeek？除了媒体的广泛关注，多位业界人士深入分析了其背后的底层逻辑。

保险圈用起了DeepSeek

近日，多家保险机构已开始将DeepSeek人工智能技术应用于实际业务中。

2月7日，新华保险借助新华e家App技术底层栈与互联网技术生态互通的优势，在新华e家App成功接入DeepSeek-R1、DeepSeek-V3两款模型产品，打造个人AI助理支持多个智能应用场景。这是新华保险借助联创实验室的技术资源，积极推动人工智能在企业运营中的实际应用。

《中国银行保险报》记者获悉，也有部分大型保险公司已同DeepSeek展开合作，目前相关合作正处于内测与调试阶段。

水滴公司创始人兼CEO沈鹏在2025全员信中指出，位于杭州的中国土生土长的初创公司DeepSeek，凭借与众不同的创新在全球AI领域掀起了一股旋风。沈鹏强调，中国的创业者们将前沿科技与中国独特的人文相结合，必将走出一条与众不同的崛起之路。公司将抓住AI产业化的时代机遇，加速水滴水守大模型的落地和行业地位的提升，发挥科技之善，用互联网科技助推广大人民群众有保可医，保障亿万家庭。

此外，也有多位保险从业者向记者分享了自己在工作中深度使用DeepSeek后的感受。

“DeepSeek是一个工作高效的初级助理。”北京浩博法律咨询服务有限公司及险律科技（北京）有限公司创始人崔春霞表示，“以撰写保全侵权案例分析为例，以往需要完整阅读判决书后，再进行精心浓缩提炼，去除重复冗余部分，删掉不重要的数字计算过程，再根据自己撰写案例分析的逻辑，整理成通俗易懂、适合给保险从业者学习阅读的案例，一般需要3~4个小时。但现在借助DeepSeek，传入判决书，并给出指令，DeepSeek通常10多秒即可生成出一例可用于培训的案例，并提炼出了案件的核心关键要点，而且结构清晰，特别适合学习阅读。”

崔春霞同时指出，DeepSeek目前尚处于初级助理的水平，部分分析建议可能不切实际。这就要求使用者在相关领域有深入研究或充分了解，才能甄别错误或者不适用的建议，不然易被误导。“DeepSeek是能力放大器，能助力强者摆脱低效重复工作，实现锦上添花。但对于领域新手，因无法识别错漏，可能无法发挥其作用，甚至被误导，难以起到雪中送炭的效果。”

“DeepSeek为我们的日常工作带来了极大的便利。”友邦人寿营销员、全球百万圆桌（MDRT）注册会员曾欣表示，“在为客户讲解产品时，我们常常需要介绍公司历史背景和产品设计细节，这时使用DeepSeek等人工智能工具会非常高效。例如，今天我在向客户介绍公司分红险产品时，直接通过DeepSeek展示了友邦保险的历史分红险实现率。DeepSeek提供的信息不仅准确，而且直观易懂，让客户更容易信服。”

抢抓风口的底层逻辑

为何保险机构及行业从业者争相使用DeepSeek工具?除去媒体视角下的跟风效应,多位业界人士分析指出DeepSeek对保险业深度赋能的底层逻辑。

最为显著的是,DeepSeek在提升保险从业者工作效率方面发挥了重要作用。新华保险北京分公司产品市场部副总经理陈镜好认为,DeepSeek作为大语言模型,在信息的广泛性和思考的深度性方面展现了极强的能力,这为保险理念的沟通、产品功能的讲解提供了很大的帮助。

对外经贸大学保险学院教授王国军表示,DeepSeek通过智能化需求分析、场景化沟通训练等功能,有助于提升保险从业者的工作效率。此外,DeepSeek还能快速响应复杂产品查询,支持多语言跨境业务处理,帮助从业者更好地服务客户。

而这意味着,DeepSeek的出现或加速保险代理人专业化转型。中央财经大学中国精算科技实验室主任陈辉认为,DeepSeek加速了保险代理人从"销售导向"向"专家顾问"的转型。基础服务由AI承担,而代理人需聚焦高价值服务,如家庭财富规划、资产传承、养老规划等。这一趋势将淘汰低水平从业者,推动行业向专业化、职业化方向发展。

从行业层面看,DeepSeek的出现也有望推动保险业务模式创新,助力中小险企。王国军指出,DeepSeek可以赋能保险业智能客服、核保与理赔、个性化服务等多个领域。陈辉认为,相对于其他大模型,DeepSeek的开源特性与低成本训练降低了技术门槛,中小保险公司可通过定制化模型提升竞争力。传统保险公司需加速与AI技术整合,否则可能被开源生态边缘化。

陈辉指出,保险业也要警惕DeepSeek的局限性,如保险场景的复杂性、技术伦理与数据安全风险等。王国军指出,虽然DeepSeek降低了技术门槛,但其优化和应用仍需专业人才支持,而当前金融科技领域的人才供给仍显不足。

来源:中国银行保险报网
网址:http://www.cbimc.cn/content/2025-02/12/content_539480.html
发布时间:2025年2月12日
下载时间:2025年2月13日

寒冬慰问送温暖,浓浓关怀暖人心

——永安保险辽宁大连分公司开展基层劳动者送温暖活动

文 / 李 丹

为深入贯彻落实党的二十届三中全会精神,把党的温暖及时送到广大群众的心坎上,近日,永安保险大连分公司党总支走访慰问了寒冬中的基层劳动者,为他们送上温暖和祝福。

慰问中,公司党总支先后深入二七广场和东港两处,将一份份米面油、手套等爱心物资送到了环卫工人和外卖员的手中,并叮嘱他们注意身体和防寒保暖,筑牢健康安全防线。环卫工人和外卖员们纷纷表示,此次慰问不仅是一份物质上的帮助,更是对他们工作的一种认可和尊重,让大家真切感受到来自"永安"的牵挂和贴心关怀,真真切切地将关怀和温暖送到了心坎上。

永安保险大连分公司党总支将以此次活动为契机,继续做好爱心传递,实现与群众的"零距离"接触,切实将温暖传递到群众的心坎上,让公司的温暖惠及更多社会阶层和群众,为促进金融行业和谐发展贡献力量。

(永安保险大连分公司)

知行合一，筑牢洗钱风险防线

阳光人寿甘肃分公司优秀员工 杨蕊霞

文 / 李芊利

杨蕊霞是阳光人寿甘肃分公司的一位一线员工。她默默坚守在反洗钱管理岗位上，用专业、严谨和执着，书写着洗钱风险管理传奇。

初入阳光人寿之时，公司面临着分公司及各机构人行反洗钱分类评级落后的艰难处境，但她毫不畏惧，勇敢地挑起了重担，积极主动与人行甘肃省分行展开反复沟通交流，努力探寻公司历史工作中潜藏的各种问题和不足，同时，悉心指导机构合规与反洗钱岗的同事，提升业务水平。经过一年的努力，2021 年，阳光人寿甘肃分公司从 B 类跃升至 A 类，呈现出稳中有进的蓬勃态势。

杨蕊霞的严谨认真体现在工作的各个领域中。

在大额及可疑交易管理领域，她展现出非凡的能力。对于每一笔业务交易，她都严格审查，哪怕是在万籁俱寂的深夜，挑灯夜战的她也绝不放过任何一个可能存在洗钱风险的细微之处。内控管理必须制度先行。为了全面提升公司的基础管理能力，杨蕊霞刻苦钻研各项反洗钱规章制度，结合公司实际情况，精心雕琢，不断健全完善分公司内控管理制度体系，确保各项业务都有章可循。在培训与宣传方面，她全力以赴，大力开展反洗钱知识培训，积极推广反洗钱知识，努力夯实内外勤人员的专业技能。在反洗钱宣传工作中，她勇于创新，以点带面，开展多元化宣传，制作发布反洗钱宣传动画、H5 专题、宣传长页，组织开展反洗钱书画展活动，组织观看反洗钱题材电影，制作的离岛免税“套代购”及“留学生洗钱风险”专题更是获得了人行的点赞认可。

杨蕊霞讲授反洗钱课程

一路走来，杨蕊霞披荆斩棘，始终奋战在洗钱风险管理的前沿，宛如一位无畏的勇士。她吃苦耐劳、勇于奉献、刻苦钻研，不断提升自我，以精益求精的态度赢得了外部监管及公司内部的一致认可。阳光人寿总公司“风控能手”“最美阳光劳动者”“年度明星员工”“年度风控合规条线先进个人”及阳光保险集团“优秀青年成长力积分获选者”……一项项荣誉见证着她的努力与勤奋。

凡是过往，皆为序章。杨蕊霞将始终秉持“吐故方能纳新，空杯才能盛水”的心态，继续深耕一线管理岗位，按键归零，重新出发，以更加饱满的热情和更加严谨的态度，迎接新的挑战。

职场加速度，跑赢考核赛道

阳光人寿甘肃分公司优秀员工 李芊利

文 / 林俞静

在阳光人寿甘肃分公司，有这样一颗亮眼的星，在平凡的岗位上闪耀着别样的光芒，她就是李芊利。

自 2023 年 8 月加入该公司负责文秘品宣工作以来，在入职一年的时间里，李芊利快速成长。初入公司，面对全新的工作环境和复杂的考核指标，她迅速投身到工作中，深入研究每一项考核指标，将其视为指引自己前进的灯塔。她深知，只有精准把握考核要点，才能在工作中有的放矢，高效达成目标。

李芊利与部门同事讨论工作

在日常工作中，凭借着对工作的热爱和对自我的严格要求，李芊利制订了详细的工作计划和行事日历。每天在工作之前，先梳理当天的工作任务，合理分配时间，确保各项工作有条不紊地进行。在文秘工作中，她严格审核公文格式，并仔细斟酌每一字句，精心撰写每一份报告，力求用最简洁、准确的语言传达信息。

在品宣工作中，李芊利实现了考核逆转的目标。初来阳光人寿，甘肃分公司品宣考核结果不令人满意，为快速改善考核评价，她利用内宣和外宣共同发力，在内宣工作中，努力挖掘公司日常经营新闻热点，利用节日节点打造甘肃分公司的品牌效应，并借助企业微信公众号，结合企业文化，以清廉文化、金融宣传等内容为主题打造特色期刊，发挥品宣的喉舌职能。在外宣工作中，她依托大量的新闻素材，借力媒体平台及报道量，叫响"阳光甘分"品牌。短短一年时间，她便从一名初出茅庐的新人成长为骨干员工，并获得了阳光保险集团"优秀信息报送员"的荣誉称号。

2024 年 8 月，李芊利借调至阳光保险集团印章处学习。面对全新的工作领域和内容，她怀着空杯心态，积极学习印章管理的知识和流程，认真观察每一个操作细节，主动向经验丰富的同事请教问题，深入了解印章管理在公司运营中的重要性和风险点。在学习过程中，她充分发挥自己在文秘和品宣工作中积累的优势，将规范的文档管理方法和有效的沟通技巧运用到印章管理工作中，协助完善了印章管理制度和流程，优化了印章使用的审批流程，提高了工作效率。

"每一分努力都是光的方向，每一次坚持都是未来的起点。"李芊利的故事，是一个关于奋斗与成长的故事。她用自己的实际行动，诠释了努力的意义。未来，她将继续以热情和智慧，书写自己的阳光篇章。

创新营销模式，助力保险业务高质量发展

文 / 田袆璠

近日，河北滦州农商银行积极贯彻落实省联社和审计中心工作部署，创新营销模式，强化全员营销意识，推动保险业务实现高质量发展。截至2025年2月10日，累计实现代理保险手续费收入22万元，同比增加14.22万元，增幅182.78%，保险业务呈现出良好的发展态势。

强化组织领导，压实工作责任。该行高度重视保险业务发展，将其作为提升中间业务收入、优化收入结构的重要抓手。该行成立了以董事长为组长的保险业务营销领导小组，制定下发了《2025年代理保险业务营销方案》，明确目标任务、细化工作措施、压实工作责任，形成了“一把手”亲自抓、分管领导具体抓、各部门协同配合的良好工作格局。

创新营销模式，激发营销活力。为提升保险营销质效，该行积极探索创新营销模式，推出了一系列行之有效的举措。一是开展“全员营销”活动。将保险业务营销任务分解到每个网点、每位员工，并配套制定了相应的考核激励政策，充分调动全员营销的积极性和主动性。二是加强客户精准营销。加强对客户进行精准画像，细分客户群体，针对不同客户群体制定差异化的营销策略，有效提升了营销成功率。三是丰富产品服务体系。积极与保险公司合作，不断丰富代理保险产品种类，满足客户多元化、个性化的保险需求。四是优化服务流程，提升客户体验。简化保险业务办理流程，提供一站式服务，并加强对员工的业务培训，提升服务水平，为客户提供更加便捷、高效、优质的金融服务。

加强督导考核，确保工作实效。为确保保险业务营销工作取得实效，该行建立了定期督导通报机制，对各单位保险业务完成情况进行排名通报，并纳入年度考核，对完成任务较好的单位和个人给予表彰奖励，对工作进展缓慢的单位进行督导帮扶，形成了比学赶超的良好氛围。

下一步，滦州农商银行将继续坚持“以客户为中心”的服务理念，不断创新营销模式，优化服务流程，提升服务水平，推动保险业务持续健康发展，为地方经济社会发展作出新的更大贡献。

（河北滦州农村商业银行）

八面来风

Style

宝地聚风华

图片新闻

为进一步助力小微企业高质量发展，破解小微企业融资难题，农发行贵州雷山县支行充分发挥政策性金融作用，以县域特色茶产业为目标，靶向发力，向当地某企业投放贷款500万元，用于支持茶叶种植、茶园管护。下一步，该支行将持续聚焦服务国家战略和“三农”重点领域，继续发挥好政策性金融优势，为服务乡村振兴注入更多金融“活水”。

文、图／吴子奇

山西天镇农信联社认真落实中央金融工作会议和中央经济工作会议精神及省农商行认真做好金融“五篇大文章”指导意见要求，聚焦做好“养老金融”大文章，通过持续加大信贷资金支持、不断完善网点服务设施、加大养老金融知识宣传等手段，丰富适老化金融服务体系，努力提升老年人的幸福感和安全感。

文、图／苏超

为做好“养老金融”大文章，弘扬当地长寿文化，江苏如皋农商银行结合当地的“长寿文化”与银行适老化服务，将该行如城支行打造为长寿文化特色网点，进一步提升服务水平和质量，营造助老敬老良好社会氛围。

文、图 / 李孝明

2024年12月29日上午8点，备受瞩目的“鹿泉农商行杯2025石家庄·鹿泉迎新长跑”在抱犊寨山脚下鸣笛开赛。石家庄市体育局副局长、鹿泉区人民政府副区长出席开幕式。来自河北、北京、天津、山西、山东、河南等11个省、自治区、直辖市的选手齐聚抱犊寨，共同开启这场充满激情活力的健身盛事。作为本次大赛的冠名赞助单位，河北鹿泉农商银行积极投身到赛事的支持工作中，在比赛沿途设置了水站、医疗站等多个补给站点，为选手们提供充足的能量支持。同时，数个救援组的医护人员分布于赛道各个节点，全程关注赛事情况，为选手们的安全提供保障。

文、图 / 刘家祺

乡村振兴

农发行四川巴中市分行 金融“活水”赋能传统村落保护

文 / 何 鎏

做好传统村落保护和利用，是贯彻习近平总书记重要指示批示精神的具体行动，对增强乡村振兴内生动力有着重要意义。然而，一些古村落正“行走在消逝中”，如何让古村落真正留下来、活起来，成为亟待解决的问题。农发行巴中市分行以“千万工程”经验为引领，切实加大传统村落保护利用金融支持力度，助力打造宜居宜业和美乡村，截至目前，累计投放巴州区传统村落保护利用等8个项目、金额18.08亿元，当好革命老区服务乡村振兴的“金融排头兵”。

铸牢精神文明之“魂”，让传统文化“活”起来。“我就是在村里长大的。以前，村落里很热闹，那时候我们总是一起玩耍，别提多开心了，后来很多乡亲外出务工，陆续搬离，村里逐渐呈现空心化现象。现在，政府高度重视，听说巴中农发行也给予了贷款支持，越来越多的人选择留在乡村，村里也日渐热闹起来了。”通江县迎春村村民李大爷说道。

通江县属商周时期巴国的腹心地带，县域历史文化资源丰富、内涵深厚，历史文化遗产多、价值高、保存较完整，是巴文化的重要发源地和传承地，是四川省首批艺术文化之乡，同时也是中国第二大苏区——川陕革命根据地首府所在地，孕育出了“智勇坚定、排难创新、团结奋斗、不胜不休”的红军精神。迎春村等65个村落有着传统村落的普遍形态，承载着历史记忆，维系着文明根脉，寄托着浓浓乡愁。农发行巴中市分行申报获批贷款2.64亿元，支持毛浴镇迎春村在内的通江县16个传统村落建筑改造、文化体验中心修复、发展产业等，目前已根据工程进度投放8200万元，让传统村落真正留下来、活起来。

塑和美乡居之“型”，让人居环境“靓”起来。既要守住传统村落承载的优秀传统文化这个“魂”，又要护住传统村落各类文化遗产的“形”。在不改变建筑整体风貌、不搞大拆大建的前提下，一手抓传统民居建筑的修缮，一手抓传统村落的活化利用，坚持做到人居环境整治提升和传统村落保护“齐步走”，如该行贷款5亿元支持的平昌县传统村落集中连片保护利用示范项目（一期），项目总投资达6亿元，仅传统建筑保护利用、基础设施建设与人居环境改善类施工费用占总投资一半以上。“对于人们来讲，老建筑是记忆，是生活，是向往，是一些断断续续又不可或缺的精神支撑。”平昌县住建局城建股工作人员说道。该项目通过支持民居主体建筑修复、乡村道路改建以及公厕、污水垃圾处理、消防设施等人居环境改善，助力完善项目实施区域基础设施条件，提升当地乡村人居环境。

强特色农业之“骨”，让乡村产业“旺”起来。保护传统村落除了要改善村民的居住条件和环境，还要有因地制宜的产业支撑，让村民能够就近挣钱。该行学习利用“千万工程”经验，立足整体产业基础和发展趋势，充分挖掘乡村多种功能、多重价值，推广发展乡村优势产业，灵活运用“整体保护+‘土特产’激活”的打包方式，以产业促保护。3亿元贷款支持的巴州区传统村落保护与优势产业融合发展项目就是一个典型案例，项目通过流转林地、园地等，采用“公司+合作社+农户”的合作模式，推动茶树、果树、中药材等地方特色农产品适度规模化经营，提升品牌价值。预计建成运营后可实现年均收入约7000万元，同时，在项目运营过程中，预计可为周边村落增加超过500个就业岗位，让农民在家门口实现了“保就业”和“稳增收”。

农发行四川蒲江县支行 金融服务赋能农业科技

文 / 周 扬

智慧农业是农业生产方式的一次重大创新，发展智慧农业是全面推进乡村振兴，加快建设农业强国建设过程中的一项重要工作。农发行蒲江县支行聚焦农业科技重点领域和薄弱环节，找准助力“科技—产业—金融”良性循环的发力点，成功获批7.15亿元用于蒲江县现代绿色智慧示范农业建设项目。

水果是蒲江县的优势产业，“蒲江丑柑”“蒲江耙耙柑”获得国家地理标志证明商标，“蒲江猕猴桃”“蒲江丑柑”品牌价值均进入全国50强。当地围绕资源禀赋、产业基础等现状，以蒲江柑橘、猕猴桃两大主导产业的标准化种植、仓储冷链物流、电子商务、农商文旅体融合发展为重点，设计打造一个集智能化、信息化于一体的现代农业生产体系。该支行了解到市场需求后，主动出击、上门服务，围绕项目建设内容及特点，针对涉及的业务边界、运作模式、资金使用范围和路径等关键点进行深入研究，为企业量身定制融资服务方案，在方案设计时针对项目进行业务全链条辅导，提供集“融资、融智、融惠”一揽子的贷款金融服务，推动项目快速审批。

该项目建成后将推动当地农业全产业链开发，提升农业质量效益和竞争力。该项目一方面通过科技创新和成果转化应用，提高了农业生产的技术水平和效率；通过引入现代化的种植技术、生物防治和水肥一体化等设施，有效节约了果园种植成本和人工成本，也提高了果树抗病性和产量。另一方面，该项目通过打造现代化柑橘产业园区和合作示范基地，为当地种植农户提供了产业升级的模板，推动了乡村经济的多元化发展，也丰富了乡村经济业态，提高了乡村经济的可持续性和稳定性。此外，积极推广利用“两个替代”在治理和减轻污染方面的应用，为当地生态环境保护和基地健康发展奠定了坚实基础。

下一步，该支行将继续发挥农业政策性银行职能作用，不断为服务实体经济注入金融“活水”，聚焦农业科技创新领域，在促发展、提质效、防风险上下功夫，为全面推进乡村振兴增添助力。

农发行湖南邵阳县支行绘就万亩良田“春耕图”

文 / 刘 萍

近年来，农发行邵阳县支行深入贯彻落实“藏粮于地，藏粮于技”战略，全力做好粮食安全金融保障工作，支持高标准农田建设。该支行再投3400万元高标准农田建设贷款，用于支持邵阳县乡村振兴农业产业发展建设项目，为春耕生产保驾护航。

据悉，该项目总投资2.93亿元，采用“高标准农田+特色产业发展”模式，以建设11980亩高标准农田水稻基地为核心，带动14920亩水果及有机蔬菜产业基地建设，大力发展精细农业、订单农业。项目建成后，能有效改善当地农田灌排条件，减少旱涝灾害对农业生产的影响，极大提高粮食、水果、蔬菜的现代化水平及产量，进一步保障当地群众长期稳定增收、安居乐业。

农发行邵阳县支行已累计投放2.3亿元贷款支持该项目建设，本笔贷款的投放，是该支行不断擦亮“粮食银行”品牌的充分体现。下一步，该支行将继续围绕“两藏”战略重点领域，用好用活政策性金融政策，持续加大高标准农田项目的信贷支持力度，助力当地春耕及乡村振兴发展。

服务

农发行四川都江堰市支行描绘生态经济共荣新篇

文 / 代 黎　杜雨薇

农发行都江堰市支行积极贯彻“绿水青山就是金山银山”的发展理念，深度融入当地生态经济建设，持续助力补齐水利基础设施短板，以政策性金融之笔，绘画出都江堰“只此青绿”的生态长卷。“十四五”至今，该行累计投放各类贷款33亿元，信贷规模跃上新台阶。其中，绿色贷款余额达25亿元，占比76%，而水利项目贷款更是重中之重。该行累计获批28亿元贷款支持重大绿色水利工程建设，目前已投放12.6亿元，为生态经济发展筑牢水利根基。

智慧水利，铸就生态魅力枢纽。“岷江遥从天际来，神功凿破古离堆。”为进一步完善城区防洪体系、改善河段水生态，该行获批4.8亿元贷款支持都江堰市城区河段二号拦河闸项目建设，已实现投放4.1亿元。2024年10月16日，该项目交通桥实现通车，不仅打通了主城区与青城片区交通脉络，还一改河道在枯水期干涸的面貌，闸室蓄水后形成40万平方米河面景观，极大地推动了水生态保护与水资源管理，为城市增添了生态魅力新地标。

民生水利，润泽乡村振兴之路。水利兴则农业兴，农业兴则乡村兴。近年来，该行聚焦民生水利领域，全力支持城乡饮用水安全提升等项目，累计获批5.36亿元贷款，目前已实现投放0.4亿元，助力都江堰构建城乡安全饮水网络，同时推动农村土地整理入市，为乡村振兴注入活力。

绿色水利，筑牢生态经济根基。在诸多绿色项目中，都江堰市供排水系统提升PPP项目成效显著，该项目总投资22亿元，共涉及13个子项目。该行为此项目提供17.85亿元信贷支持，目前已投放8.1亿元，主要用于都江堰市北区供水厂新建工程等。2024年12月20日，北区水厂引水隧洞胜利全线贯通，标志着北区水厂投入运营迈向关键一步，都江堰市供排水系统提升项目取得重要阶段性成果。本项目的实施，也将系统推进都江堰市水污染防治、水生态保护和水资源管理，构建稳定的供排水环境，为都江堰的河流、湿地等生态系统提供良好的水资源条件，有助于维护生态平衡，提升生态品质，加快生态经济建设步伐。

农发行四川省分行助力擦亮幸福青羊名片

文 / 张加云

在少城街头吃一顿“老字号”，在宽窄巷子看一回川剧变脸，在文殊坊赴一次汉服之约，在非遗博览园听一场潮流音乐会……在青羊区文家街道、黄田坝街道、清江东路49号、万家湾3组、光华8线南片区居住的老青羊人在城市烟火中品味着安逸之城的幸福，但同时又因居住在老旧的城中村片区而负重前行，努力追寻更高品质的幸福生活。

青羊区三个片区城中村历史遗留问题众多，自建房错乱分布，道路交错难行，废弃厂房破败不堪，工业厂房利用效率低，公共基础设施难以覆盖，其现状不仅与城市建设和社会发展进程不相匹配，也给社会治理和公共服务带来了挑战，群众改造意愿迫切，诉求强烈。

为加快建设践行新发展理念的公园城市示范区，推动“人文青羊，航空新城”加快呈现，提高人民生活水平，保持社会稳定，农发行四川省分行及辖属成都市西郊支行，坚守政策性银行职能定位，围绕做好“五篇大文章”优化资源配置，携手青羊区，服务城中村改造，“量体裁衣”定制个性化专属服务方案，内外协同、上下联动，针对以上片区合力梳理城中村项目3个，共审批专项借款79.47亿元，2024年已投放17.87亿元，用于支持青羊区文家街道和黄田坝街道、清江东路49号、万家湾3组、光华8线南片区城中村改造。

3个项目均已全面启动，持续优化片区规划和城市设计，合理统筹产业空间，完成华西卫校等8个项目拆迁300余亩，片区基本功能不断完善。后期，青羊区航空新城片区、清江东路万家湾社区和光华8线南北片区将建成安置房4600余套，彻底改善城中村房屋老旧、破损严重的城市现状，同步打造“商业中心、生活中心、产业中心、文化地标”的新型社区，推进生活设施配套、基础设施配套等工程建设，遵循“一社区一主题，一社区一特色”原则，创建国际时尚、文化创意、运动健康等主题社区，营造丰富多样、舒适宜居的生活环境。

城中村改造是国家实施的“三大工程”之一，是保障和改善民生福祉的重大举措，农发行四川省分行及辖属成都市西郊支行将不断提升服务质效，持续助力擦亮最具活力的幸福青羊名片，用历久弥新的传统和时尚城市的潮流成就青羊近悦远来的安逸之都，让每一名群众都能感受到城市的温度，享受城市的烟火幸福。

河北阜城农商银行全力推进“一池两新万企”行动

文 / 贾欢欢

阜城农商银行紧紧围绕省联社、衡水审计中心工作部署，全力推动“一池两新万企”行动，全链条打通小微企业融资的堵点和卡点，引金融“活水”精准滴灌小微企业。

成立专班，制定方案，把好政策“方向盘”。一是及时对接。积极与县政府对接，成立了以主要领导任组长，经营主管领导任副组长，相关科室负责人为成员的小微企业融资协调工作机制工作专班。二是及时部署。召开支持小微企业融资协调机制动员部署会，第一时间传达国家金融监督管理总局和省联社通知精神以及省联社和衡水审计中心的工作部署。三是及时传达。组织机关部室和网点负责人深入学习全省农信系统和衡水农信社2025年度工作会议精神，准确把握“一池两新万企”行动内涵，推动支持小微企业融资协调工作机制各项工作落地见效。四是及时落实。印发了《河北阜城农村商业银行股份有限公司支持小微企业融资协调工作机制实施方案（试行）》和《关于成立"两个"融资协调机制工作专班的通知》，结合实际研究制定了"一池两新万企"具体实施方案，推动支持小微企业融资协调工作机制各项工作走深走实。

聚焦主责，突出主业，耕好小微"责任田"。一是广泛宣传。通过微信公众号、召开座谈会等线上线下相结合的方式向小微企业传达政策内容。二是全面走访。主动对接县政府机制专班，及时获取全县4555户的小微企业清单，结合"千企万户大走访"和小贷业务"百日营销"主题活动，安排各信贷网点对县域内小微企业、个体工商户、农民专业合作社及各类家庭农场等进行摸排走访，认真倾听企业诉求，积极宣讲惠企助企政策，努力协调解决小微企业融资困难等问题。三是精准发力。结合工作实际制定新"双基"共建和新"三信"创建具体落实方案，将资金精准送达小微企业和农村各类市场主体。截至2025年2月17日，累计走访企业2677户，营销贷款260户，授信金额14.34亿元。

创新产品，优化服务，激活一池金融"活水"。一是丰富信贷产品。针对小微企业底子薄、基础弱、资金少、需求大的特点，推出"小微经营贷""纳税易贷""商户备货贷"等手续简单、门槛低、方便灵活的差异化产品，满足不同群体的融资需求。二是降低融资成本。按照收益覆盖风险、保本微利原则，在落实"两免两限"收费政策的基础上，进一步主动向小微企业减费让利，降低小微企业融资成本。三是优化信贷流程。对小微企业融资协调工作机制中"两张清单"客户优先受理、优先审批、优先投放，实现应贷尽贷，能贷快贷，确保金融"活水"直达基层。

河北衡水农商银行开通普惠金融"直通车"

文 / 祁文婧

2025年以来，衡水农商银行以当好服务乡村全面振兴的主办银行为目标，深入贯彻落实省联社"1357"战略规划，结合"一池两新万企"行动，通过张贴金融服务专员公示牌，面向城乡居民，积极下沉社区，进一步提升了普惠金融覆盖面和渗透率。

聚焦工作落实，推进金融服务网格化。在年初的工作会议上，衡水农商银行党委明确工作重点和目标，制定了切实可行的普惠金融工作措施和网格化服务方案。各支行以网点为中心，精心手绘网格化地图，搭建起"责任网格化、产品多样化、服务精细化"的金融服务体系。每个网点选拔业务骨干担任金融服务专员，严格落实工作责任，确保市区网点周边3公里、乡镇网点周边5公里内都有专人提供上门服务。同时，创建企业微信群，采用"线上宣传+线下走访"方式，每半月线上推送金融知识不少于2次，每月开展线下网格集中宣讲不少于1次，建立"金融服务在身边"的常态化机制。

聚焦服务质量，提升金融服务直达性。该行统一制作了金融服务专员公示牌，并在辖内各社区、街道、行政村、企业、市场等醒目位置悬挂。每张公示牌上都清晰标注了金融专员姓名、照片、联系电话、服务内容及监督电话等信息，方便客户随时随地咨询、了解并掌握相关金融知识和产品。截至目前，已累计张贴"金融服务专员公示牌"176块，覆盖20个社区、51个行政村，用实际行动践行了普惠金融的使命和担当。

聚焦服务成效，实现金融服务可得性。金融服务专员公示牌的悬挂，为有效服务群众开通了沟通联系的"直通车"，为该行实现普惠金融全覆盖、助推地方经济发展提供了有力支撑。截至2月10日，该行已成功放款4290万元；通过开展金融服务专员工作，获取小微企业信息38750户、个体工商户信息6350户，走访对接小微企业4591户、个体工商户250户；进行摸底调研119次，开展金融知识宣讲108次，覆盖人数达1.3万人次；举办金融大集38次、覆盖人数达1.7万人次，建立业务台账200人次。

江苏海门农商银行存款规模突破600亿元

文／杨晨

2025年年初以来，海门农商银行抢抓一季度资金组织的黄金机遇，充分激发全行员工动力，不断丰富营销活动载体，全面提升存款市场拓展质效。截至2月1日，全行存款总额突破600亿元，比年初增加了近17亿元。

加强业务督导。将海门全辖划分为五大片区，由总行行长室成员按片下沉一线跟踪督导，第一时间把握片区支行各项业务进展情况。组建业务指导小组，由该行零售业务部进行针对性指导督导，按日线上通报数据，对后进支行予以提醒，形成你追我赶的竞争氛围。科学设置厅堂动线图，由运营管理部常态化针对员工的服务管理进行专项指导，使支行管理更加细节、工作思路更加明晰。

加强客户走访。对存量企业客户逐户走访，积极争取企业代发、结算、代扣资金，提高资金留存率，对接学校、医院等重点行业客户，大力拓展社保卡业务，增加客户黏性，做大零售客群。依托网格化管理与整村授信积累的客户数据，深挖客户金融服务需求，实施精准电话营销，引导资金回流。抓住务工人员返乡契机，对接村委会开展一系列宣传活动，提升回笼资金归行率。

加强培训宣传。定期组织开展面向运营主管、大堂经理、客户经理等不同类型的培训，确保营销岗位人员具备专业素质、营销技能、综合能力，做到了解全行各类最新产品，掌握适宜现阶段的营销手段。利用春节、元宵节等传统节日，精选客户群，开展形式多样的厅堂营销活动，增加人气，积极推介特色存款产品，吸引客户，拉动储蓄存款稳步增长。

海门农商银行将继续坚持“金融为民”理念，深耕小微本土，加强资金组织，提升服务质效，为地方经济发展贡献更多力量。

农发行江西进贤县支行贷款助力改善农村人居环境

文／宋骏　雷武

农发行江西进贤县支行投放2415万元改善人居环境贷款，用于进贤县医科园污水处理厂建设项目，该项目的建设对于迅速改善环境，提高居民生活质量，保障居民的身体健康，推动经济的进一步发展，促进社会稳定都具有重要意义。同时污水治理项目的建设对改善区域内水环境质量是最有效的工程措施，为工业、社会、文化的有序和可持续发展创造有利条件，以最终实现经济效益、社会效益和环境效益的综合丰收。

为推动该项目融资顺利落地，该行主动作为，成立金融服务专班，精准制定金融服务方案，加强与上级行沟通协调，上下联动，积极推动解决项目融资难点堵点问题，加快贷款发放进度。

下一步，该行将继续坚守主责主业，聚焦重大惠民利民工程，精准施策，靶向服务，以更大的力度、更实的举措，发挥好农业政策性银行的职能作用。

河北大名农商银行首笔“兵支书”贷款成功发放

文／郭煜

大名农商银行成功发放首笔“兵支书”贷款，以金融之力，为退役军人创业插上了腾飞的翅膀，标志着该行在支持退役军人创业、助力乡村振兴的道路上迈出了坚实的一步。

王志强，2002年退伍后选择回到家乡后刘胜村，次年担任党支部书记，肩负起带领乡亲致富的重任。王志强深知，要改变贫困面貌，必须找到适合当地发展的产业。他决定以红薯种植为突破口，成立家庭农场，采用“种植+储备+深加工+销售”的模式，带领村民共同致富。家庭农场的经营模式，不仅提升了红薯的附加值，还通过电商平台拓宽了销售渠道，实现了线上线下相结合的销售模式。此外，家庭农场还辐射带动周边农户参与种植，直接带动300户贫困户稳定增收，间接带动50户有劳动能力的贫困户实现家门口就业，每年户均增收20000元，但流动资金始终是困扰农场发展的制约因素。

2024年12月，在埝头乡举办的“兵支书”银企对接会上，王志强提出资金需求。会后，大名农商银行立即安排信贷专员深入了解农场的经营状况和资金使用计划，基于王志强家庭农场的良好经营状况和对当地经济发展的贡献，该行决定为其提供50万元信贷支持。

大名农商银行的这一笔贷款，不仅是对王志强家庭农场的金融支持，更是对退役军人创业精神的肯定。2024年，该行已对接3个乡镇的“兵支书”群体，预计授信580万元。未来，大名农商银行将继续深化金融服务，拓宽支持领域，为更多退役军人和农村创业者提供金融支持，共同推动县域农业发展和经济繁荣，让金融“活水”润泽乡村振兴的每一个角落。

河北枣强农商银行
代理保险业务实现新突破

文 / 孟宪嵘

2025年“旺季营销活动”启动以来，枣强农商银行严格落实省联社和衡水审计中心决策部署，积极开拓市场，各项业务迅速增长，代理保险业务实现新突破。截至1月8日，仅用时7天营销47笔保险业务，保费221万元，完成一季度任务的64.4%。

一是做细营销。制定《旺季营销代理业务营销方案》，重点对营销保险产品进行安排部署，科学分解目标任务，各网点利用晨夕会时间，每天对保险业务开展情况进行分析、汇报，总行安排专人对数据进行汇总整理，在营造“比、学、赶、超”氛围同时，及时分享典型经验做法，结合各地域情况调整营销措施，压实工作责任。二是做实业务。联合保险公司，一对一进行营销培训，保证每名员工熟知重点产品的营销话术，拓展员工的营销视野，各网点以客户大走访为抓手，提前储配优质客源，组织各网点存款大户集中讲解保险产品优势，达到精准营销效果，着力提升整体营销水平。三是做强保障。为34个网点选优配强大堂经理，使更多资源向营销保险产品倾斜，利用厅堂营销和柜面营销方式，将存款、小贷营销与保险产品营销深入融合，向优质客户宣传保险产品的特点和优势，本着为客户着想的思路给出产品建议和方案，使客户了解产品属性，安心投保，有效夯实代理保险业务基础。

管理

江苏丰县农商银行
党建引领为高质量发展赋能

文 / 于洪波　蒋文婷

2024年，丰县农商银行党委以高质量党建赋能业务高质量发展，通过打造特色品牌、深化共建合作、持续深入走访等方式，凝聚奋进动力、促进共建共赢。

党建引领，助力乡村振兴提质效。一是突出党建品牌创建。坚持围绕中心抓党建，抓好党建促发展，围绕“三农”金融服务优势，结合当地特色文化、红色教育资源，开展党建品牌征集、问卷调查、座谈调研、品牌创建工作坊及路演，将党建引领与金融服务优势、当地特色资源融合起来，集思广益打造“润丰”党建品牌。二是党建赋能业务发展。深入学习贯彻习近平总书记关于经济、金融工作的重要论述精神，落实中央金融工作会议和省联社党代会精神，以“党建+”为引擎，聚焦普惠、深耕本土，实施“富农易贷”推广提升行动，对经营大户、收单商户、村组干部及公职单位人员开展预授信，完成信息采集2054条，预授信1034户2.32亿元。三是持续提升服务能力。深入推进“精准走访惠主体 量质齐升促发展”专项竞赛，围绕基础客户拓展，提升市场竞争能力。

团结奋进，发挥模范作用聚合力。一是党员先锋作示范。聚焦推动“十百千”工程，组织15个基层党支部开展“为推进‘十百千’工程贡献力量”主题党日活动，强化基层党支部和广大党员在生产经营工作中的战斗堡垒和先锋模范作用。二是驻村服务促振兴。为推动乡村全面振兴提供坚强组织保证和人才支撑。制定《“金融村官”派驻村结对共建专项活动方案》《干部人才挂职（兼职）考评办法》，选派36名优秀青年干部到全县56个经济薄弱村担任驻村“金融村官”。三是激发士气树形象。“七一”前夕，组织开展微视频“心中有话对党说”活动；组织开展“我与国旗同框”庆祝中华人民共和国成立75周年摄影活动；组织40名青年员工参加“我和我的祖国”职工合唱大赛，荣获全县一等奖，持续开展活动提振党员干部精气神。

深化共建，联谊合作共赢促发展。一是加强基层联建交流。基层党支部、支行邀请服务片区村支书召开交流会，广泛听取基层意见和需求，解决普惠金融服务难点和瓶颈，促进实现“让农商行成为乡村发展的金融支持者、让村支书成为农商行的形象代言人”的共赢目标。二是凝聚共建发展合力。按照《全省农商行党建共建指导手册》要求，制定实施《党建共建提升工作方案》《党建共建考评办法》等制度，筑牢共建桥梁，深化合作内涵。三是全力支持产业发展。为深化“政银企”合作，先后参加县工商联年会、部分地区商会年会、开发区政银企对接会、新能源等产业链联建活动，配套推出特色产品，开展宣讲推广，取得明显成效。

江苏紫金农商银行总行营业部“五廉”共建“四好四强”

文 / 戴悦媛

近年来，紫金农商银行总行营业部精准施策，紧紧依托党建引廉、监督护廉、教育思廉、家风颂廉、合规守廉的“五廉”建设体系，全方位发力，精心培育政治素质好、经营业绩好、团结协作好、作风形象好“四好领导班子”和廉洁意识强、业务能力强、实干成绩强、忠诚担当强“四强职工队伍”，为夯实基层金融服务根基、推动金融服务高质量发展注入强劲动力。

党建引廉，夯实廉洁根基。压实“责任链条”，把廉洁建设纳入党建工作责任制考核，逐级签订党建目标任务和党风廉政建设责任状。严格规范“三重一大”事项决策研究，构建“党委班子带头、专业部门重视、各党支部主动”协同工作机制，统一领导、各司其职。坚持组织生活与廉洁建设深度融合，定期组织党员开展廉洁主题党日与警示教育活动，深入学习党的纪律规定和廉洁自律准则。设立“党员廉洁先锋岗”，让党员在业务办理、客户服务等工作中亮身份、作表率，以党员模范行动带动全员廉洁从业。

监督护廉，织密风险防线。督促落实“一岗双责”，以谈心谈话作为常态化监督提醒主要手段，及时了解个人思想、廉洁自律、履职尽责等情况，将管党治党履职情况与经营绩效考评结合，上行下效、整体联动。建立“嵌入式”监督机制，将监督触角延伸至信贷审批、资金清算等关键业务环节，实时监控操作流程，及时发现并纠正潜在风险。畅通内外监督渠道，对内鼓励员工积极参与监督和民主管理，对外主动接受监管部门、客户及社会各界监督。定期开展满意度调查，对反馈问题及时整改。

教育思廉，增强廉洁意识。严格落实“第一议题”制度，把习近平总书记关于全面从严治党、党风廉政建设和反腐败斗争等方面论述作为重点学习内容。充分利用红色文化和廉洁展厅资源，开展“廉洁讲堂”系列活动，邀请专家学者、纪检干部集中授课，以案为鉴、以案明纪，深入解读廉洁政策法规。制作以案说险、廉洁警示教育微课、漫画等，广泛传播廉洁理念。组织新员工入职廉洁培训第一课，引导正确职业观和价值观，定期开展老员工廉洁“回头看”教育，巩固廉洁思想，做到常学常新、警钟长鸣。

家风颂廉，涵养廉洁作风。积极开展廉洁家风建设活动，把家风塑造与干部员工成长紧密结合。邀请员工家属参与廉洁教育活动和家风故事分享，发放《家庭助廉倡议书》，以亲情力量传递廉洁嘱托。举办“家属开放日”活动，邀请员工家属走进营业部，了解其工作环境和业务流程，增强对员工工作理解支持，引导家属当好家庭“廉内助”，常吹廉洁风、常念廉洁经。

合规守廉，严守行为底线。完善业务操作流程，明确各岗位职责权限和操作规范，确保每项业务有章可循、有据可依。强化合规培训，定期组织员工学习法律法规、监管政策和内部规章制度，提高员工合规操作能力和风险防范意识。建立“任前谈、常态谈、重点谈、专题谈”机制，对新提拔干部任前廉洁谈话，对下级“一把手”监督谈话，对苗头性倾向或履职不到位问题“第一种形态”重点谈，对二级支行围绕主题“双谈双促”。建立合规风险排查长效机制，定期开展自查自纠和专项检查，对违规问题严肃处理，形成“不敢违、不能违、不想违”的合规文化氛围。

江苏赣榆农商行
牢记金融使命 筑牢反洗钱防线

文 / 卜 铜

近年来，赣榆农商银行董事会立足职责定位，强化责任与担当，引领企业加强反洗钱工作，并将其视为维护企业声誉、保障客户权益、防范金融风险的重要任务。反洗钱管理工作能力得到有效提高，为各项业务高质量发展营造了良好环境。

强化主体责任，不断提升履职合规性。一是强化战略引领。将反洗钱工作纳入《江苏赣榆农村商业银行2024 — 2026年发展战略规划》，确立洗钱风险管理文化建设目标，审定洗钱风险管理策略，审批洗钱风险管理的政策和程序，负责定期了解该行重要洗钱风险事项与反洗钱工作执行情况，提出反洗钱管理体系建设总体目标和要求。二是完善治理架构。为确保反洗钱工作的有效开展，建立了涵盖董事会、监事会、高级管理层、反洗钱牵头部门、反洗钱相关部门及分支机构的洗钱风险管理架构，并将洗钱风险管理纳入全面风险管理体系。三是强化授权管理。为实现商业化经营，保证经营层依法行使反洗钱经营管理职权，该行董事会授权高级管理人员牵头负责洗钱风险管理，并明确其有权独立开展工作，确保其能够充分获取履职所需的权限和资源，避免可能影响其履职的利益冲突。

强化理论学习，不断提升履职专业性。一是开展专题学习。随着国家对反洗钱工作越来越重视，对反洗钱工作的履职、处罚逐步加大，要求董事会要严格按照洗钱风险管理要求积极履职，不断完善反洗钱机制，健全反洗钱合规文化，切实提高全行反洗钱整体意识和工作水平。二是做好督促学习。董事会专题研究反洗钱工作，做好反洗钱工作上传下达。与会全体董事认真学习反洗钱有关文件精神，并督促进入董事会的经营层成员，利用行办会、行务会、经营层分析会等各类会议，及时学习反洗钱最新政策文件制度办法。三是单列专项培训计划。2024年11月8日至9日全体董事参加了该行组织的2024年度反洗钱专项培训，培训学习内容主要包括当前反洗钱形势、未来反洗钱政策变化及监管重点、相关机构部门履职应对策略以及《中华人民共和国反洗钱法》等相关法律法规。

强化过程管控，持续提升工作有效性。一是把握反洗钱工作关键点。2025年1月24日，第五届董事会第十八次会议，审议通过《江苏赣榆农村商业银行2024年度反洗钱报告》，通过对反洗钱工作整体情况、工作机制建立情况、法定义务履行情况、反洗钱工作成效情况的了解，与会董事就反洗钱管理工作充分研讨，并形成一致意见，要充分认识加强反洗钱工作的重要性，从银行渠道对洗钱犯罪进行围追堵截，确保不发生风险。二是强化与监管部门的沟通与协作。积极与监管部门保持密切沟通，及时了解监管政策动态，反馈反洗钱工作中遇到的问题和困难，争取监管部门的支持和指导。

动态

河北临西农商银行推进“一池两新万企”行动

文 / 任金鑫

为深入贯彻落实党中央、国务院关于支持小微企业发展的决策部署，近日，临西农商银行积极响应政策号召，立足“三新”，助力“一池两新万企”行动纵深推进。

积极探索“新路子”。积极探索“领导班子+包联部室网点”“网格划分+专职走访队伍”“党建融合+综合营销”三位一体整体推进新渠道，由总行党委牵头与临西县税务局协调，将县域6766户小微企业纳税情况按照纳税大户、纳税稳定户等标准精准分类，前期重点加大纳税大户走访力度，领导班子带领包联部室网点前往重点小微企业走访调研，宣传“一池两新万企”行动，讲解各项信贷政策。

创新开启“新模式”。大力推行“农村金融服务专员”机制，通过扩建“农村金融服务专员”队伍，将其纳入涉农小微企业走访团队，进一步加大对涉农小微企业的走访调研力度，形成“新三信”涉农小微企业走访情况表，确保金融服务精准对接企业需求。在当前“春耕备耕”关键时期，农村金融服务专员深入田间地头、涉农企业，详细了解企业在种子、化肥、农机具采购以及农田基础设施建设等方面的资金需求，由“一池两新万企”专项行动办公室定期开展走访情况碰头会，群策群力为小微企业提供合理融资方案。

着力实现“新突破”。近年来，临西县着力打造轴承产业“轴之城”，推动轴承产业集群化、规模化发展，该行结合政府部门相关政策，形成一套针对轴承小微企业专项审批制度，利用走访契机，将“快审、快批、快贷”综合优势带给小微企业，简化审批流程，缩短放款时间，确保企业能够及时获得资金支持。同时依托“一池两新万企”行动和小微企业融资协调机制，积极推动优质轴承企业“白名单”机制的建立，实现金融服务的新突破。一方面，对优质企业综合评估，为其提供差异化、定制化的金融服务；另一方面，向其提供优先审批、利率优惠等政策，进一步激发了企业的创新活力和发展动力。

河北大名农商银行开展腊八节公益活动

文 / 郭煜

农历十二月初八，俗称“腊八”，是中国的传统节日之一。大名农商银行携手妇联共同举办了“福味大名 万事粥全”公益活动，为百余名环卫工、快递员等一线工作人员送上节日的问候，并对他们的辛勤付出表示敬意和感谢。

活动中，该行志愿者们为清洁工和快递员们盛上热气腾腾的腊八粥，送上精心准备的爱心礼包，嘱咐大家一定要注意保暖御寒，确保身体健康。同时，为了进一步提升公众的金融风险意识，本次活动特别增设了反洗钱、反诈等金融知识普及环节。该行通过设置宣传展板、发放资料手册以及现场讲解等方式，向参加活动的一线工作者详细介绍了如何识别和防范常见的电信网络诈骗手段，如刷单返利类诈骗、虚假网络投资理财类诈骗等。针对近年来频发的洗钱犯罪案例，工作人员还重点讲解了什么是洗钱、其危害性以及日常生活中应采取哪些措施避免成为洗钱链条中的一环。

农发行四川广元市分行开展“宪法宣传周”活动

文 / 王宇琪

近日，农发行广元市分行围绕“大力弘扬宪法精神 推动进一步全面深化改革”的宣传主题，深入群众扎实开展宣传。

围绕主题开展学习。组织全行员工开展《中华人民共和国宪法》的学习，通过早间晨会时间开展学习研读，组织员工进行法律法规和党内法规的专题学习，立足研读文件，让法治宣传覆盖全行每一个员工，并组织员工参加“中国普法”、中国金融工会微信公众号举办的宪法宣传周网上竞赛答题活动，敦促全体员工学法知法守法。

重点突出开展宣传。“宪法宣传周”期间，开展形式多样的宣传教育活动，通过网点宣传和线上宣传两种方式加大宣传力度、拓宽宣传范围。立足网点阵地，悬挂宣传横幅、设立法律宣传台、印发法治宣传资料，向社会公众宣传宪法相关知识。同时，利用手机微信“传播快、范围广”的优势，在中国最高人民法院网、中国普法等微信公众号搜集了相关法治宣传的文章、信息，通过工作群、客户群、朋友圈进行转发宣传。此外，该行宣传员还主动进入社区、企业，在人员集中点开展群众喜闻乐见的教育宣讲活动，营造全民普法用法的氛围。

农发行贵州盘州市支行开展反诈普法宣传活动

文 / 彭礼信

为增强群众识诈反诈警惕性，助力营造全民反诈的良好氛围，近日，农发行盘州市支行组织员工前往乌蒙镇新寨村开展反诈普法宣传活动。

活动现场，该支行宣传人员深入农户家中，认真向农户讲解《中华人民共和国反电信网络诈骗法》知识，普及多项新型诈骗典型案例，向广大群众发放反诈宣传手册，充分发挥金融反诈宣传作用，守护好群众的“钱袋子”。村民何某说：“电信网络诈骗害人害己，你们发的宣传手册和折页正好方便提醒家里老人如何防范电信网络诈骗。”

据悉，此次普法宣传活动得到了广大群众的好评，该支行将持续深入贯彻落实党中央决策部署，加强普法宣传教育，切实提高社会公众的防范意识和识别能力，从源头上有效打击治理电信网络诈骗、跨境赌博行为。在做好服务的同时，切实保护公众客户合法权益，进一步增强人民群众风险防范意识。

科学之窗
Science
and Technology
走进科学，开启智慧

①　②
③　④　⑤

①马赛马拉落日
②集市上卖奶茶的姑娘
③出工
④马赛人
⑤号角

肯尼亚：
落日草原与人文交响的诗意画卷

图、文 / 陈 刚

在广袤的非洲大地上，肯尼亚以其独特的自然风光和丰富的文化底蕴吸引着世界各地的旅行者。日落时分，草原被染上一层金色的光辉，天际线与大地相接，形成一幅壮丽的画卷。夕阳缓缓沉入地平线，草原上的动物们在这温暖的余晖中悠然自得，仿佛时间在此刻静止。

除了自然景观，肯尼亚的人文风情同样令人着迷。在肯尼亚的集市上，一位卖奶茶的姑娘正忙碌着。她笑容温暖，手中的奶茶散发着浓郁的香气，吸引着过往的行人。她的摊位是集市的一角，却承载着当地生活的烟火气息。在另一幅画面中，一位当地人正吹响号角，低沉的声音回荡在空气中，仿佛在诉说着部落的历史与传说。在清晨的阳光下，一位年轻人整理着工具，准备开始一天的工作。他的眼神中充满了希望与决心，展现了肯尼亚新一代对未来的憧憬。

人工智能技术辅助下的小学音乐美育教学研究

文／胡淼

在传统的音乐美育教学中，教师往往通过口传心授的方式进行教学，重点培养学生的基本音乐技能、艺术欣赏能力以及音乐创作的初步意识。随着教育理念的变化与科技的不断进步，如何利用现代科技手段来增强音乐教育的互动性、个性化以及创新性，已成为当下教育改革的重要议题。智能音乐教学系统将成为人工智能技术在音乐教育中应用的核心组成部分。

创新方式：AI技术可以设计个性化的学习路径

一个基于AI平台的学习系统可以深度分析学生在学习乐器演奏过程中的每一个细节。比如，系统可以检测到某位学生在吉他演奏中节奏把握不准确，智能推荐增加节奏训练的内容，还会通过数据分析，精确指出学生在哪些具体的节奏上存在问题，如三连音、附点音符等。根据分析，AI系统会智能生成一系列有针对性的练习，帮助学生逐步突破这些难点。特别对于兴趣爱好鲜明的学生，AI系统的个性化推荐功能更可以起到辅助作用。假设一个学生对爵士乐情有独钟，系统不仅能推荐经典的爵士曲目供学生练习，还可匹配学生的学习进度和风格偏好，智能筛选并推荐爵士大师，如迈尔斯·戴维斯、戴夫·布鲁贝克等人的演奏版本，让学生在模仿中逐渐找到自己的演奏风格。同时，系统可以模拟吉他、钢琴、小提琴等多种乐器的音色，让学生即使在没有实体乐器的情况下，仍能通过虚拟演奏来感受不同乐器的魅力。AI平台还可以模拟现场演出的场景，如虚拟乐队表演，让学生在虚拟环境中与其他“乐手”合作，体验音乐带来的团队协作的乐趣。

智能辅助：AI可以辅助音乐创作和演奏训练

AI技术能够在学生的音乐创作和演奏训练中发挥重要作用。学生可以通过AI辅助的作曲工具进行旋律创作与编曲，系统能够实时生成伴奏，帮助学生更好地理解音乐的和谐与节奏。在创作方面，AI辅助的作曲工具已成为许多音乐学生的得力助手。例如，一款名为AIVA的智能作曲软件，能够根据用户输入的旋律或和弦，实时生成丰富多样的伴奏。学生可以通过调整AI生成的伴奏参数，如节奏、音色和音量，来探索不同的音乐表达，深化对音乐的感知和理解。在演奏训练中，AI技术的声音识别与分析能力发挥巨大作用。比如，一款名为Amper Music的智能音乐训练软件，能够实时分析学生的演奏或歌唱，精确检测音高、节奏、音色等方面的细节。当学生在练习小提琴时，AI能够识别出每一个音符的音准，并立即给出反馈，指出哪些音符偏高或偏低，同时，还能分析学生的演奏节奏，指出哪些地方需要加速或减速，以更好地表达乐曲的情感。除此之外，AI还能通过声音分析，辅助学生纠正演奏中的技术错误。如在钢琴训练中，AI可以识别出学生的手指触键力度和方式，给出如何改进触键技巧的建议，以产生更丰富的音色和动态变化，让学生能够在短时间内迅速提升演奏水平。

丰富资源：AI能够提供多样化的学习资源

AI技术在音乐教育领域正逐步展现其强大的潜力，通过提供多样化的学习资源，极大地丰富了学生的学

习体验。在国内，一些智能音乐教育平台专为儿童设计，利用AI技术将音乐教学与游戏化学习相结合。例如，通过AI识别学生的音符弹奏准确性，以动画形式给予即时反馈，正确弹奏时会出现鼓励性的动画效果，错误时则会有提示性的动画引导，让学生在轻松愉快的氛围中掌握音乐基础知识。同时，AI技术还助力了远程音乐教育的发展，尤其是在偏远地区。通过“钉钉课堂”或“腾讯会议”等平台，结合AI辅助的互动教学功能，城市中的优秀音乐教师可以为乡村小学的学生提供远程授课。AI技术能够实时分析学生的声音和演奏，为教师提供精准的学情报告，帮助教师调整教学策略，确保每位学生都能得到个性化的指导。此外，AI技术在民族乐器教学方面也发挥了重要作用。比如，有的平台利用AI技术，为学习古筝、二胡等民族乐器的学生提供智能陪练服务。AI能够识别学生的演奏技巧，如音准、节奏和指法，并给出有针对性的改进建议。平台还提供丰富的民族乐曲库，让学生能够在欣赏和学习中，加深对中华优秀传统文化的理解和热爱。

人工智能技术通过个性化学习、智能评估与互动式教学等方式提升了教学效果，激发了学生的学习兴趣和创造力。未来，随着AI技术的不断发展与应用，预计其将为音乐教育带来更加多元化和创新性的教学体验。

AI技术能够在学生的**音乐创作和演奏训练**中发挥重要作用

学生可以通过**AI辅助的作曲工具**进行旋律创作与编曲，系统能够实时生成伴奏，帮助学生更好地理解音乐的和谐与节奏

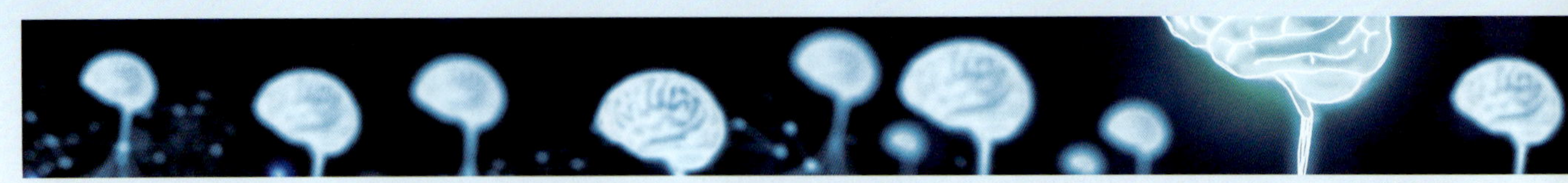

神经仿生导航系统
更精准更节能

文 / 刘 霞

受动物大脑处理信息方式的启发，澳大利亚昆士兰科技大学团队基于尖峰神经网络开发出一种新型导航系统，有助构建出更智能的机器人。

机器人在复杂现实环境中导航的能力仍然不令人满意。此外，机器人通常需要依赖能耗大、计算要求高的人工智能系统进行训练，这无疑限制了它们的广泛应用。

尖峰神经网络是一种生物启发型的人工神经网络，设计灵感源于生物神经系统内神经元的工作方式。这种网络特别适合与神经形态硬件协同工作，可快速处理信息并显著降低能耗。

在新研制的导航系统内，这些尖峰神经网络如同一个个模块，彼此并不独立，而是集结成一个整体，协同工作。它们利用视觉输入信息来识别位置，从而完成导航任务。

这一模块化的方法具有诸多优势，比如增强了系统在不同光照、天气等条件下，识别出同一地点的能力。此外，新系统还通过图像序列而非单个图像，将位置识别准确率提高了41%。

团队在低功耗机器人身上对该导航系统进行了测试。结果显示，尖峰神经网络可显著降低计算成本。

团队表示，这一成果为在供电受限环境下工作的自主机器人提供了更高效、更可靠的导航系统，未来有望在太空探索和抢险救灾等领域发挥重要作用。

来源：科学网
网址：https://news.sciencenet.cn/htmlnews/2024/12/535897.shtm
发布时间：2024年12月16日
下载时间：2024年12月17日

轻阅读

Reading

期待您会心一笑

WORLD CITIES 世界城市掠影

图 / 张盛源

张盛源

1986年毕业于广西经济管理干部学院工业经济系企业管理专业。曾任中国银行广西分行人事副处长，中国银行贵港分行纪委书记兼工委主任，中国银行广西分行工会督导及摄影学会会长。广西摄影家协会会员，南宁赣州商会秘书长。热爱文学艺术、摄影、绘画、书法，多年来在广西区金融系统发表了多篇文学艺术、摄影、绘画、书法等作品，受到广泛好评。

①	③
②	④

①荷兰城市一隅
②华灯初上——黄昏中的广西南宁埌东景色
③奥克兰风光
④初冬的巴黎

一个人的春节（九）

文 / 谢志斌

梅山峡谷距许之远家的村子也就七八公里，穿过街镇不远处就是崎岖蜿蜒的山路，临近峡谷，更是狭窄而陡峭。许之远小心翼翼地把“坦克500”开到峡谷下游的山坡上停好，自己沿着似有似无的山间小路，往山顶上爬行。刚一开始，他只觉得阳光和煦，空气清新，虽是早春时节，却依然满目青翠，东一处西一处的野花传达着春天的信息。山间阒寂无人，偶尔可以听到远处村庄的零星爆竹声，或是山鸟在丛林中惊起，扑棱着翅膀飞向树梢，带着几声悦耳的尖叫。许之远不由得深深呼吸了几口带着浓郁青草味的空气。此情此景，难道正是站在北方都市高楼上时心中渴望的桃花源？可是很快，许之远就觉得不大对劲，这熟悉的一草一木、一鸟一石，甚至这泥土的气息，还有自己隐约汗湿的衣背、明显急促的喘息，迅速唤醒他儿时的记忆。儿时上山，无一例外是去干活，或是跟着父母亲劳作。饥饿、寒热、疲累，沉重、枯燥、愁苦，风霜雨雪，早出晚归，周而复始，这样的记忆在脑海中纷至沓来，铺天盖地，全然没有一点春花秋月、欢歌笑语的诗情画意！这样的心思，让许之远觉得有些惊着自己。原来自己骨子里对山山水水、花花草草，对诗和远方的理解，跟城里人、跟小说里的角色是不一样的啊。好不容易，他承载着一家人的希望，进到都市，可又时常想着逃离都市，要回到家乡。眼前的家乡已不再是记忆中的家乡，现在的自己内心却仍然住着一个儿时的自己，前日刚刚站在北方潭柘寺山头眺望的家乡，还能回得来吗？许之远这样问自己。

登上山巅，许之远眼前豁然开朗。青灰色的天穹之下，群山万壑莽莽苍苍。一条峡谷似乎从远处天边将山峦劈开，谷底的河流呈“S”形状款款而来，将豁然开阔的谷地分成两半，谷底平整，阡陌纵横，俨然一幅天然的太极图。谷地两边，一侧是壁立千仞的悬崖，岩壁上有一块一块不规则的巨大色斑，青灰色、赭黄色、浅白色相互交接，仿佛是一幅幅烟雨水墨；另一侧是缓缓而上的弯坡，坡上梯田层层叠错，凹凸有致。高高矮矮的村居楼舍，三三两两散落其间，房前屋后已有粉白的花树相伴相缀。半山腰上村间公路曲折穿行，像一条玉带把村里的家家户户串起。山间更有薄雾如纱，层层叠叠，缥缈在村舍树梢，静谧祥和。山顶和悬崖上丛林密布，生机勃勃，直挂云天。

此情此景，天地大美，简直就是另一个别具神采的世外桃源啊。许之远不觉看得有些入神，心想，自己以前来过多次，都是到谷底的景点看一看，一寺一桥，一丘一壑，或左右流连，或身处其中，并不稀奇心动。今日偶一登高望远，天地果然大不一样。发现美，看来不仅需要眼睛，更需要眼界呢。

许之远干脆找块石头坐下，让自己发一会儿呆。阵阵微风吹来，昨晚的酒完全醒了。他忽然想起“小花猫”的短信，犹豫了一下，没拨电话，而是拍了一段短视频发过去。没多久，“小花猫”就把小视频发了回来，但是配上了音乐，苓季杨唱的《给你》：

你想要什么，给你
森林和山谷
可不可以
你想要什么，给你
飞翔的鸟儿
可不可以……

浑厚沧桑的男中音，在空旷的山顶上飘远，飘向峡谷的炊烟薄雾。许之远沿着来路往山下走，脚步轻松，心情也轻松起来。边走边给“小花猫”发短信问：“昨晚喝多了，有什么事要问我呀？”

“你什么时候去长沙，我也要去一趟，真有事呢。”

“没定，本来想回来多待几天，看来也可能待不住。回北京还有点急事呢。”

“嗯。湘雅医院有熟人吗？”

“啊，生病了？”

“没有没有。想去生殖中心咨询一下。”

“噢噢，好事好事，二胎呀？”

“什么呀，就一胎二胎的，人家婚都没结呢。你也太不关心我这个师妹了！”

许之远愣了下神，不觉停下了脚步。

“啊，刚要结婚？”

“不结，结婚干吗？”

“？”

“老妈说，班可以不上，婚可以不结，孩子不能没有。”紧接一条：“我把工作辞了，累了，老了。忽然发现自己年近四十，吓一跳。”许之远不知道怎么接她的话，就说：“哦，这样啊。那打听打听。”又接一条“我上车了啊。”

许之远停好车，信步来到横在河谷的龙潭风雨桥。大自然真是鬼斧神工，梅溪河自北向南婀娜着流经这片豁然开阔的谷地，在瘦长“S”形河道接近南端的左侧，陡然沉降出一汪碧绿的潭水，远望恰似一块嵌在项链上的宝石，又如太极图上的“鱼眼”，令人啧啧称奇。潭边南行不远的河道，一座饱经岁月沧桑的风雨桥横亘其上。相传此桥始建于清咸丰年间，为石墩悬臂式木廊风雨桥。走近桥头，俯视桥下流水潺潺，碧波荡漾，游鱼细石依稀可见，山影、桥影倒映水中；仰望桥头飞檐走阁，蝴蝶、小鸟舞彩翩跹，蓝天白云飘逸其上。桥下有水，水中见桥，波影颤动，仪态万方。再望峡谷悬崖峭壁，山形起伏，俨然睡狮猛醒，仰天长啸，活灵活现。

桥长约五十米，穿行其中，即走过一条长长的走廊，幽暗清凉。在桥身中央，墙壁上置着神龛，供奉着三国战神关羽雕像，人们希望其能昼夜庇护大桥安全。听着自己踏在厚木板上清晰的脚步声，许之远快步走到桥的另一端。

桥头石阶踏步下来，边上小块开阔地上有一座墙和顶都是石板搭砌的小庙，庙高不足五尺，做工却也讲究。庙门刻联曰“孟子七篇言正道，公爷一斧辟邪瘟”。许之远分明记得里面供奉的是庇佑两岸村民百病消除、身康体泰的孟公老爷。可是，当他信步近前探头一瞅，顿时忍不住笑出声来。原来里面除了面目慈祥俨若邻家老者的孟公，狭窄的庙室两侧竟然忝列了三尊粗糙简陋的小小木雕像，面目陌生甚至有些怪异，背后石壁上涂标“官神”“学神”“车神”。许之远看了，只觉哭笑不得。

为了返回左岸不走回头路，许之远沿着河岸上行约二百米。这里岸狭滩浅，连接两岸的是一长排跳脚石。大致方正的跳脚石，高两尺许，石色半截青黑半截黄白，远看像一排印章镶嵌在河床，浅浅流经的河水被梳剪成道道白练，迅即又汇合成整块灵动的镜面，静静流向远方。

临近跳脚石，对岸有几个村里的大姑娘小媳妇嘻嘻哈哈地从田埂上下来，穿着花花绿绿的新衣，在安静的田野中很是打眼。许之远停住脚步，等她们先过河。姑娘们看见有陌生人站在对岸等着，推搡着来到河边，或健步如飞，或相互牵手，小心翼翼，走走停停，刚走几步就忽而摇摇晃晃，惊叫着险些掉进水中。姑娘们等到大家都过了河，才拉拉扯扯一起，嬉笑着快步从许之远身边侧身而过。稍远，又停下来，返身看“外地人”许之远过河。

沉着、专注、连贯，踩跳脚石许之远是有经验的，自然是二话不说，一溜碎步，轻巧流畅，一气呵成，转眼就到了河对岸。岸边缓坡上是一条比较粗糙的石板小路。河边起步的石板边上五六尺远处，立着一块石碑。以往经过，许之远以为是提示人们注意安全之类的刻画，并没有在意。今天闲散，近前一看，依稀识得是光绪五年所立的乡规民约，禁赌禁烟，防火防盗之类，内容大都朴实寻常，只是其中一款，让许之远顿时瞪大了眼睛，心中不禁为之一震：“禁溺女婴”。站立良久，一阵唏嘘，许之远掏出手机查了一下，光绪五年是公元1879年。“距今145年，不远也不近啊。”许之远想。

忽然想起刚才在山上的微信话题，许之远下意识地拍下碑文，以及放大了的“禁溺女婴”四个字，加上一张收揽石碑、跳脚石、风雨桥和河山全景的照片，发给了“小花猫”。

“太吓人了，万恶的旧社会！”“小花猫”秒回。

“所以，我必须生儿子。”

“儿子！”连着三条。

许之远回了三个“捂脸”，又说“我开车啦。”那边也就没了动静。

一路反反复复听着茶季杨的《给你》，许之远回到家门口，又是半屋子客人在等着。刚要下车，精怪一样的“小花猫”正巧发来了短信：“你不是也没儿子吗？”

许之远一愣，手机嘀地一声又响，但迅即，短信撤回。

许之远分明看见两个字：“正好”。

屏幕上一片空白，凝固。

（中信银行）

心里有个“马行长”

文 / 刘学升

在合肥，只要从金寨路188号的大门前走过，我总会情不自禁地看看里面那幢五层大楼。那幢大楼，曾经是农业银行安徽省分行办公楼。遥想40年前，马行长就是从这里走向北京，成为中国农业银行行长、中国人民保险公司董事长和中国保险监督管理委员会首任主席的。

1986年我刚参加农业银行五河县支行工作时，父亲就要求我多向马行长学习。我问父亲：“马行长是谁？”父亲说：“就是总行行长马永伟。”我问父亲：“您认识总行行长吗？”父亲说：“当然认识，马行长就是从我们安徽省分行调到总行的，他在省分行工作时，我到合肥出差见过他，人英俊，也有才。”我问父亲要向马行长学什么，父亲说：“马行长哪方面都值得你学，你要多看总行文件，多学马行长讲话……”

打那时起，我心里就有一个“马行长”，虽然我没见过马行长。

我听从父亲的话，在基层农业银行工作期间，经常从总行下发的文件和总行主办的《中国农金报》（后更名为《中国城乡金融报》）、《中国农村金融》杂志读到马行长的工作讲话和调研报告。印象比较深的有：1987年年年初，马行长在农业银行全国分行行长会议上要求在抓发展、抓改革的同时加强精神文明建设；在1992年年初农业银行召开的全国工作会议上，马行长提出以提高资金效益为中心，控制总量，调整结构，为农村经济提供综合服务；1994年年初，为认真贯彻《中共中央关于建立社会主义市场经济体制若干问题的决定》和《国务院关于金融体制改革的决定》文件精神，马行长在农业银行全国工作会议上，提出积极稳妥推进农村金融体制改革，支持农村经济健康发展……

通过学文件、学讲话，读报纸、读杂志，我也从文字里“认识”了马行长，感受到马行长是有情怀的。他于1966年从辽宁财经学院（现东北财经大学）毕业后，被分配到安徽六安地区人民银行工作，在六安工作了十多年。1979年中国农业银行恢复后，马行长调入农业银行安徽省分行工作。20世纪70年代末、80年代初，根据形势需要，各条战线都按照“革命化、年轻化、知识化、专业化”的方针，逐级选拔德才兼备的同志进入各级领导班子，解决“青黄不接”的问题。1982年至1985年，马行长从农业银行安徽省分行副处长、副行长升任总行副行长、行长，他认为自己短短几年几乎走完很多老一辈一生的历程，完全是大别山革命老区人民哺育的结果，是各级领导和同志们支持和关心的结果，是党和国家长期培养和教育的结果，也是改革开放这个伟大的时代赋予他们那一代人的历史性机遇。他强调自己无论是在农行还是人保，每次重大决策的制定、实施和成功，都是党中央、国务院正确领导的结果，都是有关部门大力支持和关心的结果，都是本系统广大员工共同努力的结果。而他只是尽到了他应尽的职责，做了自己应该做的工作而已。

中国农业发展银行1994年成立后，我服从组织安排，从农业银行五河县支行调入农发行五河县支行工作。2017年，我在借调农发行总行参与编写《中国农业发展银行史（1994—2014年）》期间，随同有关领导访谈了农发行首任行长朱元樑。在回忆当年组建农发行时，朱行长说，“1994年4月，国务院发出组建农发行的通知，农业银行行长马永伟担任组建农发行和分设商业性农业银行筹备组组长。马行长真不错，他要求农业银行系统广大干部职工要以高度负责的精神把分账、划账和代理工作抓紧做好，真实、准确、公平、合理做好分账划转工作，坚决防止弄虚作假，为农发行组建后正常运转打下良好基础。但是3个月之后，马行长就调离农业银行，去中国人民保险公司任职了。”

马行长因病于2024年10月8日在北京逝世。得知消息后，我告诉了父亲。父亲说：“马行长‘走’了，他年龄比我大吧？”我说：“马行长82岁，比您小一岁。”父亲的声音嗫嚅着：“马行长‘走’得太早了，我虽没见过他，但知道他是个好行长……”

我有些惊诧地问父亲：“您以前不是说见过马行长吗，怎么又说没见过他了？”父亲说：“我记不清楚了。”我对父亲说：“我刚参加农业银行工作时，您还要求我学习马行长呢，您再想想，看是否能回忆起来。”父亲说：“我一直在基层农业银行工作，忘了见没见过马行长，但我心里一直记着他，马行长有真才实学，也勤政廉洁，这是大家公认的。”

父亲说得是。马行长逝世后，中央有关领导同志以不同方式表示哀悼，并向其亲属表示慰问。一些曾经在农业银行工作过的老领导、老同志也纷纷深情回忆马行长。

农业银行总行原行长杨明生先生提起老领导马行长：“他在职时，逢年过节，我总想给他送点小礼物以表达心意，那时还没有‘八项规定’，可是每当要付诸行动时，又退却了。一想到他那不讲关系、不走关系、严格自律的品格，我就畏惧了。”杨行长特作一首诗《浣溪沙·马永伟主席千古》：才俊当年一马新，耕耘大地爱深沉。金融伟业献终生。磊落一生昭日月，清风两袖映乾坤。斯人洒泪慰君魂。

退休前在农业银行总行工作、现为《金融文坛》杂志主编的闫星华先生，到八宝山瞻仰马行长遗容时深有感触，他在《担当——悼马永伟行长》一诗中写道：“站在这里，情不自禁泪流满面。金融人的敬仰里，星辰大海是执着的信念，基业流芳，金星永亮，我们追日逐月一路向前……”

农发行总行党委宣传部原部长张天星先生，曾任农业银行河南省分行办公室副主任。一次，时任农业银行总行行长的马永伟一行到河南调研，由于下雨，天气转凉，马行长没带毛衣，河南省分行为他买了一件毛背心。调研结束离开河南前，马行长将叠得整整齐齐的毛衣交给张天星：谢谢你们几天来的辛苦接待，天星同志把毛衣放在办公室吧，今后接待来人还用得着。“这虽是马行长廉洁自律的一件小事，但给基层同志们带来的榜样力量却是无穷的。”

……

父亲是个工作近40年的“老金融”，如今年纪大了，许多事情已经遗忘，我理解他。我相信父亲见过马行长，我也相信父亲没有见过马行长。不管父亲到底见没见过马行长，但我知道父亲心里有着马行长。岁月悠悠，星辰不灭；斯人已去，风范永存。我们的心里，都有一个“马行长”。

（中国农业发展银行安徽省分行营业部）

邢伯母与邢伯伯

文 / 赵建中

我生于莫干山，长于莫干山。莫干山的魅力除了竹、泉、云和清、绿、凉、静的环境，还在于它是由文化铸就的山。在铸就莫干山的多元文化中，有吴越文化、外来文化、民国文化、海派文化，特别是海派文化对其影响深远。莫干山与上海有深厚的渊源，也有说不尽的故事，有人甚至说，与其说莫干山是上海的后花园，不如说是上海的“飞地”。我在童年与少年时期，虽然没到过上海，但遇到过不少上海朋友，其中有一对年逾花甲的夫妇，仍让我时时想起。我称他们为邢伯伯和邢伯母。

邢伯母是位于莫干山麓庾村（现为莫干山民国风情小镇）的邓家的朋友。邓家的男主人是上海著名的建筑师，庾村的邓家就是由他设计的中西建筑风格合璧的乡间别墅。因为当年的邓家还住着邓家老太太，于是邢伯母与邢伯伯就经常来邓家度假。邢伯母满头银丝，皮肤白皙，身板结实，眼睛不大，但非常有神。说话嗓门洪亮，走路脚下有声。此外，我还看到她写得一手好字。听我妈说，邢伯母出生在上海的“好人家”，祖上的官做得很大，还有不少亲戚在香港。她乐善好施，好交朋友。当年物资匮乏，邢伯母每次从上海来，总是给我家送一些食品，有一次还专门送了香港出产的粤式月饼，让平时只吃过苏式月饼的我们十分惊艳。邢伯母不拘小节，性格豪爽。有一天庾村遇到高温天气，邢伯母就从楼上下来对我妈说：“阿妹呀，今天天气真热，你们家凉快，我到你们家来睡午觉好吧？”我妈说：“好的，你来好了。”于是她二话不说就睡到我妈床上，不一会儿就进入梦乡。邢伯母还急公好义，当得知邓家老太太遇到不公正对待的时候，还勇于为她出头。总之，在邢伯母身上，丝毫看不到人们所说的上海小市民的影子。

邢伯伯的年龄应在65岁左右，中等个头，身材匀称，腰板笔挺，脸色白里透红，头发梳理得一丝不苟，走路有时会用一根拐杖，极有绅士风度，按照上海人的说法，是一位“老克勒”。我们第一次见面，他就告诉我，他叫邢崇德，并且告诉我怎样写。邢伯伯儒雅谦和，说话慢条斯理，与邢伯母风风火火的性格差异很大，但两人相处和谐，很有默契。有一次我上莫干山，在更新亭（原名陟屺亭，黄郛为母亲所建）入口处与刚登上莫干山的邢伯母和邢伯伯不期而遇。邢伯伯一见到我，用随身携带的小刀很快削好一个苹果，一定要让我吃。我推辞再三，邢伯伯还是坚持要给。情急之下，我出口就说了一句从中国古典小说中学到的话：“却之不恭，受之有愧。”也许是邢伯伯完全没有想到在一个山野之地居然有一个初一学生能够如此文绉绉地表达，感到有些意外。他先是看着我愣了一会，继而脸上露出欣慰的笑容。从此以后，邢伯伯一直很欣赏我，多次在别人面前夸我有礼貌、有文化，后来我考上大学，他更是为我高兴。邢伯伯喜欢京剧，我到上海市委宣传部工作后，曾给他赠送过两张京剧演出的入场券，结果邢伯伯看了以后对我说，演出很精彩，特别是与他一起观剧的还有市文化局的老干部，彼此交流观剧心得，相谈甚欢。剧场的工作人员以为他也是文化局的老干部，同样对他十分热情，让他感觉很好。

我曾去过邢伯母在上海的家。她家在长乐路靠近兰心大戏院的一幢新式里弄房子里，屋内非常整洁，地板保养得很好，还有整套的红木家具。20世纪80年代中期，我在山东大学读研究生。有一年暑假回家，因为想在上海游览，就在邢伯母家住了三天。住在别人家会给主人带来诸多不便，但邢伯母很热情地接待了我。她将我安排在本来是她小儿子住的亭子间居住，还告诉我她小儿子名叫立达，是取英文“last”（意思为“最后一个”）的读音。我住在邢伯母家，真正体会到了宾至如归的感觉，至今我仍记得在邢伯母家吃饭时的一个细节，就是当用餐快要结束的时候，邢伯母总是会扫视一下桌子，然后指着即将吃完的几盘菜，让大家分别承包吃干净。这个用餐习惯我觉得很好，既不浪费菜肴，也避免下一顿吃剩菜，后来我成家后，在吃饭时也保留了这个习惯，这不能不说是受到了邢伯母的影响。

我对上海的认知，就是从邢伯母、邢伯伯等这些上海朋友开始的。作为一个浙江人，我研究生毕业后来上海工作，也与早年在莫干山遇到的上海朋友有关。最近传来一个好消息，沪苏湖高铁已经开通。原先从上海坐高铁去莫干山要由杭州东站转乘，现在可以直达，时间在一个小时之内。这对于加强莫干山与上海的交流，尤其是推动莫干山文旅事业的发展，是一个极大的利好。作为一个老莫干山人与新上海人，对此我深感欣慰。祝愿莫干山与上海继续叙好山海情，念好山海经，共同达成美好的愿景。

广西金融作家专栏

回家

文 / 张斌

大手牵着小手走
平安快乐没忧愁
月亮牵着彩云走
万里神州铺锦绣
啊，心连心，手牵手
回家之路早已铺就
啊，心连心，手牵手
回到家里亲情深厚

小河朝着大河流
海纳百川立潮头
小路朝着大路走
光明前途铺锦绣
啊，肩并肩，背靠背
回家之路风雨同舟
啊，肩并肩，背靠背
回到家里涛声依旧

游子跟着母亲走
迟来幸福享不够
台湾跟着大陆走
复兴路上铺锦绣
啊，同呼吸，共命运
回家之路奔向富有
啊，同呼吸，共命运
回到家里天长地久

（广西金融作协主席，现供职于中国农业发展银行广西区分行）

父亲坐过的位置

文 / 李钢源

父亲坐过的位置
坐过真实的父亲

电视机前
和母亲一起唱歌那个位置
饭桌上
和母亲一起就餐那个位置
阳台
和母亲一起种草浇花那个位置
门边
和母亲一起分拣瓜菜那个位置
花园里
和母亲一起荡秋千那个位置
林荫道
和母亲一起漫步歇息那个位置
……
曾经儿女视线的焦点
如今已成痛点

十天前
那些位置是心的方向
十天后
那些位置是泪的流向

（广西金融作协副主席，供职于人民银行广西区分行）

去大厂，去铜坑

文 / 陈前总

周六有会没回南宁
周日干脆自驾车到南丹大厂铜坑
这些地方我三十年前就耳熟能详
我人生的第一封信
就是寄到铜坑
那时大概七八岁吧
我写到了老家的水稻和母猪
三十年后，到河池近
一年了
一直不敢到大厂，到铜坑……

有色金属是河池市千亿元产业
大厂已不再是三十年前的大厂
卸掉“小香港”的包袱
大厂坐在祖国的千亿元列车上

半天时间里，我走了一些公司和矿山
无论缺钱或有钱
忠诚于自己的内心都是尊贵的
我用银行行长的用心
和诗歌的逻辑
观察了往来的鸿儒、白丁
和山顶缥缈的雾气
他们时隐时现
我穿梭其中
或远或近看到了南方、吉朗
正华的影子
当然还有华锡

其中一些我们已有接触，一些还要接触下去
总的来说
还是希望日子红火
绿水青山就是金山银山

一代人有一代人的长征
在大厂，在铜坑
我为九岁的儿子写了一封信
再次写到了三十年前的水稻和母猪
还有大厂、铜坑的石头
点石成金的仙人
以及已逝去多年的父亲……

（广西北部湾银行河池分行行长，广西金融作协会员）

春风，你辛苦了

文 / 许伟

春风，你辛苦了
一路走来
你一定路过母亲的花季
阅读她的春心
给她的眼睛
注入花语

你一定还路过她的三十八岁
她那被黄连泡过的心
给她喝再多蜂蜜
也唤不醒她
沉睡的
味蕾

你一定还走过她那被风霜雨雪
犁过雕过刻过的额头
你想在上面种上桃花玫瑰花
终究水土不服
她的眼里
总是噙满梨花泪

你一定走过父亲的四十五岁
给他那瘦如柳体的身板和
那沉默似峭壁的脸庞
注入香樟的幽香
让翠鸟站在铁树枝头
絮叨春天的故事

也许
你能让他想起竹笋和枇杷果
想起曾孙子放的风筝
想起曾孙女唱的《种太阳》
但你无法让他回到青春倜傥

我知道
你想把父母的爱情故事
加入燕子双飞的情节
让父亲单腿跪下
亲手把 999 朵玫瑰
递给长发及腰的母亲

你一定路过
母亲在后山顶种的那棵松树
松鼠站满枝头
咀嚼松果
你想把这温馨的图景
带给我的孙女

你一定路过
父亲在山脚下种的肥牛树
听挖过煤的堂叔
给村民讲刘伯温的预言
讲三皇五帝和朝代更迭的故事
回忆村前那棵被砍掉的古榕

辛苦了，春风
我知道
你是带着使命来的
你要把希望的种子
都撒满
人间

（广西金融作协理事、副秘书长，
曾供职于人民银行崇左中心支行）

坐在工业前行的闪电里

文 / 袁刘

初夏马鞍山下，半城柳江满目绿城
秋意铁桥旁，一座大城内外兼修
此时，阳光炽热
光阴恰好，新工业时代
淬火把汗水的颗粒感融进了骨骼

一群人的责任与担当
构思成图
一张桌子，一把椅凳
一本书籍，一盏明灯
领口的皱痕之上，英雄粗糙的手
打磨了钢铁每一处棱角

溅起的铁花
流向铁轨的南方与北方
闪电与钢铁骨肉重新汇聚的地方
人间恰好，正道沧桑

（广西作协会员，柳州市作协理事，
柳州市签约作家）

假如母亲识字 山坳夕阳

文 / 劳弘毅

她会把镰刀当作问号
向茅草藤蔓和稻穗
寻求答案
她会在石板路上拾掇脚印
这数也数不完的省略号
她会知道肩上的扁担
这天底下最大的一字
竟然可以写得这么弯

补锅匠掌心
一汪铁水

准备摁入
黑夜的锅底

（广西金融作协副主席，现供职于中国农业银行百色市分行）

与秋日对坐

文 / 晨子

和清晨的白鹭约好了
到江边与秋日对坐
一行白鹭，迫不及待又飞向天空
而我，借辽阔的天空
聆听白鹭的啼鸣
并将眼前的江面调成慢镜头
指尖按下的光影
有静静的江面也有丰盈的天空

和午后的骄阳约好了
到田边与秋日对坐
稻谷，正在秋光里淬火
此刻像积蕴已久的黄金
等待出炉的那一刻

和黄昏的晚霞约好了
到湖边与秋日对坐
晚霞给湖面带来金色
让我看尽波光粼粼
也看尽平湖秋色

和晚上的月亮约好了
到月光下与秋日对坐
月光朦胧，模糊了嫦娥曼妙的身影
桂花已开满枝头，满院清香
不知道吴刚是否还在酿造多情的桂花酒
世间万物都可以借着这清凉的晚风
诉说天上人间的悲欢喜乐

和我自己约好了
在自己的时空里和秋日对坐
就静静地坐着
什么都不想
什么也不做

（广西金融作协会员，曾供职于中国建设银行桂林市分行）

那一夜，我把心灯点亮

文 / 黄羡柳

徜徉在岁月的幽谷里
我取出一盏黯淡的心灯
轻轻拂去尘埃与风霜
点燃它，借以唤醒往昔的梦

夜空缀满了星辰
闪烁着千年不变的光
我把心灯放入星河
任它随波逐流，漂向远方

风轻轻吹过，摇曳的灯影婆娑
如同人生路上斑驳的过往
这光，照亮了前路
驱散黑夜，让心不再迷茫

那一夜，我把心灯点亮
照亮心中那片无尽的海洋
听涛声阵阵，诉说着追梦的执着
看浪花翻滚，跃动着生命的欢畅

时间在流转，季节尽更迭
心灯依旧在心底燃烧
它照亮希望的角落
也照亮心中那份不变的信仰

（广西金融作协原理事、秘书长，曾供职于中国建设银行广西区分行）

一场关于命运与觉醒的生命寓言
——解析电影《哪吒之魔童降世》中的生命密码

文 / 王长江

在电影艺术的浩瀚星空中，每一部优秀的作品都像是一颗独特的星辰，散发着独属于自己的特有光芒。2025年春节档的《哪吒之魔童闹海》表现极为亮眼。

魔丸转世的哪吒，带着天劫的宿命与世人满满的偏见，闯入了这个世界。他浑身燃烧着不羁的火焰，眼神中满是桀骜不驯，这个看似稚嫩却又充满力量的孩童，仿佛是一面镜子，映照出我们每个人内心深处那个被命运贴上标签、被世俗无情定义，却又始终不甘于被命运摆弄、不屈服于现状的自我。从表面上看，这是一部基于神话改编的动画电影，而深入挖掘，它实则是一场关于命运与觉醒的深刻生命寓言，借魔童哪吒的成长历程，重重叩问着每一个生活在现代社会的人内心最深处的困惑：我们到底是被命运无情掌控、任其摆布的傀儡，还是能够勇敢地冲破命运的重重桎梏，大胆重塑自我的觉醒者？

命运的枷锁：被定义的魔童

哪吒的诞生如同一颗重磅炸弹，打破了陈塘关原本的平静，也拉开了一场悲剧的序幕。作为魔丸转世的他，从呱呱坠地的那一刻起，就被无情地贴上了“祸害”的标签。陈塘关的百姓们见他仿若惊弓之鸟，视他为洪水猛兽般的妖魔。街头巷尾，孩童们会捡起石头，带着恐惧与厌恶向他砸去；大人们则总是远远地避开他，眼神中满是警惕与排斥。这种来自集体的偏见与排斥，如同一张无形的大网，将哪吒紧紧束缚，让他承受生命之重，构成了他人生最初且最为沉重的困境。

在《哪吒之魔童降世》影片中，我们能看到许多令人心酸的场景。哪吒渴望和其他孩子一起玩耍，当他满心欢喜地走向那些孩子时，换来的却是他们惊恐的尖叫和四处逃窜。他不明白，为什么自己只是想和大家亲近，却遭到这样的对待。哪吒在集市上，只是正常地行走，周围的人们却纷纷用异样的眼光看着他，商贩们匆忙收起货物，仿佛他会带来什么灾难。这些场景，都深刻地展现了哪吒被集体排斥的困境。

当我们把目光从影片转向现实，会发现这样的困境在当代社会中同样普遍存在，就像一张无形的大网，笼罩着每一个人。身处于社会这个庞大的体系之中，我们每个人又何尝不是被各种各样的标签所定义？出身、学历、职业、外貌……这些外在的符号，在不经意间成为他人评判我们的重要标准，也逐渐演变成我们自我认知道路上的沉重枷锁。在如今的就业市场中，学历歧视现象屡见不鲜。如果不

是“985、211”的毕业生，似乎求职之路就会布满荆棘，处处碰壁。许多有能力、有才华的人，仅仅因为学历的限制，就被挡在了心仪公司的大门之外。他们投递的简历石沉大海，连一个展示自己的机会都没有。而一旦年龄超过了35岁，在职场上仿佛就被宣判了“死刑”，上升的通道就此关闭。企业往往更倾向于招聘年轻的员工，认为他们更有活力、更能适应高强度的工作。那些35岁以上的职场人，即便有着丰富的经验和出色的能力，也可能面临着被裁员、晋升困难的困境。类似这样的鲜活事例，在我们的生活中屡见不鲜，不胜枚举。就如同哪吒被世人定义为“魔童”一样，我们也在不知不觉中被各种社会期待和刻板印象紧紧束缚，难以挣脱。我们努力地想要符合他人眼中的标准，却常常迷失了真正的自己。

命运的枷锁，不仅仅来自外界的压力，更深深扎根于我们的内心深处。哪吒最初因被贴上“妖魔”的标签，遭受众人的排斥，内心满是苦闷与委屈。而当他得知自己三年后将遭受天劫的残酷命运后，整个人更是陷入了深深的绝望之中。这种对命运的无力感，以及对周围环境的极度不适感，让人感同身受，正是现代人普遍面临的心理困顿。在现实生活中，我们常常感觉自己像是一片无助的落叶，被生活的洪流无情地裹挟着，沿着既定的轨道机械地前行，仿佛一切都早已被命运注定，而我们也逐渐习惯了这种被动的状态，心安理得地随波逐流，放弃了挣扎与反抗。我们既害怕打破常规，又害怕面对未知的风险，于是选择了妥协和顺从。但这样的生活，真的是我们想要的吗？

觉醒的历程：从认命到抗争

在黑暗的深渊中，总有一丝温暖的光芒能够照亮前行的道路。对于哪吒而言，李靖夫妇的爱就是那束最耀眼的光，是他能够觉醒的关键所在。当哪吒被周围的孩童无情拒绝，孤独地徘徊在街头时，母亲殷夫人毫不犹豫地挺身而出。她甘冒被哪吒天生神力所伤的危险，一次次耐心地陪伴哪吒玩踢毽子游戏。每一次毽子的飞起与落下，都承载着母亲深深的爱，在不知不觉中，在魔童哪吒的内心种下了一颗爱的种子。电影中，有一个场景令人十分感动。哪吒因为力气太大，不小心将毽子踢到了很远的地方，殷夫人不顾自己的疲惫，一次次地跑去捡回毽子，脸上始终带着微笑。她的眼神中充满了对哪吒的疼爱和包容，让哪吒感受到了从未有过的温暖。

而父亲李靖那以命换命的决定，更是如同一股暖流，流淌进哪吒原本玩世不恭的心田，让他真切地感受到了无条件的爱与信任。这种爱，并非毫无原则的纵容，而是源自内心深处的理解与包容。这让哪吒明白了，即便全世界都对他充满了否定与拒绝，在这个世界上，依然有父母毫无保留地站在他的身边，坚信他的本质，相信他的善良与正义。当李靖得知哪吒即将遭受天劫时，他四处奔波，寻找解救哪吒的方法。他甚至愿意用自己的生命去换哪吒的生命，这种伟大的父爱，让哪吒深受触动。

自我认知的重建，是哪吒觉醒历程的核心所在。在经历了无数的误解、孤独与愤怒之后，哪吒终于在某个瞬间实现了顿悟，他用尽全身的力气，喊出了那句震撼人心的“我命由我不由天，是魔是仙，我自己说了才算”。这不仅仅是一句简单的口号，更是他内心深处对命运的宣战，标志着他完成了从认命到抗争的华丽蜕变。回顾我们的现实生活，这部影片无疑给我们带来了深刻的启示：生命的价值，从来都不是由他人的评判所决定的，而是取决于我们自己对自我的认知与选择。我们不能被外界的声音所左右，而应该勇敢地倾听内心的声音，坚定地追寻真正的自己，走出真正属于自己的人生之路。

抗争的意义，远不止于改变命运的轨迹，更在于超越命运的束缚，实现人生的自我救赎。在影片的高潮部分，哪吒最终毅然决然地选择拯救陈塘关。他的这个选择，并非为了向世人证明自己不是魔童，而是出于对陈塘关这片土地和这里的人们深深的爱，为了守护自己心中所珍视的一切。这种超越个人命运的伟大抉择，犹如一道划过茫茫夜色的闪电，照亮了我们对生命意义的探索之路，展现了生命更高层次的价值与意义。

生命的真谛：超越与救赎

个体与命运之间的辩证关系，是影片深入探讨的核心主题。哪吒的传奇故事，宛如一本生动的教科书，清晰地告诉我们：命运，既是桎梏，限制我们前行的紧箍咒，也是促使我们成长与突破的宝贵契机。正是因为有天劫这把达摩克利斯之剑高悬头顶的巨大威胁，才激发了哪吒内心深处的潜能，促使他不断地挑战自我，实现自我突破；也正是因为拥有魔丸的特殊身份，让他在成长的过程中，比常人更加深刻地理解了世间的善与恶、美与丑。在面对天劫时，哪吒一开始也感到恐惧和无助，但他并没有被命运吓倒。他不断地修炼自己的法术，提升自己的能力，逐渐变得强大起来。在这个过程中，他学会了控制自己的力量，明白了力量的真正意义。

救赎的可能，就在于我们能否勇敢地实现自我超越。在影片的结尾，哪吒没有选择逃避即将到来的天劫，而是勇敢地直面命运，毅然决然地选择与命运展开一场惊心动魄的较量。他的这种选择，犹如一座巍峨的高山，

展现出了生命的尊严与无比强大的力量。在当今这个物欲横流、“躺平”“摆烂”等思潮盛行的时代，哪吒的故事无疑为我们敲响了警钟：生命的价值，绝不在于逃避生活中所面临的种种困境，而在于我们能否以积极的态度去勇敢面对，能否在困境中不断地挑战自我，努力实现自我超越和突破。只有当我们勇敢地迈出这一步，才能真正地实现自我救赎，找到生命的真正意义。

生命的意义，在于创造与守护。哪吒在面对命运的抉择时，勇敢地选择了成为那个守护陈塘关、守护百姓的英雄。这种选择的力量，对于每一个生命来说，都是最为宝贵的财富。在影片的高潮部分，哪吒与敖丙携手并肩，共同对抗天劫的画面，无疑是全片最为动人的场景。那一刻，他们身上所散发出来的光芒，并非来自命运的恩赐，而是源自自我觉醒后的坚定选择与勇于担当的精神。这种光芒，不仅照亮了陈塘关的夜空，更照亮了现实社会中我们每一个人对生命意义的探索之路。

在笔者看来，《哪吒之魔童降世》这部影片，绝非一个简单的神话故事重述，它更像是一面巨大而清晰的镜子，精准地照见了现代人所面临的精神困境。它用生动的画面和扣人心弦的故事告诉我们：每一个生命，都宛如一颗等待觉醒的种子，在其内心深处，都蕴含着冲破命运束缚、创造奇迹的无限可能。

在这个充满了各种标签与定义的时代，我们最需要的，不是面对命运时的妥协，而是要像哪吒一样，拥有觉醒的勇气、抗争的力量和自我救赎的决心。因为，生命的真谛从来都不在于命运的预先安排，而在于我们在觉醒之后所做出的每一次选择，以及在追求自我超越过程中所展现出的无限勇气与坚韧精神。让我们以哪吒为榜样，勇敢地打破命运的枷锁，去书写属于自己的精彩人生篇章。

（作者系中国企业文化促进会金融文化工作委员会副秘书长，江苏省散文学会散文诗委员会副主任，金融作家协会会员）

茶香（一）

文 / 何承洪

我在大同闻到沁人心脾的茶香，李菊喃喃地说。

李菊和陈艳从小就是好朋友，她们一起读幼儿园，一起读小学、初中、高中、大学，比亲姐妹还亲。大学刚毕业，两人相约到外面去玩耍几天，然后再去找工作。她们查到一个网红古镇名叫大同古镇。两人来了一次说走就走的旅行，辞别父母，先乘高铁，后坐公交车，来到了大同古镇。

大同古镇，是一个藏在深山中的集镇。以前大同古镇道路不便，使这里仍保留着最具质朴的古吊脚楼民居、天然溶洞、百年古廊桥和唐代摩崖石刻造像群。这里绿水青山，民风淳朴，远离城市的嚣杂，真是一个世外桃源。当地传说陶渊明的一支后裔就归隐于此，现在还有陶氏家谱记载为证。陶渊明是东晋末期至南朝宋初期伟大的诗人、辞赋家、散文家。他性情率真豪放，嗜饮酒，好松菊，弃官后作《归去来兮辞》等。之后放浪形骸于山林，曾隐居庐山深处，并“采菊东篱下，悠然见南山”，其避世诗篇《桃花源记》闻名于世。中国古代有不少因维护人格、保持气节而不食的故事，陶渊明“不为五斗米折腰”就是其中最具代表性的一例。陶氏家谱记载陶渊明有一支谱系为陶渊明后裔，该支于明正统十四年（1449）来到大同乡的南山脚下定居，此处原名陶家坝，现称陶坝。山名南山，也与“悠然见南山”相映衬。故大同古镇也有古之桃花源之称。

李菊和陈艳一到古镇，便住在一家河边民宿里。面朝一条清清的河流，坐在窗前，便可一睹河边风光，山里人来往赶集的身影，也吸引着两个城里女孩好奇的目光。

李菊和陈艳早上起来收拾妥当，便去街边吃当地的小吃。老板是当地人，自称是陶渊明第85代后人。他热情地介绍自己的小吃：“有热豆花、卤猪头、油炸豆腐，特别是油炸豆腐，是自制的美食，你们吃了肯定满意。”

老板介绍起当地的小吃。大同油炸豆腐的食材是卤水豆腐，先将豆腐放入蒸锅蒸10分钟，取出晾凉，然后把豆腐切成两指宽的条状，依次摆好，起锅烧油，把植物油烧到五成热时，慢慢顺着锅边把切好的豆腐放入锅中炸至金黄，用漏勺捞出晾凉就可以了。火锅里或者烩菜里都可以放油炸豆腐。大同人把普通的农家小菜做成了美味佳肴，成为当地的名小吃。

李菊和陈艳便点了一盘小菜、两根油炸豆腐、一份猪头肉、一碗粑粑菜，吃得满口留香，价钱还相当便宜。吃完饭，她们便走上街。赶集的山民来来往往，热闹非凡。她们来自大城市，对什么都感觉新鲜好奇，不知不觉就玩了五天。

这天刚起来，李菊和陈艳便问老板，这附近还有什么可玩耍的地方。老板说，在后山上，有一个地方叫南山，风景优美。站在南山上，可以看到大同古镇，天气好时，还可以看到远处的县城。山上有座庙，名叫石亭庙，庙上抽签特别灵，可以去抽签。李菊

和陈艳问明了方向，租了辆出租车上山。一路风光无限，让她们兴奋异常。

到了南山上，出租车师傅说，南山东面紧邻一片原始森林，看完后不能往山里走了，怕走进原始森林迷了路。以前就有一对夫妇走进了原始森林，当时政府出动1000多人，都没找到人。李菊和陈艳连连道谢。

刚下车，李菊和陈艳就看到山巅耸立着一座大庙，佛音袅袅。几株巨柏掩映，雄伟古朴的石刻牌坊式山门前，有一排大小不一、高矮不等的古石碑，记述着古寺的历史云烟。门两边有一对石狮高踞，更显雄奇威武。山门上大书：石亭庙。一块已风蚀的石碑上写有：据邛崃《直隶康熙邛州志》记载，凤凰山寺，即今天的石亭庙，汉时已有，历经唐宋元明。总布局分A轴和B轴线排列，分别由A、B两道山门进出，后部由廊式木构建筑将二组建筑群相连接。另外石碑上面还介绍了石亭庙盛时的规模和建制，可以说石亭庙曾经是盛极一时。

李菊和陈艳跨入大门，便有师傅迎上来：施主，是烧香还是抽签？陈艳说，烧了香再抽签吧！师傅边走边向两人介绍佛门一些常见的礼仪。一般大殿有三个门，要从左边的门进，右边的门出，不要走中门。进殿男左脚女右脚，脚不要碰到门槛，更不能踩到上面。话还没说完，陈艳已经左脚进了殿。师傅盯了她一眼，没说什么。师傅又讲道：“拜佛不是实现愿望的方便快捷的法门，而是为了帮助人们拾起信心，用佛法锻造心灵的强大和坚实，然后用这颗强大的心去面对世事。一遇到事就忙着求神拜佛，或者只为了满足自己的欲望而求菩萨保佑，这叫迷信。你们年轻人一定要区别开来。”李菊和陈艳好似听明白了什么，又好像什么都没有听明白，只是忙不迭地点头。

师傅带着李菊和陈艳在旁边领了三炷香，教她们敬了香。然后引她们到签筒旁边。李菊和陈艳照着师傅教的，端跪佛前，闭了双眼，心中默念所求。然后再抱住签筒，不停摇动签筒半刻，方停。再从中抽出一支签。李菊抽的是“心诚则留”，陈艳抽的是“喜乐平安”。两人都好奇地看了对方抽的签。陈艳笑着对李菊说：“你看你的签，这山里人的文化水平真是

不太高，连签上的字都写错了，应该是‘心诚则灵’哦！”李菊忙说：“你抽的签好，喜乐平安哦！”说完，李菊也茫然：“这‘心诚则留’是什么意思呢？”她又不好细问，只好作罢。两人便出了庙门。

南山真是个好地方，极目远眺，无限风光尽收眼底。清晨的阳光洒在田野上，带着晶莹露珠的麦苗在微风中轻轻摇曳，像是一片闪着光的绿色海洋。远处的山丘，笼罩着淡淡的薄雾，像是给大地披上了一层轻柔的纱衣。农舍的烟囱里冒出袅袅青烟，那是早起的人家开始准备早饭了。鸡群在院子里闲庭信步，时不时发出几声打鸣声，唤醒沉睡的乡村。好美哦，好美哦！李菊和陈艳都不由自主地说。两人在山上晒着暖阳，采着鲜花，俨然是快乐的公主，无忧的仙女。

不知过了多久，陈艳小声对李菊说，看，有只鸟在树上呢。李菊抬头一看，果然是一只漂亮的鸟。拖着五颜六色的长尾巴，在树林间跳跃，嘴里还发出清脆的叫声。她们看鸟，鸟也看着她们，像是在相互欣赏。不多久，小鸟跑下树来，在李菊和陈艳不远处的花丛中跳跃着。

陈艳小声对李菊说，把它捉住，把它捉住！两人便一左一右地跟着那只鸟走过去。不知不觉，两人走到了树林深处，再一看那鸟，一飞，没了踪迹。两人找了一阵仍然没有找到，便往回走。走一截，觉得不对，又走另一个方向，仍然觉得不对。走着走着两人便迷了路。

一抹残阳挂在西边，一点一点地沉入山坳，天色渐渐暗了下来。李菊和陈艳想起出租车师傅说的话，自己可能走进了原始森林，迷路走不出去了！远方不时传来野生动物的吼叫。两人开始还都低头不语，后来都忍不住大哭起来。哭声打在树枝上，惊得林中的鸟四处乱窜，打落的树叶纷纷坠落。

章杰从部队转业回来后，选择了自主择业。用安置费在县城买了一套房，让父母住进了城里。好在两老身体都还健康，自己都能照顾好日常生活，章杰便放下心来去找工作。但找了几天，不是工作他不喜欢，就是他喜欢的工作不招人了。他坐下来思考几天，便对父母说：“我还是回老家南山上去种茶吧！在部队我学习过种茶技术，而老家的土壤又适合栽种老川茶。”章杰知道，在老家大同，以前就遍种老川茶。这种茶自古生长在巴蜀地区，经过漫长的自然演化、物竞天择后遗留的群体种茶树。老川茶的特征：一是老，历史悠久；二是土，原生品种，土生土长；三是晚，休眠期长；四是多，品种多样；五是厚，滋味醇厚，耐泡；六是少，产量极少。父母听后也支持章杰回乡种老川茶的想法。

章杰便回到老家，找到村支书张书记。张书记一听章杰的打算，笑得合不拢嘴。他说，小章哦，你把部队上学的知识带回来，回乡创业，我们村上是大力支持的哦。无论你选中哪块田地，我们都全力支持，保证把调田调地的事办好！章杰紧紧握住张书记的手，高兴得差点来个热烈的拥抱。好在章杰知道老家的人都不兴拥抱什么的。

章杰便穿上长筒雨鞋，拿着一根打狗棒，在全村的地盘上转了十多天，还将当地的土壤、植被、气候等情况向在农发局的战友发了去。战友又请教了农发局的专家，回复叫章杰就选在南山上原始森林边的几座山上种老川茶。

章杰心中有了底，便叫张书记去协调租南山上原始森林边的几座山。张书记说，那几座山都是我们村的，名字叫九顶山，一共有九座山头，面积差不多1000亩。之所以被称为九顶山，是因为这里有九座山峰连在一起。九座山常年云雾笼罩，峰底和坡上形成了许多坡地，很适合茶叶生长。

张书记说，九顶山的老乡们都很

单纯，租地的事很好办。章杰和张书记上九顶山，到涉及租地的农户家中面对面座谈。张书记说：“小章是我们村出去当兵转业回来的，想租我们的地种老川茶。这样既能有效利用好我们的闲置坡地，又为村上壮大了集体资金，还会给大家带来实实在在的收入。”章杰说：“大家都是乡里乡亲的，有空余时间，也可以到我的茶园去打工，我按你们外出打工的工钱结账。等过一段时间，茶厂效益好了，大家还可以入股分红哦。”

当地村民听到这天上掉下来的馅饼，都连连说：“张书记说得对！章杰这种办法好得很！我们同意租。”

中午的阳光热烈地照在大地上。田野里，村民头戴草帽，弯腰在田间劳作，汗水滴落在土地里。菜园子里，各种蔬菜长势喜人，红彤彤的西红柿像一个个小灯笼挂在枝头，翠绿的黄瓜顶着黄花，还有那长长的豆角在架子上垂着。

九顶山租地的事顺利落地了。但章杰把租地款一交，手中就没钱了。种茶的机具、肥料、人工钱等开支又从哪里来呢？张书记说：“现在支持乡村经济发展的银行很多，街上就有一家成都农商银行，你可以去问问。”章杰便到街上的成都农商银行咨询，陶经理热情地接待了章杰。章杰介绍了自己的情况，还有租了九顶山的坡地种老川茶的事。陶经理说：“你的情况我们早就听说了，你是一个踏实肯干的人，我们支持你。支农支小是我们银行的发展定位，服务实体经济是我们银行的根本宗旨。”

陶经理便和章杰一同走上九顶山，和当地农户实地了解了租地情况，和张书记核实了章杰经营茶园的情况，当下同意给予100万元的贷款授信，这笔钱可以随用随贷，章杰有多余资金时，也可以随时归还。

章杰说：“你们银行办事效率这么高哦！”

陶经理说：“‘更用心，更懂你’是我们银行的品牌口号。我们基层员工，就是要把我们的品牌口号落实在行动上，认认真真为客户服务。”

章杰说：“我国银行的功能定位与我原来听说的西方金融模式有很大区别，原来只知道银行就是为了赚钱才放贷款的。”

陶经理说：“中国特色金融发展之路与西方金融模式是有本质区别的。中国特色金融发展之路要求践行金融工作的政治性和人民性，树立正确的义利观，坚持国家利益优先、人民利益至上，体现功能性和盈利性双重属性，不单纯以盈利性为目标，盈利性要服从于功能性。”

章杰说：“陶经理，你今天的言行，刷新了我对银行的看法！谢谢你！”

资金到位了，章杰便放开手脚开始招聘茶园工人。九顶山或大同镇的农户优先招用。几天里，茶园工人招聘到位。章杰便安心经营起茶园来。章杰开始时只是采鲜茶叶到茶厂去卖。后来又招了制茶工人来，自己采来鲜茶叶，自己进行加工，包装后拿出去卖，这样利润有很大提高。章杰又扩大了厂房，增加了制茶设备。一个像模像样的茶厂便办了起来。

有一天，张书记和陶经理都来看看章杰茶厂的经营情况，看到章杰将茶厂办得有声有色的，都很高兴。章杰兴奋地对大家说：“现在茶厂办大了，也需要一个正儿八经的名字，大家建议茶厂取个什么名字好？”张书记说：“我们大同古镇与陶渊明有着密切的关系，他的著名诗句‘采菊东篱下，悠然见南山’，说的就是我们这里的南山哦！不如就用南山茶厂这个名吧。”大家方才如梦初醒，一致说：“南山好，有渊源、有意境，好、好、好！”于是，南山茶厂这个响亮的名字一直被使用至今。后来南山茶厂发展成了全县前十名的龙头企业。

（未完待续）

春天的约定

文 / 牛 兰

牛兰

笔名：滇南木棉，中国散文学会会员，金融作家协会会员。幼年在边陲小城蒙自度过，青年赴省城昆明求学。创作形式多为诗歌、散文、歌词等，作品散见于《中国金融文学》《科学与财富》《云南金融》《云南农村金融》《云南日报》《春城晚报》《红河日报》等刊物。2021年11月由云南人民出版社出版发行散文集《木棉花开》，并于2023年8月荣获“第四届中国金融文学奖”。

“人间四月芳菲尽，山寺桃花始盛开。长恨春归无觅处，不知转入此中来。”这是 2024 年 4 月，我应邀给全省农行新入行的大学生作一场“漫谈写书与读书”讲座的开头语，因为踏入阶梯会议厅，满满的春意便扑面而来，这应该是农业银行最有朝气、最具活力，洋溢着青春气息的大课堂。这也是我的花甲之年第一讲，面对着 280 多名挥斥方遒的年轻人，我心潮澎湃，即兴想起一首小诗叫《约定》：

我们约定一场旅行，起点是我的心，终点是你的心。看看我们今天能不能架起一座心灵的桥梁？看看我们今天能否超越年龄的跨度，跨过代际的鸿沟，在这个时空交汇处，碰撞出一点思想的火花？如果能，那就是各位给我的一份惊喜！

整个课堂气氛活跃起来了，我听到了他们热烈的掌声，看到了他们脸上的笑容、眼中的亮光……

两个小时的授课，15 个 PPT，图文并茂，我讲了如何写：用心去感受、去记录，用情去表达、去讴歌，巧妙谋篇布局、捕捉灵感；怎样读：选择性读，强制性读，在“随心所阅”间把读和写巧妙地融汇在一起；最后以读农行历史为线，引导他们了解农行、熟悉农行，进而在增强农行的文化自信中，以其为荣。

纵观历史文库，金融业是个被称为“世界皇冠领域”的行业，金融是社会发展进步的信用杠杆，这个行业的工作是极其丰富多彩的，可以说是集中了精英智者，尝遍了苦辣酸甜和机遇风险，展尽了人性善恶，牵扯了方方面面的敏感神经。文不按古，匠心独运。用金融行业题材可以写出经典的新闻宣传作品，金融新闻宣传事业也一定是一个广阔又深远的领域。可以说，我们是金融文化的实践者、宣传者和记录者，要高举思想之旗、汇聚奋进之力、培铸强国之魂、夯实安全之基、奏强中国之音，以文化助推金融企业的发展与兴旺，激励广大金融干部职工满怀信心奋进新征程、建功新时代，更好肩负起时代赋予的光荣使命，讲出新时代精彩的中国金融故事。

由此可见，从“金融＋文学”的人生出发，在谈工作、讲生活、道故事、抒情怀之中，注重观察、积累、记录，就可以创作出好的作品，无论是专业文章还是诗歌、散文、报告文学，只要多看、多想、多练，不断增强“脚力、眼力、脑力、笔力”，我们就能成为金融事业的记载者和见证者，同时也是金融文化的践行者和讴歌者。

说到金融职业生涯的开启，我满怀期待地希望他们以热爱与乐观去拥抱它，以包容的胸怀和发展的眼光去规划自己的未来，以勤奋与坚韧去实现理想……

在和谐的课堂互动里，我很欣喜地看到了他们热切的目光、心中燃起的火花……课后，他们热情地簇拥着我，问及我出版的文集《木棉花开》，有位男生往前一步说：“牛老师，等过些年我当上行长，请您去上课哈！”“好呀好呀！”我笑着答应了，从我前三十年从事农行教育走过的历程来看，这是必然，长江后浪推前浪！

这是我们的约定，热血青年与花甲之人的约定。“从你的心到我的心”，似乎是达成了一定的共识，引起了心灵的共鸣。这个“春天的约定”，让我顿时感觉一股热浪涌上心头，深深地被感动了！“大鹏一日同风起，扶摇直上九万里。”我深情祝福他们能燃青春之火，扬青春之帆，不畏艰难、脚踏实地，与大美农行荣辱与共，美美与共！

人生感悟

文/刘耀阳

在人生的漫长旅途中，总不会一帆风顺、一路坦途的，没有一个人会“不经历风雨”而随随便便成功，谁不是在风雨洗礼中逐渐成长起来的？在风雨中磨砺，需要有强大的信念做支撑，内心才会变得更加坚定，才会为美好的理想和目标而努力拼搏奋斗；在风雨中前行，需要具有越挫越勇、永不言败的精神和勇气，才能在摇曳的人生中得到灵魂的升华，更加坚定人生奋进的美好方向，不放弃任何希望，一直向前。心若向阳，前进之路定会光明，前程似锦，一路生花！

有一段话令我感悟至深：“充满希望，才能向阳生长；心怀热忱，方能乘风破浪。当你始终保有一份热情，心中的火不熄，才能将日子过得风生水起。”在人生的旅途中，让人快乐的事情可能会很少，而不如意十之八九。在面对人生的不如意和挫折时，我们要摆正心态去迎接生活给予的一切，与其被动接受，不如以乐观的态度、坦然的心态去迎接生活抛出的“橄榄枝”，在挑战中使自己变得更为强大，在磨砺中变得更为坚强。所谓“我命由我不由天”，也许阐述的就是这个道理。在逆境中成长会让人生阅历变得更加丰富，也让我们积累了难得的人生财富。在人生旅途的奋斗过程中，所收获的结果也许并不重要，而至为重要的是沿途奋斗、拼搏的历程和看到的风景，这是真真实实、真真切切的感悟。只要真正努力过、奋斗过，即便未达到预期的目标和效果，也会给我们平淡的生活增加美好的色彩和元素，人生才不会留下遗憾和悔恨，这样的人生才更具价值和意义。

在纷繁复杂的社会中，理想与现实总会有一定的差距，为此我们对自己的期待不宜过满，要保持“得之坦然，失之淡然”的平和心态，这样在走过很多坎坷风雨和艰辛困苦后，就不会为没有实现的目标而伤心。人生前进的最大源动力也许就是初心，对生活充满期待和热忱，真正把自己的热情融入生活中，感恩、感激、感谢世界赠予我们的，心怀希望，奔赴美好的生活，在付出一番努力之后顺其自然，争取过后随遇而安，切身感受所经历的一切都是那么的珍贵，来此世间是多么的值得！

（吉林财经大学）

我在农行二十五年

文 / 李良清

二十五年前的9月，我从部队转业分配到农行重庆市忠县支行工作，现在是重庆分行研修中心的一员。

柜台内磨炼技能

从为客户办理第一笔储蓄业务开始，我分别在忠县支行汝溪分理处、州路储蓄所、保卫部和办公室，从事过储蓄员、记账员和秘书工作。虽说工作地点的变动是“从农村到包围城市”，工作内容的改变是“从简单复核到逐步复杂”，但共同点都是隔着结实的铁栏杆或厚实的防弹玻璃，通过巴掌大的小窗口，递接客户的一笔笔单据和现钞，有时真需要站起身来、竖着耳朵、提高嗓门，才能与客户更顺畅地进行交流。

师傅对我说：“客户把钱放在农行是对我们的信任，一定要守护好客户的信任，不能有丝毫的私心杂念。服务客户更要细心、热心和耐心。”师傅的教诲，让我树立起为客户服务的责任心与敬畏心。当年还是手工为客户计算储蓄存款利息，记账、复核，一分一厘都要反复核对并唱票单据金额，让客户看好亲自签名收款。

伴随着手工记账逐渐转为小型机“人机并行”，农行记账系统南北并账和全国统一运行的成功，一直在柜台内为客户服务的我也成为支行首批单收单付的综合柜员，独自为客户办理现金和转账业务，这份工作需要注意力高度集中，稍不留神就可能出现现金和账务差错。

尽管服务客户付出更多的精力，但站在客户的角度，办理业务的速度变快了，客户等待的时间缩短了，也拉近了与客户的距离，这些都赢得了客户的赞许。

柜台外拓展客户

在网点柜台内服务客户给我带来很多挑战和成功的喜悦，但我更渴望走出柜台，扩大办理业务视野和丰富服务客户的范围。

2003年，我和同事一起走出网点柜台走访客户，办理质押和汽车贷款业务。忠县城内乡下，田间地头，乡村小镇和商家店铺都有我拜访客户的身影，这些经历都是我更好服务客户的沉淀和积累。

2007年，农行进行网点一代转型，通过竞聘，我成为重庆市分行的首批银保客户经理，开始一个人单独面对面服务客户。这个过程夹杂着胆怯和孤独，但心里牢记以客户为中心，自信、专业和被客户认同是我不变的目标。其间客户的肯定让我获得了省分行优秀团员干部、优秀大堂经理、分支行优秀产品营销能手等荣誉。

2010年6月，由于网点二代转型需要，我参与了分行机构部资源客户经理竞聘，同时参与了重庆分行的客户经理培训工作。不断充实自己是为了服务更多的客户。

2014年7月，我转战重庆两江分行营销团队，从事行外资金营销、白金级和钻石级等客户的维护以及公司联动营销。

为了更好地锻炼自己，2020年5月，我到离家50多公里的高新区，积极投入新成立的高新区分行筹办工作。从网点的一桌一椅、员工宿舍的水电煤气、小镇街头的新客拓展，到分行对公和个人客户营销，我都牵头负责，在次年一季度圆满地完成了分行下达的各项业务指标。

从花样年华到鬓角渐白，我这二十五年的时光与服务客户息息相关。为更好服务客户，我先后取得各时期行内所在岗位储蓄、会计和信贷上岗资格，获得国际AFP金融理财师资格及行外银行、保险、基金从业和销售资格，取得高级客户经理职称，这些都是我服务客户的基石和力量。

一个人的二十五年转瞬即逝，而农行人服务客户的探索和创新正如火如荼。如果只用两个词来描述二十五年一直服务客户的感想，我想应该是“感谢”和“感恩”。感谢农行给予我这么多服务客户的机会，感恩客户给予我工作中的支持。正是他们，炼就了我开朗的性格、待人的亲和、爽直的豪气、逆境的坚韧和丰富的阅历，这是我在农行二十五年获得的最宝贵财富！

（中国农业银行重庆分行研修中心）

热点聚焦

大事

进一步深化农村改革 2025年中央“一号文件”来了

2025年2月23日，《中共中央 国务院关于进一步深化农村改革 扎实推进乡村全面振兴的意见（2025年中央“一号文件”）正式对外发布。文件要求坚持和加强党对“三农”工作的全面领导，完整准确全面贯彻新发展理念，坚持稳中求进工作总基调，坚持农业农村优先发展，坚持城乡融合发展，坚持守正创新，锚定推进乡村全面振兴、建设农业强国目标，以改革开放和科技创新为动力，巩固和完善农村基本经营制度。2025年的“中央一号文件”共分为六个章节，总体来看，六大章节可总结为“两个确保”“三项提升”和“一个推动”：确保国家粮食安全、确保不发生规模性返贫致贫；提升乡村产业发展水平、提升乡村建设水平、提升乡村治理水平；千方百计推动农业增效益、农村增活力、农民增收入。

《求是》杂志发表习近平总书记重要文章《健全全面从严治党体系》

2025年2月16日出版的第4期《求是》杂志发表中共中央总书记、国家主席、中央军委主席习近平的重要文章《健全全面从严治党体系》。文章指出，党的十八大以来，我们坚定不移推进全面从严治党，取得一系列理论创新、实践创新、制度创新成果，构建起全面从严治党体系，开辟了百年大党自我革命新境界。同时也要看到，党内存在的思想不纯、组织不纯、作风不纯等突出问题尚未得到根本解决，反腐败斗争形势依然严峻复杂，而且新情况新问题不断涌现，党面临的“四大考验”“四种危险”将长期存在。全面从严治党永远在路上，党的自我革命永远在路上。全党必须永葆赶考的清醒和坚定，以健全全面从严治党体系为有效途径，不断把新时代党的建设新的伟大工程推向前进。

习近平：民营经济发展前景广阔大有可为 民营企业和民营企业家大显身手正当其时

2025年2月17日，中共中央总书记、国家主席、中央军委主席习近平在京出席民营企业座谈会并发表重要讲话。他强调，党和国家对民营经济发展的基本方针政策，已经纳入中国特色社会主义制度体系，将一以贯之坚持和落实，不能变，也不会变。习近平强调，企业是经营主体，企业发展内生动力是第一位的。要坚定不移走高质量发展之路，坚守主业、做强实业，加强自主创新，转变发展方式，不断提高企业质量、效益和核心竞争力，努力为推动科技创新、培育新质生产力、建设现代化产业体系、全面推进乡村振兴、促进区域协调发展、保障和改善民生等多作贡献。要按照中国特色现代企业制度要求完善企业治理结构，规范股东行为、强化内部监督、健全风险防范机制，不断完善劳动、人才、知识、技术、资本、数据等生产要素的使用、管理、保护机制，重视企业接班人培养。要坚持诚信守法经营，树立正确价值观和道德观，以实际行动促进民营经济健康发展。

国家网信办公布《个人信息保护合规审计管理办法》

近日，国家网信办公布《个人信息保护合规审计管理办法》（以下简称《办法》），旨在为个人信息处理者开展个人信息保护合规审计提供系统性、针对性、可操作性的规范，提升个人信息处理活动合法合规水平，保护个人信息权益。《办法》明确了个人信息处理者开展合规审计的两种情形。一是个人信息处理者自行开展合规审计的，应当由个人信息处理者内部机构或者委托专业机构定期对其处理个人信息遵守法律、行政法规的情况进行合规审计。处理超过1000万人个人信息的个人信息处理者，应当每两年至少开展一次个人信息保护合规审计。二是履行个人信息保护职责的部门发现个人信息处理活动存在较大风险、可能侵害众多个人的权益或者发生个人信息安全事件的，可以要求个人信息处理者委托专业机构对个人信息处理活动进行合规审计。办法将于2025年5月1日起施行。

（注：新闻报道时间为2025年2月14日。）

金融

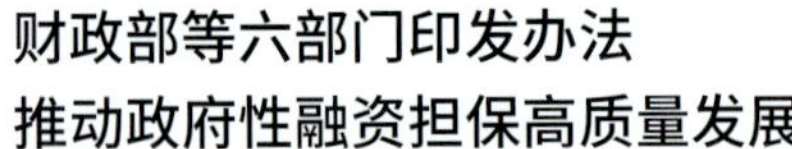

财政部等六部门印发办法推动政府性融资担保高质量发展

为推动政府性融资担保体系高质量发展，规范政府性融资担保机构经营行为，使之更好服务小微企业、“三农”等经营主体，财政部、国家发展改革委、工业和信息化部、农业农村部、中国人民银行、金融监管总局六部门制定《政府性融资担保发展管理办法》(以下简称《办法》)，明确对政府性融资担保机构的经营要求、政策支持、绩效考核、监督管理等内容。《办法》于2025年3月1日起施行。《办法》明确，政府性融资担保机构应当积极支持吸纳就业能力强、劳动密集型的小微企业和“三农”等经营主体，重点为单户担保金额1000万元及以下的小微企业和“三农”主体等提供融资担保服务；支小支农担保金额占全部担保金额的比例原则上不得低于80%，其中单户担保金额500万元及以下的占比原则上不得低于50%。同时明确，政府性融资担保机构应当逐步减少、取消对小微企业、“三农”等经营主体资产抵(质)押等反担保要求，在风险可控的前提下积极开展信用担保业务。

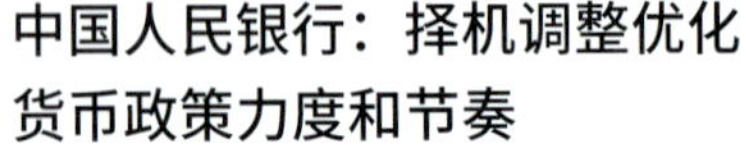

中国人民银行：择机调整优化货币政策力度和节奏

2025年2月13日，中国人民银行发布的《2024年第四季度中国货币政策执行报告》显示，去年，我国稳健的货币政策灵活适度、精准有效，加大逆周期调节力度，支持实体经济回升向好和金融市场稳定运行。下阶段，中国人民银行将持续强化央行政策利率引导，完善市场化利率形成传导机制，推动企业融资和居民信贷成本下降。发挥好货币政策工具总量和结构双重功能，坚持聚焦重点、合理适度、有进有退，优化工具体系，持续做好金融“五篇大文章”，进一步加大对科技创新、促进消费的金融支持力度。

金融监管总局：保持对民营企业稳定有效的增量信贷供给

2025年2月18日，国家金融监督管理总局召开会议，要求保持对民营企业稳定有效的增量信贷供给，加大民营小微企业的首贷、续贷、信用贷支持力度。据了解，金融监管总局系统将为重点民间投资项目搭建银企精准对接平台，充分发挥支持小微企业融资协调工作机制作用，落实好无还本续贷政策，加强科技赋能普惠金融，切实提高民营企业融资满足度。同时，将用好“白名单”机制，打好房地产各项融资工具的“组合拳”，满足包括民营房企在内的各类房地产企业不同环节、不同阶段的合理融资需求。此外，还要丰富保险产品体系，稳步推进金融资产投资公司股权投资试点工作，加强和完善对民营企业的综合金融服务。在金融业市场准入方面，一视同仁、公平对待各类所有制企业。

中央汇金公司将入主五家金融机构

2025年2月，中国信达、中国东方资产、中国长城资产、中国农业再保险股份有限公司相继发布公告，控股股东财政部拟将其持有的股份无偿划转至中央汇金公司。目前财政部对中国信达、中国东方资产、中国长城资产、中国农业再保险股份有限公司的持股比例分别约为58%、71.55%、73.53%、55.9%，此次划转完成后，中央汇金公司将控股这四家重要金融机构。另，根据中证金融公司公告，公司股东拟将所持公司66.7%股权划转至中央汇金公司。中证金融公司目前由上交所、深交所、中国结算等持股。就业内分析来看，此次股权划转，是落实《党和国家机构改革方案》相关要求的重要举措。专家认为，此次划归至中央汇金，是党和国家机构改革部署的一部分，旨在通过股权调整优化国有金融机构的治理结构，强化国有资本的集中管理和资源整合能力。中央汇金公司作为中国投资有限责任公司的子公司，长期以来承担着国有金融资本管理的重要职能。将三家AMC(资产管理公司)纳入汇金体系，不仅有助于提升AMC的资本实力和资源整合能力，也为其未来发展提供了更明确的战略方向。

科技

超2.6万亿元！2024年我国有力支持科技创新和制造业发展

2025年2月12日，国家税务总局发布的数据显示，2024年，现行支持科技创新和制造业发展的主要政策减税降费及退税达26293亿元，助力我国新质生产力加速培育、制造业高质量发展。分政策类型看，支持加大科技投入和成果转让的研发费用加计扣除等政策减税降费及退税8069亿元；支持破解“卡脖子”难题和科技人才引进及培养的集成电路和工业母机企业增值税加计抵减等政策减税降费1328亿元；支持培育发展高新技术企业和新兴产业的高新技术企业减按15%税率征收企业所得税等政策减税4662亿元；支持设备更新和技术改造的政策减税1140亿元；支持制造业高质量发展的先进制造业企业增值税加计抵减和留抵退税等政策减税降费及退税11094亿元。

“GDP万亿城市”再扩容

近日，全国多地公布2024年“经济成绩单”，共有27座城市的2024年地区生产总值（GDP）超过1万亿元。受访专家表示，2024年“GDP万亿城市”经济增长离不开优势产业、创新驱动等因素带动。接下来，在巩固现有产业发展的同时，应继续强化创新引领，持续提升城市的创新能力和核心竞争力。“GDP万亿城市”是带动区域经济增长的核心增长极。根据各地发布的数据，2024年，全国共有27座城市GDP超过1万亿元，分别为上海、北京、深圳、重庆、广州、苏州、成都、杭州、武汉、南京、宁波、天津、青岛、无锡、长沙、郑州、福州、济南、合肥、佛山、西安、泉州、南通、东莞、常州、烟台和唐山。值得注意的是，2024年，河北唐山全年实现地区生产总值10003.9亿元。至此，唐山成为河北省首座“GDP万亿城市”，也是全国第27个“GDP万亿城市”。

（注：新闻报道时间为2025年2月17日。）

众多产业行业与DeepSeek“联姻结对”，将为我们带来什么？

2025年2月17日，DeepSeek在多家医院完成本地化部署；微信测试接入DeepSeek；部分地区政务系统已接入……众多行业产业与DeepSeek“联姻结对”的消息接踵而至，令人不禁想问：AI正在加速接入我们的生活，究竟会带来什么？中央党校（国家行政学院）国家治理教研部研究员、博士生导师翟云指出，中国经济的快速发展为进一步发挥人工智能的赋能作用提供了广阔的“用武之地”，DeepSeek的深度接入既有利于加快破解传统产业数字化、智能化转型过程中面临的“急难愁盼”，也有利于加快消除“智能鸿沟”、让社会共享AI发展带来的技术红利。翟云强调，对于DeepSeek这样的新生事物，既要充分释放场景活力，为新技术的应用打造更多“试验场”，从战略层面及时总结提炼科技创新的经验启示，也需正视并妥善应对潜在的数据泄露、隐私侵犯及技术伦理等风险。

2025年我国智能算力规模预计增长43%

2025年2月13日，《2025年中国人工智能计算力发展评估报告》（以下简称《报告》）发布，《报告》指出，大模型和生成式人工智能推高算力需求，中国智能算力发展增速高于预期。2024年，中国通用算力规模达71.5EFLOPS（EFLOPS指每秒百亿亿次浮点运算次数），同比增长20.6%；智能算力规模达725.3EFLOPS，同比增长74.1%。2025年，中国通用算力规模预计达85.8EFLOPS，增长20%；智能算力规模将达1037.3EFLOPS，增长43%，远高于通用算力增幅。总体来看，2023—2028年中国智能算力规模和通用算力规模的五年年复合增长率预计分别达46.2%和18.8%。在区域分布方面，《报告》显示，北京、杭州、上海在2024年中国人工智能城市排行榜中位列前三，深圳、广州、南京、成都、济南、天津、厦门进入排名前十。在行业渗透度方面，《报告》显示，互联网、金融、运营商成为人工智能应用最广泛的三个行业。

四川

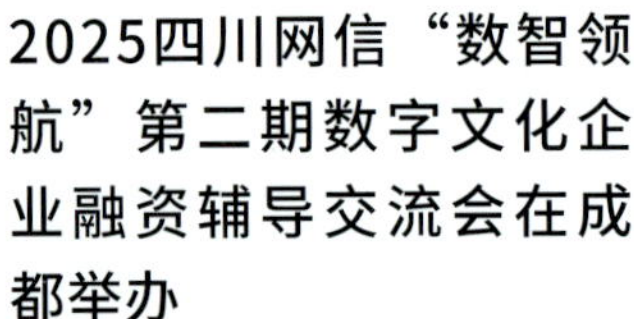

2025四川网信“数智领航”第二期数字文化企业融资辅导交流会在成都举办

2025年2月21日，2025四川网信“数智领航”第二期数字文化企业融资辅导交流会在成都召开。本次交流会汇聚了数字文化企业、证券公司、担保机构、银行及新闻媒体等领域70余名代表，聚焦数字文化企业的融资需求，共同探讨如何通过知识产权证券化（ABS）等创新模式解决融资难题，助推四川数字文化企业做大做强、文化数字化产业加速发展。会上，四川文化发展服务有限公司代表详细介绍了四川文化产业发展联盟数字文化专委会的相关情况。四川文化产业发展联盟数字文化专委会是在省委网信办指导下，由四川文投集团牵头，于2024年12月正式成立，其主要任务是围绕文化产业数字化和数字文化产业化，制定发布行业标准和自律规范，整合各方资源，开展交流合作、融资对接、学术研讨、人才培养、科研成果推广等活动，提供信息咨询与服务。

“零距离”感受四川发展强劲动能

2025年2月17日至19日，四川省人大常委会组织部分在川全国人大代表深入成都市、资阳市、自贡市等地开展集中视察，深入了解四川重点项目和地方特色产业发展情况，为出席十四届全国人大三次会议作准备。“通过视察，零距离感受到四川‘拼经济、惠民生、促发展’的强劲动能，我将以此为契机认真梳理视察成果，完善建议，为四川高质量发展贡献更大力量。”全国人大代表，自贡市沿滩区联络镇高滩村党支部书记、村委会主任曾道群说。视察中代表们还注意到，民营企业负责人在介绍情况时，不约而同提到刚刚召开的民营企业座谈会。民营企业负责人表示，这为民营企业吃下“定心丸”，看到了新时代民营经济发展的广阔前景和民营企业大显身手的舞台。代表们表示，将进一步开展调研，了解企业需求和发展难题，针对性提出议案建议，助力全省民营经济高质量发展。

川中小城，造出商业火箭

2025年2月9日，谷神星一号（遥十）商业运载火箭出征仪式在四川星河动力空间科技有限公司飞行器总装制造基地（一期）举行。这是在四川资阳生产的第二枚谷神星一号运载火箭，也是“四川造”第二枚民营商业运载火箭。2022年，星河动力新一代固体飞行器研发生产基地项目落地资阳，就此开启了携手“问天”的星河逐梦之旅。资阳在民营商业运载火箭制造上迈出“从0到1”的关键一步，民营商业火箭制造成为这个川中小城的产业新赛道。

“新一代商业航天电磁发射技术是新质生产力的典型代表，具有广阔的市场前景。”资阳商业航天发射技术研究院有关负责人解释，新一代商业航天电磁发射技术采用“超导磁悬浮与电磁推进+运载火箭”技术路线，可实现发射次数成倍增加、发射成本大幅下降。

成都A级物流企业增至138家

2025年2月17日，从成都市口岸物流办获悉，根据中国物流与采购联合会近日公布的第39批A级物流企业名单，成都共获新评A级物流企业4家，其中5A级1家。至此，成都拥有A级物流企业共138家，其中5A级13家。此次公布的名单中，四川共获新评A级物流企业11家，其中5A级1家，为成都西部物联集团有限公司；3A级5家，为四川三纵物流有限公司、成都川隆鑫物流有限公司、自贡市伍代安装工程有限公司、四川众注物流有限公司、四川顺意通物流有限公司；2A级也为5家，为四川金益物流有限公司、北控城市环境资源开发（自贡）有限公司、青川皓添运输有限责任公司、四川皇泽物流集团有限公司、宜宾市南溪区港信通物流有限公司。

科学&财富文化

CULTURE 第3辑

提振消费，金融需要“给点力”

金融文化参讯 编著

消费的一头连着宏观经济，另一头连着千家万户，
既是经济增长的重要引擎，
也是人民对美好生活需要的直接体现。

中国财富出版社有限公司
CHINA FORTUNE PRESS CO., LTD.

乡村振兴
金融助力家乡建设
“乡村振兴
我们一直在路上”
乡村振兴 如火如荼
金融机构 不遗余力
产业兴旺、生态宜居、乡风文明、
治理有效、生活富裕的
美好图景正一步步绘就

科学&财富文化
CULTURE 第3辑

提振消费，金融需要“给点力”

金融文化参讯 编著

中国财富出版社有限公司

图书在版编目（CIP）数据

科学&财富. 文化. 第3辑 / 金融文化参讯编著.-- 北京 : 中国财富出版社有限公司, 2025. 7.
ISBN 978-7-5047-8458-2

Ⅰ. F832.3

中国国家版本馆CIP数据核字第2025NU3270号

策划编辑	杜　亮	责任编辑	杜　亮　杨白雪	版权编辑	武　玥
责任印制	尚立业	责任校对	孙丽丽	责任发行	董　倩

出版发行　中国财富出版社有限公司

社　　址　北京市丰台区南四环西路188号5区20楼　　　邮政编码　100070

电　　话　010-52227588转2098（发行部）　　010-52227588转321（总编室）

　　　　　010-52227566（24小时读者服务）　　010-52227588转305（质检部）

网　　址　http://www.cfpress.com.cn　　排　　版　北京银企华融广告有限公司

经　　销　新华书店　　印　　刷　天津中恒印务有限公司

书　　号　ISBN 978-7-5047-8458-2/F·3833

开　　本　889mm × 1194mm　1/16　　版　　次　2025年7月第1版

印　　张　26.25　　印　　次　2025年7月第1次印刷

字　　数　809千字　　定　　价　174.00元（全三册）

科学&财富 文化
CULTURE 第3辑
提振消费，金融需要“给点力”
消费的一头连着宏观经济，另一头连着千家万户，
既是经济增长的重要引擎，
也是人民对美好生活需要的直接体现。
中国财富出版社有限公司

提振消费，向暖而生

文 / 本书编委会

晨光熹微时，巷口的豆浆铺升起袅袅炊烟；暮色渐浓处，街角的书店点亮了温暖的灯光。这些平凡的生活场景，正是消费最本真的模样——它从来不只是冰冷的经济数据，而是人间烟火的气息，是社会温度的晴雨表。在充满不确定性的当下，提振消费似乎成为我们重现经济活力、重拾美好生活信心的重要命题。

历史告诉我们，消费的兴衰往往映照着一个时代的命运。北宋张择端在《清明上河图》中描绘的汴京繁华，正是消费旺盛带来的文明盛景；而大萧条时期美国街头排队领取救济面包的人群，则是消费萎缩触目惊心的写照。今天，在全球经济格局深刻调整的背景下，提振消费对中国经济转型具有特殊意义。它不仅是应对短期经济波动的缓冲器，更是推动长期高质量发展的引擎。

提振消费呼唤着供给侧更深刻的创新——以匠心回应人们对美好生活的期待。从国货品牌的崛起到智能家居的普及，从文化创意的繁荣到绿色消费的兴起，这些新趋势正在重塑中国消费市场的面貌。当企业不再将消费者视为利润的来源，而是当作值得用心服务的对象时，消费就能超越简单的买卖关系，升华为价值共创的过程。

消费的复苏，本质上是信心的复苏。当人们敢于消费、乐于消费时，反映的是对未来的乐观预期，是对社会发展的坚定信心。这种信心比黄金更珍贵，它是经济良性循环最坚实的基石。而信心的建立，需要稳定的就业环境、合理的收入分配、完善的社会保障等多方面共同发力。

消费是经济增长的持久动力，是畅通国内大循环的关键环节。当前，我国经济稳中向好、长期向好的基本面没有变，超大规模市场优势蕴藏着巨大消费潜力，需要进一步优化消费环境，完善促消费政策，稳定大宗消费、拓展服务消费，让群众能消费、敢消费、愿消费。企业要主动顺应消费升级趋势，以高质量供给创造新需求。广大消费者也要科学理性、绿色健康消费，共同营造活力充盈、规范有序的市场环境。

春江水暖鸭先知。消费的暖意，往往最先体现在市井街巷的细微变化中——咖啡馆里热烈的创业讨论，菜市场里此起彼伏的吆喝声，健身房中挥洒汗水的身影。当乡村的土特产通过电商走出大山，当博物馆的文创产品飞入寻常百姓家，这些生动的场景，构成了一国经济最有温度的剖面，向阳而上，向暖而生。

CONTENTS 目录

深度报道

研究探讨

CONTENTS 目录

文化交流

创世纪

保险之家

八面来风

科学之窗

轻阅读

热点聚焦

深耕金融沃土，润泽千企万户

为贯彻落实河北农信系统“一池两新万企”行动推进会精神，石家庄市藁城农信联社不断延伸服务触角，以更大力度推动该行动走深走实。截至2025年2月末，共创建信用乡镇4个，创建信用村97个，“双基”共建农村信用工程累计建档75814户，累计评级户数75522户，累计放款户数31763户，用信余额32.76亿元。同时，精准对接支持特色产业村6个，累计发放贷款7451万元。

文、图 / 任东曜

深度报道

In Depth News

把握大势，创造未来

提振消费，金融需要“给点力”

统筹 / 李晔

2025年的《政府工作报告》在介绍2025年工作的十大任务时，将“大力提振消费、提高投资效益，全方位扩大国内需求”放在了第一位，这也是中央经济工作会议确定的2025年经济工作任务之首。2025年3月，中共中央办公厅、国务院办公厅印发《提振消费专项行动方案》，围绕提升消费能力、增强消费意愿、优化消费环境、解决消费堵点，部署了一系列力度大、覆盖广的举措，进一步完善促进消费的体制机制，打开消费市场新空间，为推动中国经济增长模式向更加注重消费转型按下“加速键”。

消费的一头连着宏观经济，另一头连着千家万户，是经济增长的重要引擎，也是人民对美好生活需要的直接体现。加快补上消费短板，既是短期扩内需稳增长的现实考量，也是中长期高质量发展的重要支撑，更是推动培育完整内需体系的系统部署。

数据显示，2024年，我国最终消费支出对经济增长的贡献率达到了65.4%，消费作为经济主引擎的作用日益显著。然而，受到居民收入增速放缓、消费信心不足等多重因素的影响，汽车、家电等大宗商品的消费增速仍低于预期。对此，国家金融监督管理总局近日印发通知，要求金融机构发展消费金融，助力提振消费。

通知从丰富金融产品、便利金融服务以及营造良好的消费环境等方面入手，提出了一系列优化消费金融政策的具体举措。

首先，在兼顾供需平衡的基础上，统筹加大对居民消费需求与消费供给主体的金融支持，以刺激消费市场的活力。其次，针对长期、大额消费需求，从消费贷款额度、期限等方面给予适度优惠，以减轻消费者的经济压力。再次，对于信用良好但暂时遇到困难的借款人，鼓励与银行协商调整贷款偿还方式，有序开展续贷服务，以提供合理的纾困措施。最后，要求金融机构通过开展专项行动，发挥政策协同作用，积极支持消费品以旧换新、消费贷款财政贴息等工作，进一步促进消费市场的活跃，更好满足消费领域金融需求，切实增强人民群众的获得感和满意度。

深度报道

兼顾供需
金融支持消费需求与供给主体协同发力

消费市场的活力，既取决于居民“有钱花”，也依赖企业“有货卖”。金融支持需要在供需两侧同时施策，形成良性循环，力求形成“需求牵引供给，供给创造需求”的健康互动。

银行多举措助力消费，以金融之力，为市场主体增活力、添动力。中国人民银行统计，2024年第四季度末，金融机构人民币各项贷款余额255.68万亿元，同比增长7.6%，全年人民币贷款增加18.09万亿元。其中，人民币普惠小微贷款余额32.93万亿元，同比增长14.6%，增速比各项贷款余额高7个百分点，全年增加4.2万亿元。

在供给端，保障企业资金链，稳定商品服务供给。金融机构围绕商品消费、服务消费和新型消费三大领域进行了精准施策。针对数字经济、绿色低碳、智能家居等新兴场景，开发“消费+金融+场景”融合产品，如新能源汽车专属分期、文旅消费一卡通等。文化和旅游部联合中国银行推出“文旅复苏贷”，帮助酒店、景区升级设施，2024年国庆节假期，国内旅游市场表现出强劲的复苏势头。全国国内出游人次达到65亿，同比增长9%，与2019年相比增长了2%。同时，国内旅游收入也达到70017亿元，同比增长3%。尽管人均消费为91元，尚未完全恢复到疫情前的水平，但消费恢复速度较快，表明游客的消费信心正在逐步增强。

在需求端，降低消费门槛，释放购买力。消费信贷是撬动需求的重要工具。近年来，银行和互联网金融机构推出的“零息分期”“信用支付”等产品，有效降低了消费门槛。如京东白条、蚂蚁花呗等消费金融产品，通过小额短期信贷模式，让消费者在数码、家电等领域实现“先享后付”。2025年以来，中信银行信用卡积极响应号召，聚焦“食住行娱购”等百姓日常消费场景，通过优化金融服务、丰富消费活动等系列举措，用“真金白银”撬动潜在消费活力，传递金融温度，惠民生、暖民心、强信心。如为美食达人量身定制、享指定美食商户15%返现的“i吃卡”；聚焦“高铁+旅游”日益增长的需求、享高铁票及高铁订餐15%返现的“爱行卡”等丰富特色产品，充分满足广大消费者在不同场景下的个性化消费需求，以新场景激发新活力，推动消费潜力释放，用金融温度温暖人间烟火，助万千客户乐享美好生活。

适度优惠

长期大额消费的金融支持

住房装修、教育医疗、新能源汽车等大额消费，往往因支付门槛高而受抑制。多家银行纷纷响应中央到地方激发消费活力的政策，推出助力方案。邮储银行围绕六大方面提出16项措施；建设银行通过《消费金融专项行动方案》，多维度推进服务，承发多地政府消费补贴，拉动消费超800亿元，还深耕汽车等重点领域；兴业银行上海分行加大境外等消费场景支持；浦发银行响应“以旧换新”政策开展优惠活动；山东省农信联社指导农商银行聚焦五大消费领域创新信贷。

新能源汽车是大宗消费的主力军。通过“加大汽车消费金融支持力度”拉动新车消费成为业内共识。2024年，《中国人民银行 国家金融监督管理总局关于调整汽车贷款有关政策的通知》发布，明确金融机构在依法合规、风险可控的前提下，根据借款人信用状况、还款能力等自主确定自用传统动力汽车、自用新能源汽车贷款最高发放比例。《通知》实施后，多家汽车金融公司、银行均落地零首付的车贷产品。目前，市场主流车企普遍为旗下新车提供了零首付、12~60期的贷款方案，全车系均可选择零首付。同时，多家车企还为全车系配置了首付50%起、24期免息的贷款方案。针对部分热销车型，车企还额外配置了12期零息零月供方案，首付50%、尾款50%、中间零月还。这些举措不仅推动了新能源汽车消费的增长，也为绿色消费金融的发展注入了新动力。

近几年，“稳楼市”多项政策落地生效，房地产市场呈现积极变化。人民银行“多箭齐发”，调整存量房贷利率、统一首套房和二套房房贷最低首付比例，让购房群体收获“真金白银”实惠。以存量房贷利率调整为例，这项政策惠及5000万户家庭，每年减少家庭的利息支出约1500亿元。相关人士认为，存量房贷利率下调促使新老房贷利差缩小，提前还贷现象因此明显减少，银行贷款业务更加稳定。与此同时，政策提高了居民家庭的消费能力，对于提振内需发挥了积极作用。数据显示，居民中长期贷款显著增加，反映出个人住房贷款需求的回暖，与此同时，提前还款额占个人住房贷款余额的比重明显低于增量政策出台前。中国人民银行于2024年5月设立3000亿元保障性住房再贷款，出台再贷款实施细则。9月下旬，再次优化再贷款激励政策，将保障性住房再贷款的央行资金支持比例由60%提高到100%。展望未来，市场延续止跌回稳态势可期。

3000亿元

中国人民银行于2024年5月设立3000亿元保障性住房再贷款，出台再贷款实施细则。

合理纾困

柔性政策保障信用良好群体消费能力

经济波动下，部分收入稳定的借款人可能短期面临现金流紧张的问题。若金融机构“抽贷断贷”，将加剧消费萎缩。因此，建立差异化纾困机制至关重要。多家银行密集“松绑”消费贷，部分产品贷款额度由20万元提升至30万元、线下提款最高可达50万元，贷款期限最长达到了7年。

业内人士认为，个人消费贷额度扩容有助于机构提供差异化授信产品，同时针对传统消费需求，拉长期限有助于降低每期还款额，为消费者减轻负担。中国银行先行将消费贷产品额度提高，比如“中银E贷”，资质好的客户最高能申请到30万元的贷款额度，此前为20万元。“随心智贷”的贷款额度也从原来的30万元提升到了50万元，还款期限从3年延长至5年。股份制银行中，招商银行的“闪电贷”调整力度更大，目前客户能享受1~7年的还款期限（等额还款方式），最低贷款利率为2.58%。江苏银行下调利率至2.58%，宁波银行“宁来花”叠加专享优惠券后利率最低可达到2.49%。

各家银行狂“卷”利率，个人消费贷业务就成了一门“薄利多销”的生意。业内人士认为，此次政策的重点之一是消费贷纾困，通过“提额延时”，能缓解这部分贷款人的资金

93.22亿元

2025年3月个人消费贷款及经营性贷款的不良资产占比达83.4%，规模达93.22亿元。

压力。据统计，2025年第一季度，个人不良贷款转让额达到1100亿~1300亿元，这一规模远高于2024年同期水平。其中，3月个人消费贷款及经营性贷款的不良资产占比达83.4%，规模达93.22亿元。个人消费贷款纾困的核心价值在于为暂时陷入困境的借款人减轻还款压力，防止因短期资金周转不灵而逾期，保障其在消费中的资金流动性，让消费支出更加从容。

“近年来，我国消费环境、商品价格、居民收入等都发生了显著变化，提高个人消费贷款额度上限要求并适当简化对资金用途、流向管控要求，确有必要。”招联首席研究员、上海金融与发展实验室副主任董希淼认为，提高个人消费贷款额度并放宽相关要求，不仅有助于更好地发挥消费金融的积极作用，还能更有效地满足居民在大宗消费方面的需求，从而进一步提振消费、扩大内需。

总之，消费信贷是助力消费恢复、激发潜在需求的重要手段之一。消费信贷的普及率和渗透率不断增长，有助于消费需求进一步释放。未来，更好发挥消费信贷作用，还需要更多关注主力消费群体，倡导理性消费、理性借贷，构建良好的行业生态和社会信用环境。

专项行动

政策协同放大消费提振效应

单靠金融手段，难以全面激活消费市场，须结合财政补贴、产业政策等，形成合力。《提振消费专项行动方案》（以下简称《行动方案》）明确供需两端协同发力的路径，鼓励地方结合资源禀赋，探索创新举措。各地迅速响应，从政策供给、场景创新到环境优化，形成了一批因地制宜的“实践图谱”。

浙江2025年3月发布的《大力提振和扩大消费专项行动实施方案》提出，浙江将实施提振消费专项行动，力争2025年社会消费品零售总额增长5%以上，具体包括七大行动，分别是居民增收行动、居民减负行动、扩大大宗消费行动、促进服务消费行动、提升消费品质行动、优化消费环境行动和减少消费限制行动。

山东推出“1+N”政策体系，围绕就业保障、技能培训等提出20条措施、71项具体任务，强化中低收入群体增收支持。湖北联动美团、饿了么等平台发放千万（元）级消费券，覆盖餐饮、住宿等高频服务场景，促进消费效果显著。广西将在主流平台发布“放心消费+线下无理由退货承诺+名特优新个体工商户”地图，探索开展“放心消费+信用+金融”服务模式，培育一批提供放心消费承诺的商店、网店、直播间、餐饮店、工厂、市场、商圈、景区等。

春节期间，家电、电子产品消费需求正旺。乘着政策的东风，建行湖南省分行积极开展消费金融专项行动，针对不同商家、消费场景推出多期惠客活动，充分满足客户贷款消费需求。2025年以来，发放建易贷利率优惠券4533张，授信金额10.9亿元，贷款金额6.23亿元。同时，开展华为、小米等购机分期满减、家装节等活动，2024年为超1.6万用户办理商户分期消费1.16亿元，并积极参与张家界、郴州、岳阳等地的政府消费券发放，在承接政府补贴资金同时，叠加权益投放，带动消费1.87亿元。

在强化消费品牌引领中，《行动方案》提到，因地制宜推进首发经济，鼓励国内外优质商品和服务品牌开设首店、举办首发首秀首展。3月16日，2025年全国精品首发季暨“首发上海”系列活动启动。法国化妆品公司欧莱雅携旗下30余个品牌，参与2025“首发上海”系列活动。“《行动方案》的出台，充分体现了中国对扩大内需、推动经济高质量发展的高度重视，也为消费市场注入了强劲动能。”欧莱雅北亚及中国公共事务总裁兰珍珍说。

扩大内需的核心是提振消费。居民消费力旺盛，企业也更愿意去投资。各地因地制宜，探索提振消费的务实举措，将在激发消费潜力的同时，进一步形成央地政策联动的良好局面，为下一步的“政策工具箱”提供储备。

金融支持提振消费

激发经济内生动力

消费是经济增长的持久动力，也是民生改善的直接体现。当前，中国经济正处于转型升级的关键阶段，外部环境复杂多变，内需潜力亟待释放。在这一背景下，金融支持消费不仅具有短期稳增长的现实意义，更是推动经济高质量发展、优化经济结构的长远之策。通过创新金融工具、优化信贷结构、完善政策引导，金融可以在提振消费中发挥关键作用，为经济持续健康发展注入新动能。

金融支持消费的核心在于解决居民消费面临的流动性约束问题。尽管中国居民收入水平持续提升，但预防性储蓄倾向仍然较高，尤其是在教育、医疗、养老等领域，许多家庭倾向于储备资金以应对未来不确定性。这种储蓄行为虽然增强了家庭抗风险能力，但也抑制了当期消费。金融工具可以通过消费信贷、分期付款、信用支付等方式，帮助居民平滑消费周期，释放消费潜力。例如，信用卡、花呗、京东白条等消费金融产品，使消费者能够提前实现消费愿望，同时以未来收入作为还款保障，形成良性循环。

金融支持消费的另一个重要方向是促进消费结构升级。随着居民收入水平提高，消费需求正从生存型向发展型、享受型转变，绿色消费、健康消费、智能消费等新业态蓬勃发展。金融机构可以通过差异化产品设计，引导资金流向这些新兴领域。例如，新能源汽车贷款贴息政策显著降低了购车门槛，推动新能源汽车销量增长。类似的，部分银行推出的“绿色家电分期”产品，通过低息或免息方式鼓励消费者购买节能产品，既促进了环保消费，也推动了制造业向高端化转型。金融与消费的深度融合，能够精准匹配供需，形成“需求牵引供给、供给创造需求”的良性互动。

在普惠金融层面，金融支持消费有助于缩小城乡和区域间的消费差距。中国消费市场存在明显的结构性不平衡，一二线城市消费趋于饱和，而三四线城市及农村地区仍有较大潜力待挖掘。通过金融创新，如县域消费信贷、农村电商供应链金融等，可以提升中低收入群体的消费能力。例如，部分金融机构与电商平台合作，推出“助农消费贷”，帮助农民购买农机、家电等大件商品，同时支持农产品上行，形成产销闭环。北京大学数字金融研究中心的研究表明，数字消费信贷的普及使低收入家庭消费增速提高了4~6个百分点，有效促进了消费公平。

然而，金融支持消费也须警惕潜在风险。

近年来，我国居民杠杆率持续上升，过度依赖消费信贷可能导致家庭债务负担加重，甚至引发系统性金融风险。因此，金融支持消费必须坚持适度原则，建立科学的风控体系。一方面，金融机构应加强借款人偿债能力评估，避免过度授信；另一方面，监管机构须完善消费金融法律法规，打击非法借贷和过度营销，保护消费者权益。此外，可探索建立“消费金融稳定基金”，用于对冲可能的坏账风险，确保市场稳健运行。

从更宏观的视角看，金融支持消费还与经济结构调整和全球化竞争密切相关。中国正加快构建“双循环”新发展格局，消费内需是国内大循环的核心。金融通过支持消费，不仅能拉动内需，还能推动产业升级。例如，消费大数据可反向指导制造业研发，形成“以销定产”的柔性供应链模式。同时，随着人民币国际化进程加速，跨境消费金融（如海外旅游分期、跨境电商支付）可增加人民币的国际使用场景，提升中国在全球消费市场的话语权。海南自贸港试点的“离岸消费贷”就是一次积极探索，未来可进一步扩大试点范围，助力国际消费中心城市建设。

总之，金融支持消费是一项系统性工程，需要政府、金融机构、企业和消费者的多方协作。政策层面，可通过税收优惠、贴息贷款等方式降低消费成本；金融机构应创新产品，满足多样化需求；企业需利用金融工具优化供应链，提升消费体验；消费者则应理性借贷，避免过度负债。只有形成合力，才能真正发挥金融的“催化剂”作用，让消费成为经济增长的强劲引擎。在人口结构变化、技术革命深化的背景下，金融支持提振消费，不仅关乎当前经济稳定，更将塑造中国未来的竞争优势，为高质量发展奠定坚实基础。

研究探讨

Research

为有源头活水来

中国农业发展银行晋中市分行党委书记、行长 昝伟鹏

中国农业发展银行晋中市分行

踔厉奋发勇作为 戮力前行提质效 努力谱写高质量发展新篇章

文 / 昝伟鹏

习近平总书记强调，高质量发展就是体现新发展理念的发展。新时代新阶段的发展必须贯彻新发展理念，必须是高质量发展。农发行晋中市分行作为全市唯一的政策性银行，必须深入思考高质量发展的破题之策和解题之法，以“干在实处、走在前列、勇立潮头”的精神推动高质量发展取得新成效，为地方经济发展源源不断注入政策性金融力量，助力晋中打造山西中部城市群高质量发展新样板。

高质量发展的实践探索

农发行晋中市分行深入贯彻落实市委、市政府“156”战略决策部署，按照山西省分行打造“精品银行”特色品牌思路，统筹推进履职发展、业务经营、风险防控、基础管理、队伍建设等各项工作，在推动高质量发展进程中取得了一些工作成效。

支农履职更加精准有效。一是粮食主责主业更加突出。认真贯彻落实国家粮油收储政策，坚持“全链、全力、全行、全员”，积极营销神农科技集团等省属集团粮油信贷客户，全力支持粮油市场化购销和重要农产品购销，在全省率先开展与山西文旅集团的业务合作。落实“两藏”战略，持续打造“农地银行”特色品牌，大力推动农业农村科技技术创新、成果转化、示范推广。二是乡村振兴职能有力有效。全力服务巩固衔接战略，四个脱贫县贷款余额净增平均增速领跑全省，有效提升帮扶质效。2024年投放“千万工程”贷款14亿元，覆盖城乡融合、水利建设、人居环境改善和生态保护等多个方面，进一步补齐乡村振兴基础设施短板。三是区域协调发展拓点增面。紧扣“太晋一体化”、黄河流域生态保护、新型城镇化战略规划，2024年投放15亿元贷款支持农村路网、供水、供热及安置房建设等民生工程加速落地，公共服务进一步向农村延伸。围绕国家农高区、综改示范区等重点区域，投放贷款16亿元，支持农产品电商产业园、有机旱作农业国家重点实验室等重点项目，区域协调发展彰显新成效。

发展根基更加坚实稳固。一是持续降本增效。强化资金筹集源头拓展，加强营销对接，2024年年末支农资金筹集余额和日均余额实现触底反弹。二是深化“两基”建设。建立行务例会督办机制，成立营销办贷、基础管理、风险合规三个工作专班，有力推进内外部检查，发现问题有效整改，整改率100%。扎实开展“信贷合规管理年”活动，加强信贷全流程管控。严肃财经纪律、规范财务开支，修订、汇编系列规范指引，财务管理更加精细稳健。信贷主审查人专业资质考试通过率和运营知识劳动竞赛成绩在全省系统领先，队伍素质持续提升。统筹推进“微病”整治、“靶点”整固，组织“三新”员工合规宣誓，以合规护航发展。三是坚持守正创新。推进办贷模式创新，建立包片负责机制，推动“蓄能行动”取得良好成效。推进营销模式创新，专题汇报“千万工程”专项信贷政策，成为市委学习运用“千万工程”经验领导组和工作专班的唯一一个金融机构成员单位。推进信贷模式创新，介休市农村饮水安全及万户堡片区水务一体化改革试点项目，入选总行典型推广案例。四是狠抓风险管理。市县两级同向发力，全额清收化解不良贷款，清降工作取得突破性进展。班子成员先后30余次赴有不良贷款的县域与党政主官沟通洽谈，全面清收县域不良贷款客户逾期本息，及时阻断关注类贷款下迁路径。

从严管党、治行纵深推进。一是强化理论武装。深入学习领会党的二十届三中全会精神，持续巩固拓展主题教育成果，扎实开展党纪学习教育，“第一议题”重点学、“三会一课”常态学、线上线下同步学，党委书记带头讲授专题党课，特邀山西财经大学教授现场解读中央金融工作会议精神，坚定不移把“两个确立”真正转化为坚决做到“两个维护”的思想自觉、行动自觉。二是推进组织建设。深入开展后进基层党支部帮扶提升行动，市分行党委书记亲自抓，昔阳支行贷款规模翻番，帮扶成效显著。7个支行党支部有序完成换届选举，"一行一品"党建品牌定位更加精准，"晋中力量"支部板报作用进一步显现。三是加强作风建设。常态化开展警示教育，召开科级以上干部集体廉政谈话，营造"严的氛围"。严格落实中央八项规定精神，深入开展"四风"整治，严肃考勤管理，持续抓好干部员工"八小时以外"的跟踪管控和廉政提醒，压实管理教育责任，全行员工的执纪守纪意识得到了进一步加强。

准确研判高质量发展面临的形势和存在的问题

外部形势机遇与挑战并存。一是面临的挑战。从经济发展形势来看，全省经济承压前行，市场有效需求不足，实体经济受到较大冲击，地方财政吃紧，对强化风险防控提出更高要求。从金融环境整体来看，贷款利率不断下调，净息差持续收窄，导致利润空间不断被压缩，金融强监管、严监管增加合规成本，对高质量发展、可持续经营提出更大挑战。二是面临的机遇。晋中市大力实施"156"战略举措，"农高牌"效应持续放大，太晋一体化加速发展、文旅产业提质扩容、农业产业链优化升级，高标准农田、种业攻关、超采区治理、抽水蓄能、城市基础设施更新建设等一系列重大项目加快推进落实，融资需求进一步加大，发展的有利条件更加充分，空间更加广阔。省分行领导在与晋中开发区党委会谈中明确提出，要将开发区打造成全省整县区融资推进的样板，发展的环境不断优化，优势逐步显现。省分行"精品银行"品牌建设理念深入人心，市分行持续加强营销对接、沟通协调，政银合作翻开了新的篇章，发展的势头更加强劲，动能全面集聚。

内部问题仍需高度重视。一是履职发展还不够充分。开拓创新、攻坚克难的精神还不够强，面对业务发展难题思路不广、办法不多，重大项目攻坚、支农资金筹集、逾期贷款清收等方面还有亟须改进的地方。二是风险防控形势依旧严峻。个别行风险防控意识薄弱、应对风险能力不足，信贷风险防控压力较大。三是干部队伍建设还有差距。优秀年轻干部总量不够充足、结构不够合理、专业素质不够强，与经营管理长远发展的需要不相匹配。四是基础管理水平还有待提高。办公室、财务基础管理和贷后管理等工作还存在不够扎实、制度执行不够到位的现象，规范化、精细化水平有待提高。五是合规风控能力仍需提升。员工反洗钱和反电诈意识有待提升，尤其在非贷客户身份识别、尽职调查及账户管理等方面做得还不够到位。

精准谋划高质量发展的新路径

面对新形势新任务，农发行晋中市分行新一届党委班子将始终坚持以习近平新时代中国特色社会主义思想为指导，以党的政治建设为统领，紧紧围绕"守主业、防风险、强管理、促发展"主线，锚定"52210"业务发展目标，统筹高质量发展和高水平安全，全力服务国家战略和"三农"发展，全面推进"精品银行"建设，奋力谱写晋中分行服务地方经济和"三农"发展的新篇章。

坚持党建为魂，在深化党的建设上抓落实。一是抓思想。以学习贯彻党的二十届三中全会精神为主线，严格落实党委"第一议题"和党委中心组理论学习、"三会一课"制度，坚持用党的创新理论武装头脑、指导实践、推动工作。二是强组织。树牢大抓基层鲜明导向，开展"三优百强支行"创建，持续打造"一行一品牌，一支部一特色"党建亮点工程，积极开展凝聚人心的主题党建共建活动，选优配强支部班子，常态化推进干部轮岗交流，推行青年员工上讲台计划及星级客户经理评审等活动，全方位为员工赋能，促进青年员工成长成才。三是筑堤坝。办好"晋中力量"党建载体，进一步发挥好其深化交流、活跃思想、凝聚共识、传递力量、培养及发现人才的作用。压紧意识形态、国安保密责任，加强声誉风险排查，重视家庭家教家风建设，避免“小事件”点燃“大舆情”。

坚持发展为纲，在推动高质量发展上出实招。一是突出信贷支持重点。精进谋创新，紧密结合总行政策导向和晋中资源禀赋，因地制宜，创新思路，用精用好营销产品，全力打造“一县一特色、一县一品牌、一县一亮点”。精准提质效，以“决战春天行动”为契机，运用好规模优势，争分夺秒往前赶，持续推行“市县协同、专班办贷”工作机制，对重点项目挂图作战，倒排工期，每日盘点、每周调度，推动项目快速落地。二是加大营销办贷力度。精诚抓营销，班子成员分片包点，全覆盖营销地方党政、企业项目，开展“大营销”“大宣讲”活动，做大做优市县级平台。精心抓服务，提升融资融智水平，“一企一档”健全客户档案，“一企一账”掌握客户需求，“一企一策”提高服务质效，“一企一算”学会“加减乘除”。三是强化支农资金筹集。突出“全行、全员、全力、全年”管理模式，认真分析研究支付链条延伸，强化贷款回笼和项目收益归行，有效拓宽非贷资金来源、盯紧财政资金存放，推动晋中分行支农资金筹集填平补齐。四是完善绩效考评机制。充分发挥绩效考评指挥棒作用，紧扣指标任务，制定详细提升方案，将各项指标细化下发各行部，对于短板弱项、薄弱环节、滞后领域重点攻坚，一项一项抓落实、一项一项提质效，以“绩效”为抓手，促进全行各项考核指标稳步提升。

坚持合规为基，在强化稳健经营中下功夫。一是强化合规审慎经营。坚决不触碰三条“红线”，严格落实各项经营管理制度，深化“两基”建设，强力治“微病”，提升精细管理水平，夯实经营管理基础。二是强化全面风险管理。树牢“风控”是第一责任理念，加强贷款全流程管理，严把客户准入关，坚决把“带病的萝卜”挡在门外；加强贷款存续期管理，坚决遏制关注类贷款上升、劣变的态势，针对出现过逾期欠息的项目，深入研究、分析原因，尽可能避免重复出现风险。三是强化日常基础管理。在全行上下开展“基础管理提升年”活动，培塑责任心，加强教育培训，增强全员“时时放心不下”的责任心，确保每笔业务、流程、票据、文件不出差错；下足绣花功，细化管理“颗粒度”，从细处入手，在科学、标准、规范上严要求，进一步提升管理质效；提升执行力，坚持以制度为准绳、以合规为底线，坚决杜绝漠视制度、有章不循、“打折扣”“搞变通”等行为；强化硬约束，严肃各项纪律规矩，纵深推进“不专业、不精细、不认真、不负责”问题专项整治，切实解决基础管理薄弱问题。

坚持正风肃纪，在推进全面从严治党上强举措。一是扎实做好问题整改。针对巡视巡察指出的问题和不足，全盘接受、立行立改，强化整改成效监督机制，形成问题“不贰过”机制，以改促效开创各项工作新局面。二是持续推进作风建设。大力弘扬践行“走遍千山万水、想尽千方百计、说尽千言万语、吃尽千辛万苦”的“四千”精神，营造干事创业的良好氛围。持续纠“四风”、树新风，严格落实中央八项规定精神，通过党委书记讲廉政党课、召开警示教育大会等多种方式常态化开展警示教育，认真落实“一岗双责”，在廉洁自律上树标杆、做表率，从严管好家人、亲属和身边工作人员，努力营造风清气正的良好政治生态。三是加强员工教育监督管理。扎实做好事前监督，抓早抓小抓实抓细，将监督由“事后问责”转向“事前预警”，确保问题解决到萌芽状态。严肃劳动纪律，强化值班值守监督检查，常态化开展员工异常行为排查，教育引导全行干部员工时刻严格要求自己，严格遵守纪律规矩，严格规范一言一行。

大数据环境下金融机构经济责任审计信息化建设的思考

文 / 林 源

经济责任审计是对经济责任关系主体经济责任的履行情况监督、审查、评价和证明的一种审计方式，在评估领导干部履职情况、制约权力运行和监督经济等方面发挥着突出效能，已成为金融机构强化干部队伍管理的重要力量，在防范金融风险、规范权力运行、推进商业银行公司治理中发挥着独特作用。但传统的审计方式效率低下、审计手段有限、审计深度不足等弊端制约着经济责任审计作用的发挥，而将审计业务与信息化深度融合则为审计提供了新的发展渠道。本文以某商业银行经济责任审计信息化建设为例，详述其实施过程，旨在为经济责任审计信息化的发展与推广提供一定借鉴。

经济责任审计概念及挑战

基本概念。经济责任审计是中国特色社会主义审计监督制度的重要组成部分，是对领导干部在任职期间贯彻执行党和国家经济方针政策、决策部署，推动经济和社会事业发展，管理公共资金、国有资产、国有资源，防控重大经济风险等有关经济活动职责的履行情况进行监督、审查、评价和证明的一种审计方式。

在实施过程中面临的挑战。一是审计全覆盖与审计资源有限的矛盾。近年来，习近平总书记多次强调，构建集中统一、全面覆盖、权威高效的审计监督体系，《党政主要领导干部和国有企事业单位主要领导人员经济责任审计规定》也指出，“推进领导干部履行经济责任情况审计全覆盖”，为经济责任审计提出了新挑战。经济责任审计需要覆盖所有相关领域和单位，经济责任审计任务重、涉及面广、工作量大，但现实中审计资源有限，包括审计人员、技术和资金等，这限制了审计工作的广度和深度。

二是审计技术有限与审计质量要求的矛盾。传统审计模式主要依赖于现场审计，以查错纠弊、手工作业为主要审计手段。一方面，在审计人员有限的情况下，难以应付繁重的经济责任审计任务，现场审计模式下，审计人员为了赶赴现场长期在各个机构之间奔波，承担着巨大的工作量和工作压力，耗费了大量时间和人力，不仅审计成本较高、审计效率较低，审计质量更难以保障，特别是在规定时间内难以实现对审计项目的深入审查。另一方面，近年来，金融机构各项业务规模快速增长、新业务品种不断推出、新型风险复杂化等因素给经济责任审计工作带来了更大挑战，传统的审计模式难以实现全面覆盖，难以做到精准核查，难以及时监测预警，难以依托大数据进行深度挖掘和分析，审计质量难以得到保证。

经济责任审计信息化建设的意义

经济责任审计信息化建设是践行“科技强审”的具体实践。随着金融科技时代的到来，金融在业态呈现、驱动力量、服务效率等方面均已发生革命性巨变。推进审计信息化建设是经济责任审计顺应大数据时代发展的必由之路，也是践行“科技强审”的具体实践。近年来，国家对“科技强审”提出了具体要求，中国审计信息化建设越发被重视。2014年，国务院印发的《国务院关于加强审计工作的意见》提出，加快推进审计信息化；2018年，习近平总书记在中央审计委员会第一次会议中指出，要“坚持科技强审，加强审计信息化建设”。推进有关部门、金融机构和国有企事业单位等与审计机关实现信息共享，加大数据集中力度，构建国家审计数据系统。探索在审计实践中运用大数据技术的途径，加大数据综合利用力度，提高运用信息化技术查核问题、评价判断、宏观分析的能力。创新电子审计技术，提高审计工作能力、质量和效率。推进对各部门、单位计算机信息系统安全性、可靠性和经济性的审计。同时，审计署相继出台了《审计署“十二五”审计工作发展规划》《“十三五”国家审计工作发展规划》《“十四五”国家审计工作发展规划》，全面贯彻落实科技强审的要求，明确了审计信息化建设具体要求，强调加大数据集中和整合力度、加强大数据技术运用、提升信息化支撑业务能力等，要求积极应用“云计算”、数据挖掘、智能分析等新兴技术，探索多维度、智能化数据分析方法，全面提升审计能力、提高审计效率。一系列的政策要求，为审计信息化建设出台了制度，指明了方向，经济责任审计在金融科技发展的大环境下，遵循制度指引，大力推进审计信息化建设转型势在必行，也是积极响应国家关于科技强审的具体实践。

经济责任审计信息化建设是推进审计高质量发展的具体要求。经济责任审计信息化建设，既是审计高质量发展的总体规划，也是审计高质量发展的具体要求。金融机构在大数据时代下推进信息化建设，对审计工作而言是挑战更是机遇。在大数据环境驱动下，推进审计技术的革新，实现审计信息化作业，将深刻影响内部审计工作未来存在的合理性以及作用的有效性。全面运用互联网、大数据、云计算等智能技术，可以为审计工作迈上更高层次、实现更高质量发展赋能，而经济责任审计作为金融机构内部审计的一项常规的、必需的项目，其审计内容信息化建设是首要任务，是推进审计高质量发展的具体要求。大数据背景下，推进经济责任审计信息化建设，扩大信息化技术应用范围，全面运用大数据，有助于扩展经济责任审计的广度和深度，更好地提升审计质量，更全面地帮助金融机构了解干部队伍的履职情况，更好地掌握金融机构的运营情况，充分发挥经济责任审计效能，为金融机构全面而有效的管理和发展创造良好的条件。此外，全面实现经济责任审计信息化作业，有利于帮助金融机构加强对信息化技术应用的研究，将审计业务与信息化技术深度融合，既丰富了理论知识，又帮助金融机构全面运用信息化技术开展审计工作，减少对于人力、案头审阅的依赖，应用大数据技术处理审计日常管理工作中的问题，从而提升内部审计管理综合能力。

经济责任审计信息化建设是突破当前审计工作困境的现实需要。在金融科技背景下，金融机构的审计工作发生了根本性的变化，出现许多新风险以及内部控制的缺陷，传统的审计思维、理念、手段和方法已经难以满足新需求。近年来，金融科技不断创新，不断更新经营模式，重构业务流程、体制机制、产品、系统等，同样处于金融科技创新领域的审计工作，必须顺应金融机构科技创新与变革，改变传统审计模式。同时，金融机构在大数据时代的新业务、新产品、新系统、新风险和新的经营模式等已成为审计无法回避的重点领域，而在此过程中，如何通过审计加强对干部队伍的管理，经济责任审计则成为重要抓手。但与此同时，经济责任审计全覆盖与审计资源有限的矛盾、审计技术有限与审计质量要求的矛盾，则成为巨大挑战，金融机构亟须通过审计信息化建设，适应大数据时代金融科技发展的新趋势，利用数字化手段，打造经济责任审计信息化平台，创新审计监测功能，实现常态化审计监督，及时发现干部队伍中存在的严重性、普遍性、苗头性问题。同时，通过经济责任审计线上化、规范化作业，实现审计过程和结果更加公开透明，增强公众对审计工作的信任度和满意度。

经济责任审计信息化建设实践——以某商业银行为例

某商业银行是一家省级金融机构，所辖网点近3000个，高级管理人员400多名，员工人数达4万多名，网点范围广、人员基数大，经济责任审计任务重、涉及面广、工作量大，近5年，已累计开展经济责任审计项目逾800个，占比超全年审计项目的60%，传统的审计工作模式已无法负荷现实的审计工作任务。某商业银行审计机构面对困境，积极践行习近平总书记关于“科技强审”的指示要求，顺应大数据时代发展，通过自建团队、自主开发，成功建成了审计信息系统，提供审计信息化作业基础平台，并通过积极实践，建立完善自动化生成逻辑、梳理底层数据、开发系统功能，经过一系列的不断尝试与实践，实现了审计文书的标准化、自动化生成，夯实了经济责任审计的信息化建设基础。同时，自主创新打造“高管履职绩效排序”“机构及高管塑像”等特色工具，全面运用大数据审计，既实现了经济责任审计覆盖面的“广”，又突出了反映情况的“准”、查出问题的“深”，从而顺利完成了70%经济责任审计工作通过非现场信息化手段完成的目标。

编制经济责任审计指南，明确经济责任审计信息化建设流程。为全面推进经济责任审计信息化建设，实现70%经济责任审计工作通过非现场信息化手段完成的目标，组织对经济责任审计的流程、内容等进行梳理，编制形成《经济责任审计指南》，规范了“审计立项—审计准备—审计实施—审计报告—审计整改”五个审计阶段共24项审计流程，明确了涵盖“贯彻执行党和国家经济方针政策”“重大经济事项的决策、执行和效果”“公司治理及内部控制”“资产负债损益的真实合法效益”“落实有关党风廉政建设责任制和遵守廉洁从业规定”“以往审计发现问题的整改”六大方面、90个经济责任审计项目现场取证事项，确定其中36个为必审事项，并规范各取证事项的定性维度、定性表述等。《经济责任审计指南》的编制完成，为经济责任审计规范作业确定了流程、明确了内容，也为经济责任审计信息化建设指明了方向。

实现审计文书线上化、自动化生成，夯实经济责任审计信息化建设基础。梳理形成一系列标准化的审计文书模板。审计标准化是规范审计业务、提高审计质量、降低审计风险的重要手段，是推进经济责任审计信息化的基础。内审部门组建专业团队，系统梳理了历年审计发现的问题，按照法人治理、信贷业务、资金业务等七大业务模块分门别类，逐一规范问题表述、制度依据，形成了标准问题词条，并按照审计流程，对各流程涉及的审计文书进行标准化作业，编写完成审计工作方案、审计通知书、审计实施方案、审计取证单、审计报告等文书模板，为自动化功能的开发夯实理论基础。

开发一系列常态化的审计监测模型。在梳理问题的基础上，审计人员深挖违规行为特征及数据特征，开发了审计监测模型工具，包括重大政策落实情况、信贷业务、资金业务、财务管理等，通过全天候、常态化的监测，及时发现异常线索，为自动化功能的开发夯实数据基础。

打通系统各模块功能壁垒，实现有机联动，建成自动化生成功能。在理论与数据均完善的基础上，依托审计信息系统，打通原有数据分析模块、现场作业模块、标准问题库模块等的有机结合，最终实现自动扒取模型分析结果及异常线索数据，在文书模板与审计模型、线索之间建立链接，系统自动识别与匹配，实现实施方案、取证单、工作底稿、审计报告等审计文书自动生成，全面支撑审计线上化、规范化作业。经过大量的实践工作证明，一键生成审计实施方案所反映的问题准确率近75%。

打造多项创新功能，实现70%经济责任审计工作通过非现场信息化手段完成

打造履职评价功能，实时掌握高管人员履职情况。根据《商业银行绩效评价办法》，结合商业银行实际，以及商业银行董事长、行长及监事长履职的重点，设置不同的维度与指标，依托审计信息系统，打造"高管履职绩效排序"功能。该功能模块遵循"期间匹配、真实还原、量化评价、动态调整"的原则，运用Min-Max算法对还原后的指标值及其变化趋势进行科学量化评分，直观反映领导干部履职成效、履职能力等。该功能为选人用人提供科学决策依据的同时，相关评价信息也同步推送至审计信息系统相关功能模块中，为审计人员现场审计提供参考。

打造机构和高管塑像功能，精准反映存在问题。以审计的视角，建设完成"机构塑像"功能，并在此基础上实现"高管塑像"，全面、客观展示高级管理人员任职期间经营管理的真实性、合法性、效益性，使审计人员从总体上了解审计对象，并通过对审计对象的标签数据分析，明确审计重点，有针对性地制定审计实施方案。其中，"机构塑像"指的是构建了涵盖"公司治理完善及有效性、合规经营情况、资产质量及风险抵补、机构整体稳健性、可持续发展能力"五大方面的指标体系，以"同一理念、同一后台、同一数据"为原则，创新性建设省行版、审计中心版、分行版机构塑像。从省、地区和机构三个维度分别进行监测，以人体形象进行肢体指标、器官指标和细胞指标逐层下钻，开展金融机构的"体检"和"数据CT扫描"，并通过数据大屏可视化、多维度展现塑像结果和过程，直观展示各地区、各机构的经营及风险状况；"高管塑像"则是基于"机构塑像"对机构的整体评价，掌握被审计领导干部所在机构经营管理的业务数据、重要工作落实和成效数据、风险管理数据，从总体上了解评价履职成效，并依托审计信息系统，收集被审计领导干部的个人基本信息和行为数据、违规违纪及以往审计发现的问题数据、履职排序情况等，追溯被审计对象在以往审计中发现需承担责任的问题，关注领导干部的权力运行和经济责任落实，对重点领域进行数据化监测，结合经济责任审计的内容，提炼形成高管塑像内容。通过信息技术手段，对数据进行归类、分析，建立模型，形成标签数据，以标签为要素完成"高管塑像"，一键生成高管塑像报告。

立足新发展阶段，随着技术的飞速发展，大数据时代审计信息化转型正在深刻改变审计的面貌，本文基于某商业银行经济责任审计信息化建设实践，以具体的实践案例，探讨了经济责任审计的概念、面临的挑战，以及审计信息化建设的意义、方法等，希望对于其他金融机构的经济责任审计信息化建设有所启发。

（广东省农村信用社联合社）

对村镇银行开展养老金融业务的探究

文 / 邹宝和

随着人口老龄化时代的到来，人们对养老金融的需求呈现出日益增长的趋势。村镇银行作为服务农村及县域地区的金融机构，做好金融“五篇大文章”，开展养老金融业务不仅是应对老龄化社会的责任担当，也是自身业务拓展与可持续发展的重要契机。基于此，本文通过分析村镇银行开展养老金融业务的重要性，剖析当前面临的机遇与挑战，并提出了相应策略，旨在为村镇银行在养老金融领域的发展提供参考。

人口老龄化是全球面临的共同问题，我国也不例外。2025年1月17日国家统计局数据显示，2024年60岁及以上人口为3.1亿人，占全国人口的22%；65岁及以上人口为2.2亿人，占全国人口的15.6%。按照国际标准，65岁以上老年人口占比超过14%即进入深度老龄化阶段，这意味着我国已经正式迈入深度老龄化社会。以江苏省淮安市金湖县为例，截至2022年年底，金湖县在册户籍人口336291人，其中，60周岁以上老年人94932人，占比达28.23%；65周岁以上老年人73934人，占比高达21.99%（65~69周岁老年人28803人，70~79周岁老年人29807人，80~89周岁老年人13290人，90周岁及以上老年人2034人），老龄化程度远高于全国水平，加之农村地区青壮年劳动力大量外流，导致农村养老问题日益加剧，对养老金融的需求非常迫切。

村镇银行作为立足本土、服务“三农”和小微企业的金融机构，在农村金融市场具有独特的地缘、人缘优势。开展养老金融业务，能够满足农村老年群体日益增长的金融需求，提升农村养老保障水平，也能够为村镇银行开辟新的业务增长点，优化业务结构，增强市场竞争力。因此，探讨村镇银行如何开展养老金融业务具有重要的现实意义。

村镇银行开展养老金融业务的重要性

满足农村养老金融需求。农村老年群体的收入来源相对单一，主要依赖于养老金、子女赡养和少量的个人储蓄。随着老龄化程度的加深和生活成本的提高，现有的养老资金难以满足其日益增长的生活和医疗需求。村镇银行开展养老金融业务，能够提供多样化的金融产品和服务，如养老储蓄、养老保险、养老理财等，帮助农村老年人实现资产的保值增值，提高养老生活质量。

推动农村经济发展。养老金融业务的开展可以带动农村养老产业的发展。截至2024年年底，金湖县共有养老机构14家，其中民办养老机构9家，公建民营区域性养老服务中心3家，基层卫生院办养老机构2家；居家养老服务中心（站）148家，老年人助餐点40家，农村互助养老睦邻点16家。村镇银行通过为养老机构、养老设施建设提供融资支持，促进了农村养老服务市场的繁荣，创造了更多的就业机会，在增加农民收入的同时，进一步推动了农村经济的整体发展。不仅如此，养老金融业务的发展也有助于引导农村居民树立正确的养老观念和理财意识，促进农村金融市场的活跃和健康发展。

助力乡村振兴战略实施。乡村振兴战略的核心目标之一是实现农村的全面发展和农民生活水平的提高。养老问题是农村发展中的重要民生问题，村镇银行开展养老金融业务，能够为农村老年人提供更好的生活保障，解决农村劳动力的后顾之忧，吸引更多人才回流农村，投身乡村建设，为乡村振兴战略的实施提供有力支持。

提升村镇银行自身竞争力。在金融市场竞争日益激烈的背景下，村镇银行面临着来自大型商业银行、互联网金融等多方面的竞争压力。通过开展养老金融业务，村镇银行能够差异化发展，利用自身贴近农村、熟悉农村市场的优势，精准定位客户群体，打造特色金融服务品牌，提高客户粘性和市场份额，增强自身的抗风险能力和可持续发展能力。

村镇银行开展养老金融业务的机遇

政策支持力度加大。国家高度重视养老问题，出台了一系列支持养老金融发展的政策法规。例如，《关于加快推进养老服务业"放管服"改革的通知》《关于做好政府购买养老服务工作的通知》等政策文件，鼓励金融机构创新养老金融产品和服务，加大对养老产业的金融支持力度。这些政策为村镇银行开展养老金融业务提供了良好的政策环境和发展机遇。

农村养老市场潜力巨大。随着农村居民生活水平的提高和养老观念的转变，农村养老市场对金融服务的需求不断增长。一是农村老年人口数量庞大，且具有一定的储蓄积累，对养老金融产品的需求日益多样化；二是农村养老产业正处于起步阶段，发展潜力巨大，为村镇银行开展相关金融业务提供了广阔的市场空间；三是县域加大养老服务建设和适老化改造，如金湖县已建成3家区域性养老服务中心，总床位652张，后续还将加大建设力度，并在基础设施方面加强适老化改造，并将引入民间资本，具有较大的融资需求。

金融科技发展带来新契机。金融科技的快速发展为村镇银行开展养老金融业务提供了新的技术手段和服务模式。通过大数据、人工智能、区块链等技术的应用，村镇银行可以更精准地了解客户需求，优化产品设计和风险评估，提高服务效率和质量，降低运营成本。例如，利用大数据分析客户的消费行为和财务状况，为客户提供个性化的养老金融方案；借助移动支付和线上平台，实现养老金融产品的便捷销售和服务的远程提供。

村镇银行开展养老金融业务的挑战

产品创新能力不足。目前，村镇银行的养老金融产品种类相对单一，主要集中在传统的储蓄和信贷业务上，缺乏具有创新性和针对性的养老金融产品。例如，养老理财产品的设计和开发能力较弱，难以满足农村老年客户多样化的投资需求；养老保险产品与农村实际需求结合不够紧密，保障范围和保障水平有待提高。

风险管理难度较大。养老金融业务具有期限长、风险复杂等特点。村镇银行在开展养老金融业务过程中，面临着信用风险、市场风险、利率风险、操作风险等多种风险。由于农村地区信用体系建设相对滞后，信息不对称问题较为严重，村镇银行在信用风险评估和控制方面，面临较大困难。同时，养老金融产品的长期投资属性使其更容易受到市场波动和利率变化的影响，增加了风险管理的难度。

专业人才匮乏。养老金融业务涉及金融、保险、养老服务等多个领域，需要具备跨领域专业知识和实践经验丰富的复合型人才。然而，村镇银行由于规模较小、薪酬待遇相对较低、发展空间有限等原因，难以吸引和留住高素质的专业人才。人才的匮乏导致村镇银行在养老金融业务的产品研发、市场拓展、风险管理等方面能力不足，制约了业务的发展。

农村居民金融素养较低。农村居民受教育程度相对较低，金融知识匮乏，对养老金融产品的认知和接受程度不高。部分农村老年人对金融产品存在误解和偏见，认为金融产品风险高、复杂难懂，更倾向于传统的储蓄方式。此外，农村地区金融诈骗现象时有发生，进一步降低了农村居民对金融产品的信任度，增加了村镇银行开展养老金融业务的难度。

村镇银行开展养老金融业务的策略

加强产品创新。一是开发特色养老储蓄产品，根据农村老年客户的需求特点，设计多样化的养老储蓄产品。例如，推出“定期付息、到期还本”的养老储蓄产品，满足老年客户定期获取利息用于生活支出的需求；设置不同期限和利率档次的养老储蓄套餐，客户可根据自身情况选择合适的产品。二是创新养老理财产品，结合农村市场实际情况，开发低风险、稳健收益的养老理财产品。可以与专业的资产管理机构合作或与主发起行合作，引入优质的投资项目，确保理财产品的收益稳定性。同时，简化产品设计和操作流程，提高产品的透明度，让农村老年客户能够清晰了解产品的投资策略和收益情况。三是丰富养老保险产品种类，与保险公司合作，开发适合农村老年客户的养老保险产品。除了传统的商业养老保险，还可以探索推出针对农村常见疾病和意外风险的补充医疗保险、意外伤害保险等产品，为农村老年人提供更全面的风险保障。

完善风险管理体系。一是加强信用风险管理，建立健全农村信用体系，加强与政府部门、村委会等的合作，收集和整合农村居民的信用信息，完善客户信用档案。利用大数据技术对客户信用进行评估和分析，建立科学的信用风险预警机制，及时发现和防范信用风险。二是提升操作风险管理水平，完善内部管理制度和业务流程，加强对员工的培训和监督，提高业务操作的规范性和准确性。加强信息系统建设和安全管理，防止因系统故障、数据泄露等原因导致的操作风险。建立健全应急预案，提高应对突发事件的能力。

加强专业人才队伍建设。一是培训内部员工，定期组织员工参加养老金融业务培训，邀请行业专家、学者进行授课，内容涵盖养老金融政策法规、产品知识、风险管理、市场营销等方面。鼓励员工自主学习和参加相关的职业资格考试，提高员工的专业素质和业务能力。二是引进外部人才，制定优惠政策，吸引具有金融、保险、养老服务等专业背景的人才加入村镇银行。可以通过校园招聘、社会招聘等方式，选拔优秀的人才充实到养老金融业务团队中。同时，加强与高校、科研机构的合作，建立人才实习基地和产学研合作平台，为人才引进和培养创造良好的条件。三是建立激励机制，完善绩效考核和激励机制，将员工的工作业绩与薪酬待遇、职业发展挂钩，充分调动员工的积极性和创造性。对在养老金融业务领域表现突出的员工给予表彰和奖励，为员工提供广阔的发展空间和晋升机会，留住优秀人才。

提升农村居民金融素养。一是开展金融知识普及活动，利用村镇银行的网点优势和员工队伍，深入农村社区、集市、学校等地，开展形式多样的金融知识普及活动。二是加强与政府和社会组织合作，积极与当地政府部门、村委会、老年协会等合作，共同开展金融知识普及工作。借助政府和社会组织的力量，扩大宣传覆盖面，强化宣传效果。三是利用新媒体平台宣传，充分利用互联网和新媒体平台，如微信公众号、短视频平台等，开展金融知识宣传。同时，可以通过线上互动的方式，解答农村居民在金融知识方面的疑问，提高他们的参与度和学习效果。

开展多方合作。一是与政府部门开展合作，积极争取政府部门的支持和政策优惠，参与政府主导的养老项目和民生工程。二是与养老机构开展合作，与农村地区的养老院、老年公寓、居家养老服务中心等建立合作关系，为养老机构提供全方位的金融服务。三是与其他金融机构开展合作，加强与商业银行、保险公司、证券公司等其他金融机构的合作，实现资源共享、优势互补。

总而言之，在当前政策支持力度加大、农村养老市场潜力巨大和金融科技快速发展的机遇下，村镇银行应充分发挥自身优势，积极应对产品创新能力不足、风险管理难度较大、专业人才匮乏和农村居民金融素养不足等挑战，通过加强产品创新、完善风险管理体系、加强专业人才队伍建设、提升农村居民金融素养和加强与各方合作等策略，探索出一条适合自身发展的养老金融业务发展道路，为农村老年群体提供更加优质、高效、便捷的金融服务，在服务农村养老事业的同时实现自身的健康发展。

（江苏金湖民泰村镇银行）

商业银行科技金融服务制约因素与对策建议
——以中国农业银行合肥分行为例

文 / 郭骏锐

商业银行在畅通国民经济血脉中起到重要作用，加快新质生产力的形成与发展，需要商业银行响应中央金融工作会议精神做好“五篇大文章”，破解发展科技金融的制约因素，不断探索支持科技创新的新路径。本文以中国农业银行合肥分行为例，在对比科创产业发展态势、同业发力重点基础上，对该行科创贷款区域分布、行业投向、利率执行等方面进行对比分析，实现对该行科技金融高质量发展水平的综合评价。研究认为，要把握金融服务助力培育新质生产力的宝贵机遇，明确以创新之力跑出科技金融高质量发展“加速度”战略定位，提出健全科创金融专营组织架构、构建面向未来的科学评价体系、完善科创产品谱系和建立健全支持保障机制等对策建议。

科技金融的内在逻辑

当前中国经济已经进入高质量发展阶段，经济发展主要依靠创新驱动。从科技的视角来看，我国培养了大量的科技人才，具备大力推动科技创新的技术基础，而科技转化和产业化发展一直是短板。从金融的视角来看，经过几十年的发展，全社会积累了大量的资本，随着依靠资源投入的行业日趋饱和，许多传统行业的金融资本收益率已呈现不断下降的趋势，科技创新领域的投资收益率呈现出比较优势，对金融资本形成较大吸引力。科技创新的固有特点和金融资本的固有特性决定了发展科技及金融的必要性，而中国经济发展的阶段性特点决定了科技金融发展的可能性。2023年，中央经济工作会议和中央金融工作会议提出了加强科技金融与科技创新融合的重要精神和政策导向。作为金融机构主体的商业银行，做好科技金融大文章，服务科创企业发展既是贯彻落实党中央决策部署的重要举措，也是金融市场高质量发展的现实需要。

商业银行推进科技金融的必要性

中国人民银行发布的《2024年三季度金融机构贷款投向统计报告》数据显示，2024年三季度末，获得贷款支持的科技型中小企业达26.21万家，获贷率46.8%，比2023年同期高0.1个百分点；科技型中小企业本外币贷款余额3.19万亿元，同比增长20.8%，比同期各项贷款增速高13.2个百分点；获得贷款支持的高新技术企业25.79万家，获贷率为55.7%，比2023年同期高1.1个百分点；高新技术企业本外币贷款余额16.03万亿元，同比增长9%，比同期各项贷款增速高1.4个百分点。科技金融作为助力企业打造未来竞争优势的加速器，已进入发展“快车道”。但是，我国科技企业还面临着科技成果转化率偏低，投融资服务衔接不畅，耐心资本供给不足，金融作用于实体经济的质效不高等问题。

商业银行科技金融发展的特征分析

课题组综合内外部调研，从科创产业发展态势、同业发力重点，以及合肥农行科创贷款的区域分布、行业投向、利率执行等方面进行了分析。

科创产业发展速度远高于经济平均增速。2016年以来，全国高新技术企业从10.3万家增长至46.3万家，技术市场成交额由0.64万亿元增至6.8万亿元，科技进步贡献率由50%左右稳步增至超过60%，新一代信息技术、生物产业、高端装备、新材料、新能源等科技产业增加值占GDP比重在"十三五"末增加到近15%。从地区来看，2024年，合肥市生产总值13507.7亿元，同比增长6.1%，居长三角41个城市第7位，高于全国1.1个百分点，继续领跑安徽省和全国的经济增速。2024年，合肥全社会研发投入强度达4%，居省会城市第2位。全市科技企业增速达到22%，是各类市场主体中增长最快的，吸引了各类基金等外部投资超过500亿元。以高新技术产业为例，2019 — 2023年增加值年均增速为14.8%，高于地区生产总值年均增速8%（见图1）。2024年，合肥市净增国家科技型中小企业2076户，总数达1.3万户，同比增长31%，居省会城市第5位。

农行合肥分行发展科技金融的主要情况。一是完善科技金融服务体制。该行聚焦国家区域科技创新发展战略，在科创资源聚集区设立科技金融服务中心，自2019年在蜀山区设立高新技术产业开发区支行，作为科技特色专营机构后于2021年和2022年相继开展"基金主题营销年""科创主题营销年"活动。2023年和2024年总分行对该行科创企业信贷授权取得新进展，蜀山支行、包河支行先后成为总行科创企业专属信贷体系试点行。对于重点科创企业，省分行已给予突破授信理论值、降低信用方式准入条件等差异化信贷政策，全额转授农行合肥分行科创类特色产品及相关普惠产品的审批额度。同时，在机构设置上，总行已批复该行与蜀山支行成立科创金融部的申请。目前，该行城区支行均已成立科创分中心，在市行、支行、网点均有相应的科创金融服务人员，行科创团队人员已达20人，已经初步建立了完整的科创金融服务机制。二是科创企业开户迈上新台阶。截至2024年年末，该行科创企业开户3471户，总体开户率为26.2%，较上年提升3.3个百分点。科创企业存款余额85.65亿元。科创板上市企业开户率为75%，较上年提升25个百分点；拟上市公司开户率为58.7%，较上年提升7.42个百分点；国家级专精特新"小巨人"企业开户率为59.2%，较上年提升10.2个百分点；省级专精特新企业开户率为41.3%，较上年提升11.4个百分点。三是科创金融信贷取得新成效。截至2024年年末，科创企业贷款余额221.5亿元，较年初增加99.2亿元，增速为81.1%，高于全行各项贷款增速65.3个百分点。合肥分行科创企业授信客户664户，信贷渗透率为5%，较上年提升1.3个百分点。科创板上市企业授信14户，金额60.84亿元，信贷渗透率为70%，较上年提升30个百分点；拟上市企业授信13户，金额81.96亿元，信贷渗透率为28.26%，较上年提升17.96个百分点；国家级专精特新"小巨人"企业授信43户，金额26.5亿元，信贷渗透率为22.5%，较上年提升7个百分点；省级专精特新企业授信128户，金额58亿元，信贷渗透率为9%，较上年提升5.4个百分点。

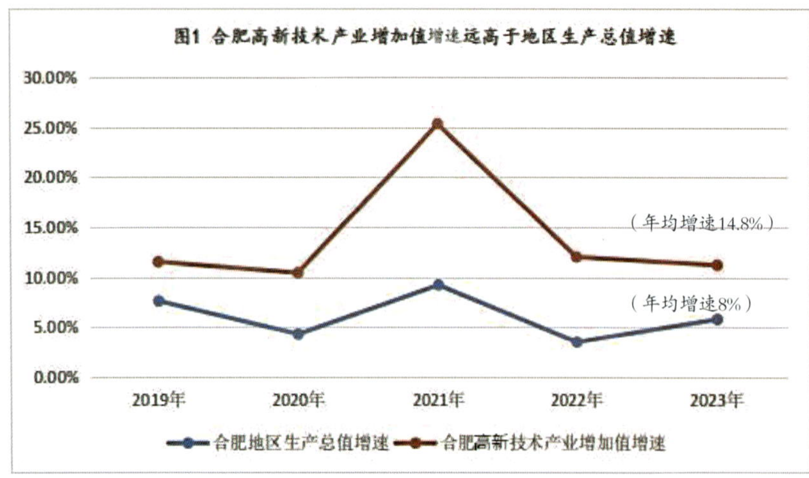

数据来源：根据各年度《合肥统计年鉴》及合肥市政府公布数据整理。

科技金融发展的制约因素分析

近年来，农业银行努力提高科创金融服务水平，不断加大对科创企业的支持力度。但是，经课题组在农行合肥分行调研中发现，仍存在一些内外部因素制约和影响商业银行做好科技金融服务。

科创企业经营特点与银行风险偏好难以适配。一是科创企业经营风险较高，与商业银行传统的稳健型风险偏好有较大偏差。以合肥蜀山高新技术产业开发区内的省级专精特新中小企业为例，将2024年名单与2023年名单对比发现，84家企业已经不在名单中，占比高达43.08%。二是科创企业普遍专业强、轻资产、少抵押、高成长、高风险，上述特点对商业银行贷款出现风险暴露后处置和清收是极为不利的。科创企业核心资产是知识产权，而科技研发、成果转化、产品推出、市场培育和产业形成都面临诸多不确定因素，上述因素导致企业押品在内外部评估过程中容易出现较大偏差。例如，截至目前，该行仅受理了安徽新宇环保科技股份有限公司这一家企业的4项发明专利知识产权质押，且内、外部评估的专利价值相差达28%。

科创企业贷款执行利率未体现风险溢价。科创企业风险水平相对较高，但从贷款实际利率上看，科创贷款利率与一般法人贷款利率并无明显差异，甚至更低，未体现科创企业风险溢价，风险与收益不匹配（见图2）。究其原因，一方面是小微型科创企业贷款利率受普惠贷款政策制约不能上浮；另一方面是大中型科创企业经营发展已经进入较为成熟阶段，同业竞争充分。

客户评价和产品服务体系不够完善，制约业务落地。科技金融理论主要基于未来收益的预期。商业银行对于科技企业的信贷投放，既要看现在的经营表现，更要看未来的成长性和价值潜力。从客户准入看，虽然农总行制定了差异化信贷政策，将优质和重点科创企业的授信准入及贷款审批门槛降低，但并不能改变企业本身的违约风险。并且部分分支行在审查审批过程中出于审慎考虑要求客户提供抵质押担保等增信措施，这与多数科创型企业纯信用方式用信需求不匹配。例如，某支行已为26户专精特新"小巨人"企业开立账户，其中16户正在授信流程中，主要原因是前后台部门在较长时间内未能就担保方式等要素达成一致。从信贷产品看，农业银行微捷贷产品较同业相比，在授信额度、贷款期限等方面仍有一定的差距，总体竞争力不强（见表1）。例如，建设银行善新贷可给予企业3年期、最高额度1000万元的线上授信，市场

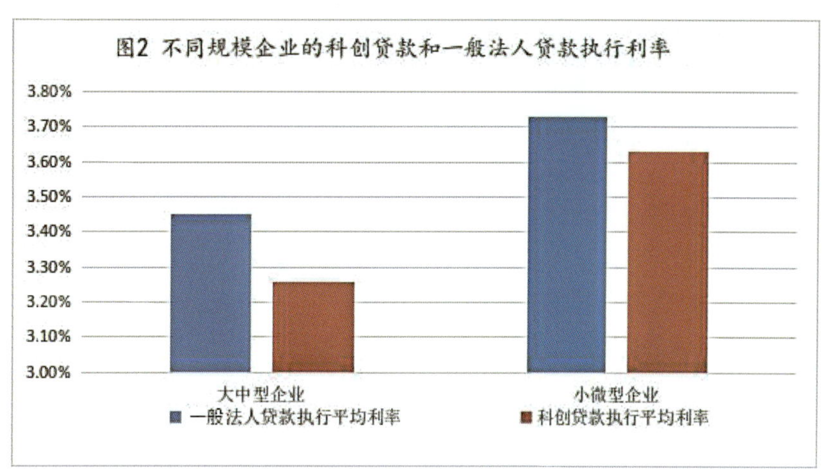

资料来源：根据农行C4系统借款凭证提取。
注：机构范围为合肥分行，业务品种为短期流动资金贷款（含抵押e贷、科技e贷、科贷通、微捷贷、无追索权保理等），币种为人民币，不含外币贷款。该表显示平均利率暂不考虑不同利率下的借款金额占比因素。

表1 同业线上科创贷款产品对比

银行名称	建设银行	中国银行	交通银行	农业银行
产品名称	善新贷	科创贷	科创贷	微捷贷
借款主体	专精特新企业	科创型小微企业	科创企业	科创企业
授信额度	1000万元	500万元	300万元	300万元
担保方式	信用	信用	信用	信用
贷款期限	3年	1年	3年	1年
办理方式	线上申请 线下核实	线上申请 线下核实	线上申请 线下核实	线上申请 线下核实

资料来源：根据各行产品资料和农行制度文件搜集整理。

效果较好。从贷款流程看，如果科创企业的纳税记录不满足农行微捷贷产品的审批条件，或者企业的融资需求超过300万元，则需要按照传统的法人线下信贷审批方式开展授信和贷款审批。二级分行权限内贷款约需2个月，一级分行权限内贷款约需3个月，授信和贷款审批用时较长，往往难以满足科创企业用款的时效性需求。

信息获取渠道和专业信贷人员匮乏，制约展业能力。一是商业银行信贷调查审批存在信息缺失。科技创新企业往往分布在诸多细分领域，甚至涉及科研、军工等保密领域。信息获取渠道畅通性不足导致商业银行在信贷审批过程中搜集必要信息存在较大阻力。例如，课题组现场调研的某企业为合肥国家实验室所需某项服务的唯一供应商，银行工作人员就难以通过常规方式验证贷款用途真实性。此外，科创企业的产品更新迭代以及市场应用前景也存在较大不确定性。二是缺乏科技创新领域相关的专业信贷人员。科技创新行业门类众多，尤以人工智能、生物技术、新材料等为代表的科学技术和产业，具有产业覆盖广泛、学科深度交叉、成果转化不确定性高等特点。这就要求从事科技金融服务的银行客户经理要对服务对象所在行业的上下游、产业链、科技成果转化、产品应用和市场前景等有相当专业的研判。从实际情况来看，农行合肥分行平均每家支行能够独立开展科创贷款业务的客户经理仅1.6人，仍有部分行尚未落实专职科创对公客户经理人员。做不到专人专岗导致科技金融服务的短板非常明显，服务能力与业务发展不匹配。

考核激励和尽职免责机制倾斜不够，制约发展意愿。从总分行综合绩效考核看，在千分制考核中，服务专精特新“小巨人”企业占8分，服务战略性新兴（科创）产业占14分。从总行战略激励工资分配看，将制造业、科创贷款考核结果与人民币贷款净利息收入工资挂钩，挂钩工资在工资总额中占比约0.57%。农行合肥分行参照总行挂钩比例对下分配激励工资，从实际执行效果上看，相较于科创贷款的经营成本和风控难度，匹配的考核资源不足以激励引导支行推动业务发展。从尽职免责机制看，按照该行信用风险事件评议认定管理办法，当贷款出现实质风险时，除非单户授信总额1000万元以下的普惠金融领域信贷业务，否则难以认定为尽职免责。

客户基础不牢固制约发展。2024年全年，农行合肥分行科创企业开户727户，其中专精特新企业开户197户，占比27%。专精特新企业合作覆盖率仅44.2%，低于全国19个科技金融服务中心的平均合作覆盖率52%。科创类企业存款1000万元以上客户65个，存款规模占科创型客户存款的88%。授信1000万元以上客户127户，授信规模占科创企业授信总规模的98%。从全行科创客户存款、贷款规模看，主要集中在长鑫、大众、阳光电源等头部企业，贡献超95%的存、贷款规模。

服务科创企业发展的对策建议

做好科技金融文章，是农业银行守正创新的实际举措。鉴于科创企业特别是中小微科创企业风险高、担保弱等特点，建议平衡好业务发展与风险防控的关系，抓住机遇，主动作为。

把握科技创新的历史性发展机遇，提升战略定位。科技创新是提高社会生产力和综合国力的战略性支撑，是我国应对百年未有之大变局的决定性力量。建议农行合肥分行提升金融服务科技创新的战略定位。一是把握发展机遇。2024年，经济回升向好，供给需求稳步改善，全国GDP超134万亿元，固定资产投资、规模以上工业增加值、社会融资规模同比均实现增长。一系列政策为当前和今后金融业高质量发展提供了广阔空间。现阶段该行结合区域资源禀赋和自身实际情况，先行先试、一行一策研究制定服务科创企业的发展战略。二是在部分城区支行先行先试的基础上，未来择机将服务科创企业与“三农”县域、绿色金融、数字经营三大发展战略一起，列为农行合肥分行第一发展战略。三是科创资源禀赋好、业务发展慢的支行要着力引导好干部员工从支持实体经济和本单位自身可持续发展的角度来推动科技金融业务发展。

健全科创金融专营组织架构，增强专业服务水平。2023年6月国务院常务会议通过的《加大力度支持科技型企业融资行动方案》中指出，“要把支持初创期科技型企业作为重中之重”，同时结合当前科创型小微企业贷款难的实际，合肥农行挂牌成立科创金融业务部。下一步，一是实行准事业部改革，将科创金融业务部与普惠金融事业部合署办公。事业部设置为与普惠金融事业部两块牌子、一套人马,便于在机制和管理上充分借鉴普惠金融业务的成功经验,也便于统筹组织推进全行科创金融业务发展和风险防控。同时,加强对关键核心技术及其科技产业链的深度研究,从而制定细分行业的信贷准入政策,提升风险识别和风险配置的精准度。二是在科创资源集聚区域设立若干科创金融专营支行(加挂牌子),每家专营支行聚焦一个或几个细分行业精耕细作,提升专业服务能力和风险防控能力。通过专营支行发挥示范效应,以点带面推动全行科创业务发展。三是在科创金融事业部、科创金融专营支行组建专业团队,培养一批既懂科技、又懂产业的高素质专业化的科技金融营销调查人员和信贷审查审批人员,采取专人专岗的方式,促进科创金融服务专业化、精细化、高效化。

构建面向未来的科学评价体系,主动适应科创特点。以商业银行为代表的金融机构要建立区别于传统的信用评价思维,进一步从"股东力、融资力、产业力、企业力、创新力、稳定力"六大维度,优化科技型企业评价指标体系并匹配差异化的融资产品和定价水平。深化科技型企业专属信贷服务体系试点,对科技型企业实施"分层分类"的客户管理策略,为不同类型的科技型企业匹配合适的差异化政策。

完善科创产品谱系,推动服务多元化、高效化。借鉴同业成熟产品研发经验,创新研发特色科创产品,以多元化、高效化金融服务满足企业差异化需求。建议:一是创新线上化产品,推动普惠型科创贷款扩面提质。可借鉴同业经验,设置具有公信力的参数指标,如荣誉资质、研发投入、知识产权、项目阶段等,设计并迭代优化线上信用贷款产品,助力不同阶段科技型企业加大研发投入。二是创新特色化产品,服务特定科创客户群体。可利用科技基金、风投机构的投资结果,研发"以投定贷"的投贷联动产品。可针对高层次人才创办企业,基于核心人员技术能力与所属行业发展空间,研发"以人定贷"的贷款产品。三是创新服务模式,强化内外部合作,构建"股贷债保"联动的金融服务支撑体系,推动投、贷、服一体化。借助商业银行集团优势,进一步深入参与合肥市2000亿元"基金丛林"建设,在未来3年内新增设立2~3支科创基金,加强对合肥本地及招引落地科创企业的股权投资支持。强化银政、银担、银保合作,扩大第二还款来源范围。

建立健全支持保障机制,突出政策和制度差异化。构建"愿贷、敢投、会做"的长效工作机制,建议一是借鉴普惠金融事业部改革发展的经验,在科创金融事业部建立"五专"经营机制,将资源向科创金融领域倾斜。二是建立对国家级和省级重大科技专项的快速支持机制,开展科技型企业服务能力提升专项行动。重点支持国家实验室、综合性国家科学中心等重大项目,争做科技型骨干企业的主要合作银行。同时,呼吁各大型商业银行在每年的税前利润中提取一部分科创贷款风险补偿基金,专项用于弥补重大科技专项贷款损失。三是在综合绩效考核中对科创资源富集的支行适当增加科创贷款等指标考核权重,通过差异化考核机制引导分行加大对科创企业信贷支持力度。四是构建智力支持机制,通过对接科技局、高校、科研院所、行业协会等行政主管部门和业内专家,逐步建立和完善磋商机制,在行业发展态势不明确、重大项目贷款审批把握不准时,运用"头脑风暴"或德尔菲法等提供辅助决策支持,充分发挥外脑的"智库"力量。同时,商业银行自身要加强对科创行业的研究和对分支机构的分类指导,出台并更新相关行业信贷政策指引。五是优化尽职免责机制,将逐笔逐环节进行信用风险事件评议认定调整为按机构进行评议认定。对科创贷款不良率未超过设定容忍度的分支行,在没有证据表明其信贷人员存在道德风险和未勤勉尽职的情况下,予以尽职免责。

做好科技金融服务是商业银行贯彻中央金融工作会议精神,落实国务院完善金融支持创新体系和加快发展新质生产力决策部署的具体要求。针对当前科技金融服务过程中存在的问题,商业银行应从产品布局、营销体系、队伍建设、职责定位等角度着手,在新领域新市场抢抓机遇、抢占先机、抢先发展,不断提升服务水平以匹配自身科技金融业务发展需求。

(中国农业银行合肥分行)

农商银行会计运营操作风险的探索与思考
——以安徽合肥科技农商银行为例

文 / 杨文静

近年来，行业内会计运营操作风险事件案例频发，有效防控会计运营操作风险对于保障农商银行稳健经营、持续发展至关重要。深入研究如何在当前经济金融市场环境下更好地应对会计运营操作风险，积极探索如何通过科学规范的管理保障会计运营工作的稳定运行，具有重要意义。

农商银行会计运营操作风险概述

农商银行会计运营及运营操作风险内涵。一是会计运营内涵。农商银行会计运营是指农商银行在日常业务活动中，对资金运动进行核算、监督并提供相关金融服务的过程，是银行稳定、高效经营的关键环节。农商银行会计运营条线的主要业务分为柜面业务与后台会计业务，其中，柜面业务包括存取款、清算结算、账户业务等的受理经办，后台会计业务主要包括会计监督与检查、现金、印押证、印鉴、账户、授权等的管理。

二是风险内涵。农商银行风险是指外部因素或内部因素可能会对农商银行运营造成不利影响，最终所产生的损失，主要分为市场风险、流动性风险、信用风险、操作风险等。

农商银行会计运营操作风险概述及分类。操作风险主要是指操作失误、流程制度缺陷、系统崩溃、内外部欺诈等因素所产生的风险损失，而会计运营操作风险主要表现为以下几点。

（1）现金管理风险。现金收付业务中，主要存在以下风险：一是存在收付流程错误，没有遵循“收款先清点后记账，付款先记账后清点”的规定；二是发生长短款没有按规定进行处理；三是查库制度执行不严。

（2）支付结算账户风险。

一是账户审查风险。企业结算账户方面，开户尽职调查工作存在对企业账户的实际控制人和账户开立、交易背景的审查不严，尽职调查环节流于形式的情况，易造成因个人主观因素引发的操作风险；个人结算账户方面，存在冒名开户、电信诈骗及洗钱风险等。同时，账户业务还存在柜员录入系统不谨慎，不能保证账户资料的真实性、准确性、完整性等风险。

二是预留印鉴风险。存在不能妥善保管客户预留印鉴，更换印鉴手续违规、资料不全或操作错误等风险。

三是大额资金交易异常风险。存在大额票据未核验票据真伪，大额资金交易未做到热线查证等风险。

四是挂失业务风险。存在冒名办理挂失业务，客户办理挂失业务未提供有效证明，柜员违规办理挂失业务等风险。

五是挂账清算风险。存在未按规定进行挂账核实和清理，继而导致经济纠纷和资金风险。

六是对账风险。存在未按规定频率和方式对账，对账单回收率较低等风险。

（3）票据风险。票据风险存在签发票据过程中未能严格执行票据签发规章制度，比如简化程序、违规加盖票据印章或签发空头票据等风险；票据兑付、贴现存在票据真伪、连续性及付款期限审核等风险。

(4)业务授权风险。业务授权存在授权人员对需要授权业务未进行认真审核，授权流于形式、审查不严的风险。

(5)印、押、证管理风险。印章、押品和重要单证的管理不到位，存在被不法人员伪造利用、挪用客户资金等违法违规行为的风险。

(6)系统风险。操作系统升级改造的过程中存在通信故障和网络中断的风险，或是业务操作流程设计有缺陷被别有用心人士利用等风险。

(7)岗位轮换风险。在银行的一些关键性岗位上，员工会拥有一定的权利，因此存在道德风险。岗位轮换制度在一定程度上对于道德风险能够发挥出较为有效的防范作用。但在具体实施中，也存在着一些风险隐患，比如，机构内部的岗位轮换通常只是柜员间简单的交叉更换，甚至短期内轮回原岗，没有实施多人次循环的有效岗位轮换；岗位轮换没有办理严格的交接手续，人员调出原机构后发现还有物品或工作未交清；重要岗位上存在由业务素质不足的人员担任而产生风险等情况。

农商银行会计运营操作风险管理的成因分析。

(1)责任心缺失造成的操作疏忽。此类风险为柜面操作风险最为常见的表现形式，发生频率较高，但一般损失较小。柜员对业务制度流程规定不熟悉、个人专业素养欠缺、工作时注意力不集中等原因造成操作疏忽，从而产生操作风险。此类型操作风险最容易发生且很难完全避免，但通过后续补救措施和柜员工作能力的强化，可以得到一定程度的改善。

(2)制度履行不严造成的操作违规。此类型操作风险发生的概率虽然不是最大，但存在的隐患或造成的损失相对较大。主要分为两类，一是柜面员工虽然熟悉制度流程，但由于缺乏风险防范意识和合规意识，简化操作流程或逆流程操作而造成的风险事件。二是岗位轮换制度执行不严，如人员编制不足导致的一人兼岗、轮岗周期过长或过短、不相容岗位分离制度执行不严等。

(3)内外勾结造成的违法违规。主要指的是内外勾结与恶意欺诈。内外勾结主要是银行内部员工和外部人员进行串通勾结，共同实施影响银行或者客户利益的不法行为。内部作案人员一般熟知业务操作流程，利用流程漏洞或监控死角作案；恶意欺诈主要是客户利用虚假信息欺瞒银行，银行经办人员由于疏忽大意或业务技能欠缺而未能有效识别，造成银行经济损失和声誉损失。此类型操作风险发生的概率一般较小，但隐患或造成的损失很大。

合肥科技农商银行会计运营操作风险管理现状

总体情况。合肥科技农商银行(以下简称科技农商银行)于2007年2月14日挂牌成立，是经中国银行业监督管理机构批准成立的地方性农商银行。注册资本18亿元，营业网点78家(1个营业部、3家分行、27家支行、46家分理处、1个离行式自助银行)。截至2024年三季度末，全行共有员工1188人，其中本科及以上学历员工占比93.27%，中级及以上职称员工占比12.37%。全行资产总额1394.31亿元，各项存款余额1019.31亿元，各项贷款余额847.85亿元(含拆放同业)。拨备覆盖率228.24%。十余年来，累计实现利润总额124.37亿元，缴纳税金44.77亿元，累计投放9000余亿元资金支持地方经济建设。

会计运营操作风险管理体系。科技农商银行操作风险管理体系组织架构由董事会、高级管理层、操作风险管理牵头部门、各业务条线部门、审计部门及其他部门、各经营机构构成。

会计运营操作风险管理制度。在建立了科学有效的会计运营操作风险管理体系的基础上，科技农商银行还制定了一系列管理制度，包括条线管理制度、事中事后监督制度、会计检查监督制度等，在防控会计运营操作风险方面取得了明显成效。

(1)条线管理制度。为推动会计运营条线的精准管理，制定《综合前端柜员管理办法》《网点主任考核细则》，充分激发“网点主任”和“柜员”两条主线的主人翁意识，树立“内控管理出效果、风险防控出效益”的价值观，一方面充分利用考核的长效机制，推动网点从定性管理向基于业务量、差错率等数据分析的量化管理转变，利用评价、分析、考核、改进的良性循环管理机制，不断推动网点精益管理和运营效率提升。另一方面积极利用“岗位练兵”“柜员达标”“等级评定”等手段持续加强柜面人员的培训和督导，通过培训人才、发现人才，有序推进该行运营体系高质量人才梯队建设，为全行高质量转型发展做好人才储备。

（2）事中监督制度。事中监督内容包括对柜面核心业务系统设定的规则和阈值进行监测，对柜面业务数据进行实时分析，对大额交易、异常交易频率等自动预警；营业网点负责人在营业期间对柜面业务进行巡查，对柜员操作流程是否合规、服务态度是否良好等进行现场监督；对大额资金转账、开户等重要业务，实行双人业务操作复核；营业网点办理业务区域的无死角监控，对柜面业务办理过程进行实时监控；现场及远程授权制度，包括业务主管当日复核或授权，集中远程授权中心对特殊业务或者重要业务进行实时监督审核，以确保及时发现和纠正柜面业务操作过程中存在的问题及风险隐患。

（3）事后监督制度。事后监督岗位则由专职监督人员对前台传递上交的会计凭证进行复核监督，并负责装订归档保管，充分发挥事后监督工作对各类重要业务的独立监督作用。同时，随着柜面业务无纸化的全面推广和风险预警监测系统事后监督模块的上线，业务记账凭证电子化，事后监督取消纸质凭证扫描环节，直接由系统根据自行设置的监督规则抽取业务，监督模式由全面监督逐步向重点监督过渡，根据差错情况和业务实际适时调整重点监督范围。通过对重点交易、重点金额的抽取，更加有效地把控重点环节和重要风险点。在规范柜面业务操作的基础上，定期整理风险点进行风险提示，业务监督逐步由规范导向到风险导向转变。

（4）风险预警监测制度。科技农商银行于2021年正式上线风险预警监测系统，在传统事后监督的基础上，利用科技手段构筑第一道“防火墙”，成为全行风险防控体系的重要组成部分。信贷管理方面，系统对部分资金流向、用途的监控，对于预防贷款挪用、防范信贷资金流入严控领域具有重要作用；运营管理方面，可在内部监管、现金管理、账户交易、客户信息管理和柜面操作等方面发现问题和风险点，在督促网点整改问题的同时，梳理制度流程，有效把控风险点；电子银行方面，通过对预警信息及时核查统计，分析电子银行客户行为，识别评估异常交易，与反洗钱系统形成合力，不断降低风险事件出现的可能。

（5）会计检查监督制度。充分运用会计检查手段，建立规范的检查辅导工作流程，强化内部控制与过程管理，有效防范各类风险。一是创新检查形式，由“运营管理部+网点”业务骨干组成检查专班，总支联动，凝聚合力，按月对经营机构开展柜面业务检查辅导，旨在实现柜面业务检查内容标准化、检查方式灵活化、检查结果可量化、检查问题标签化、检查目标成效化。二是全年检查专班现场检查辅导实现网点全覆盖，同时采取“专班督促整改”+“中心责任人包片帮促”两种形式，实现柜面业务检查辅导的闭环管理。三是对于检查发现的问题，及时整理下发，提出规范要求，要求网点立行立改，按期印发检查通报及业务规范，内容涵盖账户、印章、重要空白凭证、查库流程、柜员行为及档案管理等。

（6）案例警示制度。对柜面日常操作中出现的典型业务差错、重点风险案例进行深入分析，定期梳理印发《柜面业务操作风险防范提示》，组织网点人员认真学习，进一步提升柜面人员风险防范能力；全面收集、整理反电诈相关业务制度、柜面操作实务、近年来银行堵截企业及个人异常开户、异常资金汇划案例、涉案账户类别、资金转移手段等内容，汇编成《反电诈实务及案例剖析手册》，定期印发《账户管理风险提示书》，进一步强化账户管理，全面践行账户全生命周期主体责任。

科技农商银行会计运营操作风险评估体系。一是落实考核机制。条线考评管理上，以安徽省联社运行考核方案为主线，细化考核指标，制定《运行管理条线工作考评方案》，明确各条线部门考核主体责任，确保考核内容有效落实。网点考评管理上，结合柜面业务发展及运营重点工作变化，统一网点内控管理、"三铁"网点创建及柜面业务检查考核指标，制定《营业网点内控管理考核方案》，统一标准、三位一体，持续夯实运营基础管理，统筹推进"三铁"网点创建工作。

二是上线运行内控管理考核系统。直观展示网点内控整体情况、风险管控水平及员工操作记录，营业网点可一键查询考核结果，确保考核结果的客观性、公正性，实现了网点内控考核的量化评估及标准化、数字化管理，提升了网点内控管理的智能化水平。

合肥科技农商银行会计运营操作风险管理存在的问题

会计运营操作风险管理的信息化水平有待提升。首先，未建成统一的信息平台。当前会计运营操作风险数据来源于多个系统与数据库，人工点对点传导、手工跟踪及统计，耗时冗余易产生偏差，且风险识别、控制和防范更多地依靠人工流程分析，存在主观性、不确定性，缺乏信息收集、整合及自动化分析功能，数据结果运用和分析展示不足，不能为总行和经营机构管理者提供有效的总体视图和决策依据。其次，未建成实时监控预警系统，未能实现异常业务实时预警和阻止业务违规操作等功能，违规行为依靠相对滞后的人工核查等方式发现，风险处置存在一定滞后性。

会计运营操作风险管理的制度执行力有待加强。首先，部分岗位人员未能按照制度进行有效轮换，或关键岗位长时间由一人担任、轮岗周期不规范，存在一定的风险防控漏洞或导致业务创新受阻。其次，部分柜面人员缺乏责任心或存在侥幸心理，不按规章流程操作，或在操作时对程序进行不合规的简化，从而滋生操作风险。2024年年末数据显示，全行277名实际在岗柜员中，30岁以下的占比68.95%，前台柜员年龄普遍偏小，其中有不少柜员都是行龄3年以下的新进员工，风险意识及工作经验较为薄弱，加之业务系统频繁升级需要学习掌握的知识在不断更新，存在制度学习不及时、制度执行打折扣等问题，导致业务差错出现。

会计运营操作风险管理的员工实操能力有待夯实。随着银行业务的推陈出新，柜面操作风险的复杂性和隐蔽性也增强，新员工对业务内容与柜面操作风险点的掌握不透彻，部分老员工存在懈怠心理及思想上忽视、行为上不严谨等问题。首先，制度学习有待深入。在检查出的柜面业务差错问题中，出现屡查屡犯或此查彼犯的现象，折射出柜面未能对本机构出现的差错认真总结反思，对其他机构出现的差错未做到举一反三，防微杜渐。其次，合规意识的培养力度有待提升。在银行日常业务开展过程中，往往更加重视经营业绩和收益提高，合规氛围的营造还有待提升。部分柜员甚至网点管理人员存在合规意识、风险防范意识薄弱的问题，防范事前、事中的关键风险的能力较弱。

合肥科技农商银行优化会计运营操作风险管理路径

深化会计运营操作风险管理理念建设。一是打造自上而下的风控理念。高层管理人员要树立正确的风险观，将运营操作风险理念贯穿于经营管理的全过程，在决策、管理等各项工作中充分体现对运营操作风险的重视。通过自上而下的传递，让全体员工发挥主观能动性，深植合规经营的理念。二是抓好风控文化的宣传工作。持续加强先进学习与警示教育，线上线下多渠道广泛宣传操作风险理念、制度和案例，通过不断加强员工的道德宣传，抓好道德阵地建设，利用反面典型加强警示教育，让员工在日常工作中时刻感受到风险文化的氛围，明确"高压线"和"警戒线"，逐渐形成"不敢为、不能为、不想为"的有效机制，真正提升全员风控意识，切实降低风险和减少违规操作行为。三是不断强化风控监督检查。利用谈心谈话和家访的形式，正面或侧面了解员工的家庭、社交情况，关注员工思想变化，及时发现风险。同时要建立员工重点管理档案，不断更新其资料，通过动员家属，协助做好员工的行为监督，以便发现异常行为时及时化解。

健全会计运营操作风险管理体系。一是优化组织架构，明确部门职责与协同机制，在总行层面成立独立的会计运营操作风险管理小组，成员涵盖资深会计人员、风险专家以及信息技术人员，负责制定全行统一的操作风险管理策略、政策与流程，定期评估风险状况并向高层汇报。同时厘清运营、风险管理以及内部审计部门在会计运营操作风险管理中的职责边界，建立跨部门协同机制，对于在风险识别、评估与应对过程中出现的问题，形成多部门联动的风险防控合力。二是持续完善制度流程，构建涵盖风险识别、评估、监测、预警与处置的全过程操作风险管理制度体系，提高柜面各项规章制度的统一性、规范性和权威性，同时不定期组织业务骨干梳理业务制度和操作手册，充分体现实用性与方便性、精细化与时代性的特点。制度的覆盖面要广泛，制度制定和更新要及时，制度的可操作性要强，制度的查阅要更加方便。三是定期开展风险评估，定期组织全面会计运营操作风险评估，采用定性与定量相结合的方法，综合评估风险发生概率、影响程度以及当前防控措施的有效性。根据风险评估结果，编制详细的风险评估报告，对风险管控的薄弱环节提出针对性的改进建议，并跟踪整改落实情况，形成风险监测与评估的闭环管理。

优化会计运营操作风险管理。一是完善风险预警系统，随着科技金融的迅速发展，各种新技术新应用不断出现，风险预警系统也应随之不断扩大监测的范围和细化监测的内容，尤其应加强对可疑、异常交易的实时风险监测。及时准确地掌握柜面操作风险的动向，可有效降低因蓄意或无意的违规操作引起的不可弥补的损失，将柜面操作风险控制由“人防”转变为“机防”，确保营业机构操作风险管理的时效性。二是建立风险防范的全程监控体系，通过实时监控业务发生流程，追踪各业务流程中的操作风险，智能评估操作风险数量和影响程度，来提高风险管理的信息化水平，实现业务、交易和数据的三重监测和控制、启动风险定位和评估的自动处理，运用自动化的信息系统实时防控操作风险。柜面人员可以结合信息化系统反馈的状态，及时分析操作过程中可能出现的风险问题，并结合实际情况进行业务调整，有效降低出现操作风险事故的概率。三是搭建运营智慧管理平台，为实现会计运营工作的场景化、可视化、数据化管理，搭建起涵盖一站式工作台、事务运营、数字运营模块的运营管理平台，将运营人员、运营事务、运营物品的管理要求辐射到各领域，强化风险管理。同时通过运营管理平台全面掌控各级经营机构运营数据，消除网点间“信息孤岛”，根据数据分析结果，持续优化各项运营指标，主动管理问题、防御风险，实现以数据为基础的精细管理和智慧决策，开创“智慧运营”新模式，深化运营“提质增效”的工作价值。

强化会计运营操作风险管理执行。一是创新多维培训体系，打响“线上+线下”“学习+答疑”组合拳，线上模式强化直播培训、“智库”学习，线下模式强化网点例会、晨夕会学习，通过“新员工学习成长计划”，以半年为周期阶段式提升新员工业务知识与实操水平，使其尽快适应岗位需求；以岗位能力测评、运营智库学习考核等为手段开展常态化培养，提升柜面人员综合素质；以“技能竞赛”为抓手进一步营造创先争优的工作学习氛围，通过广泛选拔、阶段淘汰、集中训练等手段选拔出一批业务能手，展现银行业务水平。二是切实加强岗位管理，各业务部门与风险管理部门加大对网点的业务指导，做好风控第一道防线的监督、指导工作；网点管理人员负责具体落实各项柜面操作风险管理工作，做好柜员的业务指导工作，使制度流程迅速落到实处，内化于心、外化于行；稽核审计部门要通过专项或不定期抽查，对柜面操作风险管理的履职情况进行独立的监督评价。三是深化整改问责机制，通过完善纠错机制，建立问题清单，及时制定整改措施，并追踪问题整改情况，特别是要经常性地回头看，以防同样的问题再次发生。同时实行追责机制，对发生的案件、违规行为、相关责任人要依照规定严厉处理，切实提高制度的严肃性和约束力。

（作者系安徽合肥科技农村商业银行党委委员、副行长）

三人行必有我师

从《城中之城》浅谈中国特色金融文化

文 / 翟静静

以金融为题材的《城中之城》是前段时间热播的电视剧。

《城中之城》聚焦2018年前后国家金融改革与发展这一时代背景，通过银行、信托、证券等各类金融产业中发生的形形色色的故事，揭示了金融在城市发展中的重要作用。剧中的主人公们在面对复杂的商业环境时，始终坚持诚信和责任，以创新务实的态度推动项目的成功，可以说是用电视画面语言形象地诠释了中国特色金融文化的“五要五不”。

要诚实守信，不逾越底线。中华民族自古就有以诚为本、以信为先的文化传统。《左传》讲：“信，国之宝也，民之所庇也。”诚信在维持社会和谐稳定、规范社会秩序中发挥着不可替代的作用。社会主义市场经济是信用经济、法治经济，不讲诚信寸步难行。中国特色金融文化强调诚实守信，在金融领域践行“契约精神”，坚守法律底线，言出必践、守信践诺，实现法治和德治相结合，提升中国金融软实力。《城中之城》中的田晓慧原是一名乐观向上的职场女性，渴望通过自己的努力实现社会地位的升迁。然而，当她面对金钱和权力的诱惑时逐渐改变了初心。她为了在公司立住脚并获得重用，不惜违背职业道德，泄露公司核心机密，用一个接着一个的谎言隐瞒自己的动机，谎言在为她打开晋升通道的同时，也逐步将她推到了犯罪的边缘。

要以义取利，不唯利是图。义利相兼是中华民族在长期社会活动中积累的道德观、经营观的重要体现。《大学》讲：“国不以利为利，以义为利也。”“义利之辨”是中国思想史上一项重要议题，“以义为利”是先哲确立的基本理念。小到一身，大到一国，无利不存，但古人注重利与义的统一，认为利的本质乃是与义相合，实现利与义的和谐统一，不能因利害义、妨害大局。中国特色金融文化强调要以义为根本，注重金融发展的普惠性，让人民群众共享金融发展成果。《城中之城》中某信托公司总裁谢致远信仰“金钱万能”，赚钱不择手段，牟利无所不用其极。他为了拿银行贷款，试图拉拢银行行长赵辉。但他是“偷鸡不成蚀把米”，结果把自己送进了监狱。

要稳健审慎，不急功近利。中华优秀传统文化历来提倡“无欲速，无见小利。欲速则不达；见小利，则大事不成”。

流传不衰的名言警句蕴含着古人在长期的商业经济活动中积累起来的稳健经营智慧。中国特色金融文化强调稳健审慎，就要做到审时度势、深思熟虑、尊重规律，该稳的要稳，该进的要进，不急功近利，把握好金融工作的节奏和力度。《城中之城》一剧开始时，某分行行长戴其业为救自己一手扶持起来的一家民营企业，急不可耐地要给这家企业10亿元巨额贷款，并通过自己的学生谢致远的信托公司来运作，购买被境外基金财团恶意做空的股票，还以经验之谈传授弟子赵辉"做银行业就是九正一邪"。但正是这"一邪"——偏离原则行事，使他晚节不保，命归黄泉。

要守正创新，不脱实向虚。中华优秀传统文化之所以能绵延数千年传承下来，正是因为其能够坚持在守正中创新。《论语》讲："政者，正也。子帅以正，孰敢不正？"守正才能不迷失方向、不犯颠覆性错误，创新才能把握时代、引领时代。中国特色金融文化强调守正创新，守正就要把党中央关于金融工作的大政方针和决策部署不折不扣贯彻落实到位，把政治优势和制度优势转化为金融治理效能。创新就是充分发挥市场配置资源的决定性作用，更好发挥政府作用，增强金融发展的动力，激发金融发展的活力，在支持实体经济做实做强做优中，实现金融自身高质量发展。《城中之城》电视剧中，吴显龙为了尽快填补公司房地产资金窟窿，拉拢赵辉。赵辉明知违规却依然选择和信托公司"合作"，"暗度陈仓"为其提供贷款。谢致远运作贷款资金的过程，表面上看似乎没有问题，但其实他的信托公司只是做了资金流转通道，就轻松赚了12%的利润。试想，如果资金都在金融机构内部空转，实体企业怎么能获得贷款支持？

要依法合规，不胡作非为。《吕氏春秋》讲："欲知平直，则必准绳；欲知方圆，则必规矩。"只有增强依法合规意识，知敬畏、守底线，不胡作非为，才能行稳致远。中国特色金融文化强调依法合规，就要完善金融监管体制机制，做到管合法更要管非法、管行业必须管风险，建立健全兜底机制，真正让金融监管"长牙带刺"、有棱有角。《城中之城》中以陶无忌为代表的一批恪守职业道德、坚守理想信念的新时代金融从业者，在情与法的对决中逐渐成长为金融秩序的守护者。他们专注金融事业，坚守本心，勤奋诚恳，循章办事，脚踏实地不懈奋斗着。

《城中之城》的故事反映了金融从业者在实际操作中面对的挑战和选择，促使我们深刻反思。交行青年不仅要成为中国特色金融文化的传承者，更要当践行者。在与客户、合作伙伴的交往中，坚持诚实守信，做到不隐瞒、不夸大，切实维护交通银行的信誉和形象；积极参与公益活动，关注社会民生，推动绿色金融、普惠金融等业务发展，切实履行国有大行的责任担当。

（交通银行合肥金融服务中心）

加强金融支持，振兴安徽乡村经济发展

文 / 乐华丽

2024年中央“一号文件”提出，要完善乡村振兴多元化投入机制。建设宜居宜业和美乡村，离不开金融活水的有力支持。健全农村金融服务体系，提高农村金融服务质效，可以为巩固拓展脱贫攻坚成果、全面推进乡村振兴、加快建设农业强国、实现共同富裕提供重要保障。2023年安徽省出台《加快金融下乡支持全面推进乡村振兴实施方案》，系统谋划了未来三年金融支农工作，取得了一定工作成果。

中国人民银行安徽六安市分行以霍邱县为试点地区，创新开展乡村振兴“农链循环贷”试点工作，着力解决乡村振兴领域贷不动、贷不足、贷不准、贷不好等问题，为全省打造“新农贷”创新产品体系提供先行示范点。截至2023年10月末，试点县“农链循环贷”累计投放信贷资金10.28亿元，支持农业企业727户、农户2601户。农行安徽省分行坚守服务“三农”的初心和使命，始终坚持以习近平总书记关于“三农”工作的重要论述和重要指示为根本遵循，紧紧围绕乡村振兴重点领域和薄弱环节，努力为农业农村现代化提供金融助力；始终坚持金融为民理念，以广大“三农”县域客户急难愁盼金融需求为中心，不断加大投入、改进服务；始终坚持创新引领，对接乡村振兴新主体新业态新需求，加快改革创新、破解难题。同时，深入谋划、扎实推进金融支持“千乡万村 乡村振兴 共同富裕”和徽风皖韵宜居宜业和美乡村建设“千万工程”两大专项行动，为新时代乡村全面振兴提供高质量金融服务，为安徽省委、省政府实现建设农业强省目标贡献更多安徽农行的力量。截至2024年3月末，安徽农行涉农贷款余额达3873.99亿元，较年初增加501.48亿元，同比多增加100.45亿元，增速达32.89%，比全行贷款增速高24.2个百分点。建行安徽省分行充分运用金融科技，将金融服务乡村振兴作为新金融行动的主战场，探索出“依靠政府、平台切入、资产带动、综合服务”的乡村金融服务特色工作方法，走出了一条结合区域实情的乡村振兴金融服务实践路径。杭州银行合肥分行始终积极贯彻中央经济工作会议精神和中央“一号文件”工作部署，立足自身特点，发挥机构优势，积极主动作为，健全服务体系，加大信贷投入，不断推动“三农”金融业务做精、做专、做强，深层优化“三农”金融产品服务模式，满足乡村振兴领域多样化金融需求，进一步提升金融支持乡村振兴的能力和水平。截至2023年年末，杭州银行合肥分行涉农贷款余额54.59亿元，较年初增加21亿元，增幅达62.72%。

但乡村地区产业基础薄弱，商贸流通体系不健全，乡村市场整体处于经济链低端，缺乏足以覆盖信用风险的产业支撑，导致乡村整体信用环境较差、金融管理成本较高，给“金融下乡”带来诸多挑战和阻碍。

一是资源分配不均。农村金融体系整体功能不健全，难以满足多样化的农村金融需要。虽然目前已经建立了以农村信用合作社、农业发展银行和农业银行为主体的较为完善的农村金融组织体系，但这个体系的整体功能并不健全。首先，有些国有商业银行不愿涉足农村建设。国有商业银行实施“抓大促重”战略，逐步从欠发达县域退出。同时，商业银行上收信贷管理权限，除一些小额质押贷款外，其他贷款权统一集中到省分行，使基层机构的贷款不断萎缩。更为不利的是，商业银行逐利性的秉性使其不愿将资金投入到期限长、见效慢、成本高、风险大的农业项目，直接导致了商业银行对农村建设投入逐年减少。其次，政策性金融功能缺位。作为政策性金融机构，农业发展银行仅仅在农产品收购方面发挥着政策性金融组织的作用，其业务功能仅限于单一的国有粮棉油流通环节的信贷服务，其他大量的政策性业务，如支持农业开发、农业产业化、农村基础设施建设等并没有有效地开展起来。最后，农村信用合作社作为农村金融的主力军，由于受历史包袱沉重、产权制度不合理以及经济规模小、资金筹集难、科技力量薄弱、电子化程度低、结算手段落后、员工素质较差等因素的制约，难以给农村经济发展提供有效、丰富的金融服务，业务基本停留在支持传统生产和日常资金需要的层次上，与现代农业和农村经济发展的总体要求极不适应。

金融资源依然倾向于大城市和发达地区，商业银行主要经营区域也局限于城市，对于农村金融领域不熟悉、不擅长，乡村地区整体金融资源还较为匮乏。借款主体和银行之间的信息不对称问题一直存在，对于大多数的农村银行而言，例如种植业，市场上披露的信息少，银行审核其贷款资质需要付出比大中企业多出数倍的人力、物力成本。此外，农村产业大多数以农牧产品为主，除了自身的技术，治理因素、自然因素如气候对其有着很大的影响，一旦发生自然灾害，就可能受到巨额损失。

二是产品创新不足。金融机构业务仍倚重于传统信贷模式，金融产品及服务与农村经济发展情况不够贴合，同时由于农村金融市场相对较小，市场化程度不高，金融运营成本较高，减弱了金融机构投入意愿和创新动力，导致其难以提供个性化、差异化的服务。长期以来，农村金融产品和服务存在较为单一、同质化、与农业生产周期不匹配的问题。在国家大力支持乡村发展的时代背景下，乡村经济处于快速发展的时期，但是乡村金融并没有同经济发展速度匹配。当前，乡村金融仍然存有融资困难的问题，虽然乡村已经具备了一系列以银行为代表的金融机构，但是这些金融机构的业务仍然仅仅停留在存款、取款方面，乡村地区的银行并没有真正发挥融资功能，对于其他方面的金融活动更是很少涉及。乡村金融对于乡村的支持大多停留在农产品的种植和流通上，并没有对其他形式的乡村生产活动进行支持，这意味着乡村金融很多时候仅仅是口号，并没有真正起到融资的作用。金融消费者认知呈现地区和群体差异。农村居民、老年人等弱势群体缺少能力与自由，不易获取和享有金融基本知识，难以享有更优质的金融服务。部分地区的弱势群体认知能力极其有限。金融素养教育方面也存在教育营销化、功利化、肤浅化等问题。

三是监管机制不完善。乡村金融市场中金融监管机构相对不足，一些监管机构也对乡村金融市场关注度不高，存在一定金融风险隐患。乡村金融市场的法律法规体系还不够完善。农村金融机构在贷款担保、借贷信息共享机制等方面缺少必要的法律制度，就其中的贷款担保法律制度而言，虽然合同法、担保法等相关法律制度对可抵押与不可抵押的财产给予了限定，但仍存在欠缺之处。还有一些问题在监管层面得不到有效解决，这会影响金融市场的健康和稳定发展。监管机构和各银行间的信息不对称，信息沟通不畅，导致监管层面决策不精确，难以出台准确有力的措施和相关政策。监管部门没有完全对乡村振兴背景下的金融支持情况有一个全面、细致的认识，很难制定出相关的惠农政策，进行整体数据分析，充分挖掘乡村经济发展的巨大潜力，预测其发展方向，因地制宜优化支持机制。

农业发展银行
作为唯一涉农政策性银行，
为农业农村发展
提供低成本资金支持。

为此，我们提出以下建议。

一是构建乡村金融综合服务体系。构建县域基本公共服务金融配套支持体系，推进金融与教育、社保等县域民生系统互联互通，打造功能集成、管理规范、标准统一的县域基本公共服务与金融服务融合发展新模式。充分发挥财政资金的杠杆引导作用，构建财税与金融协同支农政策体系。农业发展银行作为唯一涉农政策性银行，为农业农村发展提供低成本资金支持。商业银行通过优化经营业务，提供高效的涉农信贷支持。农业信贷担保公司发挥自身在担保领域的优势，成为地方政府推进乡村振兴的有力抓手，通过降低银行风险敞口，着力缓解银行的风险顾虑，为农村金融需求主体提供信用背书。涉农保险公司整合财政部、农业农村部、金融监管总局的支持政策，为农村金融需求主体提供风险保障。加大政策支持力度，进一步完善金融服务网络建设，鼓励金融机构进入农村市场，搭建乡村金融服务平台，强化对农业关键核心技术攻关、农业科技装备和绿色发展的金融支持。坚持产业需求导向，针对农业科技创新周期长等特点，开辟贷款绿色通道，加大中长期贷款投放，更好发挥农业产业化基金、农业科技创新投资基金引导撬动作用，为农业领域国家实验室、全国重点实验室、制造业创新中心等平台建设给予长期稳定的金融支持。鼓励有条件的地区在行政服务中心设立普惠金融服务窗口，提供金融政策咨询、融资需求交办、金融辅导等服务，提升县域基本公共服务便利性和金融服务普惠性。

然而，现实中，农村金融服务存在不少问题，主要表现为以下几个方面：第一，农村居民、农村企业缺乏金融服务。农村居民、农村企业需要多种金融服务，但由于金融机构在农村地区的布局不多，很多人无法获得金融服务。第二，农村金融机构数量少，服务质量、服务能力、运营管理等都有待加强，很多机构存在生存困难的问题。第三，农村金融市场缺乏竞争和创新。在实际操作中，很多农村金融机构都有固定的业务范围和业务产品，市场竞争不够充分，缺乏创新。第四，农村金融服务缺乏专业化。农村金融机构太过单一，造成了农村金融服务缺乏专业化的问题。例如，在农村贷款领域，一般只有农村信用社、农商银行、农合行等机构才可以提供贷款服务，但这些机构不一定具备农村产业发展、评估、监管等专业知识。针对上述问题，我们可以从以下几个角度对农村金融服务体系进行完善：第一，加强政府引导，并鼓励农村金融机构扩大服务范围。政府可以采取激励政策，引导农村金融机构在农村地区布局更加密集，扩大服务范围，促进农村金融服务体系的完善。第二，提高农村金融机构的服务质量和能力。政府可以加强对农村金融机构的监管，惩治违规行为，引导机构加强乡村金融服务。同时，也可以引入一些新的金融工具，如互联网金融、大数据等技术手段，提高农村金融机构的服务质量和能力。第三，推动农村金融市场的竞争和创新。政府可以完善农村金融市场的市场机制和监管体系，引入更多竞争机制，进行制度创新，从服务质量和创新上推进市场竞争。第四，提高农村金融服务的专业化程度。可以加强教育培训，提高农村金融从业人员的专业能力，通过各种方式提高机构的专业化程度。此外，也可以在机构内部设立专业职能，并引入外部机构的专业服务，以提高专业水平。

综上所述，农村金融服务体系的完善是一个复杂的过程，需要政府、金融机构、社会组织等各方共同努力，通过改进机制、提高服务水平以及加强监管等，逐步建立完善农村金融服务体系，为农村居民和农村企业提供更为全面、优质和专业化的金融服务。

二是鼓励金融机构创新服务和产品。加强宏观和微观的政策支持，鼓励金融机构立足农村市场的多元化金融需求，提供具有差异性和个性化的金融服务及产品，推动现代乡村服务业和新产业新业态培育发展。

充分挖掘乡村多元价值，创新特色金融产品和服务，加大对粮食烘干、设施农业生产、农产品产地冷藏、冷链物流设施、畜禽规模化养殖、屠宰加工、水稻集中育秧中心、蔬菜集约化育苗中心等领域的金融支持力度。鼓励拓展农村资产抵质押范围，满足大型智能农机装备、丘陵山区适用小型机械和园艺机械、中小养殖户适用机械研发的合理融资需求。稳妥发展农机装备融资租赁，促进先进农机装备推广应用。探索开展排污权、林业碳汇预期收益权、合同能源管理收益权抵质押等贷款业务。探索多元化林业贷款融资模式，强化碳减排支持工具等货币政策工具运用，继续加强农业绿色发展金融支持。引导金融机构创新种植业固碳增汇、养殖业减排降碳、绿色农机研发等领域信贷产品，推广林权抵押贷款等特色产品，加大对符合条件的农村地区风力发电、太阳能和光伏等基础设施建设的金融支持力度。全力支持乡村餐饮购物、旅游休闲、养老托幼等生活性服务业发展。加强与电商企业合作，探索健全信用评级、业务审批、风险控制等信贷管理机制，支持“数商兴农”和“互联网+”农产品出村进城工程建设，助力发展电商直采、定制生产、预制菜等新产业新业态。

根据建设新农村金融需求多样性的特点，在加强监管、防范风险、试点总结经验的基础上，鼓励适合建设新农村需求特点的金融组织创新，推动创新交易工具和业务品种。第一，创新信用等级评定方法。国有商业银行要改变全国使用统一的信用等级评定标准的状况，制定符合农村中小企业特点的信用等级新标准。根据企业经营者品质素质、经营能力、贷款与企业自有资金比例等指标，将综合评定信用等级作为对其支持与否的依据。第二，创新授权授信管理办法。将乡镇营业机构和农村中小企业的授权授信着重于规范操作和风险度管理，放开金融产品品种。在核定农村中小企业授信总量的前提下，放宽分项授信之间相互调剂的限制。在确定农村企业授信额度时，不仅将信用评级得分作为参考依据，同时要充分考虑企业现金流量、抵押物的抵押率等因素，对信用等级得分相对较低而现金流量较大、抵押物的抵押率较低的企业增加授信。第三，创新业务流程。推行扁平化管理，缩短管理链条。对资金周转快的企业，可采取一次性办理抵（质）押手续、循环使用。第四，创新担保方式。突破传统担保方式的限制，接受农村企业用自身的无形资产、集体土地使用权、个人信用作为贷款担保，还可探索试行品牌质押贷款、营运证质押贷款等各种担保贷款。第五，延伸服务内涵。发挥农村金融机构在项目评估、产业信息等方面的优势，为农村企业出谋划策，帮助其规避投资与经营风险，实现“多赢”目标。

三是完善监督考核机制。完善乡村金融监管体系建设。第一，加大监管力度，清晰界定乡村振兴金融服务支持的业务范围、领域，健全乡村振兴金融服务统计，各部门要探索建立重点领域，赋能数字乡村建设，促进数字普惠金融与数字乡村融合，支持智慧农业、优势特色乡村产业振兴。农村金融机构数量日益增多，机构涉及的业务内容不断丰富，操作的难度不断增加，为了进行全面的监管，需要增加监管人员数量，提高机构人员的职业素养和监管人员的监管能力。第二，改变监管方式。先前农村金融监管方式过于单一、消极，监管人员多是被动等待风险发生，而不是主动跟踪监管农村企业生产经营，监管往往滞后于经济活动的开展，加之目前农村金融监管方式以套用城市监管模式为主，约束了农业多元化的发展，无法体现农村经济的特点，因此安徽农村金融监管方式需要作出相应的政策调整。第三，建立融资监测机制。金融监管部门充分利用数据技术，对有关信息进行分类、整合与公开，防范非法金融活动的发生，加强金融市场信息的透明化。还要保持金融支持监管机制的动态平衡性。在金融支持与乡村振兴战略衔接的过程中，会遇到各种困难，因此监管机构面对的问题也有所不同，建立动态平衡的监管机制能够有效应对金融支持过程中出现的各种难题。持续做好金融机构服务乡村振兴考核评估工作，强化评估结果运用，提高对分支机构和领导班子乡村振兴指标的绩效考核权重，激发金融从业人员积极性，提升乡村金融工作成效。引导金融机构提升风险意识，完善风险管理系统，及时对风险进行监测预警、处置化解。第四，完善法律法规。完善乡村金融市场的法律法规体系。增加农村金融机构在贷款担保、借贷信息共享机制等方面必要的法律制度。

四是优化乡村金融环境。强化农村金融教育，加强顶层设计。重点加快制定农村金融教育领域的相关制度，安徽银保监局等金融监管部门要出台农村金融教育的规划和指导意见，重点建立普惠金融评价指标、农村金融宣传教育指导意见、农村金融宣传教育评估制度，构建农村征信体系，提升农村信用基础水平。要结合农村实际，大力创建农村金融教育示范基地和示范村，强化与政府、教育、宣传等职能部门合作，搭建农村金融教育发展平台，打造金融知识宣传阵地，合力开展农村金融教育工作，提升基层群众的金融知识水平。加大对金融市场的宣传和推广，让更多的农村居民了解金融产品和服务，并提供优惠政策，促进金融服务市场化运营。加强对金融市场洽谈和营销技巧的培训和引导，提高农民对金融市场理解的深度和广度，推广金融市场化运作的概念和优势。加强金融教育和金融消费权益保护，结合安徽省农村地区金融教育基地建设，持续推动金融素养教育、反诈拒赌宣传、金融知识等纳入农村义务教育课程。将金融知识纳入国民教育体系涉及教育部门、金融监管部门、金融机构等，学校的支持和配合也十分重要。早在2015年，《国务院办公厅关于加强金融消费者权益保护工作的指导意见》就明确要求，教育部要将金融知识普及教育纳入国民教育体系，切实提高国民金融素养。但从目前进展情况看，安徽这一措施尚未落地实施，这也是部分地方教育部门对此项工作积极性不高的主要原因。建议由教育局牵头，建立多部门协调配合的工作机制，整合资源，形成合力，将金融知识纳入国民教育体系的目标、计划、实施、保障、评估等各方面，统筹规划，尽快落实国办文件要求。要探索将农村金融教育与基层治理工作有效结合，把农村金融宣传教育融入乡村治理体系，形成常态化、可持续的农村金融教育机制，把农村金融教育融入公益性文化事业，打造“普惠宣传”公益志愿服务品牌，全力构建农村金融教育长效机制。

强化农村金融教育要注重实效。农村金融机构要因地制宜地开展具有针对性的金融知识宣传教育活动，既要做好农村金融教育的普惠工作，也要突出重点，加强对“一老一少”和农民工、残障人士、离退休人员等群体的教育。农村金融机构要依托“金燕驿站”和普惠金融服务站，用老百姓喜闻乐见的方式，多途径、多形式、多层次地开展金融知识教育活动；开展技术创新，运用大数据、虚拟系统、多媒体等先进技术，不断创新金融教育渠道和方式，通过微信公众平台和视频号等载体推送金融知识宣传活动视频。要充分发挥农村基层组织——村委会的宣传作用，在村“两委”、村活动中心或“金燕驿站”建立农村金融教育点，开设“金融夜校”，集中对当地居民开展金融知识普及教育。对于经济欠发达地区，以金融常识普及为主、风险教育为辅；对于农村地区以满足“三农”需求、防范金融风险为重点，也应兼顾新兴业务教育。

建议将国民金融基础教育纳入国家财政预算，由同级财政资金予以保障，并鼓励各类金融机构、企事业单位、社会组织等通过赞助、捐赠等形式提供资金支持；建立安徽各级地方“金融知识普及教育基金”，整合与集聚各类资金资源，用于金融知识普及教育公益事业；畅通普惠金融重点人群权利救济渠道，推进金融纠纷多元化解机制建设，优化金融纠纷在线诉调对接工作，提升金融消费者对金融纠纷调解的认知度、参与度和认可度；持续加快推进消费者金融健康建设，促进金融健康建设与金融教育、金融消费权益保护有机结合。

（民盟安徽合肥文艺支部）

擎“五翼先锋”旗帜，铸红色金融华章

文 / 戴悦媛

近年来，江苏紫金农商银行总行营业部机关党支部高举“五翼先锋”旗帜，通过“领航翼”铸魂、“协同翼”织网、“创新翼”攻坚、“形象翼”润心、“护航翼”固本五大行动，书写出新时代党建与业务深度融合的金融答卷。

高举思想先锋“领航翼”，锻造政治领航核心力。坚持将政治建设作为首要任务，打造“三学联动”教育体系，建立支委会“第一议题”研学机制，按月发布《红色书单》；开设“行走的党课”，组织党员赴宪法公园、南京抗日航空烈士纪念馆等红色教育基地开展实境教学；组织“我与书记面对面”青春座谈会及党务工作者培训会，邀请书记深入解读党的政策方针，分享先进党建经验；创新“指尖微课堂”，通过OA门户及工作群及时推送学习视频与时政热点。

打造服务先锋“协同翼”，构建普惠金融同心圆。该行党支部班子成员带头落实“破难题促发展”行动，主动下沉联系点帮扶。机关党员定期深入基层走访，实地了解客户需求和业务难点，针对收集到的问题，整合各方资源，共商解决方案，推动业务流程优化和服务质效提升。聚焦建邺区楼宇经济特点，创新“金融管家服务站”，为入驻企业提供“开户+代发+理财”一站式服务；联合街道打造小圆服务队便民服务，实现社保卡换发等高频业务“就近办”，服务触达率再提升。

开启发展先锋“创新翼”，培育金融改革新引擎。组建党员攻坚与创新小组，围绕金融产品创新、服务模式优化等课题开展研究，破解业务瓶颈；合力培育“数字乡村”青年人才队伍，通过“紫金优选”直播间，围绕数字乡村、智慧农业等主题联袂打造助农直播品牌，常态化推动行长直播带货及金融知识宣讲；开展青春体验官活动，及时为青年企业家及企业提供便捷金融服务，帮助创业青年和新生代企业家“一站式”解决创业技能缺乏和资金短缺等问题。

厚植文化先锋“形象翼”，塑造品牌影响软实力。打造特色党建金融文化，建设职工之家廉洁阵地，展示党风廉政案例和警示名言；加入“宁艺天使”公益项目和“圆梦青春”计划，向学校捐赠爱心书包及学习用品；依托青年金融突击队，将金融产品与政策宣讲融于每次活动，常态化参与交通文明及守望江豚保护长江、小区环境整治、助残侍老志愿服务，彰显“党建红”“环保绿”；开办讲师团与青年说，协办好声音才艺展及辩论赛，为服务乡村振兴凝聚青春合力。

稳固合规先锋“护航翼”，筑牢稳健经营防火墙。督促落实“一岗双责”，以谈心谈话作为常态化监督提醒手段，将管党治党履职情况与经营绩效考评相结合；组织党员学习法律法规和内部章程，开展合规知识竞赛和案例分析；设立“啄木鸟”督查和“嵌入式”监督，不定时突击检查，涵盖信贷审批、资金清算、财务管理等关键环节，实时监控，及时发现纠正潜在风险；创新“家属助廉日”活动，签订《廉洁家书》，强化八小时外监督，保持连年“零案件、零重大违规”纪录。

新征程上，江苏紫金农商银行总行营业部机关党支部将持续擦亮“五翼先锋”品牌，以“支部小创新”激发“服务大变革”，让党建温度可触可感，让农商情怀见行见效。

（江苏紫金农商银行）

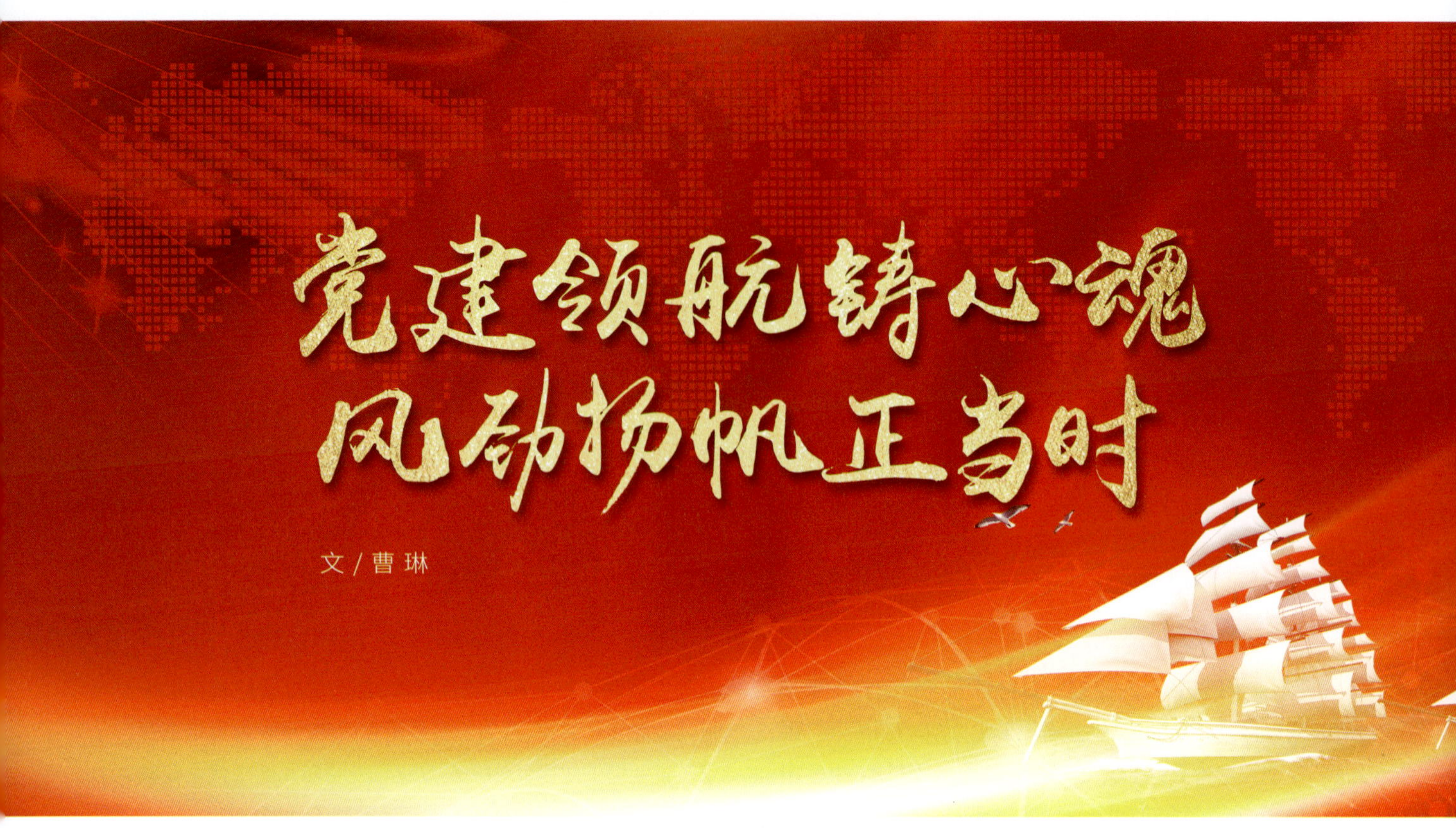

党建领航铸心魂 风动扬帆正当时

文/曹琳

山西绛县农商银行新一届领导班子履职两年来，紧密围绕省农商银行与市管理中心党委的决策部署，在县委、县政府的坚强领导下，精准把握“战略三期”，紧盯“六个实现”目标，积极开拓市场、全力防控风险、努力增收创利、着力提升形象。通过强化党建引领，真抓实干，有力推动各项工作迈向稳健经营与高质量发展的新征程。2024年，在首季“开门红”营销活动中，一举夺得全市第一名的佳绩，并荣获市级先进集体称号；在全年综合考核排名中，更是跃居全省第五，斩获省级先进集体荣誉，一年内揽获两项省、市级殊荣，奏响了高质量发展的激昂乐章。

党建引领众志成城铸辉煌

党建强则发展强，党建兴则业务兴。绛县农商银行党委深入推动党建工作与业务经营深度融合，实现互促共进、协同发展。

以党建凝聚人心。该行党委高瞻远瞩、科学谋划，响亮提出“替政府分忧、让客户满意、尽社会责任、助乡村振兴”的服务宗旨，确立打造“六优银行”的企业愿景，秉持“五大”发展理念，实施“六强化六提升”战略举措，为高质量发展指明方向、凝聚信心。严格落实“第一议题”学习制度，每周一的党委政治理论学习雷打不动，持续用党的先进理论武装头脑、凝聚人心。新建行史教育馆，充分发挥其在凝聚员工力量、激发奋进动力方面的党建阵地作用。积极组织开展“主题学习教育”“三会一课”“主题党日”“支部联建”“党委书记上党课”“庆祝党的生日”等系列党建活动，净化党员思想，洗礼党员精神，凝练出“党委掌舵、支部为帆、党员作桨、扬帆远航”的奋进精神。

以党建促进业务。班子成员以身作则、冲锋在前，积极与政府部门沟通协调，促使对公存款等低成本资金实现大幅增长。农村经济组织账户、社保资金账户、全县住房维修基金账户等纷纷落户农商银行。在风险化解工作上，敢于直面问题、创新思路，面对复杂难题与难缠客户毫不退缩。通过三个“清收专班”的不懈努力，风险资产显著下降。在党员干部中，大力推行亮党徽、亮身份的“双亮”工程，在庆祝中国共产党成立103周年系列活动中，隆重表彰10名优秀党员。持续推进“456”党建品牌创建，3个支部荣获省行“4星级党支部”称号，2个支部被评为“3星级党支部”，星级支部占比达100%。在各营业网点设立党员先锋岗、示范岗，积极开展业务经营、客户营销、金融服务、不良清收等支部竞赛、党员PK活动，充分发挥支部战斗堡垒和党员先锋模范作用，不断增强队伍的凝聚力与向心力，打造出上下一心、团结奋进、合力谋发展的战斗集体。

以党建推动廉洁。该行扎实开展“党纪学习教育”和“六大纪律”专项整治活动，严格落实“三重一大”“一岗双责”和“13710”工作督办机制，坚持把纪律挺在前面，实行纪律积分考核，以纪律强化管理。联合县人民法院举办“法银携手凝聚合力营造和谐诚信环境”法律知识讲座，开展防范职务犯罪典型案例警示教育，组织参观廉政教育基地、签订廉洁从业责任书，在微信公众号开辟“清廉农信”专栏，通过多层次、多维度的廉洁宣传教育，让全体党员职工明确底线、心怀敬畏，将铁的纪律和廉洁从业规定转化为日常行为准则，锻造红色引擎，释放强劲发展动力。

党旗所指，全行所向。忠诚于党的事业，永远跟党走！新时代的绛县农信人，以坚定的步伐奏响红色发展乐章。

担当作为百姓银行建新功

绛县农商银行始终与“三农”心连心，与企业共命运，与地方经济同频共振。作为扎根故绛大地的金融机构，下辖15家营业网点，覆盖全县10个乡镇，拥有从业人员最多、机构网点最广、资产规模最大、上缴税费最高、普惠产品最全、资金实力最雄厚等诸多优势。两年来，党委班子深入企业调研发展需求，走访农户了解实际困难，制定切实可行的新举措，展现新作为，为县域经济发展蓄势赋能，被县政府授予“乡村振兴主办银行”荣誉称号。

倾情助力乡村振兴。在农村地区，该行坚定不移推进“整村授信”工作，实现对全县134个行政村的“整村授信”全覆盖。先后举办186场“现场放贷会”，授信金额达19.2亿元，确保广大农户贷款便捷、足额、顺畅。聚焦县域山楂、樱桃、草莓、中药材“三红一药”特色产业发展，不仅提供资金支持，还聘请专家传授技术、牵线搭桥拓展销路。通过开展“农商为媒，樱果相约”直播带货活动，将农商银行品牌与绛县特色农产品推向全国市场。针对农副产品上市营销，

党委班子深入企业调研发展需求，
走访农户了解实际困难，
制定切实可行的新举措，
展现新作为，
为县域经济发展蓄势赋能，
被县政府授予
“乡村振兴主办银行”荣誉称号。

全面推行“挂图作战”，为农户提供印有农商银行logo的遮阳伞以及装运山楂、樱桃、草莓的包装箱。在县城，创新开展“行业批量授信”，先后与农业农村局、住建局、开发区、果业中心、人社局、税务局、退役军人事务局等部门合作，分类对接客户5000余户，举办32场行业批量授信会，授信金额6.42亿元，惠及3838户行业客户。这一创新举措，实现了获客方式从“单竿钓鱼”到“撒网捕渔”的转变，并在省、市会议上作为“亮点”进行经验交流，获得2项国家级“典型案例”荣誉，赢得县委、县政府和职能部门的高度赞誉，极大提升了社会公信力，有效打通多种行业的资金瓶颈，叫响了“百姓银行”品牌。

助企纾困赋能实体经济。该行积极为省、市、县精专特新重点项目、重点工程、重点企业提供信贷支持，通过创新贷款方式、灵活利率定价，新增公司贷款3.3亿元，助力16户企业快速恢复正常运营，解决新型企业的急难愁盼问题。针对小微客户，建立重点客户台账，逐户走访对接。每月召开一次客户座谈会，每周举办一次现场放贷会，通过让利减负、创新产品、优化流程等方式，为小微客户融资提供全方位服务。累计拓展小微客户3408户，授信7.2亿元；商户贷款3423户、4.2亿元。通过创新贷款方式破解实体经济融资难，灵活利率定价破解融资贵，优化办贷流程破解融资慢等难题。

关注民生打造普惠金融。该行不断完善网点功能，在

① 绛县农商银行团结奋进、勇于创新的团队班子
② 该行工作人员深入草莓大棚，了解草莓种植户金融需求
③ 该行员工向群众宣传金融产品

全县布设27台ATM机、6台智慧柜员机、4台现金快柜，打通金融服务“最后一公里”。创新金融产品，研发出大棚贷、药财贷、亲情贷、兴业贷等，形成6大类36种信贷产品，满足百姓多样化需求。开通四家社保卡“一站式”办理点，为偏远群众零距离办理社保卡近6万张。推行“晋享e付”收款码，让4000余户商户收款更便捷、更安全。主动作为，跨越千里奔赴包头，召开“行千里路，叙家乡情，解商户难”现场授信会，打响跨省营销第一枪。持续推进“赢在夏日晋享优惠”百家商圈活动、“聚焦场景建设抢占市场客户”活动和“两卡相伴农商同行”活动“三大专项”营销活动，成效显著。在6个住宅小区安装智慧充电桩，吸引客户900余人。联合绛县税务局，在营业部设立全县首个税费服务驿站，为客户提供增值税普通发票代开、个体户税费申报、税务线上操作指引等服务。为百惠超市、西北小镇等商户免费提供收银系统，月均沉淀资金100余万元。推出43种支付“满减”优惠活动，为餐饮商圈拍摄打卡绛县美食短视频8期，实现商家引流、百姓得实惠、银行获客的共赢局面。大力推广“晋享生活App”，让农商银行服务触手可及，真正成为企业和百姓的金融专家、理财帮手。

承担责任彰显农信情怀。该行义务承担全县5万余户涉农款项发放，近万名公职人员工资代发、近5万人社保缴纳任务。以38%的存款市场份额承担全县61%的贷款市场份额。自2016年改制以来，累计上缴税费2.2亿元，为地方经济发展提供坚实金融支撑。先后为贫困学校、学生、农户爱心慰问捐款100余万元。关爱户外劳动者，将15个营业网点打造为“爱心驿站”。持续开展“助力高考”、慰问武警、消防救援官兵等公益活动，连年在春节前夕义务接送外出务工人员，用忠诚、责任与担当传递农信情怀。

严管厚爱以人为本焕新颜

“工欲善其事，必先利其器。”一支高素质的员工队伍是取得一流工作业绩的关键。

聚焦人才培育。该行建立“德才兼备重用，有德缺才慎用，有才无德不用”的选人用人机制，让德才兼备的员工得到提拔重用。建立后备干部储备、专业技术两大人才库以及“能上能下”的管理制度。对在省市县各类竞赛、考试中取得优异成绩的员工，优先安排外出学习、培训，形成“能者优先”的激励制度。在全行各条线、各网点评选优秀员工，树立标杆，营造典型带动、标杆引领，学有典范、赶有目标的浓厚氛围。

聚焦风险防控。严管即是厚爱。该行以标杆引领合规文化，坚持全面风险管理与案件防控相结合，条线案防与专项稽核相结合，人防与技防、物防相结合，加强全面风险把控，切实体现“对员工负责、对家庭负责”的拳拳之心。

聚焦人本文化。该行先后对郝庄支行进行安全达标改造，对续鲁支行危房进行重建，两个网点以崭新面貌服务客户。在城关支行新建总行档案室，有效解决长期以来档案管理不善的问题。举办“回首一年，畅谈发展”员工演讲比赛、第二届职工运动会，开展“夏日送清凉”慰问活动，成立乒乓球、羽毛球、台球、象棋等兴趣小组，提高全员餐补标准、免费体检标准，为全员办理洗衣卡，这些民生实事增强了员工获得感。不仅为员工送上生日祝福，还将祝福延伸至员工父母及家人，提升员工幸福感。连续两年召开“重阳节老干部座谈会”，让员工感受到组织的温暖，增强归属感。改善办公环境，规范仪容仪表，外树企业形象、内强员工素质，增强员工成就感。推行办公用品线上申请、线下配送，借助科技赋能降本增效，减轻员工负担，多途径提升员工价值感，使员工精神面貌焕然一新，人心思进、正气弘扬。

青山涑水润泽故绛，红果满园富裕新城。新班子组建两年来，绛县农商银行职场环境持续优化，业务指标逆势上扬，综合实力大幅提升。截至2024年年末，该行资产总额达90.5亿元，当年净增8.2亿元；各项存款余额74.6亿元，当年净增13.2亿元；存款市场份额39.4%，较年初提升0.9个百分点；各项贷款余额45.7亿元，当年净增11.1亿元；贷款市场份额61.2%；改制以来累计缴纳各项税费2亿元，成为全县的纳税大户。存款、贷款的存量与增量市场份额，双双位居全县金融机构之首。

“梦虽遥，追则能达；愿虽艰，持则可圆。”绛县农商银行将严格按照省农商银行、市管理中心党委的决策部署，紧紧围绕县委、县政府“实施五大战略，打造四宜绛县”的宏伟目标，坚定发展信心，把握发展机遇，为实现“品牌优越、业绩优异、资产优良、环境优美、服务优质、员工优秀”的企业愿景而努力拼搏！

（山西绛县农商银行）

金融“廉”花开，清风正气来

文 / 王凯礼

近年来，江苏赣榆农商银行将加强新时代清廉金融文化建设与纵深推进全面从严治党、推动全行高质量发展同部署、同推进、同落实，在加强党的建设、做好宣传教育、强化制度约束以及一体推进“三不腐”等方面持续发力，以清正廉洁的政治生态助力全行发展不断取得新成效。

坚持把牢清廉文化建设正确政治方向。该行党委充分发挥带头示范作用，通过党委会议、年度党风廉政建设工作会议等形式，传达学习上级部门关于清廉金融文化建设的最新工作要求，制定《党风廉政建设工作要点》等，明确推动清廉文化建设工作要求，凝聚思想共识，认真贯彻落实。建立贯通协同机制，每半年召开1次全面从严治党专题会议，定期召开贯通协同联席会议，在清廉文化建设的监督、推进上主动作为，凝聚工作合力。围绕“山海”党建品牌，积极打造“山青海明 清风廉韵”的清廉文化理念，在总行及各支行网点厅堂的显著位置张贴企业文化宣传展板，向员工和客户展现该行的企业精神和企业使命担当。

上下联动推进清廉文化工作走深走实。重要节点前下发《节日期间作风建设的通知》，定期向党员干部发送主题廉政短信、短语，通报违反中央八项规定精神的典型案例，联动配合促进党员干部廉洁从业。持续加大对关键环节和关键岗位的风险管控力度，对318项部室廉洁风险点、145项网点廉洁风险点进行梳理，更新廉洁风险点38个，预防、遏制各类廉洁风险隐患。组织全行员工完成年度廉洁档案的更新填报，以“一人一档”的方式完成精准“画像”，圈定重点信息，实现“靶向监督”。

多管齐下打通宣传教育“最后一公里”。扎实推进党纪学习教育，举办专题学习读书班，分3阶段共计177人次参与研讨交流，500余人次以线上线下相结合的形式学习，教育引导全行员工学纪、知纪、明纪、守纪，在全行形成遵规守纪的高度自觉。各党支部以主题党日为载体，认真落实“三会一课”制度，组织8批次215名党员赴抗日山革命烈士陵园等地开展纪律教育活动，持续强化党员的教育管理，走在前列、当好表率。常态化开展廉洁教育提醒，为300余名关键岗位人员讲授廉洁教育党课，开展新员工、新任职中层管理人员廉洁教育，提醒党员干部员工以党规党纪为标尺，规范自己的言行。

惩防并举构建清廉氛围涵养新风正气。开展整治群众身边不正之风和腐败问题专项行动、违规吃喝专项整治活动，严防“四风”问题背后的“微腐败”，持续斩断由风及腐、由风变腐的链条。坚持党性党风党纪一起抓，依规依纪严肃执纪问责，持续释放一刻不停、一严到底的强烈信号。召开全行警示教育会议，召开家属座谈会，回访受处分人员，充分发挥“问责一个、警醒一片”的震慑效果。以党建展厅、廉政教育馆为廉洁教育的主阵地，分批组织党员干部100余人次参观学习，现场接受廉洁教育洗礼，锤炼党性修养。

（江苏赣榆农商银行）

创世纪

Genesis

领异标新二月花

金融之泉润泽百姓幸福生活

文/牧人

山西文水县拥有悠久的历史，其起源可追溯至数千年前。新石器时代，先民们已在西峪口地区从事狩猎与采集活动，繁衍生息，为文水县数千年的文化传承奠定了基础。现今，这片古老且充满生机的土地，在中国农业发展银行山西文水县支行金融之泉的润泽下，又一次绽放出了属于当代的风采。在这里，金融已不再是冷冰冰的数字游戏，而是化作温暖的阳光，照亮了民众的生活。美丽乡村管网基础设施建设项目以及县城污水处理厂厂网一体化污水收集及再生水利用管网建设项目正紧锣密鼓地推进着，在蓝天白云映衬下，展现出一幅欣欣向荣的乡村振兴新景象。

解决乡村集中供热问题，一直是文水县委、县政府关注的焦点。过去，每年取暖季，村民们只能依靠家用土暖气和小火炉取暖，不仅成本较高、设备落后，且环境污染严重。即使采用分散小锅炉取暖的机关单位、居民小区和企业，亦存在能耗高、供热效果差等问题。为快速推进美丽乡村建设，2022年，文水县委、县政府决定对集中供热工程、给水工程、通信工程、排水工程、路面工程、照明工程进行全面升级改造。为此，农发行文水县支行在实地调研和走访的基础上，为文水县美丽乡村管网基础设施建设项目提供了8亿元的融资支持，推动目前山西

金融已不再是
冷冰冰的数字游戏，
而是化作温暖的阳光，
照亮了民众的生活。

省规模最大的农村集中供热项目的快速落地。该项目竣工后能够有效解决文水县刘胡兰镇、下曲镇等23个行政村18888户居民、共计246.81万平方米的冬季集中、高效、清洁供热问题。据该项目施工方文水县唐园投资运营有限公司相关负责人介绍，在农发行文水支行信贷资金的支持下，该项目施工总周期为24个月，自2023年1月启动以来，已经进行了15000户村民的供暖网管铺设工作，预计将在2025年完成全部统一集中供暖（煤改电、煤改气部分）。届时，村民们将能够在热计量收费模式下自由选择供热温度、与传统取暖方式相比，费用将减少一半以上，而烧煤所产生的灰渣和污染也将彻底成为历史。

乡村集中供热工程关乎民生福祉，提升县域供水能力与改善民众生活质量亦是重点。在文水县域，南外环路一带的污水管道缺失以及因年久失修导致的雨污分流系统渗漏问题，已严重影响到居民的生活环境与健康。为解决此问题，必须进行彻底的雨污分流改造，并更换破损的管网，确保污水得到妥善收集，避免其溢出。而且，建设全新的再生水管网，不仅有助于节约和高效利用水资源，还能促进构建绿色、生态、宜居的城市环境。对此，中国农业发展银行文水县支行积极履行绿色银行职责，为文水县县城污水处理厂厂网一体化污水收集及再生水利用管网建设项目量身定制了贷款方案，投放了1.47亿元资金，以进一步加强再生水利用配置，缓解文水县水资源供需矛盾。据项目负责人介绍，该项目总工期为24个月，预计将于2025年年底竣工。项目完成后，在确保和提升文水县居民生活用水质量的基础上，由污水转化而来的中水将替代地表水资源，为文水县的大型工业企业提供可利用的水源，奠定该县后续产业发展的用水基础。目前，该项目已实现每日供应中水2万吨，解决了开发区内4家企业的用水需求。

春风化雨润民心，一枝一叶总关情。迄今为止，中国农业发展银行文水县支行已核准并支持文水县乡村振兴发展贷款达13.44亿元，以实际行动诠释了提升民众幸福指数的承诺。展望未来，该支行将秉持坚定的意志和优良的工作作风，迎难而上，持续为乡村振兴事业贡献农发行力量。

（中国农业发展银行山西文水县支行）

8 亿元

农发行文水县支行在实地调研和走访的基础上，为文水县美丽乡村管网基础设施建设项目提供了8亿元的融资支持，推动目前山西省规模最大的农村集中供热项目的快速落地。

金融力量推动文化旅游产业蓬勃发展

文 / 牧 人

山西孝义，源于汉代孝子郭巨的孝行感动人心。东汉永元年间，朝廷表彰其孝义之举，遂以“孝义”命名。历经数千年的历史沉淀，这座城市不仅积累了丰富的文化底蕴，还孕育了众多的旅游资源。2022年，为促进孝义的人文魅力和自然风光焕发出新的生机与活力，农发行孝义支行围绕当地政府提出的“一城一河一湖”文旅融合发展路径主动作为，积极发挥金融服务的优势，为孝义的文化旅游产业注入了强劲动力。

古城改造，旧貌换新颜

孝义古城，亦称“凤凰城”，其悠久历史可追溯至北魏太和十七年（493年），至今已逾1500年。然而，由于孝义老城在建设初期缺乏系统规划，加之年代久远，目前面临诸多问题，包括护城河污染严重、人口密度过高、居住环境质量低下、道路系统不完善以及公共服务设施不足等。为了全面推进孝义市新型城镇化建设，迫切需要对护城河周边区域的居民进行集中安置，以实现护城河周边居民人居环境的改善和护城河治理工作的双重目标。为此，孝义市老城区建设投资置业运营有限公司提出了建设孝义市中阳楼护城河片区安置房项目。公司相关负责人透露，在农发行孝义市支行

6.97亿元贷款的支持下（目前已根据工程进度发放了2.7亿元），该项目第三期的五栋楼主体结构已经封顶，可安置城内拆迁户共计1841户。外立面施工以及内部地暖和供气管线的安装工作正在进行。同时，4.5公里长的护城河河道已经实现了雨污分流。项目竣工后将显著提升老城区护城河片区居民的住房条件，推动孝义古城生态环境质量的持续改善，助力古城的保护和文化传承，使孝义古城成为全市新型城镇化建设的新亮点，成为孝义市经济增长的重要推动力和对外开放的重要窗口。

环境治理，自然风光美

孝河，作为孝义古城的关键水系，其整治与美化工程亦受到广泛关注。作为文峪河的一级支流，孝河流经孝义市南部，周边人口及工业活动较为集中。然而，河道部分区域出现了非法采挖、乱占乱建等现象，工业废渣、煤矸石及生活垃圾的任意倾倒，导致河道行洪能力降低，水质状况令人担忧。为了改善城乡居住环境，孝义市城市建设投资有限公司在农发行孝义市支行提供的1.35亿元信贷支持下，启动了孝河城区段环境整治工程。据悉，该工程分为两个阶段，旨在最终建成集休闲、娱乐、健身、游览功能于一体的胜溪湖森林公园。工程完成后，公园的一期与二期项目将紧密相连，共同构成一个完整的景观体系。孝河两岸也将成为适宜居住、工作、旅游的花园式走廊，成为孝义市生态文明建设的亮点，吸引众多本地及外地游客前来休闲度假。

乡村振兴，古村焕生机

保护传统村落不仅体现在对传统文化和生活方式的保存上，也体现在对文化自信的重塑上。通过深入发掘和重新学习村落的价值和传统文化，更能够为现代村落的可持续发展提供新的视角和方法，为村落和土地的合理利用提供借鉴和指导。这不仅是对时代变迁和政策导向的适应，也是遵循自然规律，确保村落稳定和持续发展的必要途径。在孝义市文旅集团的推动下，曾经建筑风格单一、村落风貌混乱的孝义市高阳镇临水村已经发生了翻天覆地的变化。如今，再次踏入孝义市高阳镇临水村，不仅街道两旁的墙壁上绘制的凤凰古村游览图成为吸引眼球的焦点，金龙庙、观音庙、古戏台、关帝庙、千年介子柏、佛祖寺、千年柏抱槐、五道庙、百年槐树、二郎庙、魁星楼、财神庙……这些丰富的历史景观和文化遗迹，共同见证了这个传统古村落的悠久历史和深厚文化底蕴。据该项目负责人介绍，为了全面支持传统古村落的保护工作，农发行孝义支行已经提供了8000万元的保护贷款。古村改造完成后，当地居民将获得更多的就业机会，而作为运营主体，孝义市文旅集团预计年收入将达到2000万元~3000万元。

施金融之举，助一城繁荣。截至2025年4月，农发行孝义市支行累计发放相关贷款达4.12亿元，有效促进了“一城一河一湖”文旅融合发展战略的顺利推进，塑造了更为鲜明的孝义市文旅品牌，为孝义市文旅产业的蓬勃发展谱写了新的篇章。

“四心”砥砺谋发展，笃行不怠启新程

文 / 王 钰

一年砥砺奋进，一度春华秋实。

回望刚刚过去的2024年，陕西农信在省委、省政府的坚强领导下，深刻把握金融工作的政治性、人民性，坚守做三秦百姓的“专心银行、贴心银行、良心银行、放心银行”发展定位，秉承“求质不唯量、求难不求易、求实不务虚、求稳不贪大”的经营理念，围绕做好金融“五篇大文章”、深化“三个年”活动和支持经济稳增长部署要求，坚定信心、真抓实干，业务经营总体保持“稳中求进、稳中向好”态势。

截至2024年年末，陕西农信资产总额11374亿元，全年累计投放贷款5548亿元，各项贷款余额5158亿元，较年初增加455亿元，各项存款余额9347亿元，较年初增加716亿元，总量和增量持续稳居全省同业前列……

成绩来之不易、成之惟艰。一组组数据背后，无不汇聚着陕西农信不忘初心、心系发展的信念和力量，彰显着陕西农信人实干奋进、担当有为的底色。

铸魂强基，以高质量党建引领保障企业高质量发展

党建兴则事业兴，党建强则发展强。过去一年，陕西农信坚持以“党管金融”为根本保证，全面深化“农信党旗红”品牌建设，着力推进“党建 + 金融文化”相融互进，融入中心、服务大局，为高质量发展厚积“硬核力量”。

强党建之根，铸发展之魂。持续强化理论武装，严格落实“第一议题”制度，认真学习习近平总书记对金融发展的重大理论和实践问题作出的一系列重要论述；扎实推进党纪学习教育，配发学习教材5000余册，自主开发“党纪学习教育”App，累计培训系统内党员3090人次；一以贯之推进全面从严治党，制定加强作风建设“十条措施”，印发《干部员工违纪违法行为负面清单》，扎实开展“坚守主责主业，依法合规经营”主题活动，切实推动党风廉政建设和反腐败工作向纵深推进。

持续深化党建品牌内涵。编印《“农信党旗红”党支部实务操作手册》，着力提高各级党组织党建工作能力和水平；坚持示范引领，挖掘梳理亮点做法，坚持按季评选岗位先锋、按年评选岗位标兵，全辖已建立特色党支部350余个；陕西农信被中国文化管理协会授予全国“企业党建实践创新典范单位”，“农信党旗红”党建品牌先后获评全国金融系统“新时代极具前瞻和引领价值党建品牌”、全国农信系统“党建创新案例”等称号。

着力打造过硬队伍。坚持党管干部、党管人才，建立优秀干部库，优化组织架构，建强干部梯队；抓好员工培训，制定教育培训三年规划（2024—2026年），开展培训3858期；通过“农信网校”开展直播培训105场，受训5.7万人次；开展第五批“琢璞”计划，29名机关干部赴基层一线参加实践锻炼，为高质量发展提供不竭动能。

凝聚蓬勃发展的精神力量。建设并用好农信史馆、铸魂·全面从严治党主题馆等有形载体，筹建农金文化馆、支农支小馆等主题场馆，将中国特色金融文化融入高质量发展实践；在省联社成立20周年之际，举办陕西农信文化成果发布会，发布《延安时期红色农信》课题研究成果和“波澜壮阔七十年”丛书、专题片、农信组歌“三部曲”，“三部曲”分别获得全国性荣誉；多名农信人在全国、全省多项业务竞赛和各类文体比赛中摘金夺银，并获得全国金融五一劳动奖章、陕西省技

术能手等荣誉。

提质增效，以高质量金融服务助力经济高质量发展

党的二十大报告提出，坚持把发展经济的着力点放在实体经济上。过去的一年，陕西农信主动扛起地方金融排头兵的使命担当，全力做好金融“五篇大文章”，扎实开展“三个年”活动，着力支持“四个经济”，全力服务陕西稳增长大局。

做实做细金融“五篇大文章”。印发《关于做好五篇金融大文章 推动陕西农信高质量发展的指导意见》，引导金融资源向重点领域和薄弱环节倾斜。与省科技资源统筹中心签订《科技成果转化/企业金融合作框架协议》，当年累计向高新技术及科技型中小微企业发放贷款超73亿元，累计向“秦科贷”名单内企业发放贷款81亿元；制定20条绿色金融服务措施，细化陕北、关中、陕南地区绿色信贷投向，争取扩大“碳减排支持工具”使用行社范围，累计发放绿色贷款135亿元。基于“一心两翼三大体系”数智普惠金融服务体系，为广大“三农”客户和小微客群提供“批量化、高效率、低成本”的普惠金融服务，普惠型涉农贷款、普惠型小微贷款实现“户量双增”。向全省养老产业预授信150亿元，建立柜台内外全方位适老支付服务体系，2024年年末，创建适老化支付服务示范网点1485个，覆盖率73%，获评“2024年度养老金融示范服务机构”称号。

持续深化“三个年”活动。深入开展“高质量项目推进年”，制定了20条具体措施，锚定“两重”领域，将重点建设项目清单纳入名单制精准营销，按照“对接一批，储备一批，办理一批”的原则，对符合贷款授信条件的项目全面完成评级授信。全年累计向“银百高速”“咸阳年产40万吨高端包装用纸”等34个省级重点项目及相关企业发放贷款超41亿元。深入实施工业重点产业链“一链一行”、现代农业重点产业链“行长 + 链长”等工作机制，履行7条产业链主办行和3条产业链主要参与行职责，全年累计向34条工业重点产业链及8条文旅产业链发放贷款212亿元，向8条现代农业产业链发放贷款1068亿元。

135 亿元

制定20条绿色金融服务措施，细化陕北、关中、陕南地区绿色信贷投向，争取扩大“碳减排支持工具”使用行社范围，累计发放绿色贷款超135亿元。

支持民营和小微企业的蓬勃发展。贯彻落实并主动融入“支持小微企业融资协调工作机制”，建立省、市、县三级联动工作机制，全年走访企业13013户，授信客户和贷款客户均超过2500户。陕西农信出台了金融支持民营经济高质量发展的25条措施，运用“信易贷”平台数据，深化网格化金融服务模式，充分运用再贷款、再贴现等货币工具，精准传导政策红利。全年累计发放民营企业贷款2645亿元，累计发放小微企业贷款1856亿元。

聚焦消费升级精准施策。以推动“两新”工作为重点，印发《金融支持设备更新和消费品以旧换新的实施意见》，开发专属信贷产品，累计发放贷款9亿元。通过网格化金融服务和贷款专营网点，将金融资源向营利性服务业倾斜，贷款余额1057亿元。积极助力房地产市场止跌回稳，落实房地产项目融资协调机制，加大“白名单”项目信贷支持力度。积极落实宏观政策部署，稳妥有序开展存量房贷利率调整，完善个人房贷利率定价机制，惠及19余万名客户，每年让利约1亿元。

守正创新，在服务乡村振兴和增进民生福祉中注入金融力量

心系经济发展，情牵民生福祉。一年来，陕西农信坚持以人民为中心的价值取向，充分发挥农村金融主力军作用，厚植支农情怀，勇担惠民使命，全力当好金融服务乡村振兴“主办行”，为推动农业强、农村美、农民富提供了强劲的金融动能，并以数字化经营“升级换档”为目标，帮群众解难题、为群众增福祉，切实提升金融服务的覆盖率、可得性、满意度。

深化乡村振兴服务实践。持续推动金融服务乡村振兴“十百千示范创建”“农村金融夯基”“助力产业振兴”三大工程。两年累放乡村振兴贷款2779亿元，春耕备耕等重要农时贷款305亿元，种业振兴、高标准农田建设及稳产保供重点企业贷款18亿元。持续巩固拓展脱贫攻坚成果，向脱贫地区、乡村振兴重点帮扶县和脱贫人口累放贷款2645亿元、1380亿元和120亿元，其中，脱贫人口小额信贷占全省同业的96%。持续推进“信用村（镇）创建三年提升”和“授信客户三年倍增”专项行动，两年累计净增授信客户126万户，全省农户、新型农业经营主体和农村集体经济组织建档率均超95%，两年累计净增信用村3109个、信用镇111个。凝聚政银协同服务合力，政府性融资担保贷款余额138亿元；率先形成政府牵头、隆基承建并成立专项基金担保、农信支持、农民分红的“1+4”业务模式，累放贷款2012万元，带动11个村集体204户农户增收创收。

健全数字普惠服务体系。按照《数字普惠贷款体系“千人千面、百行百策”差异化支撑能力建设工作方案》升级“e农贷”，优化“秦V贷”和“乡村V贷”，稳步推进系统更新迭代，提升服务需求响应速度。2024年年末，数字普惠贷款累计授信6689.76亿元，规模位居全国农信前列。持续强化线上渠道的金融服务能力，加强餐饮、教育、医疗等民生行业的场景金融服务支撑。截至2024年年末，收单业务累计拓展商户超57万户，场景金融业务累计拓展超3万户。同时，加强大数据平台、智慧城市、数字乡村的场景建设，全省正常运营“金融e站”10537个，合计客户覆盖率超32%；持续完善“秦e”系列场景金融服务，新投产咸阳市新华书店等代表性场景和“秦e学”智慧教育、“秦e疗”智慧医疗服务平台。围绕普惠金融线上线下协同发力，全面完成网点智能化转型；持续构建“集约化、数智化、有温度”的远程银行服务体系，推动虚拟数字员工建设等。2024年，陕西省联社多个信息科技项目获科技金融发展专项奖、金融科技应用创新奖，获评农村金融科技创新优秀案例（解决方案）等。

新时代承载新梦想，新征程铸就新辉煌。2025年，陕西农信将继续深入贯彻落实中央经济工作会议精神，做好金融“五篇大文章”，积极践行金融企业的使命和责任，沿着服务“三农”和实体经济主航道，不断探索服务地方经济发展的金融模式，坚定信心、勇毅前行，奋力书写金融助力陕西高质量发展新答卷。

（陕西省农村信用社联合社）

一池“活水”润泽千企万户，“两新”动能激荡振兴蓝图

文 / 崔 露

2025年3月21日，河北农信系统“一池两新万企”行动推进会在石家庄人民会堂隆重举行。

会议全面展示了石家庄农信开展“一池两新万企”行动的创新举措和实践成果，作为典型样板在全省农信系统学习推广。会上，省联社石家庄审计中心主要负责同志围绕“为什么、有什么、干什么”三个关键词全面阐释了石家庄农信“一池两新万企”行动的初衷、背景和开展情况。

长期以来，石家庄农信始终坚守支农支小主责主业，不断将金融服务和资源向“三农”和小微企业倾斜，尽己所能支持乡村振兴和实体经济发展。特别是2024年以来，坚定落实支持小微企业融资协调工作机制，扎实开展“千企万户大走访”，探索出一条具有石家庄农信特色的“金融惠企”之路，走访企业14万户，发放贷款303亿元，其中，政府申报名单企业贷款289亿元，为地方经济发展注入了强劲动力。

2025年，河北省联社党委作出“一池两新万企”行动部署后，石家庄审计中心迅速成立工作专班，出台行动方案，建立“日总结、旬评比、月通报”工作机制，市县两级坚持上下联动、协同发力，将“一池两新万企”行动与“千企万户大走访”“整村授信”相结合，全量对接小微企业和农村各类主体，畅通资金触达渠道。行动开展以来，创建信用微企768个，创建信用微企园区13个，达成信用微企园区意向59个。同时，为补齐市区金融服务短板，石家庄审计中心在省联社党委指导下，超前谋划、提前布局，在全省农信系统和全市范围率先创新打造新市民金融服务中心，为新市民提供集“金融产品、金融服务、金融政策、金融知识、金融消费者权益保护”等于一体的综合性金融服务。依托新市民金融服务中心，石家庄农信深入开展进商圈、进门面、进社区“三进”活动，组织开展银企对接、金融大集、知识讲堂等，精准对接新市民和小微企业融资需求，切实增强新市民和小微企业的获得感、幸福感和安全感，让新市民的“他乡”变成“故乡”。

石家庄农信将以此次推进会为契机，以“一池”为依托、“两新”为抓手、“万企”为目标，持续优化金融服务模式，提升金融服务效能，为服务实体经济、支持乡村全面振兴、助力地方经济发展贡献更多农信力量。

（河北省农信联社石家庄审计中心）

农发行乐山市分行信贷支持的乐山嘉州食品产业园项目

持续加大信贷投放，为县域经济发展“添柴加薪”

文 / 葛 翔

人勤春来早，春早人更勤。春节刚过，四川乐山市各区县重点项目建设陆续复工，进入紧张而忙碌的建设模式。在各大项目建设跑出“加速度”的背后，离不开金融的鼎力支持。农发行乐山市分行紧紧围绕乐山“区域中心城市”战略定位，以推动重点项目落地见效为主线，在2024年投放64.48亿元贷款基础上，持续加大信贷供给力度，截至2025年3月，已累计投放各类贷款28.74亿元，贷款规模突破290亿元大关，达296.70亿元，较年初净增27.49亿元，增幅10.21%。

全力推动园区建设，“筑巢引凤”促振兴

“那就是我们正在建设的标准厂房，项目建设速度很快，这多亏了农发行的大力支持。近期，又一家科技创新企业光启技术乐山106基地项目落户园区，将为低空经济发展注入新的动能。”浙川东西协作犍为产业园区管委会负责人指着不远处一幢幢拔地而起的建筑，自豪地介绍道。

浙川东西协作犍为产业园作为

全省重点建设项目，规划建设面积约30平方千米。建设内容包括标准厂房及配套设施工程。该产业园区旨在统筹兼顾承接转移“浙江所长”的产业，依托“浙江模式”合力打造开放型经济，通过整合乐山市和绍兴市优势资源，吸引企业入驻园区，并辐射带动周边地区及相关产业链快速发展。农发行乐山市分行已累计为该项目投入信贷资金3.6亿元。

在乐山市五通桥经济开发区，以光伏全产业链为重点的“中国绿色硅谷”核心区内处处焕发出“拼经济、搞建设”的勃勃生机，一条双向6车道柏油公路横贯园区，各种工程车辆来来往往，厂区生产车间里机器声轰鸣。该行向该园区基础设施建设项目授信4.9亿元，累计投放3.8亿元，在源源不断的信贷资金支持下，产业园区硬件设施、基础设施不断完善。目前，全球晶硅光伏领域10家头部企业已有半数落子布局于此，有力带动了当地社会经济可持续发展。

近年来，该行坚持创新支持产业融合发展，突出支持乐山打造承接产业转移新高地，聚力推动乡村振兴和“241”产业体系在乐山落地落实，累计授信56.23亿元，实现投放26.57亿元，支持全市13个园区项目建设。支持的夹江县现代农业产业融合示范园、夹江县百里茶乡产业融合示范园区和犍为县生态田园综合体三个项目贷款金额均超过8亿元。

全力支持路网建设，畅通群众致富路

连日来，在S309峨边马嘶溪大渡河大桥项目建设现场，工人们正在抢抓施工黄金期，全力推动项目建设进度。在该行及时、足额的信贷资金支持下，该项目四号墩首桩浇筑成功。

峨边，地处西南小凉山麓，境内崇山峻岭、绵亘起伏、沟壑纵横。马嘶溪大渡河大桥作为峨边“一桥一路”交通通道建设的主要内容之一，建成后可实现峨边县城与周边高速互联互通，缓解过境交通与出入城区交通混杂、客货混行、入城段交通拥堵现状，进一步带动马嘶溪物流发展。

公路通村入户，连城带乡，既方便群众出行，又助力乡村振兴。龙池镇苦蒿坪村地处峨眉山南部，是一个海拔1500米的小村落，这里终年云雾缭绕、空气清新、凉爽宜人。秀美的自然景色吸引了不少外地游客慕名而来。但由于村道狭窄，一到节假日，村里的交通就瘫痪了。在该行信贷资金支持下，峨眉山市龙池镇南山村至苦蒿坪村段幸福美丽乡村路已顺利通车。路况的持续改善，不仅使通行效率明显提升，更使道路沿线的优质高山绿茶、水果、蔬菜等能够更好地对外销售，山区休闲康养资源开发也提上了日程，不少创业者已摩拳擦掌、跃跃欲试，准备在观光采摘、餐饮娱乐和休闲住宿投资项目上“大显身手”。

近年来，该行围绕地方“四好农村路”建设规划，累计投放贷款近20亿元，支持10余项重大交通项目建设，助力新改建农村公路超500千米，让乡村因路而兴、因路而富、因路而美。

全力保障饮水安全，切实增进民生福祉

在马边县小谷溪村，铜槽子水库建设项目作为优化水资源配置、提升水灾防御能力的市级重点项目正火热开工。该项目以铜槽子水库为水源，总设计库容142万立方米，其中防洪库容20万立方米。同时，拟新建一条长14.46千米的干渠，并扩大送水管网铺设。建成投用后，一方面将满足8个村（社区）约1.28万人的生产生活用水需求及约2.79万亩灌区灌溉用水需求，另一方面将有效缓解下游乡镇防洪压力。

为破解区域内水利基础设施薄弱、水利建设项目公益性强等瓶颈问题，该行创新采用“打捆打包”信贷模式，向该项目授信5亿元并发放首批贷款1.4亿元，在推动水库建设的同时，打造4.23万亩规模的农业产业带建设工程。

在金口河区大渡河左岸流域水资源配置项目永胜片区施工现场，工程车辆来回穿梭，工人们干劲十足，一派繁忙景象。作为该行“投贷联动”支持的水利基础设施项目，项目施工人员正铆足干劲抢工期，争分夺秒拼进

度，推动项目建设再提速、再提效、再提质。

该项目是金口河区建区以来体量最大的水利工程项目。项目建成后，将完善金口河区域水库、水厂建设，对区域内河流进行综合治理，有效解决目前金口河区水源水量不足、供水规模不够等问题，从根本上解决居民的饮水安全问题。

近年来，该行坚持把推动水利工程建设作为惠民生、促发展的一项重要举措，累计投放水利贷款近20亿元，有力支持了包括井研白井干渠等在内的18个项目，覆盖峨眉河、芒溪河、马边河等数十条河流和铜槽子、石堰、芦稿溪等二十余个水库，进一步增强区域水利支撑保障作用，进一步改善区域水生态环境。

全力改善居住环境，服务和美乡村建设

走进峨眉山市符溪镇战斗村，花园式的小庭院、生动的彩绘、洁净的乡村道路、成片的蔬菜种植大棚，让人眼前一亮。该村因蔬菜而远近闻名，过去战斗村的瓜果很畅销，给村民带来了收入，但也带来了很多环境问题。如今，在农业政策性金融活水的精准滴灌下，战斗村的人居环境得到显著改善。

该行投放贷款3.11亿元，支持包括符溪镇在内的18个乡镇污水治理、厕所革命和村容村貌提升等工程。此外，该行还积极学习借鉴“千万工程”经验做法，持续加大对农村人居环境薄弱环节及重点领域的信贷支持力度，累计授信超40亿元，实现投放近10亿元，支持包括峨眉山市改善农村人居环境、夹江县凤山宜居宜业和美乡村以及乐山高新区安谷镇和美乡村示范项目等在内的11个项目建设。

农发行乐山市分行信贷支持的美丽乡村路之一

与此同时，该行还积极聚焦老旧小区改造、安置房建设等百姓关切领域。在五通桥区竹根镇新生街河东片区安置房项目现场，工人们正在紧张有序地进行外墙装修作业。在该行4.2亿元信贷资金支持下，该安置房项目有望提前半年时间交房。项目建成后，将解决竹根、牛华等4个乡镇1194户回迁户住房问题，让人民群众的获得感、幸福感、安全感更加充实、更有保障、更可持续。

河东片区安置房项目，仅仅是农发行乐山市分行大力支持推进安置房项目建设的一个缩影。近年来，该行积极践行金融工作的政治性和人民性，想政府之所想、急群众之所盼，重点支持了峨眉山市冠峨、符汶及城南片区安置房建设项目、犍为县翠屏别苑安置房小区建设项目等5个项目，累计授信49.4亿元，已发放24.26亿元。同时，该行还围绕“保交楼、稳民生”加大信贷支持力度，获批全省首笔支持收购已建成存量商品房用作保障性住房贷款8亿元并成功投放6亿元信贷资金，推动解决城市住房突出问题，助力增进民生福祉、提高生活品质。

（中国农业发展银行四川乐山市分行）

“金融春雨”润泽小微企业，融资协调机制成效显著

文 / 晋 兴

在当下经济复苏与发展的关键时期，小微企业作为经济发展的重要力量，其健康发展对于稳定就业、促进创新和推动经济增长具有不可忽视的作用。兴业银行山西晋城分行积极响应政策号召，深入践行金融服务实体经济的使命，扎实开展支持小微企业的“千企万户大走访”活动，为众多小微企业送去了及时雨般的金融支持。

兴业银行山西晋城分行企业金融部的客户经理在深入市场调研时了解到，一家从事机器设备制造的科技公司正面临着资金困境。由于该企业的产品研发周期较长，从创意构思到产品最终推向市场，需要经历多个复杂的研发阶段，持续不断的资金投入使企业的资金压力日益增大。同时，主要原材料价格的大幅上涨，更是让企业的生产成本直线上升，原本就紧张的资金链愈发脆弱。在这种情况下，企业的流动资金面临着较大的缺口，急需一笔贷款资金来维持正常的生产运营和研发。

得知企业的困境后，兴业银行山西晋城分行迅速反应，立即启动了融资协调机制专班小组。小组成员们第一时间深入企业进行实地调研，详细了解企业的生产经营状况、财务状况、市场前景以及面临的具体困难等情况。通过全面而细致的调研，结合该企业的特点，为其量身定制了一套专属的金融服务方案。在调研过程中，该行了解到企业拥有一批性能良好、价值较高的专用设备，于是，决定采用设备抵押的方式为企业进行融资，这种方式既充分利用了企业的现有资产，又为企业提供了一条可行的融资途径。

为了让企业能够尽快获得资金支持，兴业银行山西晋城分行还特意开通了审查审批“绿色通道”。在这个过程中，各部门之间紧密协作，高效运转，简化了烦琐的审批流程，压缩了审批时间。原本需要较长时间才能完成的贷款审批流程，在“绿色通道”的助力下，大大缩短了时间。最终，该行快速为该企业发放了450万元贷款，及时缓解了企业的资金压力，让企业能够顺利地继续推进产品研发和生产，为企业的发展注入了新的活力。

一年之计在于春。2025年以来，兴业银行山西晋城分行积极响应支持实体经济的号召，进园区、入企业，访客户、问需求，努力创新金融服务模式。融资协调机制作为该行创新服务模式的重要一环，发挥了关键作用。该机制通过整合内部资源，打破部门壁垒，实现了各部门之间的高效协作。从客户需求的发现到金融方案的制定，再到贷款的审批和发放，每个环节都紧密衔接，大大提高了服务效率。

450 万元

该行快速为该企业发放了450万元贷款，及时缓解了企业的资金压力，让企业能够顺利地继续推进产品研发和生产，为企业的发展注入了新的活力。

同时，该行还不断简化贷款审批流程，通过优化审批标准、减少不必要的审批环节等方式，让企业能够更快地获得贷款资金。在加大信贷投放力度方面，该行积极调配资金，优先满足小微企业的融资需求。自融资协调机制工作开展以来，该行已积极走访企业158户，授信金额达到2.57亿元，发放贷款2.15亿元。这些实实在在的数据，体现了兴业银行山西晋城分行对小微企业的支持力度，也彰显了该行助力实体经济发展的决心和担当。

下一步，兴业银行山西晋城分行将继续完善融资协调机制，不断提升金融服务水平，让“金融春雨”持续润泽更多的小微企业，为实体经济的繁荣发展贡献更多的力量。

（兴业银行山西晋城分行）

坚定不移走好增户拓面高质量发展道路

文 / 姚渔洋

近年来，江苏高邮农商银行始终坚守金融为民初心，坚定做小做散导向，紧紧围绕高质量发展目标，坚守固本强基的工作理念，夯基础、优结构、强服务、稳质量、提效率，全面提升金融服务的覆盖面、可得性、满意度，扎根“三农”，深耕本土，在精耕细作中提高服务实体经济质效，充分彰显出农村金融主力军的责任与担当。

深耕本土，在精耕细作中提高服务实体经济质效，充分彰显出农村金融主力军的责任与担当。

分析辖区特色，开展批量授信，为增户拓面明确新方向

高邮市位于沿江经济带的长江北岸，地处长江三角洲的江苏省中部，是一个历史悠久且具有重要地理位置的城市。近年来，高邮市在工业领域上逐渐形成“511”产业体系。“5”是指新能源、新材料、新一代信息技术、高端装备、生命健康5个先进制造业集群；“11”是指光伏、储能（氢能）、复合材料、智慧照明、智能终端、专业装备、特种电缆、汽车零部件、电动工具、新型食品、生物医药11条重点产业链。截至2024年年底，“511”产业体系重点龙头企业共计196户，高邮农商银行为其中114户企业提供信贷资金支持21.45亿元，服务覆盖面近60%。同时，高邮市在农业领域上形成“3+3”产业体系：高邮大米、高邮大虾、高邮鸭业3个百亿级产业，黄羽肉鸡、高邮湖大闸蟹、扬州鹅3个特色产业。高邮农商银行围绕高邮大虾精心打造了“11234”金融服务体系，累计为高邮市3000余名养殖户提供信贷支持5.76亿元，为再加工企业及个人提供信贷支持1.64亿元，被高邮市人民政府授予“高邮大虾金融服务主办行”荣誉称号。

在增户扩面工作开展过程中，高邮农商银行积极贯彻落实“以批量获客、精准营销”为特点的“整村授信”发展思路，将被动的金融服务方式转为主动，着重解决农村小微企业和农户家庭小额信贷问题，让农户切实感受到普惠金融带来的温暖。在“整企授信”方面，做深公私联动，做好一体化营销推动，坚定向小、向快、向信用、向场景发展方向，在做小做散前提下做到“抓小不放大”，零售、公司和小微等相关条线协同发力。在对公客户代发工资、资金回笼、对公理财、员工授信等方面协同联动，推动“整村授信”企业版工作落地开花。近年来，高邮农商银行相继为106户企业进行“整企授信”，授信户数2284户、金额2.22亿元。在“整村授信”方面，结合省联社“富农易贷”工作推广要求，联合原中国人民银行高邮市支行、市农业农村局全面推进“四信”评定工作，不断完善以整村建档、民主评议、逐户走访、“整村授信”为核心的普惠金融工作体系。在总行层面，将近9万户、金额81亿元的存量授信客户按历史最高授信额度批量导入展业系统，全面提升全行普惠授信面；在支行层面，结合历史数据，逐步动态调整授信额度，已导入66个村组，42061户、金额50.55亿元。

加强共建合作，畅通合作桥梁，为增户拓面谱写新篇章

高邮农商银行狠抓助企政策落实，实抓惠农举措推进，深化外联外拓，先后与市农业农村局、税务局、妇联、市监局等90余家部门单位开展共建合作，创新推出“农村土地流转经营权抵押贷”“秸秆产业贷”等近20款高邮本土产品。该行以农业设施确权登记为契机，发放了高邮地区首笔“农业设施抵押贷款”500万元；联动农担高邮分公司，发放了扬州地区首笔农担

高邮农商银行工作人员实地走访企业，了解企业资金需求情况

“农机贷”。同时，高邮农商银行积极落实落细“党建+金融”助力乡村振兴及强村惠民攻坚两大行动，发布“邮我在”助力乡村振兴品牌，选派总行副行长至高邮市经济建设主阵地——开发区担任金融助理，选派93名客户经理至高邮市220个行政村（社区）担任金融服务专员，建立金融专员“五个一”工作机制：每周开展一次驻点服务，每月对接一次村组书记，每季度开展一次金融知识宣讲，每半年开展一次民生服务专题讲座，每年开展一次爱心捐赠、慰问帮扶。通过凝聚镇、村、组、社区共识合力，为“整村授信”“增户拓面”提供新的党建推力。对不够熟络的村组加强沟通交流，对关系紧密的村组持续跟进服务，确保联动有力，做好“党建共建的联络人”“创业致富的参谋人”“乡风文明的推广人”“农村金融的搭桥人”“金融知识的宣讲人”五大角色。

建立政银企对接会服务专班，高邮农商银行主动对接乡镇（园区），牵头举办乡镇政银企对接会，2023年共召开15场，新增投放4.58亿元。2024年3月，启动了新一轮政银企对接，完成13个乡镇（园区）全覆盖，并针对高邮大虾、科技型企业等专项领域，分别召开专场座谈会，累计参会企业301家，新增投放4.5亿元，推动政银企互动取得实实在在的效果。创新服务模式，在高邮“三区一镇”等重点板块创新推出“资金池项目贷款”，由乡镇（园区）建立担保资金池，由担保公司提供担保，银行通过放大10~20倍杠杆，加大小微企业支持力度，累计投放248户、金额13亿元。深化网格化共建，组织城区片支行、小微金融事业部与高邮镇22个社区开展结对共建活动，进一步完善社区网格化合作实施方案，明确兼职网格员，积极走访社区商户及居民，对接潜在客户资金需求。联合社区举办文艺演出、知识讲座等活动百余场，大力宣传金融反诈知识和推广数字人民币业务。

60%

“511”产业体系重点龙头企业共计196户，高邮农商银行为其中114户企业提供信贷资金支持21.45亿元，服务覆盖面近60%。

做实普惠走访，精筑场景新貌，为增户拓面注入新动能

“理清单”，高邮农商银行动态梳理省联社、监管部门、市农业农村局等提供的“小微企业”“农业经营主体”等各类清单约12万户，按经营地址、开户网点等进行整理，为实现精准走访奠定基础。“实走访”，通过发布各类走访活动方案，依托普惠展业平台，开展系统化清单走访，实现辖内涉农小微企业、新型农业经营主体等全覆盖。在城区区域，与市监局建立“总行与总局”“支行与分局”两个层面服务专班，实行定期沟通、信息共享、共同走访等措施。同时，积极联动社区、党群服务中心，提升网格内个体经营者金融服务覆盖面。在农村区域，持续推动金融助力强村惠民行动，加强与镇、村各级党组织对接，深化与各级农业农村局业务合作，探索“行长+镇长+会长”金融助力模式，以“整村建档、整村授信”为基础，主动对接辖内种植养殖企业、农户，不断扩大金融服务覆盖面。

通过构建特定的金融服务场景，将金融服务与客户的日常生活、工作场景紧密结合，更加精准、有效地触达目标客户群体。高邮农商银行大力推动高邮地区公交无人售票车智慧收银场景建设，为公交公司开立分户二维码，专门定制二维码样式，每车配备语音播报设备，为促进使用，还开展了1分钱乘公交活动，累计实现智慧收银33万余笔、金额达101.62万元。开展一系列电子银行主题营销活动，引导客户在手机银行或第三方支付软件中主动绑定银行卡产品，提升客户黏性和忠诚度，夯实存贷款、理财等零售金融业务转化基础。推进办理惠民惠农财政补贴进社保卡，13个乡镇财政局中已有11个完成惠民惠农财政补贴进社保卡转化工作，有力扩大了第三代社保卡换发规模，支撑了社保卡存款稳步提升，培养了客户社保卡用卡习惯。与本地优质企业共同举办助农直播高邮专场活动，“大美江苏乡村行”高邮专场直播活动，挑选咸鸭蛋、阳春面、馄饨、蒲包肉、风鹅、风鸡、茶干、大米等16种高邮本地农特商品进行网络助农直播销售。

未来，高邮农商银行将持续秉承以客户为中心的服务理念，不断创新服务，提升服务质量，积极发挥地方银行主力军作用，以实际行动扎实做好增户拓面工作，奋力描绘服务实体经济、推动乡村振兴的绚丽画卷。

（作者系江苏高邮农商银行党委副书记、行长）

一面锦旗背后的故事

文 / 白俊成 杨 爽

2025年3月11日上午，辽宁省阜新县蜘蛛山镇娘及营子村党支部书记袁国臣、村“两委”成员吴冉一行驱车70余公里，将一面锦旗送到中国农业银行阜新县支行领导手中，表达了村“两委”及全体村民的感激之情。

锦旗上“结对帮扶传真情，携手攻坚促振兴”几个字，不仅凝聚着娘及营子村全体村民的深情厚意，更彰显了农行阜新县支行在助力脱贫攻坚和服务乡村振兴中的责任与担当。

农行阜新县支行与娘及营子村的缘分始于2018年年初。为落实精准扶贫政策、打好打赢脱贫攻坚战，根据阜新县委、县政府的统一部署，农行阜新县支行与娘及营子村建立了结对帮扶关系，双方自此便结下了不解之缘。

娘及营子村位于阜新县蜘蛛山镇西部，属典型的山区丘陵地貌。全村共有农户465户，其中，建档立卡贫困户106户、250人，大多数因病、因残和丧失劳动能力致贫。2018年，村集体无经济收入，是省属贫困村，村民们的日子过得很是艰难。

为落实好结对帮扶工作，农行阜新县支行第一时间与娘及营子村进行了对接。在深入调查了解到该村有关情况的基础上，结合实际制定了《结对帮扶工作方案》，并选派了由3名工作人员组成的驻村帮扶工作队，具体负责帮扶工作的措施落实和跟进协调。

支行党委还专门在娘及营子村

举行了“结对帮扶启动仪式”，提出了找准“病根子”、开对“药方子”、摘掉“穷帽子”、结出“富果子”以及“争做脱贫攻坚的先锋、引领致富的模范”等目标要求。其间，该支行党委班子和辖属17个党支部还认领了该村18户建档立卡贫困户，采取“一对一”的方式进行结对帮扶，并现场捐款3000元，分别送到了5户特困户手中。

建立结对帮扶关系伊始，农行驻村帮扶工作队便与娘及营子村“两委”深度融合，率先开展了进农户、到田间地头摸“家底”工作，逐个为贫困户建立基本信息档案，就贫困程度、致贫原因、帮扶需求等进行了详细记载。在此基础上，与村“两委”一道逐户研究确定具体的帮扶渠道、措施和长效机制。

为帮助娘及营子村挖掉穷根，真正让贫困群众过上好日子，农行驻村帮扶工作队坚持“输血”和“造血”双管齐下原则，为村集体和贫困群众注入生机。在“输血”方面，通过捐款捐物扶持、投放精准扶贫贷款等路径，激发特殊贫困群众的内在活力。仅2018年，就为2户贫困户子女解决了入学难问题、为8户贫困户无偿提供了玉米种子，并为符合条件的建档立卡贫困户发放精准扶贫贷款20余万元。在“造血”方面，与村“两委”密切配合、同向发力，最终使辽宁中润马铃薯深加工产业项目落户当地，并积极引领和推荐贫困户融入产业链条，为困难群众脱贫致富找到了门路、拓宽了渠道。同时，通过出租承包集体荒山、荒坡新造地、在村集体屋顶安装光伏电站等项目，解决了集体经济“破零”的难题。2019年，娘及营子村农民人均收入超万元，村集体经济收入79万元，实现了整村脱贫。

在帮助我们打赢脱贫攻坚战后，农行并没有“见好就收”，而是与我们保持着结对帮扶关系，并帮助我们在巩固脱贫攻坚成果、助力乡村振兴和美丽乡村建设等方面做了大量工作。

“在帮助我们打赢脱贫攻坚战后，农行并没有‘见好就收’，而是与我们保持着结对帮扶关系，并帮助我们在巩固脱贫攻坚成果、助力乡村振兴和美丽乡村建设等方面做了大量工作。”娘及营子村党支部书记袁国臣深有感触地说道。

正如袁书记所说，在帮助娘及营子村实现脱贫攻坚的目标后，农行依旧“不离不弃”，帮助村里开展了村民安全饮水工程、村街道路硬化工程、环境整治工程、文明生态村建设工程、体育健身工程、农村实用技术培训等相关工作。同时，根据村里产业发展和农户实际需求情况，先后为该村注入信贷资金1700余万元，在助力该村从脱贫攻坚到乡村振兴的有效衔接方面充分发挥了金融力量。

帮扶工作实不实，变化就是答案。如今的娘及营子村，村民人均收入达2万元，村集体纯收入每年都以10万元左右的幅度递增，家家走上了富裕路，人人吃上了小康饭，村容村貌和村民的业余文化生活也有了翻天覆地的变化。“我们能过上今天这样的好日子，真是多亏了农业银行实实在在的帮衬！”娘及营子村村民们如是说。

一面锦旗、一份认可，一份荣誉、一份责任。锦旗背后，农行阜新县支行仍将不断努力，延续精彩！

1700 余万元

根据村里产业发展和农户实际需求情况，先后为该村注入信贷资金1700余万元，在助力该村从脱贫攻坚到乡村振兴的有效衔接方面充分发挥了金融力量。

（中国农业银行辽宁阜新县支行）

巴山深处金穗飘（一）

文 / 李良清

巴山巍峨立，巫溪水长流。廿载风雨同路，金融新绿映春秋。枝繁叶茂时节，惠泽万户千秋，助梦乡村振兴，携手共绘锦绣。

岁月峥嵘记，初心未曾休。为民服务情深，处处见风流。绿色金融引领，环保公益齐驱，共筑美好家园，再创辉煌篇章。

在大巴山东段南麓，重庆巫溪县宛如一颗明珠，镶嵌在这片古老而神秘的土地上。鸡心岭如诗画般矗立，被誉为自然国心。这里流传着神女、野人和老虎的传说，巫溪人自豪地称自己的家乡位于神女的上边、野人的身边、老虎的旁边、祖国的中间。这片土地不仅承载着厚重的历史记忆，也孕育着无数动人的故事。2004年，农行重庆巫溪马镇坝支行如一颗希望的种子，在这片充满生机的土地上悄然萌芽。它的诞生不仅是金融机构的一次扩展，更是时代呼唤的结果。为了更好地服务“三农”，促进地方经济发展，马镇坝支行应运而生，带着使命与责任扎根于此。

该支行成立之初，面临的挑战如同夜空中的繁星，既令人向往又充满未知。如何建立完善的金融服务体系？如何赢得客户的信任和支持？这些问题并没有吓倒马镇坝支行的员工们。

他们迎难而上，挨家挨户走访调查，倾听群众的心声，逐步建立起覆盖广泛的金融服务网络，为未来的发展奠定了坚实的基础。该支行积极引进先进的管理理念和技术手段，不断提升服务水平和效率。每一次创新尝试，都是对未来的一次探索；每一次技术革新，都是对服务质量的一次提升。这些不懈的努力，使马镇坝支行逐渐在当地树立起良好的口碑，赢得了客户的信赖。

党建引领，服务实体经济

二十载春秋，马镇坝支行始终将党建工作与金融服务紧密融合，以党的旗帜为指引，确保每一项金融服务都能紧跟时代脉搏。在支持地方经济发展的道路上，马镇坝支行从未停歇。无论是为企业提供资金支持，助力小微企业发展壮大；还是为农民提供信贷服务，帮助他们实现致富梦想；抑或是参与地方基础设施建设，为巫溪县的发展添砖加瓦，马镇坝支行都扮演着不可或缺的角色。马镇坝支行深刻认识到，要在这片充满希望的土地上扎下坚实的根基并推动地方经济发展，必须紧紧跟随党的指导方针。为此，他们积极贯彻上级行的战略部署，在监管部门的指导和支持下，充分释放发展活力，优化金融服务供给，致力于服务地方经济和社会进步。

为了更好地发挥党建引领作用，马镇坝支行创立了"红色金融先锋"党建品牌，这一品牌不仅象征着支部全体党员对党忠诚、为民服务的决心，也体现了他们在业务发展中勇担重任的精神风貌。"红色金融先锋"通过一系列特色活动和服务举措，将党建工作与日常经营深度融合，确保每一项金融服务都能紧跟时代脉搏，真正做到"金融为民"。

在"红色金融先锋"的引领下，该支行开展了一系列扎实有效的工作：定期组织学习党的最新理论成果和政策精神，确保每位员工都能准确把握方向；设立党员示范岗和服务明星评选机制，激励全体员工争做优秀榜样；加强与地方政府部门及社区的合作交流，积极参与地方建设和社会公益活动。这些努力使该支行不仅赢得了客户的广泛信任，还树立了良好的社会形象。

近年来，马镇坝支行凭借出色的表现荣获了多项殊荣，包括"中国农业银行先锋号""重庆分行优秀二级支行""先进基层集体党组织"等荣誉称号。这不仅是对其过往成绩的认可，更是对未来发展的鞭策。如今，"红色金融先锋"已经成为当地一张亮丽的名片，它代表着马镇坝支行全体员工不忘初心、牢记使命，在服务地方经济社会发展中所展现出来的责任担当和卓越贡献。通过不断深化"红色金融先锋"品牌的内涵建设，该支行将继续保持昂扬向上的奋斗姿态，以更加优质的金融服务助力乡村振兴战略实施，为实现中华民族伟大复兴的中国梦添砖加瓦。无论是为企业提供资金支持，助力小微企业发展壮大，还是为农民提供信贷服务，帮助他们实现致富梦想，抑或是参与地方基础设施建设，为巫溪县的发展添砖加瓦，该支行都扮演着重要角色，成为推动地方经济社会发展的重要力量。

值得一提的是，马镇坝支行始终坚持党建与业务经营双向融合，注重发挥党建共建的纽带作用，不断激发党建引领银政企共赢的新活力。通过与企业、社区开展党建"联建共建"，整合利用双方资源，加强在组织共建、业务互促等方面的合作，凝聚金融与社区合力，共同构建基层党建工作新格局。作为金融国企的分支机构，该支行主动践行国企担当；作为支持实体经济发展的主力金融机构，该支行坚持将服务重大战略、重大项目和支持重点产业发展作为信贷投放的关键抓手，聚焦重点领域、薄弱环节，完善金融服务长效工作机制，切实提升高质量金融服务高质量发展的质效。

为更好地服务小微企业，该支行积极响应国家政策，推出多项优惠措施，降低融资成本，简化贷款流程，为小微企业提供便捷高效的金融服务同时，该支行组织专业人员深入基层，了解企业的实际需求，制定个性化的融资方案，帮助企业解决资金难题。2018年，巫溪县某药材加工厂因缺乏流动资金面临停工风险，马镇坝支行立即启动紧急贷款审批程序，仅用三天时间就提供了所需的资金支持，帮助企业渡过了难关。与此同时，该支行关注农村地区的经济发展，通过推广“惠农e贷”等创新金融产品，解决了农民贷款难、贷款贵的问题，支持了一大批普通农户和新型农业经营主体发展生产、经营致富。截至2024年第三季度末，该支行累计投放“惠农e贷”1.2亿元，脱贫人口小额信贷5000万元，占巫溪支行总投放额的59%，荣获市分行“普惠金融先进网点”称号，这些努力不仅提高了农民的生活水平，也为乡村振兴注入了新的活力。

此外，该支行积极参与地方基础设施建设，为巫溪县的发展添砖加瓦。认真落实县政府与农行巫溪支行战略合作协议，组建专业服务团队，制定专属信贷方案，优先配置信贷规模，全力满足各类市场主体的融资需求。2023年，为交通水利、文化旅游、基础设施、农业发展等领域12个重点项目发放贷款3亿元，通过开户、贷款、代发工资等多渠道支持和服务实体经济。在这个过程中，马镇坝支行不仅促进了地方经济的发展，也提升了自身的服务水平和社会影响力。

总之，马镇坝支行始终坚持以党建为引领，将金融服务与地方经济发展紧密结合，通过一系列扎实有效的举措，为巫溪县的繁荣稳定作出了重要贡献。

5000 万元

截至2024年第三季度末，马镇坝支行累计投放“惠农e贷”1.2亿元，脱贫人口小额信贷5000万元，荣获市分行“普惠金融先进网点”称号。

普惠金融，惠及万家

马镇坝支行自成立以来，始终秉持“服务‘三农’、助力乡村振兴”的宗旨，致力于让每一个有需要的人都能享受到优质的金融服务。通过一系列扎实有效的措施，不仅推动了地方经济的发展，也真正实现了普惠金融的目标。截至2023年年末，该支行累计投放普惠小微法人贷款100户、金额6107万元，其中个人经营类纯信用贷款21户、金额1702万元，小微企业贷款实现了“双增”。通过持续推行个体工商户“一项目一方案”的普惠零售信贷业务运作机制，特别是“商户e贷”，该支行将普惠金融活水引入个体工商户，充分满足各类个体工商户的融资需求，新增授信客户超过200户，新增贷款2000万元。

普惠金融如同春雨滋润大地，旨在让每一个角落都能感受到金融的力量。马镇坝支行深知，金融不应只是大企业的专利，更应是每一个普通百姓生活的助力。为此，该支行深入基层，了解群众的实际需求，制定个性化的金融解决方案。无论是街头巷尾的小商贩，还是田间地头的农民，都成了其服务对象。通过推广“商户e贷”等创新产品，该支行有效解决了个体工商户融资难的问题，帮助他们实现创业梦想；为小微企业量身定制多项支持计划，从简化贷款流程到降低融资成本，从提供政策咨询到开展培训讲座，每一步都倾注了支行的心血；在农村地区，通过推广“惠农e贷”，解决了农民贷款难、贷款贵的问题，支持了一大批普通农户和新型农业经营主体发展生产、经营致富。

王大姐在巫溪县城摆摊卖小吃多年，生意虽小却承载着一家人的希望。面对市场竞争加剧带来的挑战，王大姐一度感到无助。得知马镇坝支行推出的“商户e贷”，她抱着试试看的心态申请了一笔小额贷款。令她惊喜的是，该支行不仅迅速批准了贷款，还提供了详细的经营建议。有了这笔资金，王大姐扩大了经营范围，增加了新品种，生意逐渐好转，家庭生活水平也得到了显著改善。王大姐感慨地说：“多亏了马镇坝支行的帮助，我的生活才有了新的希望。”

李老板经营着一家小型加工厂，专门生产当地特色的手工艺品，由于缺乏流动资金，工厂曾面临停工风险。马镇坝支行了解到这一情况后，立即启动紧急贷款审批程序，仅用三天时间就为企业提供了所需的资金支持。李老板利用这笔资金购买了原材料，重新开工生产，并与多家企业达成了合作意向。如今，他的工厂不仅解决了当地就业问题，还带动了周边相关产业的发展。李老板感激地说：“马镇坝支行的支持，让我看到了发展的曙光。”

对于返乡农民工张大哥而言，马镇坝支行同样是他实现梦想的关键助力。张大哥曾在外地打工多年，看到家乡的变化和发展机遇，决定回乡创业。初期缺乏启动资金让他不知所措。这时，马镇坝支行的姚盛曦经理主动找到他，详细介绍了“惠农e贷”政策，并帮助他申请到了一笔小额信贷资金。张大哥用这笔钱引进了先进的养殖技术，发展起了特色养殖业。经过几年的努力，他的养殖场已经成为村里的致富榜样，带动了多名村民共同致富。张大哥自豪地说：“感谢马镇坝支行的信任和支持，让我实现了自己的梦想。”

2021年年初，巫溪县天元乡遭遇了罕见的急剧降温天气。这场突如其来的寒潮不仅打破了节日的宁静，也给当地农民带来了意想不到的挑战。气温骤降导致农田被冰雪覆盖，许多农户急需资金购买农资以备春耕。然而，由于道路结冰和交通不便，他们无法亲自前往银行办理贷款手续。面对这一紧急情况，马镇坝支行迅速反应。支行领导层意识到，如果不及时解决农户的资金问题，可能会对春季农业生产造成严重影响，进而影响全年的收成。为了不耽误农时，支行决定启动应急服务机制，并指派经验丰富的姚盛曦经理带领一支由信贷员和技术支持人员组成的特别行动小组，深入天元乡各个村庄提供现场金融服务。

2021年1月26日清晨，天空刚刚泛起鱼肚白，姚盛曦和他的团队已经整装待发。他们携带了便携式办公设备、必要的文件资料以及防寒装备，准备迎接一天的艰苦工作。从巫溪县城到天元乡的路程并不轻松，蜿蜒的山路被厚厚的积雪覆盖，车辆行驶变得异常困难。尽管如此，没有一个人抱怨或退缩，大家心中只有一个信念——尽快到达目的地，帮助那些亟须援助的农民朋友。抵达第一个村子后，姚盛曦立即组织设立了临时服务点。村民们闻讯赶来，排起了长队。信贷员们耐心地解答每一个疑问，仔细审核每一笔贷款申请，确保所有流程都符合规定。同时，技术人员利用移动终端设备快速录入信息，简化了传统的纸质审批流程，大大提高了工作效率。当天晚上，当夜幕降临，气温降至零摄氏度以下，姚盛曦和他的团队终于完成了第一个村的所有受理任务，共为15户农户办理了贷款，金额达200万元。接下来的一天，姚盛曦和他的团队继续奔波于其他几个村庄之间。每到一处，他们都受到了村民们的热烈欢迎。有些老人行动不便，队员们就主动上门服务；遇到不懂如何填写表格的年轻人，队员们则手把手指导，直至对方完全理解为止。两天的时间里，这支特别行动小组走访了五个主要村落，累计受理惠农贷款申请53户，总金额达到了1247万元。

“马镇坝支行真是我们的贴心人，关键时刻总能送来温暖。”李大爷激动地说。他原本担心因为天气原因无法及时拿到贷款，现在不仅顺利办好了手续，还得到了额外的农业技术咨询。“这下子，我就可以放心地准备春耕了，心里踏实多了。”此次下乡服务活动不仅有效缓解了天元乡农户的资金压力，也为马镇坝支行赢得了广泛赞誉。村民们纷纷称赞支行工作人员的专业素养和服务态度，认为他们是真正的“金融卫士”。而对姚盛曦和他的团队来说，这次经历不仅是工作的延伸，更是一种荣誉和激励。“看到村民们满意的笑容，所有的辛苦都是值得的。”姚盛曦感慨道：“我们会继续努力，为更多的人带来希望与改变。”

这些成功的案例不仅仅是金融力量的体现，更是无数人梦想成真的见证。马镇坝支行用实际行动证明，普惠金融不仅仅是口号，更是实实在在的帮助与支持。每一次成功的援助，都是对小微企业主们希望的点燃；每一个成功的故事，都是支行员工们无私奉献的结果。

国企担当，践行责任

在追求卓越金融服务的同时，马镇坝支行深知自身作为地方金融机构的社会责任，积极投身于社区建设和服务活动中，成为连接政府、企业和居民之间不可或缺的桥梁。

从心出发，温暖每一户家庭。“扶贫帮困”不仅仅是一句口号，更是马镇坝支行实际行动的真实写照。支行不仅慷慨解囊，提供必要的资金援助，更派遣员工深入贫困家庭，用心倾听每一个故事，精心制订帮扶计划，帮助那些处于困境中的人们找到生活的希望。为了鼓励下一代茁壮成长，支行设立了专项奖学金，支持品学兼优的学生追逐梦想，让他们知道，无论出身如何，都有机会改变命运。从2018年开始，马镇坝支行联络重庆农行和山东泰安农行的爱心人士，对接帮扶巫溪县30余名寒门学子，累计捐助资金达30万元。

马镇坝支行的内勤行长花农从小在巫溪农村长大，是一名走出大山又折身回来的大学生。人们问他为何读了重点大学还要回到这个穷山旮旯？他回答说："如果我们从本地走出去的大学生都嫌弃自己贫困的家乡，那我们这片土地还能指望谁来帮扶？"因为自己淋过雨，所以想为别人撑伞，2018年，他主动申请成为重庆农行的一名驻村扶贫干部，在天元乡天元村驻村扶贫长达3年。其间，他每天走村串户，脚步遍布天元乡9个村每家每户，累计为老百姓发放扶贫惠农贷款3000多万元，通过发展中药材、腊肉产业，带动400多个家庭摘掉了贫困帽子。2019年，花农得知天元小学没有专业的音乐老师任教，自小喜爱音乐的他自掏腰包1万多元，为天元小学捐赠30只木吉他，并申请成为天元小学音乐代课教师，利用晚上下班时间开办起"吉他公益培训班"，一开就是两年多。直到2021年脱贫攻坚结束，花农告别天元乡，天元小学的家长和孩子们自发到村口送别这位给大山孩子们种下音乐梦想的花农老师。

爱心传递，构建温馨家园。志愿服务是支行企业文化的重要组成部分，它像一条无形的纽带，将员工的心紧紧相连。无论是关爱孤寡老人的温情探访，还是参与社区清洁的辛勤汗水；无论是危机时的无私奉献，还是日常点滴中的默默付出，这些平凡而又伟大的举动，都让社区变得更加温暖和宜居。

2022年冬天，巫溪县城暴发新冠疫情。面对这场突如其来的公共卫生危机，马镇坝支行迅速响应政府号召，组织起一支由党员和青年志愿者组成的特别行动小组，积极协助社区工作。其中，有一位名叫俊淇的青年党员，他的故事尤其令人感动。俊淇原本是支行的一名普通柜员，平时主要负责办理柜面综合业务。他毫不犹豫地报名加入了支行的志愿服务队。从那一刻起，俊淇的角色发生了转变——他成了一名勇敢的"逆行者"，每天穿梭于社区的大街小巷，为居民们提供各种帮助和支持。为了确保社区内的物资供应充足，俊淇和其他志愿者们主动承担起了采购与分发的任务。他们联系了多家超市和供应商，建立了稳定的供应链条，并根据每户家庭的实际需求进行个性化配送。无论是老人还是儿童，只要提出需求，他都会尽力满足。除了保障生活必需品，俊淇还特别关注到一些特殊群体的需求。例如，对于患有慢性病的老年人，他定期上门询问健康状况，协助他们通过网络预约医生问诊；对于独自在家的孩子，帮助他们缓解焦虑情绪。这些细微之处的努力，温暖了无数人的心。

俊淇的故事只是马镇坝支行众多志愿者中的一个缩影。在新冠疫情期间，支行全体成员都积极投身到一线，用实际行动诠释着责任与担当。他们不仅为社区提供了坚实的后勤保障，更传递了满满的正能量，成为这个特殊时期里最亮丽的一道风景线。"虽然每个人的力量都很渺小，但当我们汇聚在一起时，就能产生巨大的能量。"俊淇这样总结道。正是有了像他这样的无私奉献者，才使整个社区能够顺利渡过难关。

智慧分享，点亮金融未来。提高公众金融素养对于维护地区经济健康至关重要。为此，马镇坝支行积极开展了一系列丰富多彩的金融知识普及活动。从面对面的讲座到线上互动的教学视频，从发放实用的宣传手册到设立专业的咨询台，马镇坝支行致力于让每一位居民都能轻松掌握基本的金融常识。特别是针对老年人群体设计的简单易懂课程，教会他们识别常见的金融诈骗手段，学会合理规划个人财务，使他们在数字时代也能从容应对各种挑战。

同舟共济，助力企业发展。良好的银企关系是地方经济发展的坚实基础。马镇坝支行始终保持着与地方政府及企业的紧密联系，建立了长期稳定的合作机制。面对中小企业在经营过程中遇到的各种难题，支行不仅提供了融资解决方案，还在政策解读、市场调研等方面给予专业指导和支持。特别是在疫情期间，当众多企业面临前所未有的经营困境时，支行迅速出台了系列扶持政策，帮助企业渡过难关，展现了金融机构应有的担当与情怀。（连载中）

（中国农业银行重庆巫溪马镇坝支行）

优化“乡情金融”服务，助力外出创业群体发展

文 / 于洪波 刘承宇

作为传统农业大县，江苏丰县约有28万名外出务工经商人员，约占全县常住人口的30%。近年来，丰县农商银行坚持“服务跟着客户走”的理念，打造“乡情金融”体系，推出“乡情贷”专属产品，逐步建立覆盖本地人员创业经商集中区域的金融服务网络，为在外创业的丰县籍人士搭建起连接故土与创业地的金融桥梁。2024年，该行累计发放“乡情贷”1.16亿元，连续两年超亿元，惠及300余户外地创业群体。

精准服务破解融资难题：从“信用白户”到“首贷户”的跨越

针对外出创业群体“本地服务缺位、异地门槛过高”的融资困境，丰县农商银行创新推出“乡情贷+省级产品”组合服务模式。通过配套“苏农担”“惠丰e贷”等产品，该行提供灵活利率优惠，并全额承担抵押评估、登记费用。例如，在宁波从事木材贸易20年的郭先生，因扩大经营急需资金周转，该行客户经理通过商会联络机制主动对接，仅用3天便完成200万元贷款审批，利率较其原融资成本明显降低，节省融资成本近10万元。

这一模式的成功得益于三大支撑：一是数据画像精准化。该行依托自主开发的“数字化普惠金融平台”，整合深入走访获得的一手数据，结合工商、社保等政务部门数据，为外出人员建立信用档案，促进预授信覆盖率大幅提升。二是风险分担多元化。该行与省农担公司、地方担保公司加强合作，破解异地风控难题。三是服务团队专业化。该行从37家支行网点选拔青年骨干组建“乡情金融服务队”，与各地丰县商会紧密合作，聚焦全国重点区域，提供巡回上门服务，优化客户办贷体验。

多维联动延伸服务触角：构建“商会+数字”双轨网络

为突破地理限制，该行构建“线下商会联动+线上数字赋能”双轨网络。一是建立合作生态圈。与宁波、西安、张家港等12地丰县商会建立战略合作，创新“集中授信+动态管理”模式。例如，在张家港金港镇木材贸易集聚区，通过商会加强创业者沟通交流，2024年完成预授信9000万元，实际转化贷款2946万元。二是数字渠道全覆盖。运用AI智能外呼平台触达8万预授信客户，推送定制化产品信息；上线“乡情贷”微信小程序，提供在线申请、视频面签、电子合同签署等功能，持续提升线上业务占比。三是情感联络常态化。联合县工商联开展“乡贤回乡行”活动，组织异地创业者围绕本地“五大”主导产业集群发展出谋划策，2024年促成12个返乡投资项目落地，带动就业岗位增加。

5000万元

丰县农商银行还联合电商平台搭建“丰商优品”专区，助力企业拓展市场，带动当地特色农产品销售超5000万元。

流程再造提升服务质效：从“跨省奔波”到“指尖办贷”的转变

针对异地客户“办事难、流程长”痛点，该行实施三大业务转型。一是抵押登记“零跑腿”。与不动产登记局打通数据接口，实现“线上抵押登记+电子权证推送”，办理时间从1天压缩至1小时，为客户节省成本超200万元。二是审批流程“小时制”。建立“50万元以内当日放款、100万元隔日到账”限时办结制，通过移动平台自动生成调查报告，审批效率提升70%。三是贷后管理“智能化”。运用物联网技术监测抵押物状态，植入“资金回流监测”模型，2024年预警潜在风险客户17户，不良率控制在0.8%以下。张家港经营木材加工生意的李女士对此深有感触：“通过视频面签完成200万元贷款续贷，当天申请当天到账，还能随时在手机查看还款计划，效率高、更贴心。”

产融结合助力乡村振兴：从“资金输血”到“产业造血”的升华

作为服务地方经济的金融主力军，该行将“乡情金融”与乡村振兴深度融合。一是产业链赋能。在孙楼街道木业产业集群，创新“乡情贷+订单贷”组合产品，支持企业技术改造。客户李女士获得150万元贷款后，引进智能切割生产线，年销售额从500万元跃升至1700万元，带动20余名当地农户就业。二是集群化服务。积极参加县工商联、部分地区商会年会、“政银企”对接会，围绕全县重大产业项目以及新能源、新材料、板材家居等产业链开展党建联建活动，与范楼、顺河、欢口镇党委开展共建签约，为全县“两主四特七重”产业园配套特色化授信方案，推出“专精特新贷”“政采贷”等产品，办理产业链贷款5.23亿元。三是生态圈升级。该行木材加工业、电车制造业相关产业贷款余额分别达到4.76亿元、4.33亿元，在行业贷款集中度排名前两位，有效支持县域两大主导产业的发展壮大。同时，该行还联合电商平台搭建“丰商优品”专区，助力企业拓展市场，带动当地特色农产品销售超5000万元。

展望未来，该行将围绕打造“数字化乡情金融”新标杆开展服务升级行动。一方面，升级服务网络。主动对接长三角、珠三角、京津冀等主要城市的丰县商会，在支行建立“驻村金融官+商会联络员”双岗机制，加快实现重点区域服务全覆盖。另一方面，升级产品体系，结合省版“移动展业平台”上线，利用电子合同存证等技术推出“数字化乡情贷”，促进乡情贷预授信规模较2024年实现倍增。

“让每一位在外打拼的兄弟姐妹都能感受到家乡金融的温暖。”丰县农商银行将持续深化“乡情金融”内涵，为推进共同富裕注入更强劲的金融动能。

（江苏丰县农商银行）

千企万户大走访，服务小微见实效

文 / 姚海霞 李孝明

为深入了解小微企业融资需求，全面贯彻落实小微企业融资协调机制工作要求，江苏如皋农商银行主动靠前、持续发力，开展"千企万户大走访服务实体展担当"专项活动，进一步深入市场、深入企业，通过优化业务流程、建立绿色通道等举措，合力破解小微企业融资难题。截至2024年年底，全行各项贷款余额502.68亿元，增幅9%；其中，普惠型小微企业贷款余额185.34亿元，较年初净增16.73亿元，增幅9.92%。

优化融资流程，缩短融资时间

2025年春节后的第一个工作日，在南通某智能装备科技有限公司厂房内，一台台自动化设备开足马力，机械运转的嗡鸣声奏响出新春复工的"奋进曲"。作为一家2023年成立的初创科技小微企业，公司凭着过硬的产品和服务质量，订单量持续增多。2024年年底，该公司急需引进一条金属切割及焊接生产线，但公司资金十分紧张。如皋农商银行工作人员在走访中了解到该公司的需求后，迅速响应，实地考察，搭建"绿色通道"，仅用3个工作日就将300万元流动资金贷款发放到位，为企业发展注入金融活水。

3.66亿元

2024年10月至12月末，该行共完成小微企业无还本续贷204户，合计13.57亿元，完成以自然人承贷经营性贷款252户，合计3.66亿元。

如皋农商银行聚焦贯彻落实小微企业融资协调工作机制工作部署，快速反应，成立了由董事长担任组长的支持小微企业融资协调工作专班，对小微企业融资服务工作进行详细布置，各支行建立相应的工作小组，主动对接政府协调机制，为小微企业提供"准、快、惠"的高效优质金融服务。全行各支行网点对当地政府融资协调工作机制"推荐清单"经营主体有效服务面达到100%。同时，总行通过省联社展业平台下发清单，精准对接小微企业需求，提升金融服务质效，2024年10月15日至12月末，如皋农商银行通过展业平台走访小微企业、个体工商户合计7024户。

创新金融产品，满足多样化需求

针对小微企业的不同融资需求，如皋农商银行推出了多款创新金融产品。"政采贷"产品以政府采购合同为质押，为小微企业提供贷款支持，有效缓解了企业因缺乏抵押物而导致的融资难题。"小微贷"产品则专注于为小微企业提供小额、短期的资金支持，满足企业日常经营和周转的需要。此外，该行还推出了"农业供应链贷""环保贷"等特色产品，精准对接绿色产业和农业产业链上下游企业的融资需求。这些创新金融产品的推出，不仅丰富了小微企业的融资渠道，也提高了金融服务的针对性和实效性。

在如皋市东陈镇的产业园区内，南通某环保科技有限公司智能化机器高速运转。企业成功取得一项名为"一种外翻箱式高效过滤器"的专利。"如皋农商银行为我们企业制定了融资服务方案，资金支持很及时。"企业负责人感激不已。

该企业专注净化设备、新风系统的生产和研发。在企业急需资金扩大产能、提升研发能力的关键时刻，如皋农商银行东陈支行提前布局，在春节前就完成企业尽调，并在春节假期期间加班加点完成授信方案设计，节后仅用1天完成了300万元"环保贷"授信用信审批，创下了该行在同类业务办理速度新纪录。

优化"信贷+"模式，扛起责任担当

针对小微企业融资过程中的烦

① 如皋农商银行支持小微企业厂房建设
② 如皋农商银行召开“千企万户大走访 服务实体展担当”专项活动推进会
③ 如皋农商银行支持科技型小微企业发展

琐环节，如皋农商银行做好内外部、上下级和跨部门之间的工作协同，构建“信贷+”服务模式，不断优化业务流程，加快推进普惠小微数字化建设。通过优化信贷审批流转效率，构建“快进快放”绿色通道，原则上授信在1000万元以内的普惠业务，自受理审查之日起7个工作日内出具审批决议。建立差异化政策设计和激励机制，积极落实无还本续贷政策，开展存量客户摸排，持续优化续贷业务流程，提前开展续贷调查，对符合续贷条件的客户，实现“应续尽续”。

江苏某燃气技术设备有限公司是一家集设计、生产、销售燃气设备和气化器设备于一体的专业制造公司。然而，由于应收账款回款不及时等原因，公司面临较大的资金短缺压力，企业的300万元贷款即将到期，却因资金流动性的问题存在一定的还款困难。如皋农商银行高新支行在得知这一情况后，迅速行动，派专人上门走访企业，经过充分评估后，如皋农商银行决定为企业提供无还本续贷服务，避免企业因一时资金紧张而影响企业征信情况的发生。2024年10月至12月末，该行共完成小微企业无还本续贷204户，合计13.57亿元，完成以自然人承贷经营性贷款252户，合计3.66亿元。

如皋农商银行积极完善“善贷、愿贷、敢贷”的内部机制，针对普惠小微信贷业务不同类型产品推出“正面清单”和“负面清单”，给一线人员松绑；同时，加强品牌宣传，推广本土特色化系列产品，增强客户黏性，协助一线提升获客效能。持续减费让利，用好央行货币政策工具，确保信贷资金直达基层，将金融活水精准注入小微实体“毛细血管”，打通金融惠企利民的“最后一公里”。

下一步，如皋农商银行将持续开展“千企万户大走访 服务实体展担当”活动，充分发挥机制活、人缘熟、网点多的优势，推出更多创新金融产品和服务模式，以更强力度、更快行动、更实举措推动小微企业金融服务高质量发展。

（江苏如皋农商银行）

聚焦场景建设，拓展服务边界

文 / 王莹莹

在数字化浪潮的席卷下，河北鸡泽农商银行积极投身场景建设，不断拓展金融服务边界，以满足客户日益多样化的需求。截至2025年3月10日，新型收单活跃商户4122户，手机银行客户1956户，数字人民币签约存量36731个，打造乡村振兴金融服务综合体61家，最大限度服务县域经济。

做深做实场景建设。通过探索线上线下渠道融合，立足方便农民衣食住行等日常生活、个体及小微企业等涉农主体生产经营，积极推进智慧校园、社区、医院及水电气费用交付等智慧场景建设，稳步推进数字人民币应用，以金融科技之力助推乡村振兴与民生系统互通。深化“政银合作”，以五方融合共建为契机，依托本行基层网点多、服务覆盖面广、群众基础好的优势，通过布放政务服务终端，搭建“政务+金融”服务新场景，使群众办事场景更为丰富，把政务服务送到群众“家门口”。

协同推进营销机制。将网点宣传、线上宣传和线下宣传相结合，一体推进存款、贷款、电子银行等联动营销，实现低成本资金沉淀、贷款投放、电子银行产品激活多赢目标。围绕民生缴费、补贴发放、服务“三农”等场景，通过“3·15”金融消费者权益保护教育宣传活动，走进社区、街道、企业、村居，大力推进数字人民币推广工作。

持续提升服务质量。立足县域实际，多方位、多渠道推进“小平台+大服务”站点建设，在全面布放智能机具的同时，全面丰富农村金融机具、农村金融服务站点功能，打造公益缴费、支付结算等多样化的乡村振兴金融服务综合体，打通金融服务“最后一公里”。

（河北鸡泽农商银行）

鸡泽农商银行全面开展“3·15”宣传活动

鸡泽农商银行积极开展数字人民币宣传活动

保险之家

Insurance

诚担重义，安享生活

国家金融监督管理总局、中国人民银行发布《银行业保险业绿色金融高质量发展实施方案》

围绕做好金融“五篇大文章”，按照《关于银行业保险业做好金融“五篇大文章”的指导意见》等有关要求，引导银行业保险业大力发展绿色金融，支持绿色低碳发展，国家金融监督管理总局、中国人民银行于2025年1月联合发布《银行业保险业绿色金融高质量发展实施方案》（以下简称《实施方案》）。

《实施方案》共四部分24条措施。一是总体要求，提出了绿色金融发展的指导思想和基本原则。二是主要目标，提出了未来5年绿色金融发展目标。三是重点工作任务，包括加强重点领域的金融支持，完善绿色金融服务体系，推进资产组合和自身运营低碳转型，增强金融风险防控能力，深化绿色金融机制建设。四是加强组织保障，加强责任落实、监督评价、协同合作。

《实施方案》聚焦绿色发展，兼顾金融供需，细化行业标准，强化信息披露，坚守风险底线，以深化金融供给侧结构性改革为重点，提升金融服务绿色高质量发展适配性。

《实施方案》提出，金融机构要从需求侧重点服务产业结构优化升级，能源体系低碳转型，生态环境质量改善和生物多样性保护，碳市场建设等领域。要从供给侧加大银行信贷供给，完善绿色保险体系，拓展绿色金融服务渠道，健全绿色金融标准，逐步建立完善信息披露机制。鼓励金融机构开发特色化绿色金融产品和服务，规范开展绿色债券业务，加强募集资金管理。保险公司要围绕服务绿色转型，研发有针对性的风险保障方案，推动绿色保险业务提质增效，加强保险资金运用，通过投资绿色债券、绿色资产支持证券、保险资产管理产品等参与绿色项目投资。

《实施方案》对金融机构开展绿色金融业务风险防控提出明确要求，完善风险管理机制，强化全流程风险管理，健全环境、社会和治理风险管理体系，探索环境气候风险管理技术和工具，维护良好市场秩序，确保商业可持续。

答记者问

国家金融监督管理总局 中国人民银行有关司局负责人 就《银行业保险业绿色金融高质量发展实施方案》答记者问

近期，国家金融监督管理总局、中国人民银行联合发布《银行业保险业绿色金融高质量发展实施方案》（以下简称《实施方案》），有关部门负责人就相关问题回答了记者提问。

《实施方案》发布背景是什么？

绿色发展是高质量发展的底色。中央金融工作会议明确将绿色金融作为金融“五篇大文章”之一。党的二十届三中全会对深化金融体制改革作出部署，提出积极发展科技金融、绿色金融、普惠金融、养老金融、数字金融。中央经济工作会议强调，协同推进降碳减污扩绿增长，加紧经济社会发展全面绿色转型。为深入贯彻党中央、国务院决策部署，金融监管总局、中国人民银行研究起草了《实施方案》，引导银行业保险业大力发展绿色金融，加大对绿色、低碳、循环经济的支持，防范环境、社会和治理风险，提升自身的环境、社会和治理表现。

如何提升金融服务绿色低碳发展质效？

一是优化银行信贷供给，立足银行职能定位，发挥服务特色优势，开发特色绿色金融产品服务。二是完善绿色保险体系，保险公司围绕服务绿色转型，有针对性地研发风险保障方案。三是丰富金融产品服务，支持银行机构开展能效信贷、绿色信贷资产证券化、绿色供应链融资等服务，开展碳排放权、排污权等抵质押融资业务。支持保险公司优化巨灾保险、环境责任保险业务，开展碳汇价格保险、碳排放权交易保险业务。四是拓展绿色融资渠道，鼓励银行机构规范开展绿色债券业务，金融租赁公司开展绿色租赁业务，保险公司开展投资绿色债券、绿色资产支持证券、保险资产管理产品等业务。

金融支持绿色低碳发展的重点任务有哪些？

《实施方案》围绕做好绿色金融大文章，聚焦绿色低碳发展重点领域，加大金融支持力度，提升服务质效。一是支持产业结构优化升级，强化对传统行业工艺革新和设备更新的中长期贷款支持，推动更多金融资源服务绿色产业发展，助力低碳交通运输体系建设，推动基础设施绿色升级和城乡建设绿色低碳发展。二是支持能源体系低碳转型，围绕太阳能光伏风电等新能源产业做好项目对接和信贷支持，完善新能源汽车全产业链金融服务，支持传统能源清洁高效利用，做好能源保供金融服务。三是支持生态环境质量改善和生物多样性保护，支持污染防治攻坚加大对重要生态系统保护和修复重大工程支持力度，支持国家公园建设和国土绿化行动建设项目，支持“三北”等重点生态工程建设。四是支持碳市场建设，支持国家和区域碳交易市场建设，完善配套金融服务，做好气候投融资重点项目金融对接，支持绿色低碳技术的开发推广应用。

如何有效防控绿色金融风险？

一是完善风险管理机制，健全环境、社会和治理风险管理体系，对客户风险进行分类管理与动态评估。二是强化全流程风险管理，有效识别、监测、控制业务活动中的环境、社会和治理风险，实现风险的全流程管理。三是有效应对气候风险，探索环境和气候相关风险管理方法、技术和工具，在积累数据的基础上，分步分行业开展情景分析、压力测试。四是维护良好市场秩序，聚焦客户分布集中的绿色行业产业开展常态化跟踪研究，优化行业投融资政策。

来源：国家金融监督管理总局网站
网址：https://www.nfra.gov.cn/cn/view/pages/ItemDetail.html?docId=1199876&itemId=916&generaltype=0
发布日期：2025年2月27日

保险业积极应对气候变化挑战

文 / 房文彬

保险业与气象密切关联。用好气象要素，有助于利用金融杠杆对冲气象风险，实现效益最大化。近年来，保险业努力探索气象指数产品研发、气象灾害风险减量等，积极应对气候变化挑战，有效赋能实体经济发展。

全球气候灾难损失呈加剧趋势

在全球气候变化背景下，极端天气气候事件频发。相关研究表明，1990 — 2023年，全球90.1%的重大自然灾害、82.8%的经济损失和91.1%的保险损失都是由气象灾害及其次生、衍生灾害造成的。

2024年12月初，中国气象局发布：预计极端天气会在未来26年内使全球收入减少19%。为遵守《巴黎协定》，全球或须付出6万亿美元的成本，气候变化导致的经济损失或将达38万亿美元。

就保险业而言，慕尼黑再保险发布的《2024年自然灾害损失记录报告》显示，2024年全球因自然灾害造成的保险损失约为1400亿美元。与气候变化相关的风险管理和理赔责任给保险业资产端和负债端带来双重压力，随着相关保险保障缺口越来越大，加大应对极端天气投资力度、提升保险业应对气候风险的综合能力迫在眉睫。

中国气象局党组成员、副局长熊绍员表示，金融与气象密切关联。用好气象要素，便于利用金融杠杆对冲气象风险，实现效益最大化。在全球气候变化背景下，发展“气象×金融”服务模式，就是要以气象高价值数据挖掘运用为指引，塑造气象与金融和实体经济之间的传导链条，发挥金融对实体经济的有效杠杆作用。

做好早期预警，保险业靠前发力

气象早期预警系统可以在灾害来临前发出警报，保护生命财产安全，是成本较低且能较快较易见效的防灾减灾手段。

近年来，保险业与气象部门的合作日益紧密，通过加强风险预警、科技赋能等筑牢气象防灾减灾第一道防线的关键作用，有效提升了社会应对气象灾害的能力。

中国人保与中国气象局2018年就签署了战略合作框架协议。多年来，双方在预警联动、巨灾保障、农险融合、科技赋能、创新保障、服务民生、风险减量等方面展开了深入合作，推动气象信息在产品研发与理赔评估等环节的应用，共同提升气象灾害风险的综合管理水平。

当台风“杜苏芮”还在千里外蓄力，中国人保的防线已提前激活——数千名查勘员、理赔专家、客服人员组成“应急矩阵”，1.5万辆理赔救援车辆、10余万件救灾物资和科技工具、904万条预警信息织成“数字护盾”。

这不是灾难片脚本，而是中国人保预警联动的实战记录。近年来，中国人保与气象部门紧密合作，结合精细化气象预报预警，打造权威平台，通过多渠道传播方式，形成“气象预警—风险防范—保险理赔”的完整服务链条，提升防灾减灾精准度，织密民生保障网。从观天象到建模型，从看天吃饭到知天而作，中国人保用“气象+保险”的硬核实践，把古人的防灾智慧写成了现代答案。

春节前后，浙江省台州市气温起伏不定，受冷空气的强势影响，早晚气温急剧下降。黄岩是柑橘的重要产地，此次极端低温天气极易使柑橘树遭受冻害。中国太保产险浙江黄岩支公司借助气象平台提前获悉该潜在风险后，积极动员、迅速行动，向农户提前发布极端天气预警提醒，并在倒春寒来临前夕赶赴田间地头，帮助当地柑橘种植大户给柑橘树穿上了防寒保暖的“新衣”，增加柑橘树的抗寒能力，减少低温冷害发生。

在宁夏，宁夏回族自治区气象局、中国平安财产保险股份有限公司宁夏分公司、中国人地财产保险股份有限公司宁夏分公司联合举行了“气象×金融”风险防控创新实验室揭牌仪式。三方将聚焦拓展气象巨灾保险合作、研发气象指数保险技术、探索气象灾害风险减量，推动金融保险气象服务技术创新，构建创新协同服务模式，培养跨学科复合型金融气象服务科研业务人才，形成产学研用一体化基地，助力金融保险气象风险管控能力不断提升。

探索形成金融气象服务模式

近年来，各级气象和相关部门、企业、高校、科研院所已在保险、银行等领域开展了许多有益探索，并取得显著成效。

中国气象局已经印发《“气象数据要素×”三年行动实施方案（2024—2026年）》《金融气象科技创新工作方案（2024—2030年）》，统筹布局金融气象数据服务、科技攻关和创新体系建设；此外，还与中国人民保险集团股份有限公司、中国再保险（集团）股份有限公司等金融机构签订合作协议；联合金融监管总局等加强气象灾害风险预警管理；发布中国金融气象指数与服务平台，分领域、分场景构建近70种表征实体经济风险的金融气象指数体系。

例如，广东、海南、广西、江西、福建等地积极推动地方政府建立台风、强降水巨灾保险制度，有力提升当地巨灾保险防范水平；浙江宁波、温州及云南建水等地探索开展“气候贷”，有效降低气象灾害带来的损失等。

“但同时应当看到，金融气象服务对科技支撑要求高，涉及领域广，具有多学科、多行业交叉融合属性，需要多方合力聚焦重点领域，加强政策支持，理顺体制机制，搭建合作平台，加快推进科技创新并提高成果转化效率，持续探索数字化、智能化、定制化金融气象服务新模式，并建立健全技术标准体系。”

接下来，应如何推动金融与气象的协作？

2024年12月，中国气象局、国家金融监督管理总局等部门联合印发的《关于加强金融气象协同联动 服务经济社会高质量发展的指导意见》（以下简称《指导意见》）明确，到2025年，将初步建立业务协同、保障有力的气象与金融协作机制，探索形成一批可复制、可推广的金融气象服务模式；到2030年，将营造有利于气象与金融深度协同发展的政策环境，确保金融气象数据、产品、技术、人才等各类要素资源的聚集效应有效发挥，基本建立全链条服务保障体系，推动气象与金融协作的效率和保障能力显著提升。

其中，针对保险业，《指导意见》呼吁加强气象保险产品创新，推动巨灾保险发展，提升再保险市场的风险分散能力；同时完善农业保险产品体系，进一步发挥气象在地方优势作物、大宗粮棉油作物等保险产品开发、定价中的作用。

来源：中国银行保险报网
网址：http://www.cbimc.cn/content/2025-03/24/content_542956.html
发布时间：2025年3月24日

十年磨一剑，匠心铸“阳光”

阳光人寿甘肃分公司优秀员工 徐天翔

文 / 李芊利

在兰州黄河畔的金融街区，有这样一位保险人——阳光人寿甘肃分公司的徐天翔，他用十年光阴从基层业务员成长为团队领军人。他的故事，不仅是一个普通保险人的奋斗史，更是阳光人寿“专业立身、服务为本”企业文化的生动注脚。从“零单网点”的破冰到亿元保费的突破，他用脚步丈量责任，以真诚书写使命。

破局：用专业点燃信任之火

2017 年，当徐天翔第一次踏入交通银行甘肃兰州城关支行时，面对的是一份“三年零保单”的棘手任务。彼时，银行理财经理对保险业务的抵触情绪浓厚，客户更是对保险充满误解。“与其硬推产品，不如先解决客户的真实需求。”他回忆道。三个月时间里，他深耕城关支行，整理出《银行客户画像分析报告》《一页纸讲年金》精准定位高净值客群。他创新设计“保险金信托 + 家族财富传承”综合方案，以 30 万元三年交保单为突破口，成功打开局面。首单落地的当晚，他在工作笔记上郑重写下：“专业是打破隔阂的利刃，真诚是赢得信任的基石。”如今，他总结的“需求倒推法”，印证了公司“以客户为中心”的核心价值观。

深耕：在创新中践行长期主义

2020 年，徐天翔转战招商银行渠道。面对高端市场的激烈竞争，他将阳光人寿“创新精神”融入服务细节：推出“1 小时应急响应机制”，连夜为客户解决保单贷款需求；设计“养老社区 + 高端医疗”组合方案，让保险从“一张保单”升级为“终身服务”。数据显示，经他团队服务的高净值客户，资产管理规模留存率提升 27%，交叉购买率增长 41%。

这种创新并非个例。阳光人寿近年来持续推动产品转型，从传统寿险转向分红型产品，推出“三五七”产品体系，覆盖客户全生命周期需求。徐天翔的实践，正是这一战略的基层投射。“保险的终点不是销售，而是成为客户一生的风险管家。”他说道。

传承：以团队之力书写阳光品格

走进徐天翔的团队办公室，“客户感谢墙”上挂满了手写信件和锦旗。“带队伍就像种树，根扎得深，才能长得稳。”他推行“45 天新人培养模型”，要求新人首周学产品、次周练话术、第三周实战，最终通过“服务方案设计大赛”才能转正。这种严苛却温暖的培养机制，锻造出 12 名百万标保精英，团队持证率 100%，连续三年保持“零重大投诉”。

阳光保险集团强调，“员工价值与团队共赢”，徐天翔将此化为具体行动：设立“战功积分制”，将目标分解为闯关任务；用“案例复盘会”取代简单考核，让失败经验成为团队财富。2023 年，这支平均年龄 28 岁的队伍摘得西北区域业绩桂冠，印证了公司“活力、动力、凝聚力”的组织文化。

担当：守护民生背后的阳光温度

在徐天翔的日程表上，每月一次的“金融知识进社区”雷打不动。从防范非法集资到解读养老政策，他用西北方言将复杂条款转化为生活智慧。

徐天翔的故事没有惊心动魄的转折，只有细水长流的坚持。办公桌上那本卷边的《长期主义》，墙面上“以终为始”的书法，默默诉说着一个银保人与一家企业的共同信仰：真正的成功，不在于瞬间的闪耀，而在于持久的耕耘。

扎根一线，做银保业务的“拓荒牛”

阳光人寿甘肃分公司武威中支优秀员工 杨春生

文 / 李芊利

杨春生，现任阳光人寿甘肃分公司武威中支总经理助理，分管银保业务。自 2017 年加入公司以来，他从一名普通的银保客户经理做起，凭借着对保险事业的热爱和执着，一步一个脚印，逐渐成长为一名银保业务的管理者，为公司银保业务的发展作出了突出贡献。

脚踏实地，从基层做起，做银保业务的“明白人”。初入公司时，杨春生对银保业务并不熟悉。为了尽快掌握业务技能，他积极到银行网点驻点，从最基础的工作做起。每天清晨，他总是第一个到达网点，认真学习产品知识，虚心向银行工作人员请教，耐心解答客户的疑问。在驻点期间，他不断提升自己的专业素养。凭借着扎实的业务功底和真诚的服务态度，他逐渐赢得了客户的信任和认可，业绩也稳步提升。

一次，一位客户在银行办理业务时，对一款保险产品表现出兴趣，但对条款细节存有疑虑。杨春生没有急于推销，而是耐心地为客户讲解了产品的特点和适用人群，并结合客户的实际情况，提出了中肯的建议。最终，客户不仅购买了这款产品，还主动介绍了多位朋友前来咨询。这件事让杨春生深刻认识到，只有站在客户的角度思考问题，才能真正赢得他们的信任。

勇于担当，迎难而上，做团队发展的“领头羊”。2019年9月，杨春生被任命为武威中支总经理助理，分管银保业务。他迅速进入“实干家”角色。为提升银保团队竞争力，他努力打造出一支敢打敢拼、团结协作的团队，并坚持以身作则，带领团队深入市场一线，调研客户需求，分析竞争对手，制定营销策略。为了提升团队的专业能力，他定期组织业务培训，邀请行业专家授课，分享成功案例，帮助团队成员提升专业技能和服务水平。此外，他还努力营造积极向上的团队氛围，鼓励团队成员之间互相学习、共同进步。

在一次重要的季度冲刺中，团队距离预期目标还有一定差距。杨春生没有给团队成员施加压力，而是主动带头赶进度，帮助大家梳理客户资源，制定个性化的营销方案。他还利用自己的经验，为团队成员提供话术指导和心理支持。最终，团队超额达成目标。自此，在杨春生的带领下，团队士气逐渐高涨，业绩也开始稳步回升。

开拓创新，锐意进取，做业务发展的“探索者”。随着市场环境的变化和客户需求的升级，传统的银保业务模式面临着巨大的挑战。杨春生深知，只有不断创新，才能在激烈的市场竞争中立于不败之地。

2020 年，他紧跟总分公司经营步伐，积极推动武威中支银保售后服务团队（CSP）筹建，始终坚持阳光文化的引领，坚持以“一切为了客户”为中心，以“为客户创造更多的价值”和“为更多的客户创造价值”为目标，坚定不移地打造连接客户价值的平台。

2025 年一季度，喜讯传来，杨春生实现了保费规模稳步增长，多项关键业务指标均正增长的好成绩。

展望未来，任重道远，做保险事业的“追梦人”。成绩属于过去，未来任重道远。站在新的起点上，杨春生将继续保持谦虚谨慎、不骄不躁的工作作风，以更加饱满的热情、更加昂扬的斗志，投入到银保事业的发展中去，为公司高质量发展贡献自己的力量，为更多客户送去保障和幸福。

杨春生用实际行动诠释了一名保险从业者的责任与担当。他坚信，在公司领导的正确领导下，在全体同人的共同努力下，武威中支银保业务一定能够再创辉煌，为公司的持续健康发展作出更大的贡献！

我国基本医保参保率巩固在95%

文 / 朱艳霞

2025年3月21日，国家医保局发布的《2024年医疗保障事业发展统计快报》显示，截至2024年年底，基本医疗保险参保人数达13.26亿，参保质量持续提升、结构更加优化，参保率巩固在95%。

2024年，基本医疗保险基金（含生育保险）总收入、总支出分别为3.48万亿元、2.97万亿元。其中，66.89亿人次享受门诊待遇，增长37.44%；2.92亿人次享受住院待遇，增长4.48%；次均住院费用8443.63元。

生育保险方面，截至2024年年底，生育保险参保人数2.53亿人，同比增加390.45万人。生育保险基金待遇支出1431.78亿元，比上年增加362.68亿元，增长33.92%。

医保助力乡村振兴方面，2024年，基本医疗保险、大病保险、医疗救助三重制度累计惠及农村低收入人口就医2.18亿人次，减轻医疗费用负担1961.61亿元。

异地就医直接结算方面，截至2024年年底，跨省联网定点医药机构64.4万家，其中跨省联网定点医疗机构23.03万家，跨省联网定点零售药店41.37万家。2024年，全国住院费用跨省直接结算1433.56万人次，基金支付1586.73亿元，比上年分别增长27.37%、17.43%。

支付方式改革方面，截至2024年年底，按病种付费覆盖全国所有统筹地区，按病种付费的医保基金支出占统筹地区内住院医保基金支出超八成。116个统筹地区上线按病种付费2.0版分组方案，九成以上的统筹地区建立了特例单议、谈判协商机制，所有统筹地区建立了医保数据工作组。

医保基金监管方面，2024年，全国医保系统共追回医保基金275亿元，其中，通过协议处理挽回基金损失233.63亿元，查实欺诈骗保机构2008家，移交司法机关1045家、移交纪检监察机关3638家、移交卫生健康等行政部门9734家。联合公安机关侦办医保案件3018起，抓获犯罪嫌疑人10741名，涉案金额24.3亿元。通过智能监管子系统挽回医保基金损失31亿元。

来源：中国银行保险报网
网址：http://www.cbimc.cn/content/2025-03/24/content_542940.html
发布时间：2025年3月24日

八面来风

Style

宝地聚风华

图片新闻

2025年3月9日，兴业银行晋城分行以一场主题为“传承潞绸千年文化，守护金融消费安全”的特色活动开启了一段别具匠心的金融教育普及征程。客户们在近距离感受潞绸文化精湛工艺背后蕴含深厚文化底蕴的同时，还通过学习金融知识，掌握了实用的金融技能，增强了金融风险防范能力，活动效果十分显著。

文、图／张紫娟

在“3·15国际消费者权益日”到来之际，山西左云农商银行围绕“保障金融权益，助力美好生活”主题，在县文化广场设立宣传展位，布置了醒目的宣传展板、海报和横幅，营造了浓厚的宣传氛围。工作人员现场讲解防范非法集资、常见的金融诈骗手段等内容，进一步提升金融消费者的金融素养和风险防范意识。

文、图／魏晓峰

河北滦州农商银行营业部以贴心服务化解客户难题，成功为一名客户兑换因发霉严重而几近损毁的残损人民币19500元，用实际行动诠释了“百姓银行”的责任与担当，赢得客户高度赞誉，并获赠“贴心服务解民忧，残币兑换显匠心”锦旗。

文、图 / 张 坤 田祎璠

为积极践行社会责任，推动“一池两新万企”行动走深走实、提质扩面，2025年3月5日，河北文安农商银行携手战略合作伙伴霸州市第二人民医院，以“关爱健康，情系农商”为主题，在客户服务中心开展了一场义诊活动。此次活动通过多学科诊疗的模式为60多位客户提供了二甲级医院的健康服务，赢得了高度赞誉。

文、图 / 刘凯雯

支农支小

农发行安徽芜湖市分行推进美好乡村路网提升改造

文/谢涛

2025年,农发行芜湖市分行成功获批贷款2.3亿元并实现首笔投放1.3亿元,用于支持湾沚区花桥镇美好乡村路网提升改造项目。

据悉,该项目建设内容包括整区域推进湾沚区花桥镇境内225.651千米老旧、破损农村公路进行改造及扩建,建设湾沚区现代农业服务展销中心一处,总建筑面积9.7万平方米,同步建设周围辅助道路、停车场、绿化亮化等设施。

本项目建成后,将进一步补齐当地农村基础设施短板,完善农村道路网络,改善道路条件,保障农民出行安全,畅通农产品的运输通道,有利于提高当地特色农产品交通运输效率,为农产品出村进城提供良好的基础条件。通过在现代农业服务展销中心设立农产品展销区、农产品电商销售及直播带货区域等,集农产品展示、销售、体验于一体,将有助于提升湾沚区农特产品的品牌影响力和知名度,吸引更多的农业企业入驻,延长农业产业链条、发展各具特色的现代乡村富民产业,加快农业农村现代化,预计可以直接带动用工100余人次,促进农民人均增收5万余元,助力湾沚区建设特色突出、品牌赋能的农业强区,促进乡村产业振兴,实现共同富裕,打造宜居宜业、民富村美的和美乡村。

农发行天津滨海分行1亿元贷款保障春耕物资供应

文/扈兆阳 杨津

2025年,农发行滨海分行成功发放贷款1亿元,用于支持春耕备耕关键时期的化肥生产与供应,切实发挥支农稳产作用,为保障国家粮食安全、服务乡村振兴注入政策性金融力量。

天津市南港供应链科技有限公司自成立以来,充分借助区位优势,深耕供应链贸易领域,承担南港工业区化肥、玉米等重要农用物资集中采购及物流枢纽建设等重要任务。该行积极响应国家"三农"政策及总分行党委关于支持农业生产的相关部署要求,主动对接企业融资需求,多次赴现场开展实地调查,全面分析企业经营现状,提供优质金融服务。同时,与分行业务处室加强沟通协调,推动联合办贷,有力提升业务办理工作效率,成功获批并实现资金投放。

该笔贷款的发放,将有助于企业提升贸易规模,优化供应链服务,助力提升区域重要春耕农资储备及流通效率,促进农民增产增收,服务保障国家粮食安全。下一步,该行将聚焦重要农副产品及农用物资稳产保供,持续提高自身金融服务专业化精细化水平,全力支持辖内重要供应链企业,助力乡村振兴和农业现代化发展。

农发行江西进贤县支行500万元贷款护航小微企业

文/雷武

"没想到利率这么优惠,办贷速度也很快。"在目睹农发行进贤县支行500万元贷款顺利到账后,南昌市三粮米业有限公司的负责人不禁发出由衷的感慨。

南昌市三粮米业有限公司从事粮食收购、农副产品销售,因扩大生产、购买生产性原材料导致流动资金不足。农发行进贤县支行在了解相关情况后,第一时间走访对接,询问企业资金需求,为其量身定制了专属融资方案。在市、县两级行的共同努力下,历时十余个工作日,该支行成功为企业发放500万元粮油收购贷款,及时满足其流动性资金需求,降低企业融资成本。

下一步,该支行还将不断扩大走访覆盖面,优化营商环境,切实推动支持小微企业融资协调工作机制,为小微企业高质量发展贡献政策性金融力量。

河北三河农商银行奏响春耕备耕协奏曲

文/冯圣清

春分刚过,河北三河市的田野间一片繁忙。与往年不同,今年田间多了亮眼的"农信红"——三河农商银行的信贷员穿梭在阡陌之中,为春耕生产精准"输血",奏响了充满生机的春耕协奏曲。

精准把脉开良方,春耕生产"及时雨"。"多亏了信用社的惠农快贷,让我能及时买上新农机!"种粮大户王某某感慨道。针对春耕资金需求"短、频、快"的特点,三河农商银行推出惠农快贷产品,开辟信贷审批绿色通道,缩短办理时限,加速审批流程,如及时雨般滋润着希望的田野。

智慧服务进万家,金融知识"云播种"。"手机点一点,贷款就到账,太方便了!”李家庄村民通过河北农信App成功申请贷款后赞不绝口。三河农商银行在坚持传统“挎包银行”服务的同时,构建“线上 + 线下”立体宣传网络。不仅通过视频讲解惠农政策,还下乡普及金融知识、开办金融夜校传授防诈技巧,让金融知识如同春播的种子,在田间地头生根发芽。

问需于企显担当,小微企业“强心剂”。“这笔贷款解了我们的燃眉之急!”某农机制造企业负责人握着信贷员的手连声道谢。面对涉农小微企业融资难题,三河农商银行组建专业团队深入生产车间,量身定制贷款产品,助力企业全力生产春耕物资。

从田间到车间,从农户到企业,三河农商银行以“金融画笔”在春耕画卷上描绘动人色彩。清晨,工作人员的脚步打破乡间宁静;夜晚,金融夜校的灯光照亮农民求知的面庞。这抹“农信红”,不仅是春耕时节的亮丽风景,更是乡村振兴道路上永不褪色的时代印记。

河北蔚县农信联社
深入开展“一池两新万企”行动

文 / 李 飞

2025年2月以来,蔚县联社积极响应省联社关于支持小微企业发展的安排部署,以实际行动深入开展“一池两新万企”行动,积极将资金服务精准送达各类市场主体,以优质高效的金融服务助力实体经济快速发展。

“金融活水”润泽小微企业。“这笔贷款来得非常及时,正好解决了我们当前经营发展的资金需求。”张家口萝川贡米有限公司负责人感慨道。

张家口萝川贡米有限公司成立于2011年,坐落于蔚县宋家庄镇高院墙村,是一家拥有贡米精深加工流水线,年加工能力达500万公斤,以农特产品种植加工销售为一体的县域龙头企业。光明信用社在蔚县联社召开完行动动员部署会后,立即投身企业走访工作。走访过程中,工作人员全面了解该企业的生产经营情况,并重点关注其在融资、结算等方面的金融需求。针对该企业因更新生产设备,面临流动资金短缺的困难,光明信用社充分利用现有支持小微企业发展优惠政策,积极为该企业办理2700万元流动资金贷款。正是这笔资金的注入,不仅缓解了该企业的资金压力,更为该企业的生产发展提供了有力支持。

“真金白银”支持农户发展。走进杨庄窠乡下平油村蔚瑞养殖专业合作社,映入眼帘的是10万只鸡生长在4栋规划合理并配备了自动化投料、捡蛋、清粪系统的鸡舍。这得益于蔚县联社100万元信贷资金的支持。

据了解,2025年是段大姐创办养殖合作社第十个年头。多年来,段大姐不断完善养殖技术,引进优质蛋鸡品种,随着养殖场发展越来越好,养殖的蛋鸡越来越多,早年修建的养殖场便开始显现一些弊端。于是,段大姐产生了改建养殖场的想法,经过认真仔细估算,仍有70多万元的资金缺口。陈家洼信用社通过企业走访活动了解到段大姐的情况后,综合考虑段大姐经营蛋鸡养殖多年且拥有稳定销售渠道,为段大姐办理了100万元的养殖贷款。

“多亏了信用社资金支持,我才有充足的资金进行改建,现在我的养殖场有10万只鸡,日产蛋量能达9000余斤,每天纯收入能达3万元,是信用社让我这个鸡窝飞出了‘金凤凰’。”段大姐高兴地说道。

“上门服务”普惠商家店铺。家住蔚州镇的王大哥经营着一家百货门市部,店内经营着各种食品与日常用品,来往的客户络绎不绝。“开门市部,哪能少了流动资金,多亏了你们,贷款好,服务好。”王大哥感慨地说。王大哥的门市部在周边小区的口碑很好,经营多年积攒了不少人气。随着经营经验和销售收入的增加,王大哥产生了装修扩大店面的想法,但因日常进货,维持经营等原因,仍有8万元的资金缺口。东门分社在城区网格走访中了解到这一情况后,迅速为其办理了10万元经营贷款。如今,王大哥的百货门市部顺利焕新，吸引了更多客户。

无独有偶，泰宇商场的店铺也收获了“及时雨”。泰宇商场位于县城前进路中段，是蔚县规模较大的综合购物商场。自行动开展以来，蔚县联社主动对接泰宇商场，了解各店铺资金需求，并结合蔚县联社实际情况，创新推出“泰宇商圈贷”，以满足商场内各商户资金需求，截至2025年2月末，已为29户商铺，发放600万元贷款。

河北张北农商银行暖心服务助小微

文／佟梦雪

小微企业是经济活力的源泉，更是“稳增长、促就业”的关键力量。2025年以来，张北农商银行兴华小贷中心积极响应国家支持小微企业发展的政策号召，省联社、审计中心及总行下发的“一池两新万企”专项活动，全面启动小微企业融资协调机制，通过强化组织领导、创新服务模式、优化服务效能，构建起政银企协同的金融支持网络。截至2025年2月末，该行小贷中心累计投放小微企业主及个体工商户贷款超2721万元，为地方经济高质量发展注入强劲动能。

据悉，一方面，该行兴华小贷中心成立工作专班，各级明确职责分工，确保政策快速落地，制订详细走访计划。另一方面，以“千企万户大走访”活动为抓手，通过“线上+线下”融合模式，实现服务触角全覆盖。为县域所有的小微企业建档立卡、评级授信，全面开展创建“信用微企、信用微企园区、信用微企县区”活动。

下一步，张北农商银行兴华小贷中心将深刻把握金融工作的政治性、人民性，持续深化政银企合作，打通金融惠企“最后一公里”，为小微企业茁壮成长与地方经济繁荣发展贡献更大力量！

服务

江苏民丰农商银行构建覆盖全客群服务体系

文／李 倩

2025年以来，民丰农商银行以“精准走访惠主体 深耕客群提产能”专项活动为抓手，采用“三阶段推进+双目标驱动”模式，构建起覆盖全客群的服务体系。截至2025年2月末，各项存款459.93亿元，较年初增长39.06亿元，增幅9.28%；各项贷款429.48亿元，较年初增长16.84亿元，增幅4.08%。

深耕客群，提升产能，一张蓝图绘到底。采取“三阶段推进”模式，将活动周期180天划分为攻坚期、深化期、冲刺期，零售条线聚焦近三年流失客户、沿街个体工商户、AUM10万元以上客户等六大类客群，实现主要服务对象精准触达；对公团队建立“20+4+1”电话营销机制（每日电联20户、4户有效、1户建联），确保每周实地走访对公客户不低于10户。周二至周四的下午为机动走访时段，周六为集中走访日，实现对多客群的广泛覆盖，构建走访获客长效机制。

排定目标，清单推进，一张网全覆盖。推出“双目标驱动”模式，设置固定目标与阶段性目标，分阶段、分区域对重点客群进行走访建档。走访工作兼顾“数量+质量+转化”，城区走访以“个体工商户+企业+政府单位”模式为主，农区走访以“个体工商户+阳光信贷+企业”模式为主，在划分的网格内进行逐户建档、录入、客群分类。专项活动开展以来，累计完成商户建档7700户，授信1696户，金额5.06亿元。

协调联动，注重效果，一盘棋做好服务。走访活动坚持公私联动、上下联动、内外联动，以客户感知、百姓口碑作为衡量金融服务质效的标尺。充分发挥一级法人银行决策链短的优势，为市场主体量身定制金融产品，以一码通收单结算、财富产品推介等增值服务引申出信贷服务，为各类经营主体注入金融“活水”，擦亮民丰品牌。活动开展以来，累计电话营销4.1万户，实现用信1085户，金额2.12亿元。

统一标准，强化考核，一把尺子量到底。建立“三级督导+三维考核”体系，总行领导班子分片包干，机关部室下沉督导，中心支行协同落实，形成“周复盘、月通报、季考核”工作闭环。搭建“走访数据看板”，设置“电话时长不足”“录入不规范”等多项预警指标，按周对走访督导情况进行公示。每阶段结束后对客户走访和目标转化情况进行打分，同时将考核结果运用在季度劳动竞赛中，以强化考核推动走访工作成果转化。

此次专项走访活动，既是服务实体经济的生动实践，更是深化客户关系的重要契机。民丰农商银行将持续深化“走访+科技+服务”模式，着力构建“精准获客 — 专业服务 — 价值创造”的全链条服务体系，为地方经济发展贡献更多金融力量。

江苏海门农商银行
金融活水护航企业向“新”而行

文 / 杨 晨

海门农商银行利用全国中小微企业资金流信用信息共享平台（以下简称“资金流信息平台”），获取辖内企业资金流信息，利用大数据精准企业画像，更加科学地开展授信评估，跨越与企业之间的信息鸿沟，引金融“活水”护航企业向“新”而行。

数据驱动决策，解决企业资金焦虑。南通亚之杰铜业有限公司位于全国知名的“电碳之乡”——南通市海门区包场镇。近年来，受市场行情波动影响，该公司出现了流动资金缺口，向海门农商银行发出了求助信号。

作为多年的合作对象，海门农商银行对南通亚之杰铜业有限公司虽知根知底，但是判断公司的经营情况到底怎样，必须建立在充分的信息调查之上。于是，该行充分借助资金流信息平台，对企业资金流信用信息报告进行精准阅读，对资金收支、交易情况进行全面评估分析。评估认为，南通亚之杰铜业有限公司虽受近期铜价波动影响账面短期承压，但其长期合作的客户回款稳定，产能提升基础较好。于是，海门农商银行迅速为其定制贷款方案，快速完成175万元的无还本续贷授信审批，解决企业周转资金的焦虑。

“通过国家级平台的数据共享，既保护了我们企业的商业隐私，又帮助我们增信减负，让我们有更多的精力投入生产。”南通亚之杰铜业有限公司总经理表示，“这笔资金到账后，我们将立即采购更多的铜料储备，预计年内产能可提升30%。”

服务强化支撑，赋能企业智改数转。除了满足传统行业的流动资金需求外，资金流信息平台还让更多的高新技术、专精特新企业走进了金融机构的视野，为科技金融的培育壮大提供了平台支撑。

作为国家级信用信息共享枢纽，资金流信息平台整合了企业跨银行账户的收支流水、交易对手、纳税记录等多维度数据。企业完成授权后，金融机构可以实时查询上述数据并为企业建立信用档案。海门农商银行充分借助资金流信息平台，从企业授权的信息数据中挖掘潜藏信息，及时获取企业金融服务需求。

江苏佳世博智能科技有限公司是一家从事五金生产的小微企业。海门农商银行通过调取该企业在多家银行的资金流水明细，结合智能算法对上下游交易稳定性、现金流周期性等指标进行深度建模分析，精准识别企业经营健康度。相关数据表明，该公司经营状况十分健康、数字化转型正在加速。该行主动与企业负责人接洽，为企业提供信贷支持方案，快速信用授信280万元，支持企业智改数转。

江苏佳世博智能科技有限公司负责人也表示，“感谢海门农商银行，也感谢资金流信息平台，让我们的技术改造有了更大的底气。”

无论是缓解企业资金焦虑，还是支持企业技术革新，资金流信息平台均发挥出强大的信息信用支撑作用，解除了众多金融机构的审批授信后顾之忧。据统计，该行自2024年12月正式使用平台以来，已成功为66家小微企业办理相关业务，累计授信金额1.32亿元，授信审批周期平均缩短60%。下阶段，该行将继续发挥资金流信息平台作用，不断加强对重点领域的优质金融服务，扩大科技金融“投早投小”覆盖面，为长三角先进制造业集群注入更强金融活力。

河北安平农商银行
积极响应“一池两新万企”活动

文 / 刘 贺

为全面贯彻落实省联社“一池两新万企”行动，安平农商银行迅速响应，将全力支持小微企业和农村经营主体，推动县域地方经济稳健发展。截至2025年3月20日，全辖累计走访企业8700户，授信并发放贷款25户、8495万元，为县域经济发展贡献农商力量。

激活资金活水，创新驱动发展。一是精准对接产业需求。围绕县域丝网产品、农产品等支柱产业，创新金融服务模式，通过“一企一策”定制个性融资方案，全面覆盖产业融资需求，助推企业规模化、可持续化发展。二是精准优化服务流程。大力推进线上放款模式，精简审批材料，优化审批环节，及时解决企业日常经营周转资金难题。目前小微企业审批时限已压缩至3~5个工作日。三是精准创新金融产品。推出“专精特新企业贷”“专精特新小巨人贷”等特色产品，同时以“商贷宝”“农贷宝”等宝类产品为抓手，全力构建“一次授信、循环使用、按需支取”的灵活融资模式，覆盖各领域资金需求。截至2025年3月20日，特色信贷产品余额突破8530.65万元。

深化“两新”建设，夯实信用根基。一方面巩固新“双基”共建成果。全面落实农村金融专员制度，加强新型农业经营主体和新市民金融服务，做实做细新“双基”共建农村信用工程，深耕“三农”、小微企业和地方实体经济发展，全面助推乡村振兴。另一方面持续开展新“三信”创建。自“千企万户大走访”行动以来，持续深入农村、社区，收集农户和小微企业的信用信息，建立详细信用档案，全面调查小微企业各项经营情况，并做到精准评级授信。截至2025年3月20日，已对辖内8700家清单企业进行初步摸排。

聚焦“万企”目标，精准投放资金。一是深化政银协同联动。积极与辖内政府和职能机关对接协调，争取政策支持。安平农商银行已与辖内8个乡镇政府、安平县农业农村局以及聚成物流园、杨屯田园综合体签订金融战略合作协议11份，确保小微企业融资协调工作机制落地见效。二是及时获取小微企业推荐清单。安平农商银行已获取企业“推荐清单”6181户，占县域“推荐清单”的1/3。目前，安平农商银行对照名单进行全区域统筹、全员工协动，集中全行力量主动开展小微企业走访工作，确保对接工作覆盖全面，不留遗漏。三是搭建银企沟通桥梁。总行领导班子带头走访，严格落实包联督导工作机制，形成上下一心、全员走访的良好氛围。领导班子带队走访企业400余户，通过与企业面对面交流，实地考察其经营状况，建立并完善企业综合信息，为企业量身定制金融服务方案，实现信贷资金与企业需求的精准匹配。

河北河间农信联社
践行普惠金融，深化精准服务

文／薛巧威

河间联社深入践行普惠金融理念，以“精准”服务为突破口，通过构建“精准画像 — 精确定位 — 精细服务”三维服务体系，扎实推进“一池两新万企”专项行动。截至2025年3月13日，该联社累计走访名单内企业1360家，建立动态融资需求数据库，以金融“活水”精准滴灌小微企业成长沃土。

多维建模精准画像，破解银企信息壁垒。针对小微企业融资需求“短、小、频、急”的特点，创新建立“双轨四维”信息采集机制。线下依托12个信贷网点建立网格化服务体系，客户经理团队开展“扫街式”实地走访，深度调研企业经营规模等核心要素；线上打通税务、社保、公共事业缴费等政务数据信息库，运用大数据技术构建“信用评分模型”，实现客户风险等级智能分级和预授信额度自动测算。通过“线上+线下”数据交叉验证，已建立动态更新的企业信用档案1360份，有效破解银企信息不对称难题。

智能筛选精准对接，构建需求响应闭环。为提升金融服务的精准触达效率，该联社即将上线“精准营销中心”。新成立的电话营销中心将运用智能外呼技术，对目标客户进行初步需求筛查，系统自动将有效需求派发至对应区域信贷网点。客户经理根据电话营销中心提供的客户画像报告开展定向走访，实现从“广撒网”到“定点投喂”的服务模式转变。

流程再造精准滴灌，提升服务供给质效。在服务效能提升方面，打出“限时服务+首贷培育”组合拳。全面推行3天限时办结制：200万元以下贷款当日完成入户调查，3个工作日内完成审批放款；同时，7×24小时在线响应咨询。推行“首贷户培育计划”，针对从未获得过贷款的小微企业，建立“客户经理+行业顾问”全流程辅导机制，从财务规范、抵押增信到授信落地提供全流程辅导。2025年2月成功营销首贷户3户，授信2100万元、用信780万元。

该联社将继续践行普惠金融服务理念，深化精准服务机制，构建覆盖企业全生命周期金融服务体系，依托产业链专属信贷产品，搭建银企线上对接平台，持续为实体经济发展注入金融动能。

河南郸城农信联社
助力退役军人创业就业

文／李玉昆

2025年3月26日，郸城县退役军

人事务局召开2025年退役军人春季适应性培训座谈会，郸城联社营业部通过普及金融政策、宣讲金融知识，为退役军人美好生活再起航提供坚实金融力量。

会上，郸城联社营业部工作人员通过发放宣传彩页、现场宣讲等方式为在场退役军人讲解了拥军优惠政策，详细解答他们遇到的金融难题，并积极普及防范电信诈骗、反洗钱等金融知识，为退役军人创业就业提供了有力的资金支持和金融保障。

下一步，郸城联社将继续贯彻落实双拥工作重要精神，持续发挥金融机构在拥军优抚事业、退役军人就业创业工作中的特色作用，全力做好退役军人回乡创业服务，助推退役军人事业稳健发展。

贵州晴隆农商银行 金融春雨至，茶园吐新绿

文 / 尚清华

时至三月，万物复苏。走进晴隆县碧痕镇，大片茶园映入眼帘，茶树枝上吐出新绿，生机盎然。采茶工人们手指纷飞，抢抓农时。

“提前在农商行贷了款，备足了生产资金，所以一点也不耽搁。”当地茶业经营大户吴兴红说道。

从事茶业事业后，吴兴红的茶叶种植规模逐年增长，在晴隆农商银行12万元的信贷资金支持下，其购买了制茶设备，实现了从种植到加工的产业链延伸，收益也有了较大的提升。

据悉，吴兴红从事茶业经营已有多年。在他的事业发展历程中，每年都会得到晴隆农商银行的金融支持。

扩大种植规模并延伸加工制茶后，生产经营的资金需求也随之增多。2024年，晴隆农商银行碧痕支行的客户经理已经提前介入，到吴兴红的茶叶种植基地及加工车间了解情况，对接金融服务需求。结合实际，客户经理为吴兴红调增信用额度至30万元，有需即贷，随借随还，循环使用。

2025年，进入春季后，茶树开始发芽，又进入了采茶制茶的黄金期。吴兴红立即在碧痕支行借款25万元，用于茶叶的收购、支付工人工资及生产加工茶叶等环节。

自吴兴红从事茶叶种植及加工以来，碧痕支行客户经理一直跟进其需求，了解吴兴红的生产经营状况，根据本行的最新优惠信贷政策，合理匹配信用额度，及时向其发放低利率贷款，减轻承贷压力。十余年来，晴隆农商银行累计为吴兴红发放贷款26笔196万元，使用“特惠贷”、一县一业“深扶贷”以及“脱贫人口小额信贷”、乡村振兴贷等支持“三农”发展的优惠信贷产品进行支持。

晴隆县高山多云雾，较为适合茶叶生长，当地党委政府将其打造为乡村振兴特色产业。晴隆农商银行作为县域“三农”主力银行，提前全面走访辖内的茶农、茶叶种植大户以及农民专业合作社，实地了解其资金需求情况。以信用工程建设为基础，积极贯彻落实适度宽松的货币政策，合理匹配农户的信用额度，有效满足茶叶经营主体资金需求，并下调贷款利率，减轻其承贷压力；以金融科技为手段，优化服务模式，运用“黔农智慧办贷”“黔农云”等线上渠道，及时将优质金融活水引入茶园，确保金融春雨如期而至，茶叶经营主体不等“贷”。截至2025年2月末，晴隆农商银行茶叶经营类贷款余额为4051万元，惠及茶叶经营主体342户。

动态

农行河南商丘分行 积极开展“3·15”宣传活动

文 / 娄浩然　谢福建

“3·15”是国际消费者权益日，也是普及人

民币反假知识、增强公众防伪意识的重要契机。为全面普及金融知识，切实提高社会公众金融安全与风险防范意识，迎接“3·15国际消费者权益日”，农行商丘分行积极参与人民银行商丘市分行在闫集镇吴营村集中组织开展的“3·15”人民币货币反假宣传、整治拒收人民币宣传活动。

闫集镇吴营村因青年画家吴承言义务绘制的哪吒主题墙绘而走红。这些色彩斑斓、形象生动的墙绘迅速在网络上传播开来，吸引了大量游客前来参观打卡。在人民银行商丘市分行领导下，农行商丘分行以此为契机，组织6人参与人民银行组织的人民币货币反假宣传、整治拒收人民币宣传活动。

在活动现场，农行商丘分行工作人员通过发放宣传资料和“人民币知识科普+真假币对比”等形式，生动形象地向群众讲解识别假币的方法、残损币兑换标准和方法及人民币相关知识，在日常生活中如何掌握“一转二摸三透光”基本假币识别技能，识别假币的方法以及应对措施。同时，向群众普及爱护人民币、不得拒收人民币和发现假币的正确处理方式等知识，倡导全民增强反假意识和爱护人民币责任意识。

该行工作人员向街道两侧商户宣传人民币货币反假知识、提供“零钱包”兑换服务；向商户宣传拒收现金是违法行为，引导商户规范使用人民币，还为有兑换需求的客户兑换零钱。

活动期间，该行共发放宣传折页、宣传扑克230余份，向商户和过往群众提供零币兑换350元，接受群众咨询约90人次，此次消保权益及反假货币知识宣传活动取得了积极成效，让大众对人民币防伪知识有了一定了解，得到了群众的一致好评。

该行相关负责人表示，下一步，将继续抓好人民币识假、防假宣传工作，采取灵活多样的宣传方式，不断扩大宣传覆盖面，形成作用持久、管理有序、宣传到位、防范有效、群众切实受益的宣传网络体系，更好地维护人民币信誉和正常的货币流通秩序，切实担负起国有大行应有的责任与担当。

农发行黑龙江大庆市分行多措并举开展“3·15”宣传活动

文 / 陈秀丽

为正面宣传金融支持提振和扩大消费、金融机构维护消费者合法权益、为民办实事的亮点举措，帮助社会公众增强风险意识、提升防范能力，近日，农发行大庆市分行通过梳理正面典型案例、开展风险提示、集中宣传等多项措施，全力开展“3·15国际消费者权益日”宣传活动。

梳理典型案例，加强正面宣传。全面梳理总结支持提振和扩大消费方面的亮点举措，以及在提升助老助残服务、改善外籍来华人员金融服务、助力民生保障等方面的实事举措，形成为民办实事典型案例2个。通过对典型案例的线上线下宣传，进一步增强教育宣传的传播力、引导力。

开展风险提示，营造良好氛围。聚焦“维护权益”主题，围绕扰乱市场秩序、侵害金融消费者权益的非法中介活动，原创风险提示1条，将风险提示悬挂在营业大厅显著位置，着力做好对客风险提示工作，帮助金融消费者有效识别和防范相关风险，营造安全放心的消费和投资环境。

携手集中宣传，强化宣传效果。与大庆市52家银行保险机构携手，在大庆萨尔图区新百大南街心广场开展集中宣传活动。通过现场互动答题、发放宣传品、讲解宣传展板等多种方式，为社会公众普及金融知识，展示打击非法金融中介活动的成果，提升金融教育针对性、覆盖面和影响力，确保宣传活动取得实效。

下一步，该行将坚持线上和线下相结合、正面宣传和风险提示相结合的方式，梳理总结支持提振和扩大消费方面的亮点举措，切实提升消费者金融素养和风险防范意识。

农发行江苏常州市分行开展“3·15”征信宣传活动

文 / 吕梦琪

为进一步增强信息主体和辖内金融信用信息基础数据库接入机构征信法律意识，引导信息主体依法理性维权，推动社会信用体系建设，在“3·15国际消费者权益日”来临之际，农发行常州市分行组织开展了以“学习征信法规，依法理性维权”为主题的征信宣传活动。

走进农村农户，征信普及惠民生。活动期间，该行组织宣传小分队赴金坛仙姑村、溧阳新庄村等地，开展“面对面”“零距离”的征信法规普及和征信知识宣传，涉及受众人数达57人。针对农村地区征信知识相对薄弱的现状，宣传人员用通俗易懂的语言，向农户普及《征信业管理条例》，发放征信知识宣传手册，介绍征信异议、征信投诉等依法维权方式的处理流程和渠道，引导信息主体充分认识征信记录的重要性，警惕“征信修复”骗局。

聚焦企业主体，精准宣介保安全。聚焦辖内企业客户，利用业务办理、贷后走访、日常沟通等契机，向企业负责人和员工详细讲解征信报告查询、理性维权等知识，引导企业树立诚信经营理念，提高信用管理水平。积极开展长三角征信查询宣传工作，向客户宣传推广“长三角征信链”平台，享受更加便捷高效的征信服务，助力营造长三角区域良好信用环境。

加强制度建设，规范查询促合规。围绕征信权益保障机制健全，制定《征信查询审批操作指引》，明确客户经理、征信查询员、征信管理员等岗位职责，规范征信信息查询管理流程和信息管理安全要求，不断增强征信合规意识，有力保障信息主体的征信合法权益。

农发行安徽安庆市分行召开清廉金融文化建设工作推进会

文 / 陈 伟

农发行安庆市分行召开2025年清廉金融文化建设工作推进会，旨在深入贯彻落实党的二十届三中全会、二十届中央纪委四次全会精神，全面加强清廉金融文化建设，推动全面从严治党向纵深发展。

会议系统回顾了2024年清廉金融文化建设成果。安庆农发行通过压实责任链条、筑牢制度屏障、提升监督效能等举措，不断完善制度体系，夯实清廉根基；将廉洁要求有机贯穿员工职业生涯全过程；通过开展谈心谈话、纪律教育警示教育、廉洁实践活动、与联动外部机构联动等多种形式使清风正气蔚然成风，进一步推动安庆农发行清廉金融文化建设落地见效。

该行党委书记、行长宋欣海同志在会上强调，2025年，是全面落实党的二十大精神的关键之年，是“十四五”规划收官之年，也是金融事业高质量发展的攻坚之年，在肯定成绩的同时，仍要继续深入推进“一体三不”，持续推动清廉文化建设，更要清醒认识到外部环境之“严”和内部使命责任之“重”两个关键问题。要主动对标对表，严防“靠农吃农”“靠贷吃贷”“以贷谋私”等问题的出现，要守住廉洁底线，坚决扛起作为农发行人肩负的时代责任和使命。

会议认为，要进一步聚焦“学习赋能、做实监督、文化浸润”三个方面。通过学习党的创新理论、党纪国法等，提升干部员工政治站位；通过履行党委主体责任、纪委监督责任打好风险防控组合拳，做实日常监督；通过激发活力、文化浸润、开展丰富多彩的廉洁文化活动，培育崇廉尚洁新风尚。

会议号召，全行上下要以此次推进会为契机，以“永远吹冲锋号”的清醒、以“永远在路上”的执着、以“时时放心不下”的责任感，共同擦亮农发行“清廉支农 清正立行 清白做人”的“三清”文化品牌，共同绘就安庆农发行风清气正的“廉洁画卷”，为安庆农发行更好地落实中央金融工作会议精神，服务“三农”、服务地方经济发展提供坚强的廉洁保障。

农发行安徽肥东县支行开展帮扶慰问活动

文 / 夏成培

农发行肥东县支行党支部精心部署，安排人员前往结对帮扶的家庭开展走访慰问活动。此次活动聚焦肥东县白龙镇费集居委会，为10户家庭送去米、油等慰问品与节日的美好祝福。

走访过程中，农发行肥东县支行工作人员与帮扶对象面对面交流、心贴心沟通，通过“唠家常”，深入了解其家庭成员近期身体状况及生活中遇到的困难。工作人员鼓励大家放下思想包袱，携手向前，共同创造美好生活。帮扶对象对支行干部的关怀与付出表达了衷心感谢。

通过此次走访慰问，帮扶对象深切感受到

社会大家庭的温暖，进一步拉近了该支行干部与群众的距离，增强了党员干部的社会责任意识。

下一步，农发行肥东县支行在扶贫慰问工作中将持续发力，继续关怀帮扶家庭，竭力为他们解决实际难题，传递社会温暖。

农发行广东廉江市支行开展防抢防爆应急演练活动

文 / 黄小云

农发行廉江市支行组织员工在营业大厅开展了防抢防爆应急演练活动。

演练前，该支行组织参与演练的保安员及全行员工认真学习了应急预案内容，明确了参演人员要掌握演练场景的角色分工、关键步骤和处置要点等，确保此次应急演练活动能顺利有序开展且达到演练效果。

本次演练模拟歹徒持刀进入一楼营业大厅进行抢劫的场景。演练过程中，营业室员工反应迅速，机智应对，趁歹徒放松警惕时立即按下无声报警按钮进行报警；安保人员快速进入现场，与歹徒小心周旋，抓住时机控制住歹徒。

在演练全程，该支行员工皆严格按照演练方案要求各司其职，全心投入，把此次演练当成实践。营业室员工反应敏捷，安保人员动作迅速，整体效果较好，进一步增强了该支行员工处理突发事件的应变能力，达到了以预案指导演练、以演练检验流程的目的，为支行的稳健运营打下坚实基础。

下一步，农发行廉江市支行将继续加强安全生产管理，紧绷安全弦，持续开展各类应急演练，以“演”促练护平安，以“练”筑防保安全，真正做到“人人讲安全，个个会应急”。

农行石河子莫索湾兵团支行阻截“直播会员”连环扣费陷阱

文 / 刘诗悦

农行石河子莫索湾兵团支行营业室成功拦截了一起电信网络诈骗，及时保护客户钟女士名下近十万元养殖款安全。

2025年3月22日14时21分，一对神色焦虑的中年夫妇匆匆走进农行石河子莫索湾兵团支行营业大厅。客户钟女士向工作人员反映，其刚刚遭遇自称“某直播平台客服”的电信诈骗。诈骗分子谎称钟女士误开通直播会员服务，每月将自动扣费800元，并以影响个人征信相要挟，诱导其下载非法应用进行屏幕共享。

“当时对方要求我登录手机银行输入密码，还让我展示微信零钱余额。”钟女士回忆道，由于网络连接异常未能完成操作，她意识到可能遭遇诈骗后立即求助银行。支行营销副行长邵书情迅速识别出这是典型的电信诈骗手段，当即启动应急预案：第一时间冻结账户资金、核查所有银行卡流水、重置账户密码，并彻底清除手机中安装的两个可疑应用。

风险排查过程中，工作人员发现钟女士手机存在某窥屏软件的安装请求，立即采取强制关机措施，同步联系石河子反诈中心协同处置。经查证，诈骗分子通过屏幕共享已获取部分账户信息，但因处理及时未造成资金损失。

“这是典型的‘虚假服务’类电信诈骗。”邵书情介绍，犯罪团伙利用仿冒App、屏幕共享等手段，以关闭自动扣费为幌子实施诈骗。该支行通过常态化反诈培训，要求员工对异常开户、转账等业务保持高度警觉，已成功拦截多起类似案件。

据悉，该支行一直以来坚持加强金融知识普及，通过厅堂微沙龙、社区宣讲等形式，重点向中老年客户讲解“国家反诈中心App”安装使用技巧。此次事件中，工作人员现场指导钟女士安装了该防护软件，并完成风险检测。

“多亏银行同志反应迅速，保住了我们养殖场的周转资金！”钟女士夫妇对农行专业高效的处置连连称赞。

河北鹿泉农商银行开展AI工具应用专项培训工作

文 / 刘家祺

2025年3月7日，河北鹿泉农商银行开展了“AI工具在银行业务中的应用”专项培训工作。此次培训聚焦AI技术在银行业务中的实际应用，旨在帮助员工掌握前沿科技，推动鹿泉农商银行加速数字化转型。培训采取“现场+远程”相结合的方式，领导班子、各科室、支行和信贷部门共百余人参加。

培训课上，专家深入分析讲解了当前AI工具在银行业的应用现状，还简要介绍了包括DeepSeek、文心一言等在内的热门AI工具，让参训人员对AI工具的多样性和强大功能有了初步认识。在理论讲解之后，培训进入实际操作演示环节，该阶段重点展示了AI工具在银行业务营销中的四大应用场景：精准对接、智能客服、办公应用以及规避欺诈。通过实际操作，员工们直观地看到AI工具如何通过数据分析实现客户需求的精准匹配，提升服务效率；智能客服系统如何快速响应客户咨询，解答常见问题，优化客户体验；在办公应用方面，AI工具如何助力文档处理、数据整理等工作，大大节省人力和时间成本；而在风险防控领域，AI凭借强大的数据分析能力，有效识别潜在欺诈风险，为银行资产安全保驾护航。

此次培训为鹿泉农商银行在今后的金融服务中运用AI技术打下了坚实基础。下一步，该行将不断以数智工具赋能金融服务，持续提升服务的数字化、智能化水平。同时，该行也将加大员工培训力度，打造一支适应数字化时代发展需求的高素质金融人才队伍，为鹿泉农商银行的高质量发展奠定坚实基础。

管理

农发行黑龙江杜蒙县支行 筑牢安全防线，守护金融家园

文 / 郑雪凤

为切实提升员工消防安全意识，强化应急处置能力，农发行杜蒙县支行开展了一场极具针对性的消防器材使用演练，全行共15名员工参加本次演练。

演练伊始，该支行综合部主要负责人从火灾成因、常见类型等方面为大家进行细致讲解，重点阐述银行营业场所中的潜在风险点，深入剖析各类消防器材的工作原理、适用范围及操作要点。在实操环节，面对熊熊燃烧的模拟火源，员工拔下保险销，握住喷管，对准火源根部按压把手，干粉瞬间喷射而出，迅速将火势扑灭。经过多次模拟，大家灭火的动作从最初的稍显生疏逐渐变得娴熟流畅。过程中，大家相互交流、互相学习，现场学习氛围浓厚。演练结束后，该支行主要负责人对本次活动进行总结，对员工们的学习成果和积极表现予以充分肯定，同时强调消防安全是银行稳定运营的重要保障，每一位员工都要将所学牢记于心。

通过此次演练，该支行员工熟练掌握了消防器材操作技能，增强了应对火灾突发事件的能力。下一步，农发行杜蒙县支行将持续开展多样化安全培训活动，为银行的稳健运营和客户的财产安全保驾护航。

河北献县农商银行 创新培训模式，筑牢反诈防线

文 / 孙宏伟

2025年2月18日，献县农商银行转变以往培训模式，开展了以“员工人人为讲师”为主题的防范电信网络诈骗培训会议，分管领导、市场拓展部及网点人员60余人参会。

场景还原，打造沉浸式培训体验。针对近期高发的诈骗案例，培训采用了随机点名小程序，现场抽取人员，让其分别扮演柜员和客户的角色，对柜面取现、非柜面交易限额、管控解除等业务进行现场演示。在演示过程中，其他人员可以对柜员和客户的表现进行评价。通过现场演示、角色转换、现场评价以及不同柜员对不同客户的解答，柜员们能够清晰地了解到自己工作中的不足之处以及柜面反诈服务的欠缺之处，从而明确今后工作的努力方向。

氛围营造，提升业务处置能力。其他员工对柜员和客户的表现进行评价，能够让员工从不同的角度看待问题，发现自身和他人的不足之处，促进员工之间的交流与学习，形成良好的团队氛围。在员工进行业务演示的过程中，主管领导亲临现场进行点评。主管领导根据员工的表现，指出存在的问题和不足之处，给予及时的指导和建议，帮助员工更好地理解和掌握反诈业务知识和技能。

效果显著，筑牢反诈坚固防线。经过此次培训，临柜人员的防范电信诈骗意识得到了有效提升，能够时刻警惕电信诈骗。一是识别能力增强。通过现场演示以及各网点之间的相互

点评和交流，临柜人员甄别可疑资金、识别可疑人员的能力得到了显著提高，能够更加敏锐地发现潜在的诈骗风险。二是形成良好反诈氛围，在现场演绎的过程中，参与者既是主角也是观众，这种氛围将有力推动该行在反诈工作上的不断进步。

江苏沭阳农商银行 “党建+金融”引领业务发展

文 / 胡玲玲

一直以来，沭阳农商银行始终牢记服务“三农”宗旨，坚持以党建引领发展，利用“党建+金融”的融合优势，全方位推进党建与业务深度融合，为推动地方经济高质量发展贡献金融力量。

学习上强思想，重教育。沭阳农商银行党委精准规划学习内容，始终把学习贯彻习近平新时代中国特色社会主义思想作为首要课、必修课，作为党员教育的重中之重，通过集中学习、专题研讨等多种形式，引导广大党员以积极求知心态和认真态度深入学习党的理论创新成果，不断提升政治理论素养。

组织上汇力量，聚人心。持续筑牢为基层服务的先锋“堡垒”，通过开展“三会一课”“主题党日”“党支部书记讲党课”“读书会”“联学共建”等各项常规和特色党建活动，组建党建志愿服务队伍，在服务各项工作中当先锋做表率，切实调动各支部、各网点党员积极性和主动性，促进干部员工积极投身防风险、保平安、护稳定等各项工作中，为单位加强安全保卫，整治安全风险，营造平安氛围等方面发挥积极作用，不断提升农商银行工作的凝聚力和战斗力。

业务上融合，促发展。将党建工作要求纳入公司章程，明确工作任务、工作要求，落实工作责任，通过党建与业务深度融合，围绕党委关注、党员关切的重点难点问题，安排各党支部书记率先带头，开展调研督导，广泛征求意见建议，及时解决基层网点的安全管理、业务发展中存在的实际问题，促进业务高效发展，通过党建引领作用，能够更好地发挥巩固基础、促进发展、凝聚人心的重要功能，为农商银行发展注入强劲的动力。

河北枣强农商银行 多措并举筑牢反诈防线

文 / 孟宪嵘

一直以来，枣强农商银行坚决履行金融企业社会责任，通过警银协作、多方位宣传等方式，多措并举筑牢防范电信诈骗坚固防线，提升网点堵截诈骗能力，保护客户群众资金安全。2024年共成功劝阻疑似受害群众60余人，以前台拦截形式避免客户资金损失27.9万元。因工作成效显著，在枣强县2025年一季度反诈工作会议上，该行反诈工作得到县领导高度赞扬和肯定。

高位推动强部署。成立以董事长为组长、各班子成员为副组长的反诈领导小组，积极组织全员深入学习贯彻习近平总书记关于打击治理电信网络新型违法犯罪重要指示精神，规范流程管理制度，强化业务监督体系，优化技防应用模式，利用周例会、会计例会、经理大讲堂等形式，统筹组织安排全行打击治理电信网络诈骗工作，坚持“精准研判、精准操作、精准打击”，结合县域实际，采取“反诈技能培训+反诈宣传+柜面拦截+警银联动”等系列务实举措，切实筑牢反诈“防火墙”，守好群众“钱袋子”。

科技赋能强联动。利用省联社平台积极引入大数据、人工智能等先进技术，构建智能反欺诈系统。通过对客户交易行为的实时监控和分析，系统能够自动识别异常交易并发出预警。34家网点每日安排专人进行预警分析与处理工作，当客户账户出现大额转账、频繁交易或异地登录等异常行为时，就会立即触发系统风险提示，工作人员会第一时间联系客户核实情况，有效阻断诈骗行为。与县反诈中心建立了紧密的合作机制，实现信息共享和快速响应，一旦发现可疑账户或交易，立即报告反诈中心进行工作联动，迅速冻结账户并协助反诈中心开展调查，最大限度减少客户损失。

全面宣传强意识。通过线上线下结合的方式，扩大宣传覆盖面。线上，利用手机银行App、微信公众号等平台，定期发布反诈知识文章、短视频，内容涵盖常见诈骗类型剖析，如“冒充公检法诈骗”“网络贷款诈骗”“兼职刷单诈骗”等，生动直观地揭示诈骗分子的作案手法和防范要点。线下，在银行网点设置反诈宣传专区，摆放宣传折页，在客户取号等待时间，安排大堂经理为客户讲解反诈知识，利用一切可利用渠道进行宣传，在叫号单上打印反诈宣传标语，发挥“小号大作用”。积极组织员工开展“五进入”宣传，走进社区、学校、企业开展反诈专题讲座，其中集中进学校4次，进社区5次，以实际行动筑牢金融反诈防线。

科学之窗
Science and Technology
走进科学，开启智慧

priceles

KEEP PARK CLEAN

东非：天地共生

摄影 / 陈 刚

晨光穿透云层时，东非大地正上演着生命的交响诗。坦噶尼喀湖畔，三千只火烈鸟以粉红潮汐漫过浅滩，长颈鹈鹕舒展银翼掠过粼粼波光，羽翼相击的水声惊起鱼群银色的弧线。浪尖上，白尾海雕如剪纸般轻盈掠过，翅尖扫过咸涩的海风，在印度洋蒸腾的雾气中写下自由的注脚。

正午的热气球载着斑斓气球升向树冠高度，为湛蓝的天空增加一抹炫色。木质标语牌上，“keep park clean”在阳光下熠熠生辉。三两只小鸟轻盈驻足，时而歪头凝视环保宣言，时而低头轻啄牌面露珠，羽翼在斜阳下流转光泽，宛若散落的宝石——既是自然赋予的伪装，亦是生命张扬的勋章。它们暂歇的身影，恰似草原上一首未写完的诗：飞翔与停驻，皆成风景。

这组影像以蒙太奇手法编织出非洲大陆的生命密码：从水禽的集群智慧到人类的生态觉醒，从热气球穿越云霄的现代探险到生灵对土地的虔诚守护，最终在乞力马扎罗山的积雪中达成永恒平衡。当工业文明与原始生态在镜头里温柔对视，我们终将读懂大地书写的启示录——真正的文明，始于对其他生命形式的敬畏与共情。

① | ②
③ | ④

①火烈鸟与鹈鹕
②白尾海雕
③升起（乞力马扎罗山下）
④马赛人的大爱：环境和动物

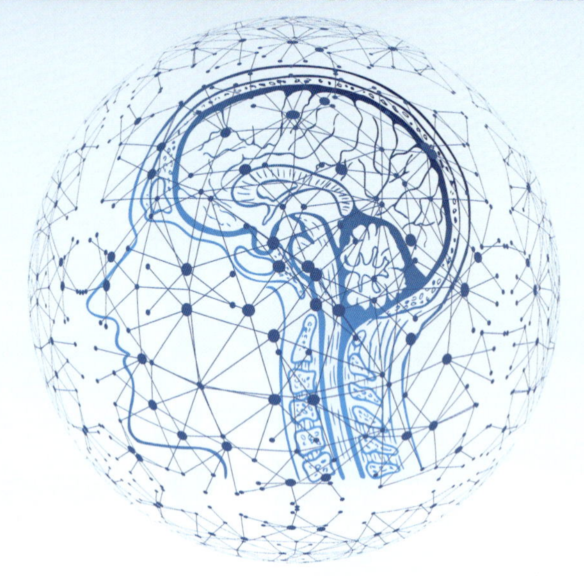

人工智能技术在银行业领域应用探析

文 / 寇晓敏

为推动落实《金融科技发展规划(2022 — 2025年)》要求以及两会被重点提及的发展新质生产力，有效赋能银行业智能化应用和数字化转型发展，以ChatGPT、Sora等技术为代表的人工智能为银行业的智能化发展带来了新的机遇和模式，刷脸支付、智能投顾、智能客服等服务应运而生。

人工智能技术应用开展情况

1.ChatGPT模型技术应用开展情况

(1)ChatGPT技术逻辑。ChatGPT采用了Transformer模型，使用人类反馈强化学习(RLHF)技术，通过学习大量的文本数据，可以进行文本生成、自然语言理解、对话生成、问答等多种任务。其本身是一个已经预训练好的模型，已经在大量数据集上进行了训练，因此在不涉及重新训练的情况下，无法自动更新学习。但是，可以通过更新模型的参数或微调模型使ChatGPT更好地适应特定的应用场景。

(2)国内外ChatGPT模型技术应用布局情况。目前，微软已正式推出由GPT模型支持的Bing搜索引擎和Edge浏览器、Copilot等应用，谷歌宣布实验性AI服务Bard，阿里巴巴发布类ChatGPT产品，百度已推出类ChatGPT应用——自然语言处理大模型“文心一言”，复旦大学自然语言处理实验室也发布了类ChatGPT模型MOSS。

国内各商业银行也纷纷将目光投向ChatGPT技术，多家银行已选择接入百度“文心一言”项目，加强合作，深入人工智能探索，集成AI核心能力，在银行业开展类ChatGPT技术应用试点，将AI技术能力与应用场景进行深度融合开发，进一步提升智能化创新应用效率，拓展金融业务发展空间。

2.Sora模型技术应用开展情况

(1)Sora技术概念。Sora是目前最先进的视频生成大模型，是人工智能技术迭代的里程碑。Sora采用了文本到图像生成模型Dall-E模型，属于多模态大模型范畴，该类模型是在GPT这类语言类大模型上进一步延伸、拓展，通过学习大量的文本数据，可以根据用户的文本提示创建逼真的视频，可以深度模拟真实物理世界，能生成具有多个角色、包含特定运动的复杂场景。目前，Sora所代表的文生视频模型主要实现了三个突破：一是视频更长，Sora能够根据用户的文本提示制作几秒到1分钟的视频；二是实现人机交互高保真的人性化，可生成高保真视频，并可实现视频的无缝连接和扩展延伸；三是实现图像管理全流程的智能化。

(2)Sora技术逻辑。一是启动内容生产方式和人机交互方式的变革。生成式AI模型可以从非结构化数据格式中学习信息，生成新的非结构化内容，包括文本、音频、视频、图像和代码，能够适应各种任务，从而对数字技术产业全链条产生重大影响。视频生成模型Sora的核心底层融合了扩散程序Diffusion和转换程序Transformer，底层技术的核心在于多模态感知、学习和交互的能力。Sora突破了文本交互的局限性，能够感知、理解和模拟动态的物理世界，能

够与真实世界进行交互和学习。二是从通用大模型扩展到垂直模型(垂类模型)。人工智能基础研究和应用研究融入数字技术各领域，包括大数据、云计算、区块链和物联网，包括自然语言处理、虚拟增强现实、人机交互和知识图谱、计算机视觉、生物识别，也包括机器人、空间技术、生物医学、光电技术、自动驾驶等，形成以AI技术为核心的复杂体系。

(3)国内外Sora模型技术应用布局情况。对于国内银行业来说，短期来看，可以通过Sora便捷、高效、经济地生成营销广告视频，优化营销和服务策略，有望在降本增效的同时提升客户体验。同时，Sora更强大的理解真实世界场景并与之互动的能力，可以更精准高效地理解客户需求和偏好，生成定制化、个性化视频，提升客户黏性。在国外，Sora依托长期发展累积而成的数据资源优势，在银行领域应用广泛。一是用于自动生成产品介绍视频，通过自动生成和利用产品介绍视频改变银行网站外观。视频直观地展示了产品的功能、使用方法，清晰地传达了产品的价值，帮助客户更好地了解产品并指导购买。自动生成的视频还提供多种格式和设计，并且可以进行定制以适应不同平台的品牌和营销策略。通过利用生成式人工智能，将显著提高银行网站的吸引力，同时节省时间和资金。二是生成个性化营销视频，根据对每个客户的兴趣和购买历史的深入分析，生成个性化的宣传视频。这种方法支持银行直接向每位客户介绍他们最感兴趣的产品和服务。视频根据客户的品位和需求量身定制，使内容与观看者更加相关，并增加与品牌的互动。此外，这种个性化体验可以增强客户忠诚度并有助于建立长期客户关系。三是制作教育或者培训视频，对于希望提高员工技能的银行来说，使用生成式人工智能创建教育和培训视频是一种创新方法。该技术支持以受众理解的方式定制和交付与特定技能或工作角色相关的内容。视频可以涵盖各种主题，例如操作方法、提高软技能和传播行业知识。这种方法可以帮助员工更有效地吸收和应用新信息，从而有助于提高整个银行的生产力和管理效能。

人工智能技术在银行业中的应用路径探索

1.ChatGPT模型技术

(1)与现有金融服务整合，提升金融服务用户体验。ChatGPT是一种能够提供文本对话的AI技术，功能强大，可以提供符合人类思维的对话交流，能以对话的形式提供问题反馈。将ChatGPT模型技术整合到各银行现有平台、系统及服务中，优化用户交互功能和性能，提升服务的易用性和可用性。

(2)智能辅助支撑，提升金融业务质效。一方面通过ChatGPT模型在特定金融数据集上的训练微调，适应定制需求，在不同场景下，针对不同需求给出预测答案，为银行提供有力的决策支撑。例如用于执行银行自身财务分析和预测，通过分析财务数据和不同领域市场趋势，为其提供有关投资决策的建议。另一方面应用ChatGPT技术，取代程序化、流程化的人工工作，缩短流程处理时间，提升业务处理效率，降低人工成本。各银行可以将更多的人力、物力、财力配置在核心事务上，提升金融服务效能。

(3)创新服务形式，提供全方位金融服务解决方案。通过ChatGPT模型对金融业务数据的学习、统计、分析，可以生成针对不同客户、不同业务类型、不同业务场景中金融服务需求的金融解决方案。各银行之间以及银行与第三方科技企业之间可合作共建“金融解决方案服务平台”，打造“端到端”金融服务流程，在任何时点，为客户提供最合适的解决方案。

2.Sora模型技术

(1)实现人机交互高保真的人性化。例如，应用多模态Sora底层技术的智能金融机器人有可能做到动态捕捉、即时感知、正确理解客户的语言和表情，准确判断客户的风险偏好和业务诉求，采用具有人性温度的表达方式为客户提供最优的服务方案，从而

解决机器服务冰冷的问题。智能金融机器人不仅可以替代生硬的机器客服，而且有可能成为柜台服务的一道风景。

（2）实现图像管理全流程的智能化。例如，将Sora底层技术的智能图像管理系统应用于健康医疗保险业务，可以对客户的病历和医疗影像进行符合医疗专业水准的质检和分类，核准健康评估，甄别虚假理赔；将其应用于银行业务，可以在前台和中后台对各种票据和合同进行真实性审核，甄别克隆票据或虚假合同，正确提取数据并及时纳入账务系统，提高服务品质和运营效率。

在银行业中应用人工智能技术存在的问题

1.运用ChatGPT模型

（1）不同规模银行之间智能化发展不平衡会引起马太效应。大数据、云计算、人工智能、物联网等新兴技术为银行业金融机构的智能化发展和金融服务的创新提供了有力的支撑，但是这些技术的应用往往并不是相互独立的。因受地域、资金、人员等方面的影响，多数中小型银行金融科技建设自身基础能力薄弱。规模较小的农商行、城商行和村镇银行对于业务的发展需求，多依靠第三方托管机构“SaaS”形式的服务实现。对于数据的存储及管理也大部分托管于第三方托管机构，并没有直接参与数据的管理及应用。这些现状在一定程度上制约了中小型银行对ChatGPT模型技术应用的深度和广度。

（2）数据对中小型银行智能化发展的制约将逐步凸显。“算力+数据+模型”是人工智能发展的三大要素，其中大数据是人工智能的重要基础，人工智能想要完成最终的学习和决策，必须依托数据的支撑。ChatGPT模型是一种预训练模型，为了更好地满足一些金融服务的特定需求，需要通过在特定的金融数据集上进行训练微调。而中小型银行尤其是农商行和村镇银行在数据的管理及应用中存在短板。

（3）ChatGPT模型应用训练数据集选取粒度暗藏风险。ChatGPT模型是一种能够不断迭代、增量式的深度学习模型，通过新的训练数据集以及与人的交互不断地获取信息，将会生成更加准确、有用、全面的内容。金融数据中含有大量对安全性保护有较高要求的敏感数据。当选取数据集的粒度太粗或选取的两个粒度的数据集之间存在交集时，利用ChatGPT模型在这些数据集上进行任务训练时，加之人为的参与，可能会生成一些敏感信息，从而造成数据泄露的风险。

2.运用Sora模型

（1）技术成熟度不够。Sora在视频细节处理上还存在不足，而且作为世界模拟器，其对物理世界的理解和认知还有较大欠缺，导致出现不合逻辑、不合常理的视频。例如，当Sora输入的文本是“一个人跑步的场景”，在生成的画面中，主角却在跑步机上反向奔跑；当输入“考古学家在沙漠发现塑料椅子”，视频中的椅子却呈现出悬浮状态，因此技术本身需要改进。

（2）数据共享模式的局限可能影响数据价值的深度开发。例如，涉及居民和企业的财务数据和行为数据，分散在金融机构、金融监管、工商管理、税务、海关等不同的局域系统中，共享水平不高，形成行政性数据鸿沟。又如，互联网平台与金融机构之间的数据关联、数据共享尚未达成成熟的模式，数据共享的效率不够高，数据资源的价值未能充分发掘。

（3）技术落地难度大。长期以来，银行业金融机构，尤其是中小银行的数据普遍处于孤岛、“烟囱”式的割裂状态，流通性不高。因此，多数机构在进行大模型部署时，鉴于数据安全，倾向于选择在私有云内进行训练，以满足合规性要求。但这背后往往面临着算力成本高、数据质量不佳等痛点。在大模型的具体实践中，需要开展海量的数据治理、数据清洗等工作，互相独立的私有云训练成本高昂，会造成算力浪费，出于成本考虑，中小银行难以承受。

（4）监管和规范容易造成空缺或

滞后。由于大模型本身具有黑盒、计算复杂度高的特征，存在无法溯源、网络安全、伦理道德和监管合规等方面的风险问题，如果监管和规范不跟上，将造成更多甚至更严重的道德、伦理和法律问题。

进一步发挥人工智能赋能银行业智能化发展的对策建议

1.ChatGPT技术

（1）搭建API合作平台，加强银行间纵向合作，打造银行业人工智能应用生态圈。通常大型银行自身有较强的金融科技开展基础能力，其自身或与第三方科技企业合作应用ChatGPT模型技术时更容易产生金融服务创新，而各类型银行所开展的业务类型、服务的客户类型、人工智能应用的场景等方面都存在一些相同之处，积累的金融数据有一部分具有共同特征。可以在通用业务领域搭建ChatGPT模型应用API平台，与自身金融科技基础薄弱的中小型银行共享服务API，缩小银行间智能化发展差距，同时提升ChatGPT技术应用的便捷性和可扩展性。

（2）建立数据协同共建机制，释放数据要素效能。对于采取第三方托管方式的中小型银行，可建立数据协同共建机制，明确银行和第三方托管机构在数据全生命周期管理中的责任，控制数据应用风险。中小型银行是金融数据的管理主体，应建立覆盖金融数据收集、处理、应用的全流程管理制度，明确金融数据管理范围、管理职责及应用流程，结合客户实际需求和服务应用场景，制定“数据+人工智能”应用需求规划。第三方托管机构侧重对金融数据的安全性管理、优化和应用，结合中小型银行数据管理制度和数据应用要求，规范、合理地应用人工智能技术，充分发掘金融数据蕴含价值。

（3）制定金融数据应用规范，筑牢人工智能应用基础。根据金融数据自身特点，从数据应用的场景、业务类型及业务功能要求等角度，依据最小够用、最小必要原则，制定金融数据应用规范，合理规划金融数据应用范围，明确金融数据应用安全性要求，明确金融数据应用中各方参与者的作用及职责，保障金融数据应用的合规性、安全性，从而提升金融数据的应用效率。

（4）建立和完善人工智能应用安全风险管理体系，提升人工智能应用的风险防控水平。人工智能与金融的融合发展有力推动了金融机构的数字化转型和金融服务创新，但也带来了复杂多样的伦理问题、算法安全问题、数据安全问题等。近几年来，中国人民银行等相继出台了《人工智能算法金融应用评价规范》《金融数据安全数据生命周期安全规范》和《金融领域科技伦理指引》等规范和指引，从多个方面指导和推动金融机构规范、安全地开展人工智能技术应用。银行机构可依照这些规范、指引，构建包含数据、算法、伦理安全等方面的金融领域人工智能应用安全风险管理整体框架，建立和完善覆盖人工智能应用全流程的安全管理制度，建立人工智能应用风险应急预案，加强人工智能在金融领域应用的规范性和安全性，提升风险防控水平。

2.Sora技术

（1）可能的运用场景探析。在银行的内部场景里，典型的有产品研发，比如银行的贷款研发代码助手；产品运营与资产管理，典型的如银行的智能办公、智慧App运营以及各类银行数据资产的管理与分析；业务合规风控，常用的是智能大数据风控以及银行贷款产品的反欺诈/反洗钱。在银行外部场景，主要的有信贷业务审核，比如信贷业务智能审核放款以及小微企业信用数据获取；财富管理，尤其是最近几年在进行的智能投研、智能投顾领域；市场营销管理，可使用类似Sora等人工智能工具来进行智能营销、智能销售；用户运营管理，如使用数字人来进行智能客服或者AI外呼。对于大型金融机构而言，因为有海量金融数据，应用场景丰富，可选择引入业界领先的基础大模型，自建金融领域垂直大模型，快速赋能业务发展。中小银行的重点则应放在应用上，而不是开展大模型的基础研究。

（2）建设高品质、高效率的数据要素共享体系。不同场景的AI模型对数据资源各有不同的需求。无论是应用多模态人工智能技术实现智能金融迭代，还是应用大数据打造短长尾的普惠金融，都要求建设高品质、高效率的数据要素共享体系。重点是完善数据要素市场体制机制，填平数据鸿沟，增强数据要素共享性、普惠性，提高数据要素供给数量和质量，有效防范和化解各种数据风险，深化开放合作实现互利共赢。实现数据共享，发掘数据价值，保护数据安全，是发展数字经济的动能。

（3）构建符合伦理标准的金融平等。智能金融创新必须以AI信任与AI安全为前提，实现符合伦理标准的金融平等，保障符合安全标准的金融效率，营造符合经济规律的创新模式。对于智能金融创新，过多依赖自律可能导致垄断和行业风险，过于严苛的监管则可能抑制创新和产业发展。

（4）加快智能金融监管创新。技术的进步在一定程度上促进银行业发展，但是也要避免为“深度伪造”（Deepfake）技术推波助澜，当虚假视频、虚假信息经过Sora生成和传播时，造成的舆情问题是难以控制的，需要加快智能金融的监管创新。例如，制定法律法规，明确智能金融各参与方的责任边界，包括智能金融监管的基本原则、监管机构的职责和权限、金融机构的智能金融业务规范；建立穿透式、一体化、跨局域的智能金融协同监管系统，实现监管信息共享；建立智能金融技术审核认证制度，完善AI大模型的测试平台、工具、标准和方法；建立智能金融风险分析和监测系统，及时识别、评估并提前预警异常交易和市场操纵，主动预防系统性风险；允许在监管沙盒机制下试行智能金融业务突破性创新，累积监管经验和数据支持；积极参与构建数字经济国际规则和数字技术通用标准，加强智能金融国际监管协作和交流，在数字经济国际规则建设中争取中国的话语权，在数字技术通用标准建设中争取中国的“定位权”。

（中国人民银行山西忻州市分行）

AI在金融服务领域的应用与风险探析

文 / 汤宝令

人工智能(AI)是一种模拟和模仿人类智能行为的技术,AI在金融领域的崭新应用正推动金融服务的智能化和个性化发展。金融领域通过大数据分析、机器学习和自然语言处理等技术手段提高效率、优化风险管理、增强服务体验,从智能投资到风险管理,AI快速发展在改变传统金融服务面貌的同时也带来一系列潜在的风险与挑战。本文结合现实情景,从具体现状、智投前景、挑战应对几方面对AI在金融服务领域的应用进行深度探析。

人工智能在金融领域的应用场景分析

人工智能可推动金融业资源配置提高效率。在传统技术模式下,受人力资源和数据处理能力的影响,金融行业以往只对少数高净值客户提供定制化服务,对绝大多数客户仅提供标准化服务。金融业的资源配置则是建立在信息获取充分的基础上,随着人工智能最显著的辅助信息搜索功能大模型等应用,实现获取

AI 在金融领域的崭新应用正推动金融服务的智能化和个性化发展。

金融决策的正确性信息,从而提高金融业资源配置的效率、投融资的成功率和风控的精准性。如在支付领域,人工智能可以通过识别设备指纹和行为模式的差异,防止信用卡盗刷和虚假交易。新型的人脸识别、指纹识别、活体检测等基于人工智能方式,丰富了验证手段,提高了验证效率和结果的准确性。

AI不断推动金融产品和服务线上化。在金融产品和服务创新方面,前端可用于客户智能客服、智能营销、智能反诈服务;中端可支持授信、各类金融交易和分析决策;后台可用于风险防控和监督,批量实现风险管理等(如表1所示)。特别在普惠金融领域,利用人工智能、大数据等科技手段,改进授信审批和风险管理模型,优化金融服务模式,提高金融服务水平。在风险控制方面,通过大模型对企业财务报表、销售订单、税务数据等进行分析比对,能不断优化金融机构风险控制体系。在投资研究方面,通过大规模数据分析识别市场趋势、挖掘交易机会,提供量化投资方案。

"AI+金融"深化应用创新

降本增效,释放人力资源进入高价值环节。AI可依据业务规则,以人机协同方式,替代执行简单重复劳动,从而释放出更多的人力资源,向高价值环节迁移;能够辅助员工在内外部场景下提高效率,更精准捕捉客户需求使金融决策从经验驱动向数据驱动转化,使财富管理、智能投顾等高价值场景更具智能化。如通过人脸识别、AI视频风险交互认证等流程完成线上实时验证,对合格投资者审核过程标准统一,话术统一。智能语音交互技术揭示投资风险和确认客户本人意愿,避免人工执行中风险揭示不充分、审查执行不到位等情况,有效降低理

财产品销售合规风险。

激活数据要素价值，进一步促进金融普惠化。借助AI在数据捕捉、整合、分析挖掘等方面的能力，改善原有外部数据离散、内部数据孤岛等问题，激活数据要素，释放关联数据价值，能够帮助金融机构拓展过去难以覆盖的群体，增加盈利空间，带来新增长点，同时也能解决信息不对称问题，降低金融服务门槛，使金融资源能够惠及更多的长尾客户、小微企业。如利用AI形成客户准入模型、授信模型，打造一触即贷、秒级放款的“经营快贷”“e抵快贷”等产品，有效实现向小微企业的精准滴灌。

赋能金融场景创新，提升千人千面的客户能力。“客户需求+金融知识”是推动金融创新的基本要素，传统的创新模式更多依赖于业务专家的能力，人工智能的应用引入了智能化的创新因子，能够结合潜在需求，融合知识图谱提供更多创新方向；借助AI能够了解、分析客户情绪，在智能客服、营销、投资等环节，提供千人千面服务能力，升级客户体验。未来可通过三个主要维度实现智投等业务的转型回归，依托于大量的数据、案例和经验进行精确化训练，不同的银行采用不同的算法和数据库，逐步提升训练出智能投顾系统的核心竞争力，基于对该大模型训练，各金融机构须考虑不同客户有同样的资金诉求时，在针对大客户、高净值客户时提供精准化的个性化的投资组合。当前，摩根大通（JPM）依托大模型，使用机器学习，将公共和私人来源的房地产数据汇集，为其商业房地产客户提供深入的房地产洞察，提供私人化的投资策略。

人工智能在金融领域的优势及风险应对

AI在金融服务中的影响和优势。AI在金融领域的崭新应用正推动金融服务的智能化和个性化发展，从智能投资到智能客服，AI技术在提升效率、减少成本、数据驱动决策、风险管理和预测、创新金融产品、客户体验等方面为金融业带来了许多优势，从数

表1 AI金融服务应用场景

应用场景	主要功能	AI技术
身份识别	利用生物特征识别技术对个体进行身份识别	生物特征识别、智能语音等
智能风控	构建全面智能金融风险防控体系，对操作风险、信用风险、合规风险、交叉风险的智能化转型	机器学习、知识图谱、计算机视觉等
智能运营	获取集约效应并降低业务处理相关运营成本，释放数据资产的内在效能，助力金融机构核心业务场景的智能化升级	深度学习、知识图谱
智能营销	智能化获客、精准施策达成交易的智能营销新模式	生物特征识别、计算机视觉
智能合规	利用“机器可读”规则助力标准化规则的使用，通过标准化规则集减少释义和解释错误进行持续性的合规审核和合规评估	知识图谱、深度学习
智能客服	提供基于语义的智能应答服务，帮助企业完善面向客户的知识管理	知识图谱、智能语音、机器学习
智能投顾	将投资者的风险偏好、财务状况和收益目标作为变量输入模型，自动生成个性化的投资建议，并将持续跟踪和调整投资组合	深度学习
智能理赔	实现身份核验、理赔单据识别、欺诈检测、图像定损等服务的RPA自动化管理，建立起事前、事中和事后的数字化赔付机制	机器学习、智能语音、知识图谱、计算机视觉等

据分析、预测、自动化交易到客户服务和体验的改善，为用户提供了更为便捷、高效的金融体验。AI在金融领域的应用不仅具有非常广泛的应用前景，也可以优化金融服务的各个环节，提供更贴合客户需求的产品和服务。利用数据、自动化和智能化的手段，可以帮助金融机构减少运营成本、提高决策效率和产品质量，更好地管理风险和预测市场变化，提高风险控制能力和投资收益，处理大量的数据做出更准确和智能的决策，促进金融行业的创新，推动新型金融产品和服务的发展，大幅度提高金融机构的业务水准，满足客户服务定制等多样化的需求。

AI在金融领域应用的不确定性和挑战应对。对于数据隐私和安全问题应加强机制建设。由于金融业务中包含大量客户信息、交易记录等敏感数据，这些数据的隐私和安全必须得到充分的保护。银行需要对数据进行分类、加密、存储和传输等一系列的处理，确保数据的安全性；同时，也需要严格的权限控制和访问控制，以避免不当的数据泄露或滥用发生。研发部门应加强技术创新，积极运用技术手段解决人工智能的隐私安全风险。在收集用户数据时，注重数据模型的设计和使用，防止因算法层面引发的数据安全与隐私风险。建立完善的人工复核及兜底机制，对于自动生成的人工智能模型，应在固定节点加入人工审批的流程，大量基础设施成本投入面临挑战。金融应用实时性、可靠性和安全性的特质也决定其对传感器和芯片等硬件设备和网络的抗压能力等要求更高，但AI部署通常以定制化项目为主，需要大量运算，造成不断增加存储和通信等基础支撑的投入，在开发、更新维护等方面重复投入的问题，削减了资源利用率，特别是对于中小金融机构而言，随着创新的深入和规模的扩张，当前AI的投入成本仍然较高，限制其广泛应用。应使用外部市场现有产品及寻找生态伙伴的相对优势，进而权衡内部开发、采购、战略合作方案的优劣；AI的应用需要加强人才引进和培养。金融数字化转型需要加快相关人才队伍的建设，发掘和吸引更多既熟悉大数据、人工智能等数字化技术，又具备金融行业专业知识的复合型、跨界型人才，同时金融机构内部也面临人机协作，对责任的解释、分担和认定等问题的挑战。应积极强化金融人才的培养，将AI基因融入企业文化，充分加强AI认知理解能力并对员工进行训练，提升员工管理能力并建立能力准入与定期评测机制。

（东北农业大学电气与信息学院）

为监控“敌人”，他们做了一个芯片上的“心脏”

文／吴涵玉 陈彬

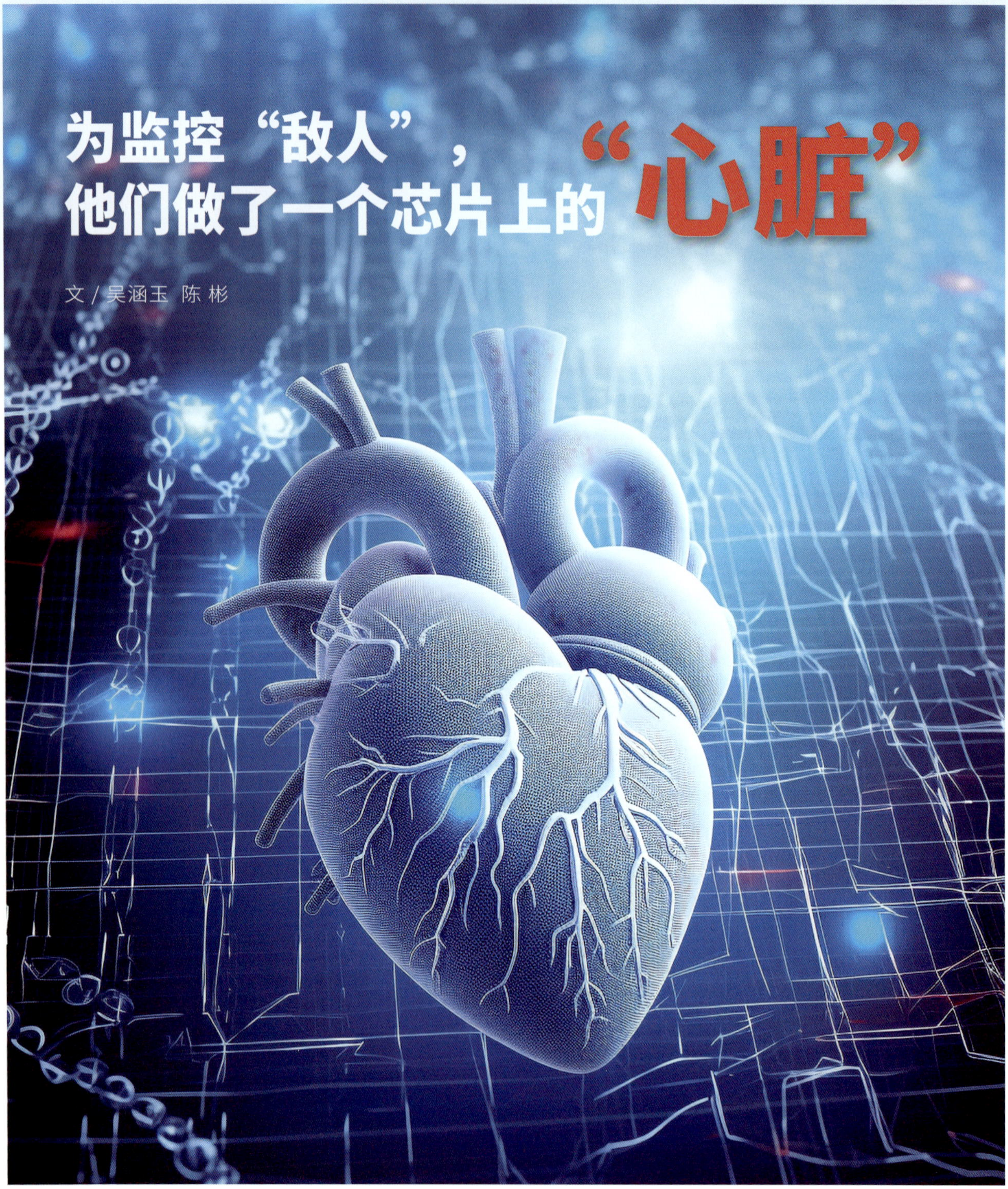

作为人体血液循环的动力之源，心脏健康对于人体健康的重要性不言而喻。然而自然界中却存在着很多威胁心脏健康的物质。世界卫生组织统计的数据显示，每年因心血管疾病死亡的人数约占全球死亡总人数的1/3。

微纳米塑料（MNPs）便是其一。目前，MNPs广泛分布于生态系统中，已成为全球新型污染物。人体血液和多脏器中均被证实可以检测到MNPs的存在，先前的研究也已初步证明MNPs具有潜在的心脏毒性。

精准实时地对MNPs进入心脏并引起心脏毒性的全过程进行可视化追踪，成为人们保护心脏、抵御外敌的关键。

对此，东南大学公共卫生学院教授梁戈玉与生物科学与医学工程学院研究员陈早早团队整合心脏类器官和器官芯片技术优势，构建了心脏类器官芯片（COoC），为体外心脏毒性评估提供了一种有潜力的新模型。相关成果在线发表在国际著名学术期刊《美国化学会纳米期刊》（ACS Nano）。

传统评估模型准确性、仿真性不足

目前，研究人员开展心脏毒理、药理学研究的方法大多仍采取传统的评估模型，主要包括动物模型和体外细胞模型。这两类模型有其自身优势，比如经济便捷等，但随着研究的深入，两者的缺陷也逐渐暴露。

对于动物模型来说，尽管以小鼠为代表的实验动物和人体在基因组上具有一定相似，但是仍不可避免地存在一些关键基因表达、器官功能结构的差异，容易导致从动物获取的实验结论外推至人体时失败。

对于体外细胞模型来说，在真实情况下，人体器官是由多种细胞类型组成的，而细胞之间则存在一定的“交流”，面对外来毒物等的侵袭时，往往能相互协作、共同御敌，但通过培养单层的细胞模型并不能高仿真性地模拟人体内复杂的生理情况。

因此，开发一种更接近人体心脏的新型模型，对于体外心脏疾病研究至关重要，而心脏类器官和器官芯片技术的诞生则为克服现存问题提供了新契机。

芯片上的“迷你心脏”

心脏类器官是通过对有分化潜能的人体多能干细胞进行精细调控分化，“指挥”其变成一颗颗“迷你心脏”。这样的“心脏”在基因组上更接近人体心脏，有效解决了种属差异的问题。不仅如此，这种“迷你心脏”具备类似人体真实心脏的多种细胞类型，能模拟真实人体心脏的搏动情况，能够肉眼可见其在体外持续跳动。

为了进一步模拟人体心脏中的流体力学，梁戈玉、陈早早团队基于前沿医工交叉技术，构建了“心脏类器官芯片”。

所谓“心脏类器官芯片”，简单来说就是通过器官芯片，为“迷你心脏”搭建了一个“房子”。在不足巴掌大的“房子”里，可以提供类似人体心脏的力学信号，从而达到更仿真地模拟体内环境的目的。

通过对心脏类器官芯片进行测试发现，该芯片可以快速对心脏药物的刺激产生响应，并表现出心脏跳动

加快、减慢、心律失常以及分泌心肌损伤标志物等类似临床上的表现。

体外实时、可视化展开毒性测试

MNPs由塑料制品在紫外线照射、物理磨损和生物降解等情况下逐渐分解而成，在生态环境中广泛存在。这些微小粒子由于体积小，质量轻，非常容易经消化道和呼吸道进入人体，并且穿透血管屏障，跟随血液流至全身各脏器，具有巨大的健康隐患。

目前关于MNPs对心脏损伤效应的研究处于初步阶段，对于MNPs暴露引起的心脏损伤的早期损伤的关键事件、晚期结局的特征以及在心脏病理状态下对于MNPs的易感性等问题均有待探索。

为了探究纳米塑料对于具有心脏基础疾病人群的影响，科研人员诱导了“心肌梗死”的病理模型，并且发现心脏病理状态下对于低剂量纳米塑料暴露的易感性大大增加。

为了更全面地了解心脏隐藏的敌人，团队成员利用构建的心脏类器官芯片在体外实时、可视化地对MNPs进入心脏并发挥心脏毒性的全过程进行了长期的追踪。

科研人员选取了短期和长期两个暴露时间点对纳米塑料诱导的心脏损伤进行动态观察，揭示了纳米塑料能够以时间 — 依赖性和剂量 — 依赖性的方式诱导心脏结构和功能受损。

通过转录组测序分析显示，氧化应激、炎症应答、钙离子稳态失衡、线粒体损伤在MNPs诱导心脏损伤的早期发挥关键作用，而心脏纤维化是心脏损伤晚期的突出特征。

此外，为了探究纳米塑料对于具有心脏基础疾病人群的影响，科研人员建立了“心肌梗死”的病理模型，并且发现心脏病理状态下对于低剂量纳米塑料暴露的易感性大大增加。

东南大学公共卫生学院博士张天翊为相关论文第一作者，梁戈玉、陈早早为该论文的共同通讯作者。

相关论文链接：https://pubs.acs.org/doi/10.1021/acsnano.4c13262.

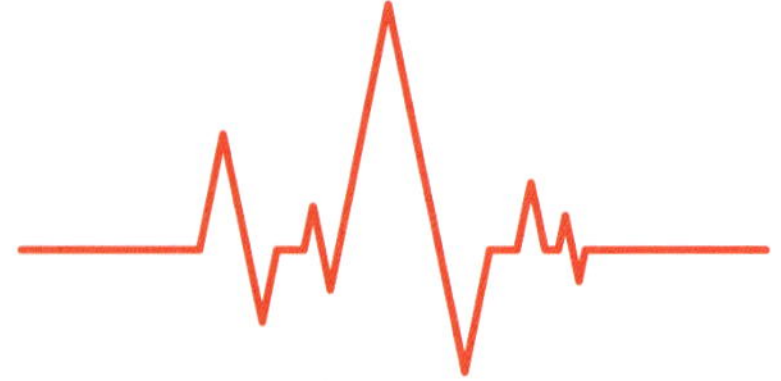

来源：科学网
网址：https://news.sciencenet.cn/htmlnews/2024/12/535849.shtm
发布时间：2024年12月15日

轻阅读

Reading

期待您会心一笑

家园南山：论王雪峰家园题材山水画

文 / 陈健毛

王雪峰是广西美术界的代表人物之一。王雪峰师承黄格胜，得其师言传身教，在耳濡目染之中恋家园，重写生。王雪峰在写生的道路上摸索出独特的绘画艺术风格。他的山水画创作重在表现桂北山水之美，旨在表达家园之恋。广西美术界多数画家重在表现家园的秀美风光与时代新貌，而王雪峰笔下的家园之恋蕴含着诗意，体现了对传统文化的热爱。这对于广西美术界的发展是有价值的。

家园是广西美术界创作的重要主题。画家们创作的家园既有画家的家乡，又有以漓江山水为代表的广西山水。家乡山水是画家绘画取之不尽的创作源泉。王雪峰也是如此。他关注着家乡这些极其平常的丘陵小景。在他的笔下，家乡寻常景物变得温情。

情之所至，最难忘怀。王雪峰创作了许多以家园为主题的作品。在他的作品中充满了对儿时和家乡的怀念，如他的作品《童年的歌》《家园》《最初的梦想》等，都饱含浓郁的家乡情怀。在《童年的歌》中，在耸立的古香古色的民居下，几个玩闹的孩童戏逗一只小狗，画面充满童趣和韵味。《家园》中近处绿色的芭蕉，中间灰色的瓦房，远处山坡上成片的田野和交错的树木，路上奔跑的小狗都是故乡寻常风光。《想家是最美的失眠》描绘的是桂北山乡，景物虽然寻常，但因是家乡而让人觉得如诗如画，魂牵梦绕。

对家园的留恋，其实是一种理想的寄托和追求。家乡在我们的记忆中如此美好，是因为我们的幼年时光是无忧无虑的。中国山水画的精神境界，历来是可行可望可游可居。虽在庙堂，却可以在林泉中寄托高致。“采菊东篱下，悠然见南山”，南山是中国知识分子理想寄托所在。对于王雪峰而言，家乡就是他心中的“南山”。王雪峰通过家乡山水寄寓其心中所念。这不仅是因为他有热爱家乡的赤子之心，更有表现自我心性的追求。家乡是画家心中的“南山”，这与古代身在庙堂的文人追求是一样的。中华人民共和国成立后中国画坛的写实主义体系占主导地位，王雪峰也受过写实主义的系统教育，但他在新的历史时期传承中华民族绘画艺术精神的根脉，并赋予传统艺术精神新的内涵和风貌。这不仅是对传统绘画艺术精神的传承，也是对当代广西绘画艺术的推进。

当代画家对南山之境的营造，毕竟不同于古代的心识默记。王雪峰南山之境的营造是通过大量写生来完成的。王雪峰师从黄格胜，写生是黄格胜绘画的重要特征。黄格胜在长期的写生过程中，将传统绘画语言与现代写生创作结合起来，开拓了山水画的笔墨语言。在写生的过程中，黄格胜精于用线，其山水画的皴法都是依靠线来完成的。他吸取中国画白描线条的长处，运用古朴而拙涩的中锋勾勒山廓，运用极富韵律的短线书写山体的质感。他的线描通过运笔的变化来表现对象的体积和质感，从而使作品更有意境和神韵。黄格胜由钢笔速写写生逐步演变成钢笔线描创作，用笔用线有强烈个性，呈现出鲜明的地域地貌特色。

王雪峰受过完整的写实主义体系的教育。他曾说自己的作品都太过西化，作品呈现出太多西方绘画的痕迹。他意识到西画与中国画的区别和差异，进而从中国绘画中寻找笔墨语言和表现方式。他对中国绘画进行深度探索和挖掘，找到了中国画表达灵魂的关键所在——线条。他立足于中国画传统线描

的美感，结合西方科学造型方式，树立以形写神、以形写意的造型理念。他有目的、有意图地把线性素描和毛笔的勾勒、皴擦等多种用笔结合起来，将线性素描、线描、水墨毛笔相融一体。他创造性地将版画、油画的技法融入山水画创作之中，在以线造型的基础上形成了工笔重彩的风格，使作品既清新舒缓又厚重质朴。在美学品格上，从歌颂祖国壮丽到寄寓家乡情怀；从笔墨语言上，从以线造型到工笔重彩，他的作品不仅蕴含了传统中国绘画的精神内核，同时融入了现代美术的审美情趣。他那独具特色的地域景观以及极具个人特色的艺术语言展现了中国山水画与时俱进的生命力。如早期创作的《壮乡大歌》就是以线造型表现山体巍峨的壮丽景象和梯田上山的民众壮举。作品处于从以线造型到工笔重彩的过渡阶段。近期创作的《悠然见南山》比较成熟，代表着他基本形成了个人风格和艺术格调，工笔重彩的特征比较明显。画中以平视的角度来表现家乡田园风光。近景的景物错落有致、恬然静谧，远景的山体虚实结合，颇有传统写意山水画的意味。

王雪峰的笔墨语言推动了广西中国画的发展。但从中国美术史的进程来看，当今绘画无论是“工”还是“写”，仍都建立在传统绘画主观意象的造型观念和以线抒写的造型方式之上，仍然是在传统十八描法基础上的变异与发展。寓意于象，表现了人类与景物共生共存的情态。在这样的情态中，实现了人与人、人与现实世界感性交流的可能性。人类也在这样的交流过程中获得幸福体验。

王雪峰在表现家园情怀这个主旨时，在具体技法方面，根据家乡景物的特征，丰富和发展了传统山水画的表现手法。他在探索传统青绿山水与广西山水相结合上达到了一个新的高点。

在表现家乡青葱翠绿的山石树木时，王雪峰在笔墨形式上进行了创新。如他表现桉树时，用散点法表现繁密的桉树叶，这种手法在中国传统技法中是少有的。对这些广西特色景物的描绘，不仅形成了王雪峰独特的笔墨语言形式，也丰富了南方景物的艺术表现形式。《最初的梦想》表现的是王雪峰儿时上学时学校操场的景色。操场处于山坳之中，狭小而简陋，但这个操场却是山区孩子们的快乐所在。画面以学校的房屋为视觉中心，近处和中景以翠绿的松树点缀，左上的竹子绵延至远处。近处的操场以及道路以留白来表现，只用线条来勾勒，使画面更具有意境。《饮马南山》蕴含着“刀枪入库，马放南山”的祥和之情。画面表现的是南方典型的田园之景，土地、小河、稻田、桉树、芭蕉共同构成怡然的田园风光。一匹白马在河边饮水，表达生活安宁之意。图中的桉树密密的竖线条，增加了画面的气势，同时白色的树干通过染色控制得非常好。整幅作品以绿色为主，在绿色中又有蓝绿和暖绿，画面中的赭石很好地拉开了色调对比，使画面的冷暖对比很明显。图中的芭蕉同样极具特色。芭蕉是画面的前景，采用重色墨块进行表现，以墨显线，以此展现画面的空间关系。《融水元宝山小景》可以说是对中国古典青绿山水画进行了南方家园主题的转换。古典青绿山水画通常是山高水长，曲径通幽，亭台楼阁，世外桃源，怡然自得。此画中所展现的廊桥和吊脚楼的虽是南方景物，但所营造的境界与古典青绿山水画是一样的。画中的天地不仅仅是画家南方的家园，也是画家理想的世界。

在色彩上，王雪峰所画的家园作品，大多以绿色为主。这是因为灌阳地处北回归线附近，这里气候湿热，植物生长茂盛，可以称得上是“绿色王国”。王雪峰借鉴传统青绿山水技法的同时，对广西山水在色彩表现上也有其特色。他创作的作品整体上呈现的是绿和密，模糊了墨色与青绿色之间的界限，使画面用色和谐精妙。他笔下的色彩不管是用墨还是用彩都绚烂多姿，其用墨用彩的功力之高深，令人叹为观止。

在构图上，王雪峰在彰显家乡山水特征的同时，也追求画面的视觉张力。画中的主体景物往往给人以强烈的视觉冲击。有的画中孤峰拔地而起，辅之以传统青绿山水的配色，将南方丘陵式的山峰表现得巍峨壮观。有的画中民居高大耸立，占据了画面的大部分空间。画面中其他景物都服务于这些主体景物，远景的树和远山被虚化处理，有时甚至不画远景，只有近景和中景，使画面更加完整、和谐。

陈健毛

广西艺术学院艺术研究院教授，美学博士，硕士研究生导师。

一个人的春节(十)

文/谢志斌

高中同学相约聚会，许之远本来想推掉，但召集人——山上开煤矿、城里造房子的崔老板说：“今天范围小，毕业后再没见过的同学也从国外回来，都想见见你。你要是不来，我就把大家直接拉到你家去。”

好几年没有进县城了。一个最后一批脱贫摘帽的国家级贫困县，成了常住人口近三十万的县城，高楼大厦鳞次栉比，五座大桥飞卧穿城而过的资水，气势如虹。几年未至，不知道又发生怎样惊人的改变呢？许之远本来以为能开开眼界，没想到，导航直接绕开了城区，来到城西北江边的一片开阔湖边，只见环湖绿树婆娑，湖面波光粼粼，有长堤拱桥通向翠竹掩映的湖心岛，岛上隐约坐落着青瓦白墙的院落。

崔老板和另外两个同学在湖边等着，客客气气地将许之远领进岛心上的门心斋。许之远瞅着门楣上的牌匾，扭头打着哈哈道：“啊呀呀，老崔，你行啊。”

“见笑见笑，老同学是大才子，多多批评。”崔老板赶紧解释：“省书协副主席去年来，请他写的。”“噢噢”，许之远顺嘴问：“门心二字有什么含义，你解释下？”“嘿嘿，这个我说不清，说不清。当时主席有过说法，什么湖水、春天之类的。”崔老板有些尴尬，但马上又说：“嗨，就是块牌匾，装饰而已。”

庭院里彩廊浅池、怪石名木，厅堂中红木真皮、烟酒茗茶，餐桌上山珍海味、金杯玉盏，以及穿行服侍其间面容姣好、殷勤备至的服务员，无不展示着崔老板的富足和热情。

老同学相见，自然是亲切热情，但言语中或多或少有一些小心和忌惮。大家都老了，男同学大都油腻得自由自在，两个女同学却于鲜艳之中，分明有难以掩饰的刻意与慌张。

酒过三巡，子女婚嫁、房产股票、修身养性之类的信息交换得差不多了，几个老男人就开始借着酒劲慨叹人生苦短、世事沧桑。

这时，当年班上的班花忽然击掌说道：“各位同学休息一下，我出一个好玩的题目考一考外地回来的同学，大家看好不好？”众人自然附和称好。班花就说：“简单。小时候我们经常玩的捉迷藏，土话怎么说？”众人面面相觑，就连几个当地的同学也愣住了。“deng bo en bo，deng bo bo luo”许之远说。众人闻言，恍然，大笑，纷纷赞许，一片“喝酒喝酒”。

“之远，你官做那么大，钱应该也不少挣。怎么还是那么低调不忘旧啊，怪不得不显老。”班花有些感慨道。

“咳呀，我算啥呀，北京城里我这样的人满大街都是，战战兢兢一辈子，艰苦朴素，没人当回事儿。只有回来，才真有进城的感觉。”许之远边说边拿筷子点点桌上的盘子，瞅瞅对面主陪位上的崔老板，又侧身看着右边同学的脸庞说：“你觉得呢，教授？”

教授是当年的语文课代表，博士毕业后一直在东北某所大学教汉语言文学。听许之远这么一提，赶忙把手中的筷子放下，道：“高处不胜寒，都不简单，也都不容易，还是家乡好、同学好。”

“要说不容易，谁都不容易；要说不简单，在座各位一辈子都不简单。许行长、曾教授、崔老板，还有从美国回来的刘医生，更是成功人士。但我觉得，人生一世，贵在六个字：少亏欠，多体验。我在县城忙活一辈子，思维都僵化了，工作、生活、思想一旦脱了轨，必然就翻车。一辈子经历的事不少，人生体验却很单薄呀。”

县政协主席任上退二线的老李同学身上仍然有当年班长的影子。教授用湿毛巾擦了擦手，缓缓放下，清了下嗓子，道：“人生短暂，自然是贵在体验。

但归根结底都要化作黄土一抔，烟消云散。所以要紧的是活在当下。我很欣赏一段话，大意是，以前我们被老师恐吓着，高考是改变命运的唯一机会，往后又是考研和考公，又是选择伴侣，每一个选项好像如果选错了天就塌了。可是人生其实没有那么脆弱，功利主义导向的思考方式往往使我们忘却了生命的本质是一场历程。无数人忽略了一个真相，很多事情其实根本没有意义。吃喝玩乐不是虚度光阴，吃苦耐劳也不一定值得歌颂。人生本来就是不停地去感受、去体验，爱你所爱。可是我们总是爱去和别人比较，徒增焦虑内耗。不一定要做出世俗认为的很有意义的事。如果你想发呆，看日落、数星星也有意义。我只是来体验生命的，不是来演绎完美的，慢慢接受自己身上那些不完美的部分，原谅自己的迟钝和平庸，允许自己出错，允许自己偶尔断电，带着缺憾拼命绽放，不断尝试、收获、感受，然后放下。换成我们都能理解的话就是，在吃包子比赛里，输赢并不重要，因为怎么样你都能吃到包子。”教授不愧是教授，一番话把大家说得有些愣住了，“不明觉厉”，掌声四起。

“主席和教授的话都是对的，但这都是你们成功人士的感慨，我就没有资格这么说了。”坐在副陪位上，一直没怎么作声的罗老师忽然接过话来。罗老师是当年班上的学习委员，成绩一直最好，因为家庭条件原因，上了师范大学，毕业后在县一中当老师。本来好好的，后来赶上全民经商潮，学生的心野了散了，不少教师就没了教书的心气，从教书到打牌，再到下海，似乎顺理成章。打小有牌桌天赋的罗老师早期干脆在学校对面开了个棋牌馆，惨淡经营。后来经历改革，学风重塑，但罗老师也回不去了。好在一身天赋总有用武之地，她自己创业，虽日夜辛劳，却也风生水起，小有收获。上学时她和许之远关系近，工作后联系不多但没中断。崔老板约饭时窃笑着问许之远“还想见哪个女同学”，许之远说罗老师。

罗老师接着说：“我相信性格决定命运一说，但和平时期、社会显著发展进步时期，我更相信起点、轨道、平台决定一切。只不过在复杂的社会里，人生的差异慢慢地转化为身份，以及身份所代表的一切——财富、权力、地位。人终有一死，但普通人的价值在于活得比别人更好。”罗老师说完，自己举起杯，一饮而尽。许之远带头鼓掌，然后举杯道：“妙不可言哪！来，我们敬老罗一杯。”

众人稍一安静，老李主持道：“罗老师的话很实在，不管在哪条赛道上，都要有一个积极的人生态度。船到码头车到站，我们的儿子、孙子的人生也要开始了，希望他们的人生不是我们的简单循环复制，要有更高的境界，跟上时代进步的步伐。”说到这儿，老李侧过头来对许之远说：“之远，你不一样，还有前途，我们大家都对你寄予厚望呢。”许之远赶紧低头作揖，连连道：“惭愧惭愧。日薄西山，穷途末路。正天天盼着退休回来养老呢。”

夜已深，酒喝不动了，歌也唱不动了。崔老板要安排大家打牌。许之远说：“纸牌我不会打。你们打掼蛋吗？”众人都说不会。许之远就起身告辞说：“我还要回乡下，外甥接我来了，就不陪各位了。”

同学们送许之远到大门口，一一拥抱，同许之远道别。许之远面向众人，拱手退步道：“留步留步。”正要转身离开，崔老板站在边上说：“我代表同学们送一下，送行长上车。”紧接着一挥手，只见一个服务员抱着两箱酒跟了过来。

许之远见状，正色道：“老崔，这是干啥呀？”“别紧张，别紧张，我不找你贷款。”崔老板当着众人的面笑着说：“老二明年研究生毕业了，学金融的，老同学费心指点指点……”湖面上一阵凉风吹来，许之远打了个寒战，笑着道：“帮忙找机会推荐，参加考试可以，不打包票。”然后手指酒箱，接着道：“酒我不要，每位同学每人两瓶。女儿简历微信发我。”说罢，转身大步走了。

编者按：

《老乡哪吒》这部作品，不仅创造了一个奇幻的世界，更通过哪吒与蜀宝的故事，传递了文化传承与创新的深刻命题。我们跟随哪吒与蜀宝的脚步，开启一场充满奇幻与思考的时空之旅。这不仅是一段冒险故事，更是一次对传统文化与现代科技深度融合的大胆探索。作者通过丰富的想象力和细腻的笔触，将古老的神话传说、现代科技元素以及地域文化特色巧妙结合，构建了一个充满活力与创新的文化叙事宇宙。通过阅读，我们不仅能感受到奇幻冒险的乐趣，更能体会到文化传承与创新的魅力。这部作品或许会激发我们对传统文化的新思考，甚至为我们的创意和实践提供灵感。

《老乡哪吒》是一部奇幻小说，保留了哪吒故事的经典元素，同时赋予了角色全新的生命力。哪吒不仅是勇敢无畏的战士，他化身为一位穿梭时空的“元宇宙导游”，带领读者探索未知的世界，挑战一个又一个难题。而另一位主角蜀宝——一只憨态可掬的大熊猫，则以幽默乐观的态度面对一切挑战，为故事注入了温暖与希望。他的乐观精神感染了每一个人，也提醒着读者：无论面对多大的困难，保持乐观是最重要的。

传统文化的现代转化不是简单的元素拼贴，而需要在量子叙事层面完成基因重组。就像哪吒用三头六臂同时操控混天绫与智能终端，真正的文化创新在于构建可容纳多重时空维度的叙事框架，让青铜器上的饕餮纹与代码中的算法在超弦振动中产生共鸣。

老乡哪吒（一）

文 / 潘凌

在芙蓉市的喧嚣与繁华中，一场意外的邂逅悄然发生。

哪吒，这位身怀绝技的“元宇宙导游”，正穿梭于时空的缝隙，寻找下一个冒险的目标。而蜀宝，一只憨态可掬的大熊猫，正悠闲地在芙蓉古镇的竹林中享受着午后的宁静。

蜀宝正抱着一根粗壮的竹子啃得津津有味，突然，一阵狂风卷起竹叶，哪吒的身影如闪电般出现在他的面前。哪吒手中紧握着乾坤圈，警惕地看着这只看似憨厚的大熊猫。

“你是谁？为何出现在这里？”哪吒的声音中带着一丝不耐烦。

蜀宝抬起头，眨了眨眼睛，憨厚地笑了笑：“我？我叫蜀宝，就住在这附近。你看起来很厉害，是来保护这片竹林的吗？”

哪吒皱了皱眉，蜀宝的回答让他感到困惑。他从未想过，自己会与一只大熊猫产生交集。然而，就在他准备进一步询问时，蜀宝突然打了个喷嚏，竹叶纷飞，哪吒的风火轮被震得微微晃动。

“哼，看来你并非善类！”哪吒冷哼一声，乾坤圈瞬间化作一道金光，向蜀宝袭来。

蜀宝本能地举起双手，却意外地发现自己的身体被一层无形的力量包裹。他轻松地接住了乾坤圈，憨厚地说道：“别闹了，我可不想打架。”

哪吒见状，更加恼怒：“你竟敢接我一招？看来我低估了你！”他再次发动攻击，但蜀宝依然以柔克刚，化解了攻势。

第一次交锋以误会收场，两人谁也没占到便宜。

哪吒不甘心就这么放过蜀宝，他决定在芙蓉古镇再次与他交手。古镇的街道上人来人往，热闹非凡。哪吒站在一座古桥上，远远地望着蜀宝。

“蜀宝，这次你别想再轻松化解我的攻击！”哪吒大喝一声，混天绫如一条火红的巨龙，向蜀宝飞去。

蜀宝站在桥的另一端，看着混天绫，

眼神中闪过一丝无奈："哪吒，你这是何苦呢？我们本无冤无仇。"

然而，混天绫已经近在咫尺，蜀宝无奈之下，只能用双手轻轻一推，混天绫被反弹回哪吒的方向。哪吒一个踉跄，险些失去平衡。

"你……你到底是什么来头？"哪吒气喘吁吁地问道。

蜀宝摇了摇头："我只是个爱吃竹子的熊猫，不想惹事。如果你非要找麻烦，那我也没办法。"

第二次交锋，哪吒依然未能占到上风，反而对蜀宝的憨厚和坚韧产生了几分敬意。

● ● ●

就在两人准备再次交手时，一个熟悉的声音打断了他们："哪吒，蜀宝，你们这是在做什么？"

哪吒和蜀宝同时回头，只见李白和苏东坡并肩站在他们身后。李白手持酒壶，苏东坡则拿着一把折扇，两人脸上都带着微笑。

"太白先生、东坡先生，你们怎么来了？"哪吒有些惊讶。

李白带着一抹轻松的笑意，悠然地说道："我恰巧路过此地，目睹了你们之间的激烈争斗，便忍不住过来一探究竟。哪吒，你那'我命由我不由天'的豪迈精神，确实令人钦佩不已，但也要学会在适当的时候收手。"

苏东坡也微微颔首，表示赞同："哪吒，你'析骨还父'的悲壮故事，确实让人感动至深。现在看来，你与蜀宝的这次相遇，或许正是传统文化中所倡导的'和为贵'精神的生动体现。不如就此停手，让干戈化作玉帛。"

哪吒在沉默了片刻之后，终于深深地叹了口气，语气中带着一丝释然："真是老乡见老乡，两眼泪汪汪。我愿意听从你们的劝告。蜀宝，看来是我误会了你。"

蜀宝憨厚地笑了笑："哪吒，其实我也很佩服你的勇气和智慧。不如我们做朋友吧！"

李白哈哈大笑："好一个'诗仙＋仙童'的组合！你们的友谊，定能成为一段佳话。"

苏东坡也笑道："哪吒，你与蜀宝的相遇，正是传统文化在新时代的传承与创新。"

在李白和苏东坡的见证下，哪吒与蜀宝握手言和，从此结下了深厚的友谊。两个小老乡的故事在芙蓉市传为佳话，成为川人不畏强暴、勇于抗争精神的象征，也为传统文化的现代转型注入了新的活力。

哪吒与蜀宝的相遇充满了戏剧性。曾经，他们因误会而大打出手，经历了激烈的交锋。哪吒聪慧机敏，蜀宝则以憨厚和坚韧应对，最终在李白和苏东坡的调解下，二人化干戈为玉帛，结下了深厚的友谊。李白的"安能摧眉折腰事权贵"与哪吒的"我命由我不由天"在时空的交错中产生了共鸣，成为川人不畏强暴、勇于抗争的精神象征。苏东坡则用"析骨还父"的典故，为这段友谊注入了传统文化的智慧与温情。

● ● ●

在一次奇妙的冒险中，哪吒带着蜀宝来到了一个神秘的乐园，本想建一个哪吒乐园，却无人知晓其所在。哪吒轻拍蜀宝的肩膀，说道："现在我找到了你，你是在我之外第一个看见这个乐园的人。或许，你就是乐园的救星呢！"蜀宝心中既激动又紧张，他从未想过自己会承担如此重要的使命。但他很快调整了心态，坚定地说："我会尽我所能。我们得想个办法，搞个开业仪式，让更多人知道这个乐园。"

与此同时，在芙蓉市，一群热衷于文创动漫的年轻人——油条、汤圆、抄手、包子和蛋糕，正在策划一个前所未有的文化项目：打造一个融合传统与现代科技的东方迪士尼乐园。他们在一家充满艺术氛围的咖啡馆里热烈讨论着，每个人都从自己的角度出发，为项目出谋划策。

油条，一位高校艺术教育工作者，感叹道："艺术文创行业如今真是热闹非凡！不过，我们这些在高校里的人，或许只能算是'四流人才'。我们虽然能培养出有创意的学生，但总感觉与市场有些脱节。"

汤圆，一位策展人，笑着回应："油条，理论研究很重要，它为我们这些在一线实践的人提供了灵感。我们这些'三流人才'，每天都在与市场打交道，压力也不小呢。"

抄手，一位独立设计师，补充道："我们这些'二流人才'，要在市场上脱颖而出，必须有敏锐的洞察力和独特的创意。"

包子，一位投资人，自信地说："别小看我这个'一流人才'。投资风险很大，但回报也很丰厚。当然，这个行业里也有一些不讲道德的人，最终会被法律制裁。"

蛋糕，一位自由插画师，感慨道："无论处于哪个层次，艺术文创行业都充满了机遇与挑战。我们这些新兴人才，只要抓住机遇，也能开辟一片天地。"

他们达成共识：无论身处哪个层次，保持艺术初心、坚守职业道德、不断创新才是最重要的。他们决定将哪吒的故事与蜀宝的魅力相结合，打造一个独一无二的"哪吒蜀宝乐园"。

（未完待续）

茶香（二）

文 / 何承洪

我在大同闻到沁人心脾的茶香，李菊喃喃地说。

章杰那天下午正在茶园里查看茶叶的生长情况。其他同行茶园的茶叶因染病影响了产茶质量和数量，引起经营收入大幅度下滑。章杰知道这些茶叶得的是云纹叶枯病，该病多从叶尖或叶缘发生，病斑呈褐色，半圆形或不规则形，波浪状轮纹，似云纹，后期病斑上生灰黑色扁平的小粒点。可能是九顶山上独特的地理位置、气候等原因，章杰1000多亩茶园的茶叶一点都没有受到病虫的影响。临近太阳落山了，章杰才把园子最东边的茶叶检查完。他长长地出了口气，心里很感激在农发局上班的战友考虑得周到。要是把这么大的茶园放在其他地方，这次损失不晓得有多大！

正感叹时，猛然听到森林中传来断断续续的哭声，章杰想，这么晚了，咋会从森林中传来哭声呢？不会是自己听错了吧。章杰又仔细地听了听，好像是女人的哭声。

章杰想到当地人曾经说过，这茶园东边就接近原始森林了。原先有一对夫妇游玩时走进了原始森林，政府组织大量人员去寻找，都没有找到。章杰担心有人误入原始森林迷路了。

章杰马上叫来两个当地村民，沿着断断续续的哭声找去。林间小路上树叶满地，又湿又滑。章杰不熟悉如何走这种满是树叶的林间小道，几次差点滑倒。好在村民走惯了山路，几次都把章杰扶住了。

三人走了一里左右，看到两个女孩，在地上哭得花容失色，声音带着沙哑。当看到有人来时，更是止不住地眼泪横流，放声大哭。三人过去扶起两个女孩，并陪她们一路走下山，两个女孩连连道谢，交谈中三人得知，两人一个叫李菊、一个叫陈艳。

陈艳说："好害怕哦！森林里面还有野狼和野猪的叫声！"村民说："不是野狼，可能是熊猫的叫声。森林里有熊猫和野猪，没见过有野狼。现在这些都是保护动物，是不能打的。"原来九顶山上的村民家里，几乎家家都有猎枪，后来全部上交了。现在村民们碰到野生动物，都直接绕开。前两年村民们还见过一只大熊猫跑出来，在搬农户种的玉米。村民们看着它玩耍，它把半生不熟的玉米一包一包搬来啃，它玩耍累了，才慢腾腾地进山去了。

章杰三人把李菊和陈艳送到河边民宿，安慰了一阵，方才各自回去。

傍晚时分，太阳慢慢西沉，整个乡村都被染成了橙红色。牛儿和敞放的跑山猪在村民的吆喝下，慢慢回棚。劳作了一天的人们，扛着农具，有说有笑地向家中走去。天空中，晚霞绚烂夺目，与乡村的房舍、田野构成了一幅绝美的画面。

第二天，李菊和陈艳一大早便跑到章杰的南山茶厂，找到章杰又感谢了一番。章杰便带着她们参观了整个茶厂，边走边跟她们讲解制茶的工艺流程和南山茶厂的经营理念。

章杰侃侃而谈，茶的制作工艺流程主要包括以下几个步骤：采摘、摊晾、杀青、揉捻、干燥、精制。

采摘：制茶的第一个步骤就是采摘新鲜的茶叶，不论是制作明前茶还是明后茶，制茶的前提就是采摘茶叶，按照相应的标准采摘符合要求的茶芽，品质优良的茶叶一般都是在太阳升起之前完全用手工采摘的，这样能更好地保留茶叶自然的香气。

摊晾：采摘后的茶叶含水量极高，

此时还不能直接用来制作茶叶，需要将其均匀地摊放在篾晒垫上接受阳光的照射，根据天气状况自然萎凋6~8小时，其间需要翻动3~4次，最好每隔2小时就翻动一次，让茶叶的香味逐渐散发。

杀青：摊晾后的鲜茶叶水分下降，此时便可以进入杀青的阶段，这是制茶工序中最关键的一个步骤，会影响茶叶的外形、香味。直接把茶叶倒入烧热的锅中，用双手进行翻炒促使每一片茶叶都能受热均匀。

揉捻：杀青后的茶叶出锅后要放在篾盘上，及时清风散热，在散热的同时用双手揉捻茶叶，让茶叶受到一定的损伤，此时内含物质会渗出并附着在茶叶表面。这一步是为了给成品茶打下基础，同时有利于干燥时塑造茶形。

干燥：手工传统制茶时，会在干燥期间塑造茶叶的造型，重新把茶叶倒入锅中，根据想要的茶性把控火候，通过不同的手势和力度让茶叶在造型的同时逐渐变得干燥，比较费时且费力。等待茶叶八成干，能明显感到刺痛手掌时，等待3~5分钟就能取出茶叶，摊凉后装袋。

精制：干燥后的茶叶在销售之前，还需要再经过一番精制。筛分，将茶筛分成粗细、长短不同的等级；剪切，根据需要调整茶叶形状，必要时，可用切碎机将其切碎；拔梗，将部分散离的茶质分离出来；复火，干燥不够时，再干燥一次，也称补火；风选，将精制过的茶用风来吹，碎末和细片就会分离出来。

李菊和陈艳听了，感叹道："原来制茶还有这么多的学问呢！真是长知识了！"

章杰还向李菊和陈艳介绍了逐渐完善的南山茶厂经营理念：一是品质至上，坚持选用优质茶叶原料，严格执行制作工艺，确保产品的高品质。这不仅是对消费者的承诺，也是茶厂长远发展的基石。二是诚信经营，反对假冒伪劣产品，杜绝虚假宣传，以诚信赢得消费者的信任和支持。在当今信息透明的社会背景下，诚信经营是企业立足的根本。三是文化传承，重视并传承茶文化，通过组织茶文化活动、推广茶文化知识等方式，让更多人了解和欣赏茶文化的深厚底蕴。这不仅是对传统文化的尊重，也是提升品牌形象的重要途径。四是多元化发展，尊重个性化需求，提供多样化的产品和服务。无论是不同类型的茶叶还是个性化的茶点服务，都能满足不同消费者的需求，从而扩大市场份额。五是社会责任，关注环境保护和社会公益，实现可持续发展。这包括采用环保的生产方式、参与社会公益活动等，树立负责任的企业形象。综上所述，南山茶厂的经营理念围绕品质、诚信、文化、多元化和社会责任等方面展开，以实现企业的长期健康发展。

李菊和陈艳连连点头称是。

在章杰的办公室，章杰请二人品尝刚做好的茶叶。大同古镇空气清新，茶叶天然生长，再加上是手工制作，这茶就别有一番风味了。

老川茶泡入杯中，一芽一叶，一沉一浮，清香四溢，清新雅致，沁人心脾，妙不可言。真可谓：

茶香四溢春日长，
玉碗盛来琥珀光。
一饮清心人自醉，
不知何处是仙乡。

李菊不由自主地想起与茶香有关的诗句来。她想描述春日里茶的芬芳，以及品茶时的宁静与陶醉。琥珀色的茶汤在玉碗中闪烁，品一口便能让人心旷神怡，仿佛置身于仙境之中。这难道不是在述说李菊当下的心境吗？

过了几个月，李菊和陈艳又相约去大同古镇玩耍。她们在街上转了一圈，便直接去了章杰的茶厂。刚进章杰的办公室，陈艳就看到一只拖着长尾巴的鸟在鸟笼里关着。陈艳怨恨地说："前些天就是这只鸟把我们带进原始森林里，差点要了我们的命！"

李菊说："那事有惊无险，都过去了，算了，算了！"

章杰介绍说，这只鸟是红嘴蓝鹊，它身蓝色，头黑色，嘴红色，尾十分长，是一种非常漂亮的鸟。它全身长约65厘米，会发出多种不同的叫声和哨声。"它是我在茶园查看茶叶时拾来的，一只脚可能被老鹰抓伤了。我这几天正在给它治疗呢！等它的伤好了，就放它回大自然中去。"

章杰看到陈艳不理解的样子，又说："我们人类和这些动物是完全可以和谐相处的。我刚上南山来时，用一些木头和竹子搭起临时居住的工棚。晚上就有一些蛇光顾工棚，我不赶它们，也不怕它们。我晓得这些动物，只要你不伤害它们，它们是不会伤害你的。它们转一会儿，可能知道这里有人在，便悄悄地溜走了。有一次更神奇，我在茶园查看茶叶长势时，看到一只小熊猫在茶园里四处乱窜。我估计它是迷路了，便把它抱回工棚里等熊猫妈妈来接它。半夜熊猫妈妈来到工棚外面叫喊着，我把小熊猫抱过去放在熊猫妈妈旁边。熊猫妈妈感激地看了我几眼，便带着小熊猫往回走。小熊猫也对我叫了几声，好像说着感谢的话，然后才屁颠屁颠地跟着熊猫妈妈走了。"

李菊和陈艳都惊讶得默不作声。

李菊和陈艳离开茶厂时，都对章杰踏实肯干的品行和英武帅气的长相留下了很深的印象。

秋色“长安”

——西安大唐不夜城步行街游记

文 / 徐沛君

徐沛君

中国散文学会、安徽省作家协会会员，安徽省散文家协会常务理事。在市级以上报刊发表文学作品数十万字，著有诗集《历史天空那片云》，散文集《心谷情深》。

古都的现代气息越浓，其古都特色是否越淡？“西安”之名自明朝始称，至今600余年，然始自西汉止于明的“长安”，存世逾1500年。长安之辉煌，昌于西汉盛于唐，长安既是华夏之骄傲，亦为邻国向往之都。若问今日西安何处最“长安”？我说就在大唐不夜城。

仲秋时节，天高气爽，蔬果飘香，正是出游的好时光。自由行的我，不久前亲睹了秋色长安之大唐古风遗韵。

大雁塔下的大唐不夜城，乃一条精心打造的步行街，南北2000余米，长到要穿过3条街、过3个红绿灯，东西宽约500米，北起玄奘广场，南至唐城墙遗址公园。

顺着街区的长长中轴线，鳞次栉比地排列着诸多唐朝特有的雕塑，让人们仿佛置身于开元盛世。那一组组精致的大唐群雕像，既有书法名家柳公权、颜真卿、欧阳询、张旭的英姿和名作，还有大诗人李白、杜甫、白居易、王维、杜牧、李商隐、刘禹锡、柳宗元、王之涣的风采和诗句；既有著名典故“房谋杜断”之场景再现，也有刻有“水可载舟，亦可覆舟”警句的男女百姓图。雕像中的众多人物，栩栩如生、表情生动、精神饱满。

而威武雄壮的秦王李世民策马凌空的巨型雕像十分震撼，左右金角齐鸣、金甲护驾，生动再现了一代帝王早年戎马倥偬、叱咤风云、能征善战的英雄豪气。

神采飞扬的诗人，足智多谋的忠臣，敢为社稷犯颜直谏的谏官，勤劳朴实的百姓，连同心系天下、从谏如流、雄才大略的明君，构成了一幅绚丽壮观的历史长卷。

这时，宽阔的街市上，款款走来了一群身着唐装、浓妆艳抹的妙龄女子，笑靥盈盈的她们，频频用手机自拍或与同伴合影。她们身上的唐装五彩缤纷、款式迥异，但阔而不肥，华而不俗，典雅高贵，随袅袅秋风而翩翩轻扬，伴和煦斜阳而烁烁闪光。我上前询问：唐装是为演出而穿？答曰：不，只因喜欢而亲身体验一次。

哦！好一幅大唐盛世玉女图！若说那一座座硕大的青铜色的人物雕像，昭示着盛唐之雄风再起，那么，这一簇簇光彩照人的女人花，便是大唐万种风情之缤纷绽放。

此街既然名曰“不夜城”，当知最美在夜里。当夜幕降临、华灯初上时，这里便成为火树银花、流光溢彩之地。不一会儿，这里便人头攒动、摩肩接踵。随着雄壮明快的旋律响起，这里成了人与诗的海洋、歌与乐的世界。

不知谁说了一句：“快到前面那里，皇帝就要上朝了！”人们马上如潮水般地向前涌去。果不其然，在李世民策马出征的巨型雕像下，一场“太宗临朝”的演绎开场了。伴着激昂铿锵的锣鼓声，一队全身披挂的精壮战士登场表演，他们娴熟地舞枪耍戟，卖力地展示武功；过一会儿，又一批手持大刀的武士上场，只见他们左劈右砍，上下翻滚。所有人都精神抖擞，双目放光，眼神中透露出一往无前的坚定和勇敢。

随着音乐节奏的放缓，只见唐太宗从殿上缓缓站起，移步向前，面向观众朗声说道：“今天下安宁，万方来朝，盛世华章，我大唐子民皆护守农商，使百业兴旺。朕定当励精图治，上行天道，下顺民意，祈我大唐生民万福，万事安宁，海内升平，天下大同！”那洪亮的声音在空中久久回荡；那豪迈的气势，尽显唐太宗的帝王威仪；那激昂明快的音乐摄人心魄，听得人们热血沸腾。

这边的“皇帝”刚退朝，那边的“诗人”便登场了。只见一身文化装扮的李白，从巨大的酒坛状物体中缓缓升空，立于距地面十多米的高处。他右手高擎酒杯，似欲与明月对饮。他说“人生得意须尽欢”，台下黑压压的人群齐声答道“莫使金樽空对月”；他说“天生我材必有用”，台下应道“千金散尽还复来”；他说“举杯邀明月”，台下答“对影成三人”；他说“两岸猿声啼不住”，台下齐声“轻舟已过万重山”。李白见台下观众对答如流，便捋须点头，连说三声好，将杯中酒一饮而尽，台下掌声如潮。

秋月似银盘，今睹李谪仙；此处皆诗人，激情溢长安。多么美好的画面啊！吾叹千百年来，国人对诗仙李白仍是发自内心的喜爱！这颗盛唐诗歌中最耀眼的明星，他的诗构成了中华文化的重要内核，带给人们无尽的感慨和精神的慰藉。天下若无李白，唐诗之光必将暗淡很多；华夏若无唐诗，那还能叫盛唐吗？

西安的标志性建筑大雁塔，位于大唐不夜城同一条中轴线上。这座始建于唐永徽三年（652年）的七层古塔，通高64.517米，周身黄色，敦厚大气，鎏瓦飞檐，蔚为壮观，坐落在久负盛名的大慈恩寺内（大慈恩寺为贞观二十二年太子李治为其母文德皇后追福而建）。

大雁塔借鉴了印度佛塔风格，为造型独特、中西合璧的方锥形仿木楼阁式砖质建筑。一二层为九开间，三四层为七开间，其他层为五开间，塔身向上渐次变细；在每层四方各辟有券门，可向外眺望；塔内各层建有木梯盘旋而上直达七层。古塔六七两层的檐角下悬挂风铎十多只。

我登上古塔七层极目眺望，前后南、北广场尽收眼底，周围一幢幢古香古色的唐式建筑，在一片葱翠松柏的衬映下，仍显昔日盛唐之余晖，高耸在南广场上的玄奘大师全身雕像，其背面隐约可见。

大雁塔虽在大慈恩寺内，却非李治所建，而是玄奘大师从西域取经回国后，奏准朝廷奉敕而主建。当初建此塔为收藏佛经、佛像和舍利所用，正如宝塔内一联云：“敬崇此塔，拟安梵本，巍峨永劫，千佛同观。”

俗名陈祎的玄奘，为究明佛教各派渊源，准确掌握佛学精髓，贞观元年心怀光大中国佛学之志的他，毅然执杖独行，前往西域取经。他穿沙漠、翻雪山、渡湍流、挨饥饿、避禁约、逃追杀，以宁可西行而死，绝不东归而生的坚定执着，历经磨难、九死一生，经中亚到印度，终于求得真经。他在西域历时17载，行程5万余里，并习经5余载、游学巡礼138国，终在645年成为高僧载誉而归。回国后，他又主持译经19年，译出经书1000多卷，并口述编撰《大唐西域记》12卷。

玄奘大师的遗物并不在大雁塔内，而是珍藏在距塔不远的地下宫里。在这里，我看到了玄奘当年西行取经时穿过的破白麻鞋，用过的佛杖，盛水用的黑色皮水囊，读经用的小油灯和驱赶蚊蝇的拂尘。1000多年过去了，它们静静地躺在那儿，似乎还在等待主人的归来。这些东西看起来如此普通简陋，而它的主人却那么聪慧、博爱和伟大！

“佛塔光明三昧法，华章贝叶四方春。”据史载，唐太宗对玄奘颇为推崇，他获悉玄奘圆寂时，甚感痛惜。他在亲撰御笔的《大唐三藏圣教序》中盛赞玄奘：“松风水月，未足比其清华，仙露明珠，讵能方其朗润。”玄奘对中国大乘佛教之卓越贡献，无人能望其项背。他亲译的大量佛经，已成为中华文化之精粹，无数人从中受益；他主建的大雁塔至今屹立不倒，千余年来俯视着这滚滚红尘。塔檐下的一只只风铎，随风发出一阵阵清脆的铃声，我听得十分真切，那就是玄奘大师发自天外，为芸芸众生祈福、保佑天下平安的梵音。

秋色浓郁的大雁塔南广场上，一波又一波身着盛装的红男绿女，兴高采烈地从玄奘的全身雕像前匆匆走过，我感到，他们在这巨大的雕像下，每个人都显得无比渺小。这里发生的一切，玄奘都悉收眼底，无论欢乐或忧愁，他都仁善祥和，惟有慈眉下的双目炯炯有神，似有无限的光芒，投向遥远无垠的天际。

是的，大师的目光早已穿云破雾，抵达人类的自由王国；大师的慧眼如炬，能看穿人间的一切伪装；大师不朽的精神和执着的信仰，就是一座永恒闪烁的人生航标。

我的“丝路金融文学”情缘

——“丝路金融文学”品牌创立十周年回望与前瞻

文 / 赵晓舟

我与“丝路金融文学”的缘分，始于一次邂逅。2015年初春，陕西金融界的几位文学爱好者赵乾军、杨军、张学德、陈益鹏、赵晓舟等，萌发了成立一个文学社团的念头。初衷是将对文学有兴趣的金融界作家们聚集在一起，秉承“金融助力‘一带一路’，文学讴歌金融事业”的理念，以文会友，以友辅仁。这一理念如同一粒种子，在我们心中迅速发芽。后经多次讨论和筹备，最终商定将这个文学团体的品牌定名为“丝路金融文学”。我们期望这个平台，不仅能为金融界的文学爱好者提供一个交流和展示的场所，还能推动金融与文学的跨界融合，创作出更多具有时代和行业特色的文学作品。这一构想一经提出，便得到了金融圈内有一定影响力的文学爱好者的积极响应。他们的热情不仅唤醒了我对文学的浓厚兴趣，也激发了我对金融文学探索的强烈愿望。

2015年4月25日，一个具有历史意义的时刻，陕西金融作家协会正式宣布成立，同时推出了一个富有行业特色的品牌——“丝路金融文学”。这个品牌不仅是一个标志，它背后还蕴含着陕西金融作协的创新精神和对金融文化的深刻洞察力，以及对金融文学推广的坚定决心。为了确保这一品牌能够得到法律的保护，避免被他人滥用或侵犯，陕西金融作家协会委托本会副主席陈益鹏先生，在陕西省版权局进行了正式的版权注册。这一举措有效保护了“丝路金融文学”品牌的合法权益，确保了品牌能够在一个安全的法律环境中持续发展和繁荣。

陕西金融作协的成立，恰似春风化雨般浸润着西北金融文化土壤。作为一家省级金融行业作家协会，其诞生不仅填补了区域金融文化建设的制度空白，也搭建起金融从业者与文学创作之间的桥梁，同时为我带来了与那些有着共同兴趣和爱好的朋友们相遇的宝贵机会。在业余时间，我们聚集在一起，共同分享对文学的热爱和对金融行业的深刻理解与洞察。在这样一个充满活力和创意的环境中，我开始尝试着拿起笔来撰写文章，记录下自己对金融世界的观察和思考。随着时间的推移，这些文字逐渐积累并凝聚，形成了我对“丝路金融文学”这一独特概念的个人理解与诠释。我深信，通过我们的共同努力，陕西金融作协将会成为金融与文学交汇的桥梁，不仅推动金融文化的繁荣发展，也将为金融行业注入更多的人文关怀和创新思维。

常言道：“栽下梧桐树，引来金凤凰。”在陕西省金融工会统筹推进下，陕西金融文学队伍吸引了众多金融界与文学界的同道中人参与其中。他们中既有深耕金融业务二十余载的支行行长，也有精研金融文化理论的企业文化师。他们胸中跃动的金融脉搏与笔尖流淌的文学情怀在此奇妙交融，使这个新生组织甫一诞生便展现出突破行业壁垒的魄力与远见。为此，我们定期举办各类活动，包括诗歌朗诵会、文学沙龙、金融文化知识讲座等，这些活动不仅丰富了我们的精神生活，也促进了成员间的交流与合作。在这一过程中，我深刻体会到了文学与金融的融合之美，它们相互作用，相互促进，共同构筑了一个充满活力和创新的“丝路金融文学”世界。每一次活动的举办，都仿佛是一场思想的盛宴，让我们在文学的海洋中遨游，在金融的世界里探索。我们在这里分享着彼此的故事，交流着对行业的见解，每一次碰撞都能激发出新的火花，为我们的创作提供源源不断的灵感。我见证了许多优秀作品的诞生，它们或深情细腻，或理性深刻，但都无一例外地展现了“丝路金融文学”的独特魅力。这些作品不仅是我们个人情感的抒发，更是我们对金融与文学结合这一主题的深刻思考和实践。

为促进文学交流及创作成果的展示，我们创办了《丝路金融文学》杂志，并建立了“丝路金融文学网”以及“丝路金融文学”微信公众号。同时，我们还举办了丝路金融文学研讨会和首届丝路金融文学奖评选活动。在此过程中，杜崇斌、李伦、姜启德、吴文茹、黄天顺、白来勤、程峰、高歌、张西西、吴天武、肖照越、乔秀、宋超等杰出作家崭露头角，他们在小说、散文、诗歌、影视文学等多个领域创作了众多令人瞩目的作品，例如《大儒张载》《三秦儒商》《大汉钱潮》《上市前夜》《远去的杀声》《消失的身份》《我愿是雪花》《乡愁扯不断》《梦里长安》《银海拾趣》《界外散笔》《顺着山梁走》等。这些作品初步彰显了金融作家的影响力，迅速提升了“丝路金融文学”的知名度和美誉度。中国作家网报道“丝路金融文学”为文学陕军探新路；多家媒体报道称赞陕西金融作家群是文学陕军中的一抹亮丽风景，已成为文学陕军的一支重要新生力量。

常言道：“树大招风风撼树，人为名高名丧人。”正当“丝路金融文学”事业如火如荼地发展之时，我们注意到在某些地区出现了以“丝路金融文学”命名的评选活动。为了维护“丝路金融文学”品牌的独特性，我与陈益鹏副主席积极地与这些地区进行了沟通和交涉，与此同时，我还在官方媒体正式发布了“丝路金融文学”归属问题公告。上述举措，不仅捍卫了“丝路金融文学”品牌的声誉，还激发了我的创作热情。我为此撰写了《金融文学的春天——祝贺陕西金融作家协会成立》《丝路金融文学深耕远行——陕西金融作家协会成立一周年回望》《从革命圣地迸发出的文学思考——纪念抗日战争胜利七十周年暨金融题材文学创作座谈会代表赴延安见学侧记》《坚持导向原则，讲好金融故事》《春光已至，舒展明媚——2016之春，寄语丝路金融文学》《打造文学品牌·构筑精神高地——关于“丝路金融文学”的构想》等多篇文章。这些文章详尽地阐释了丝路金融文学的概念、内涵、创作对象以及未来的发展方向，不仅在众多媒体发表，有些文章还被金融作家协会评为优秀作品，进一步提升了“丝路金融文学”的影响力和学术价值。

在这些荣誉的鼓舞下，我与协会同人更加坚定了推动“丝路金融文学”发展的信念。我们策划并实施了多次文学采风活动，深入金融机构基层一线，亲身感悟金融从业者的所思所想，为创作积累了大量生动的素材。我们不仅深入银行、证券、保险等不同类型的金融机构，还与金融从业者进行了深入的交流和专题访谈，从而更真实地捕捉金融行业的脉动和精神面貌。同时，我们还先后邀请了多位知名作家和学者举办讲座与交流，共同探讨丝路金融文学的创作理念与艺术特色，这些活动极大地丰富了协会的文化内涵，也吸引了更多文学爱好者的加入。通过这些活动，我们不仅提升了协会成员的文学素养和创作能力，还促进了文学与金融行业的跨界融合，为金融文学的繁荣发展注入了新的活力。协会会员的作品入选中国作家协会重点作品扶持项目和中国作协网络文学重点扶持项目，此外，协会多名作家入选陕西省文学创作“百优计划”及省级人才扶持工程——文学艺

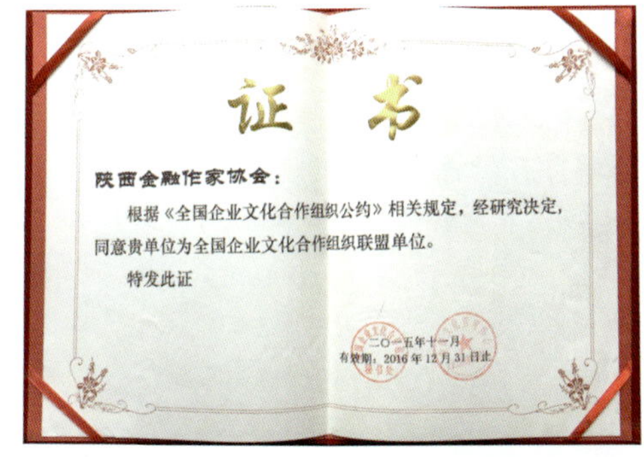
证书

陕西金融作家协会：

根据《全国企业文化合作组织公约》相关规定，经研究决定，同意贵单位为全国企业文化合作组织联盟单位。

特发此证

二〇一五年十一月

有效期：2016年12月31日止

授予：丝路金融文学

2017年度

中国知名文化品牌

作品登记证书

登记号：陕作登字-2016-A-00000009

作品/制品名称：丝路金融文学项目策划书　作品类别：文字作品

作　　者：陕西金融作家协会　著作权人：陕西金融作家协会

首次发表时间：/　首次出版/制作日期：2015-11-05

以上事项，由陕西金融作家协会申请，经陕西省版权局审核，根据《作品自愿登记试行办法》规定，予以登记。

登记日期：2015-11-16

术创作“百人计划”。

在既有成果的激励下，陕西金融作协持续深化“丝路金融文学”传播矩阵建设，着力构建多元化传播体系，与多家文学媒体平台建立了合作关系，定期发布协会成员的优秀作品，让更多人认识并欣赏金融文学的独特魅力。此外，我们成功举办了多场金融文学作品研讨会和展览，不仅为作家们提供了展示才华的平台，也使社会各界对金融文学有了更深入的理解。随着“丝路金融文学”影响力的日益扩大，陕西金融作协逐渐成为连接文学与金融的重要桥梁，为推动金融文化的繁荣发展贡献了力量。2015年11月15日，陕西金融作家协会被批准为“全国企业文化合作组织联盟单位”。2017年11月，“丝路金融文学”荣获中国品牌文化大会组委会授予的“中国知名文化品牌”。2023年10月28日，杨军《大汉钱潮》、杜崇斌《大儒张载》、黄天顺《三秦儒商》、姜启德《上市前夜》、李伦《迷失的鸟》、陈益鹏《天蓝草碧》、王宏《盛宴》、赵景莲《奔腾的银河》荣获“培华杯”首届“金融文化成果奖”。金融作协主席阎雪君主编的《中国金融作家作品选》《中国金融文学获奖作品集》，王小韦主编的《保险观察与思考》系列，赵晓舟所著《当代中国金融文化研究》等荣获“培华杯”第二届金融文化节“金融文化成果奖”。自此，“丝路金融文学”创作队伍异军突起，成果丰硕，已成为文学陕军的重要力量。目前，陕西金融作家协会有会员480余人，其中，中国作家协会会员9人，金融作家协会会员60余人，陕西作家协会会员30余人。有10余名作家还担任着本省县区作协主席职务。据不完全统计，已经出版各类文化、文学专著约140部。“丝路金融文学”在过去10年中通过杂志网站、公众号平台建设、文学创作与成就展示以及荣誉与奖励等多方面的努力，逐渐成为具有影响力的金融文学组织，为金融与中国特色金融文化的结合作出了积极贡献。

在过去的10年里，我有幸参与了“丝路金融文学”的创建与成长，见证了金融作家们在这一领域所取得的成就，目睹了“丝路金融文学”从无到有、在逐渐成长壮大的过程，还积极地贡献了自己的智慧与力量，并以文字的形式记录了这段历史。我希望通过这些文字，让更多的人认识到“丝路金融文学”的价值所在，以及它在推动文化交流和经济发展方面所扮演的重要角色。

作为这一历程的亲历者、参与者和见证者，我深刻体会到“丝路金融文学”所蕴含的独特魅力和深远意义。它不仅是一个文学创作的平台，更是一个连接金融与文化、促进交流与合作的桥梁。通过“丝路金融文学”，我看到了金融与文学的完美结合，感受到了文化在经济发展中的独特作用。这段经历让我更加坚信，文化的力量是无穷的，它能够激发人们的创造力和凝聚力，为社会的进步和发展注入源源不断的动力。

回望“丝路金融文学”创建10年来的历程，每一步都充满了挑战与机遇，但正是这些经历，铸就了“丝路金融文学”今天的辉煌。从最初的萌芽到现在的枝繁叶茂，它见证了无数金融文学爱好者的梦想与追求。在这里，文学不仅仅是文字的堆砌，更是情感的抒发与智慧的碰撞。每一位参与者都以笔为媒，用心书写着对金融文化的热爱与敬仰。前瞻“丝路金融文学”的未来发展，著名文化学者、“形散神不散”理论的奠基人肖云儒先生期望我们能够“深耕远行”。

目前，“丝路金融文学”已经展示出其强大的生命力以及广阔的发展前景。然而，在许多方面，它仍然拥有进一步扩展和提升的潜力。只有通过广泛吸收各种有益的元素，弥补现有的不足，深入细致地耕耘，并且不断创新和发展，我们才能创造出一个更加丰富多彩、充满活力的未来。

文章合为时而著，歌诗合为事而作。坚持“二为”方向、“双百”方针和“三贴近”原则，努力创作出更多反映时代精神的杰出作品，塑造“丝路金融文学”的品牌，推动金融文学创作从“高原”向“高峰”迈进，开创“丝路金融文学”事业的繁荣发展新局面，这不仅是“十五五”规划期间“丝路金融文学”的使命，也是其必然追求。

作为金融文化研究领域的学者兼金融文学爱好者，本人深刻意识到肩负的学术使命。我们将矢志秉持学术热忱与专业精神，持续深耕金融文学领域的理论建构与创作实践，拟通过系统投身学科体系建设，协同金融文学界同业研究者，共同探索经济叙事与文学表达间的跨学科融合路径，致力于培育兼具艺术审美价值与金融理论深度的典范性文本，推动创作范式向三个维度深化拓展——紧密契合社会经济发展脉络、生动再现行业实践图景、深刻呼应金融职工精神需求，力求使“丝路金融文学”体系发展成为彰显时代特征、引领价值导向的学科建设载体。

作家杏林子说：“岁月可以赢去我们的生命，却赢不去我们一路留下的欢声笑语，我们的祝福，无尽的爱意。”此生，我因金融与文学结缘，又因文学与金融结伴。这份特殊的情缘，让我深刻体会到金融与文学相互交融的独特韵味。在金融的世界里，我见证了数字的跳动与市场的波澜；而在文学的天地里，我则感受到了文字的魅力与情感的流淌。金融与文学，看似两个截然不同的领域，实则有着千丝万缕的联系。它们共同绘制出我人生中的一幅绚丽图景，引领我在求知与智慧的征途上，持续地迈进和探索。如果我今生留不下什么财富，那就让这些文字为我留下一些值得回味的记忆吧。

祝“丝路金融文学”深耕远行！

小草一株写爱憎

读张文艺诗词集《鹤仙草诗词》随感

文 / 杜盘堂

张文艺老师从山西阳泉给我寄来四本书，当我翻开他的两本《鹤仙草诗词》时，如同漫步在春天的花海里，五彩斑斓的花朵竞相绽放，让人目不暇接。

我与张老师原来都在山西农行系统工作，他的大名，我早有耳闻，我们在山西金融作家群加了微信，保持联系。张老师是山西盂县鹤山村人，网名“鹤仙草”，也许这就是他把诗词集称之为《鹤仙草诗词》的缘由吧。

张老师是金融作协、农行作协会员，农行阳泉市分行办公室原主任，阳泉市农行驻平定县岔口乡主铺庄第一书记。他性格开朗，爱好广泛，喜诗词歌赋，爱根雕摄影，乐“游山玩水”，结天下文友。

看着他的两部厚厚的诗集，闻着这幽幽的文墨清香，我缓缓打开这用心血和汗水积淀的作品，顿时心生敬佩。这是他半生的精神财富，众多的爱好，丰富的业余生活，一颗热爱生活的心，经过不断的耕耘、不断的创作，凝聚在这部作品中。

第一部诗集分六部分，由青涩年代、“三农”年代、山水游记、杂诗咏集、赋及其他、聊天诗集组成。全书精彩纷呈，雅俗共聚，有回忆，有感悟，有激情，有浪漫，有庄重，有诙谐，嬉笑怒骂，皆成文章。他从生活中汲取养分，触发灵感，叙写生活的点点滴滴，抒发对工作和生活的无限热爱。

青涩年代，是张老师的一段青涩记忆，是青春年少之时生活的写照，在这里能感受到一个热爱生活的少年，真诚善良，单纯热情。文笔虽然略显稚嫩，但怀着一颗激情悸动的心，写下了一首首青春萌动的诗篇，表达对生活的热爱，对爱情的向往，对亲情的不舍。浅吟低唱的青涩岁月，是一生中最美好的岁月，是一个人生命含苞待放的时期，生机勃发、朝气蓬勃，孕育着进取，意味着上升。

诗歌是张老师的人生写照。“三农”年代，身在农行，心系农家。作为农民的儿子，他与这片热土有割舍不了的亲情和对农民的挚爱。作品让人们看到了一个醉心于工作，不知疲倦奔波在全省“三农”战线的农行干部，不辞辛劳，一心为公。

山水游记，是他踏遍家乡山水，览遍仇犹草木之后，发自内心的创作。他在崇山峻岭中游目骋怀，在清流激湍间畅叙幽情。将自然山水作为吟咏对象，挥毫泼墨，时而淡雅清幽，时而恬静宁谧，时而明丽绚烂，时而雄浑壮丽，时而凝神思虑，时而豁达开朗。遍观山水画卷，明察品类之盛，信可乐也。读着他的诗篇，仿佛置身其间，感受着大自然

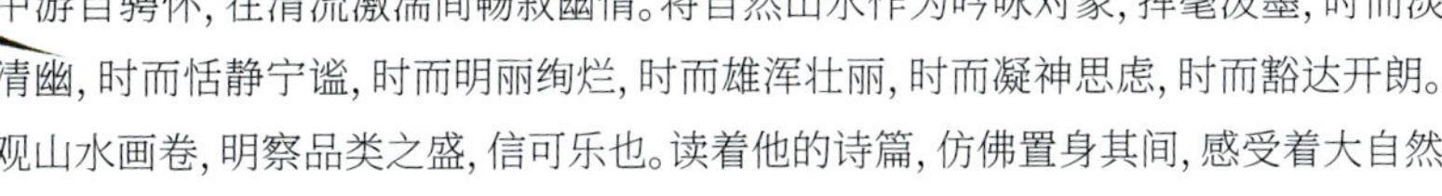

赋予的浩然之气，品味着人生无所羁绊的乐趣。

杂诗咏集，是他现实生活的真实体现，细腻生动，体现了“诗者人之情性也”的观点。生活的细微之处体现出了一个真情男儿柔情的一面，对长辈的敬重体恤，对妻儿的呵护关爱，对友人的关注付出，对同学的至真友谊，字里行间充满款款深情。言为心声，诗歌的内涵与性情密切相关，是人生感慨的抒发，境界的展现。他将生活境遇中的悲喜感情通过细腻生动的笔触抒发出来，使得自己的胸怀得以排释，对读者也有劝勉作用，让读者与作者之间有了情感的共鸣和交流。

赋及其他，是他诗作最完美的体现。几乎每一篇都是他艰辛汗水的凝结，竭尽心力所致。每成一篇，他都要反复修改，几经增删。字字珠玑，篇篇经典。有些已经发表在各种报纸杂志之上，收到了众多好评。看这部分作品，能感觉到他较深厚的文学功底。有时候读着这些文章，不由暗自感慨他的妙笔生花，挥洒自如，辞采精美。有行云流水之感，豪放大气之势，笔力雄健之风。

聊天诗集，是他最放松、最自如的创作。在微信平台，和同学好友间，或调侃，或讨论，或争辩，或问候。情感所致，激情创作，无所羁绊，无需规范，随心所欲，信手拈来。因而作品也就无所顾忌，金句频出，诙谐幽默、谈笑自若、真情流露，读来让人如见其面，如闻其声，嬉笑怒骂，捧腹不禁。当然也有对同学好友的真诚关心，热心帮助。设想一下当时的情境，该是多么温馨、欢乐的一幅幅画面啊。

第二部诗集收录作者格律诗205首（含七言绝句与五言诗）、词72首、新诗21首。这样的写作和发表水平可证实他有一颗纯情的诗心。

如《七律（新韵）》所言：

与诗结伴话人生，书稿初成顿觉轻。
一万余天心与血，八千里路风和惊。
家安事顺三生幸，苦辣酸甜五味瓶。
满纸书留生命路，回眸一笑又征程。

又如《七律（新韵）打核桃》：

白露金秋果树摇，弟呼回去捡核桃。
层层田野枝枝满，户户农家袋装高。
弟弟高枝挥杆舞，吾蹲树底绿珠敲。
蓝天飞过几云朵，忽见林间鼠竞跑。

再如新体诗《老家的碾磨》：

老家的碾子/还有石磨/在秋风中悄悄吹过/儿时的记忆/一幕幕闪过/那时的母亲/起得好早/亲戚邻居/一块把玉米碾过/记得我咬牙坚持/几次累得好想吐/有时候记得有毛驴/得得儿赶的好快活/箩子筛，簸箕簸/日子一天天这样过/那时候的磨/推着比碾子稳妥/磨豆腐最诱人/白花花的豆浆/一圈圈闪过/如今的碾磨/陪伴你我度过/那得得的驴蹄儿/什么时候还会走过

读张文艺老师的诗词，你会喜欢上他朴素诗文里的故乡，你会感动于那些平凡、平常的农村生活细节，你还会从一些琐屑事物中感知到潜藏着的生存意义。因为他用诗意笔触，带你走进他的精神故园，走进他在心目之中构筑完成的村庄，走进他热爱的地方。

我也出生在农村，我也深爱着自己的家乡。我们每个人都有自己的村庄，他用他的方式，告诉我们，在我们的心里，都有这样一个情结，一个根深蒂固的家园。

我看到过他到平定县当驻村第一书记的消息；看到过他到农村扶贫受到当地党政部门和上级行表彰的新闻报道。我写这个稿件，晚上与他联系，他竟然还在扶贫村一户农民家里吃晚饭，他发过来的图片，一碗南瓜稀饭、几个黄米面小油糕、一碗菜，吃得那么温馨，那么香甜。我期待着他保持这份心系农村、心系农民的初心，让生命如山脉之坚强，如山泉之清纯。

张老师的诗句具有真情实感，诗意斐然。无论是写人、写景、写工作，还是写民俗、民风、民生，每个字都饱含深情，每句诗都充满依恋。

心在哪里，诗就在哪里。诗随心动，诗随情移，与景、与人，同为一体，乃景中之景，诗中之人，因为他的一生都无法脱离故乡的人和事。故乡既是他的心灵圣地，也是他的诗源所在。他用山里人独有的纯真，让那些最朴素也是最纯情的生活浮现在诗中。

读了张文艺老师的诗集，浮想联翩，感慨良多。幽幽的墨香缭绕在身边，诗中一幅幅画卷不时浮现在眼前，诗人铿锵之声不时回响在耳边。

2018—2024年，这位金融作协会员忙里偷闲写诗填词600多首。我为张老师真诚创作所感慨，为他真情付出所感动，愿他永葆赤诚之心、笔耕不辍、潜心创作，写出更多更好的诗篇。

杜盘堂

农行山西省分行退休职工，金融作协会员，山西省作协会员。

热点聚焦

2025年经济社会发展总体要求和政策取向

做好政府工作，要在以习近平同志为核心的党中央坚强领导下，以习近平新时代中国特色社会主义思想为指导，全面贯彻落实党的二十大和二十届二中、三中全会精神，坚持稳中求进工作总基调，完整准确全面贯彻新发展理念，加快构建新发展格局，扎实推动高质量发展，进一步全面深化改革，扩大高水平对外开放，建设现代化产业体系，更好统筹发展和安全，实施更加积极有为的宏观政策，扩大国内需求，推动科技创新和产业创新融合发展，稳住楼市股市，防范化解重点领域风险和外部冲击，稳定预期、激发活力，推动经济持续回升向好，不断提高人民生活水平，保持社会和谐稳定，高质量完成“十四五”规划目标任务，为实现“十五五”良好开局打牢基础。

2025年发展主要预期目标

1. 国内生产总值增长5%左右。
2. 城镇调查失业率5.5%左右。
3. 城镇新增就业1200万人以上。
4. 居民消费价格涨幅2%左右。
5. 居民收入增长和经济增长同步。
6. 国际收支保持基本平衡。
7. 粮食产量1.4万亿斤左右。
8. 单位国内生产总值能耗降低3%左右。
9. 生态环境质量持续改善。

2025年政府工作任务

（一）大力提振消费、提高投资效益，全方位扩大国内需求：实施提振消费专项行动；积极扩大有效投资。

（二）因地制宜发展新质生产力，加快建设现代化产业体系：培育壮大新兴产业、未来产业；推动传统产业改造提升，激发数字经济创新活力。

（三）深入实施科教兴国战略，提升国家创新体系整体效能：加快建设高质量教育体系；推进高水平科技自立自强；全面提高人才队伍质量。

（四）推动标志性改革举措加快落地，更好发挥经济体制改革牵引作用：有效激发各类经营主体活力；纵深推进全国统一大市场建设；深化财税金融体制改革。

（五）扩大高水平对外开放，积极稳外贸稳外资：稳定对外贸易发展；大力鼓励外商投资；推动高质量共建“一带一路”走深走实；深化多双边和区域经济合作。

（六）有效防范化解重点领域风险，牢牢守住不发生系统性风险底线：持续用力推动房地产市场止跌回稳；稳妥化解地方政府债务风险；积极防范金融领域风险。

（七）着力抓好“三农”工作，深入推进乡村全面振兴：持续增强粮食等重要农产品稳产保供能力；毫不松懈巩固拓展脱贫攻坚成果；扎实推进农村改革发展。

（八）推进新型城镇化和区域协调发展，进一步优化发展空间格局：深入实施新型城镇化战略行动；加大区域战略实施力度。

（九）协同推进降碳减污扩绿增长，加快经济社会发展全面绿色转型：加强污染防治和生态建设；加快发展绿色低碳经济；积极稳妥推进碳达峰碳中和。

（十）加大保障和改善民生力度，提升社会治理效能：更大力度稳定和扩大就业；强化基本医疗卫生服务；完善社会保障和服务政策；加强精神文明建设；维护国家安全和社会稳定。

金融

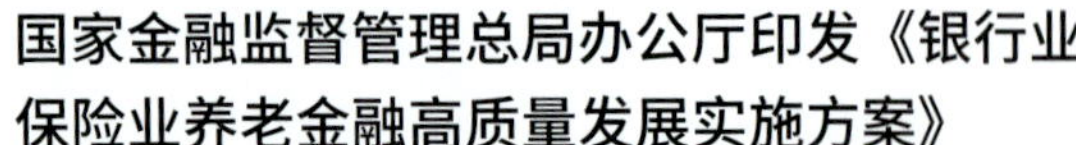

国家金融监督管理总局办公厅印发《银行业保险业养老金融高质量发展实施方案》

2025年3月23日，国家金融监督管理总局办公厅印发了《银行业保险业养老金融高质量发展实施方案》（以下简称《方案》）。《方案》共七个部分、二十条，分别从总体要求、积极参与多层次多支柱养老保险体系建设、加强对养老产业的融资支持和风险保障、提升老年群体金融服务水平、健全养老金融业务内部治理体系、加强和改进养老金融业务监管、构建多方协同的高质量发展格局七个方面，对银行业保险业提升金融服务中国式现代化大局和中国式老龄化的能力和质效作出了系统部署。《方案》的发布，有利于进一步凝聚行业共识，推动银行保险机构积极参与多层次多支柱养老保险体系建设；提升金融产品服务适配度，丰富商业养老金融产品和服务的供给；畅通资金进入养老金融领域的渠道，加大对银发经济高质量发展的融资支持和风险保障；提升老年金融消费者权益保护力度。

中国人民银行：加强重大战略、重点领域和薄弱环节的金融服务

2025年3月13日，中国人民银行党委召开扩大会议。会议指出，实施好适度宽松的货币政策。平衡好短期与长期、稳增长与防风险、内部均衡与外部均衡、支持实体经济与保持银行体系自身健康性的关系。加强重大战略、重点领域和薄弱环节的金融服务。科学运用各项结构性货币政策工具，引导金融机构加力支持科技金融、绿色金融、普惠小微、养老金融等领域。稳妥有效防范化解重点领域金融风险。探索拓展宏观审慎和金融稳定功能，维护金融市场稳定。支持资本市场稳定发展。进一步全面深化金融改革开放。加快完善中央银行制度，健全货币政策和宏观审慎政策双支柱调控框架，优化金融市场、金融服务和金融市场基础设施体系，完善金融法治。

证监会：全力巩固市场回稳向好势头，全面启动实施新一轮资本市场改革

2025年3月11日，证监会党委召开扩大会议，深入学习习近平总书记在全国两会期间的重要讲话精神和全国两会精神，研究部署资本市场贯彻落实具体举措。会议指出，全力巩固市场回稳向好势头，在支持科技创新和新质生产力发展上持续加力，支持优质未盈利科技企业发行上市，稳妥恢复科创板第五套标准适用，尽快推出具有示范意义的典型案例。坚定扩大资本市场高水平制度型开放。研究制定资本市场对外开放总体规划，稳步拓展跨境互联互通，切实提升境外上市备案质效，进一步提高跨境投融资便利性，更好实现以开放促改革、促发展。着力提升监管执法效能。加快建设“三个过硬”的监管铁军。纵深推进证监会系统全面从严治党，打好巡视集中整改攻坚战。

保险资金长期投资改革试点首批试点项目取得新进展

作为保险资金长期投资改革试点的首批试点项目，中国人寿、新华保险发起设立的鸿鹄志远（上海）私募证券投资基金于2024年正式启动投资，截至2025年3月初，鸿鹄基金已成功投资落地500亿元。据了解，2023年10月，金融监管总局批复同意中国人寿和新华保险通过募集保险资金试点发起设立证券投资基金，投资股市并长期持有，规模500亿元。目前，金融监管总局已启动第二批试点，今年1月批复520亿元，今年3月批复再新增600亿元。“这不仅为资本市场带来实实在在的中长期增量资金，而且进一步壮大了机构投资者群体。”金融监管总局局长李云泽表示。

文化

银行业纷纷引入DeepSeek将带来哪些变化

2025年3月，工商银行宣布在同业中率先完成DeepSeek最新开源大模型的私有化部署，并将其接入行内“工银智涌”大模型矩阵体系，有力推动金融业务场景的智能化升级。今年以来，多家银行宣布已引入DeepSeek大模型，在六大国有银行里，邮储银行、建设银行、工商银行均已开启布局。业内专家指出，DeepSeek 不仅能够替代重复性劳动，更可通过认知增强、强化推理，驱动业务流程优化与模式创新。以银行网点为例，DeepSeek 与之深度融合，标志着金融服务正从“信息化”向“认知化”大步迈进。随着技术不断迭代、生态持续完善，数智化银行网点将成为金融业服务实体经济、践行普惠使命的核心阵地。

120家银行机构合并又一省级农商银行筹建获批

2025年3月14日，国家金融监督管理总局披露的批复显示，同意筹建内蒙古农村商业银行。内蒙古农村商业银行筹建工作小组披露公告，内蒙古自治区农村信用社联合社、93家内蒙古农信法人机构及其发起设立的26家区内村镇银行（以下合称“涉改机构”），共120家涉改机构以新设合并方式组建内蒙古农村商业银行。据统计，2025年以来，全国已有多省份披露农信改革进展，本轮获批成立省级农商行的6个省份包括江西、河南和内蒙古、新疆、贵州、江苏。

字节跳动张一鸣登顶中国首富雷军首次跻身榜单前十

2025年3月27日，胡润研究院发布《2025胡润全球富豪榜》，这是胡润研究院连续第14年发布“全球富豪榜”。财富计算的截止日期为2025年1月15日。

榜单显示，字节跳动创始人张一鸣取代了“瓶装水大王”钟睒睒，成为中国首富。小米集团（01810.HK）创始人雷军的财富增加了一倍多，达到2200亿元，首次进入中国前十。此外，今年中国共有91位新上榜企业家，包括DeepSeek创始人梁文锋，老铺黄金（06181.HK）实控人徐高明、徐东波父子，毛戈平化妆品创始人毛戈平、汪立群夫妇等。

2024年度“中国科学十大进展”发布

2025年3月27日，2025中关村论坛年会在北京中关村国际创新中心开幕。开幕式上，国家自然科学基金委员会发布了2024年度“中国科学十大进展”，引起与会嘉宾高度关注。2024年度“中国科学十大进展”分别为：嫦娥六号返回样品揭示月背28亿年前火山活动、实现大规模光计算芯片的智能推理与训练、阐明单胺类神经递质转运机制及相关精神疾病药物调控机理、实现原子级特征尺度与可重构光频相控阵的纳米激光器、发现自旋超固态巨磁卡效应与极低温制冷新机制、异体CAR-T细胞疗法治疗自身免疫病、额外X染色体多维度影响男性生殖细胞发育、凝聚态物质中引力子模的实验发现、高能量转化效率镅系辐射光伏微核电池的创制、发现超大质量黑洞影响宿主星系形成演化的重要证据。

科技

全国首批民用无人驾驶载人航空器运营合格证颁发

2025年3月28日，中国民航局向广东和安徽的两家公司同时颁发了载人类民用无人驾驶航空器运营合格证，这是全国首批载人类民用无人驾驶航空器运营合格证，标志着中国低空经济“载人时代”序章正式开启。民用无人驾驶航空器运营合格证用于确认民用无人驾驶航空器符合安全运行标准和运营要求。持有运营合格证的主体企业可以在获得批准的区域内进行商业运营，提供付费载人运营服务，开展低空经济相关的消费场景。亿航智能自主研发的EH216-S载人类无人驾驶航空器，此前已获得型号合格证、生产许可证、标准适航证，并累计完成超64000架次安全飞行。

2024年度原子级制造十大重大事件发布

2025年3月30日，第二届原子级制造论坛在北京成功召开，2024年度原子级制造十大事件对外发布。

这十大事件分别是：

1. 工业和信息化部开展2025年原子级制造未来产业创新任务揭榜挂帅申报工作。
2. 南京市与南京大学联合预研原子级制造重大科技基础设施。
3. 国产CMP装备助力中国集成电路制造迈向原子级水平。
4. 二维金属的原子级制造。
5. 人工制造量子材料及其原子器件。
6. 原子级制造创新发展联盟成立。
7. 未来微纳电子器件原子级制造的全链条支撑平台——东南大学微纳系统国际创新中心宣布启用。
8. “晶格传质-界面生长”晶体制备新范式。
9. 制订国际上首个原子层沉积国际标准《原子层沉积-术语》。
10. 转角光学晶体原创理论与材料。

新一代人造太阳，有重大突破！

“中国环流三号”是我国自主研制的可控核聚变大科学装置，其能量产生原理与太阳发光发热相似，因此被称为新一代人造太阳。最新实验数据显示，我国核聚变装置首次实现原子核温度1.17亿度、电子温度1.6亿度的参数水平，标志着中国可控核聚变向工程化应用迈出重要一步。专家表示，人造太阳聚变反应释放能量巨大，聚变资源储量丰富，主要产物清洁安全，被称为“人类未来的理想能源”。

“太空种子”在三亚收获啦！

2025年4月7日，由实践十九号卫星搭载的“太空种子”在海南三亚的国家南繁科研育种基地迎来收获季。据了解，这些“太空种子”是经过精选的作物种子，通过卫星搭载进入太空，在太空特殊环境中发生诱变，返回地面后进行育种和优选。海南独特的光热条件可以缩短育种周期，提高育种效率。据悉，航天育种又称为太空育种，是指将植物种子搭载返回式卫星或载人飞船等航天器发射至太空，利用其特殊环境，如微重力、高真空、强辐射等特性使种质资源产生独特的生物效应，诱发产生新的变异，经过科学家的多代筛选后，最终再培育成稳定的新品种的育种方式。

金融文化参讯网站

中国财富出版社有限公司
官方微信

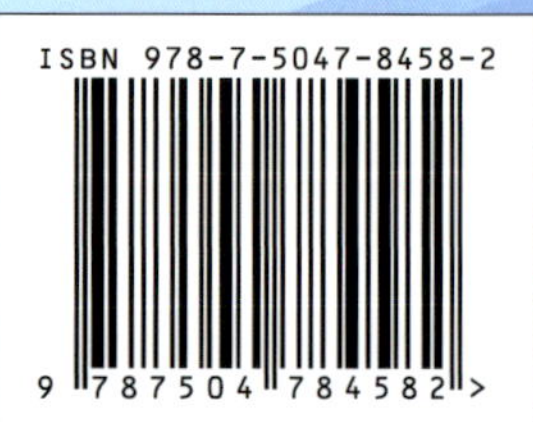

ISBN 978-7-5047-8458-2

科学&财富 文化

CULTURE 第4辑

乡村振兴
向美而生的中国故事

金融文化参讯 编著

当乡村振兴的号角唤醒沉睡的田野，一幅政策的蓝图便徐徐展开，
这是千年农耕文明在新时代的深情回响，
是山野与城市、传统与现代的浩大对话。

中国财富出版社有限公司
CHINA FORTUNE PRESS CO., LTD.

乡村振兴
金融助力家乡建设
“乡村振兴
我们一直在路上”
乡村振兴 如火如荼
金融机构 不遗余力
产业兴旺、生态宜居、乡风文明、
治理有效、生活富裕的
美好图景正一步步绘就

科学&财富文化
CULTURE 第4辑

乡村振兴
向美而生的中国故事

金融文化参讯 编著

中国财富出版社有限公司

图书在版编目（CIP）数据

科学&财富. 文化. 第4辑 / 金融文化参讯编著.-- 北京：中国财富出版社有限公司, 2025. 7.

ISBN 978-7-5047-8458-2

Ⅰ. F832.3

中国国家版本馆CIP数据核字第2025YX7254号

策划编辑 杜 亮　　责任编辑 杜 亮　杨白雪　　版权编辑 武 玥

责任印制 尚立业　　责任校对 孙丽丽　　责任发行 董 倩

出版发行 中国财富出版社有限公司

社　址 北京市丰台区南四环西路188号5区20楼　　邮政编码 100070

电　话 010-52227588转2098（发行部）　　010-52227588转321（总编室）

010-52227566（24小时读者服务）　　010-52227588转305（质检部）

网　址 http://www.cfpress.com.cn　　排　版 北京银企华融广告有限公司

经　销 新华书店　　印　刷 天津中恒印务有限公司

书　号 ISBN 978-7-5047-8458-2/F·3833

开　本 889mm × 1194mm 1/16　　版　次 2025年7月第1版

印　张 26.25　　印　次 2025年7月第1次印刷

字　数 809千字　　定　价 174.00元（全三册）

科学&财富 文化
CULTURE
第4辑
乡村振兴
向美而生的中国故事
当乡村振兴的号角唤醒沉睡的田野，一幅政策的蓝图便徐徐展开，
这是千年农耕文明在新时代的深情回响，
是山野与城市、传统与现代的浩大对话。

重拾人间烟火气

乡村之所以为乡村，不仅在于几亩田地、几间茅舍，更在于那独有的烟火气息。先前人们争相往城里跑，乡村便只剩下老弱病残留守。田地荒芜了，房屋倒塌了，连那最顽强的炊烟也没敌过时代的洪流，黯然退场。而今人们回来，带来城里的见识，却不丢弃乡村的本色，使乡村又渐渐有了血色。

烟火气是什么？是清晨灶膛里柴火的噼啪声，是铁锅中菜籽油翻滚的欢腾，是屋檐下挂着的腊肉渗出的油珠香，是孩子们放学归来闻到饭香时的欢呼。这些细碎的声响与气味，构成了乡村的魂魄。人们在重拾农耕时，也在重拾对自然的敬畏；在恢复手艺时，也在恢复对手作的尊重；在重燃灶火时，也在重燃对家的眷恋。

邻村有个老篾匠，手艺极好，编的竹器能盛水不漏，可这些年连竹片带工具却只能堆在墙角落灰。乡村振兴的风吹来时，一个城里回来的大学生揣着农商银行批的20万元“非遗传承贷”找上门，说要和老人合伙办竹编工坊。老人起初听了直摆手：“我这把老骨头，哪值得贷款？”直到看见年轻人为了学习手艺，手上磨出的血泡，老人才颤巍巍地打开锁了十年的工具箱。现在老人那间破旧的老屋里，常有笑声传出，伴着竹篾的清香，飘散在村子的空气中。这便是生活的烟火气，既有物质的传承，更有精神的接续。

烟火气的可贵，在于它的真实与温暖。年轻人返乡，起初或许只为寻找商机，但渐渐地，他们会被村子里的烟火气所感染。一个从上海回乡的商人，现在最得意的事竟是能用自家种的米做出香喷喷的饭来。他说，这饭里有阳光的味道，有雨露的味道，这是任何高档餐厅都做不出的滋味。

黄昏时分，站在村口的小丘眺望，各家各户的炊烟袅袅升起，在夕阳的映照下，竟有几分梦幻的色彩。这景象使人安心，因为它预示着明天的太阳会照常升起，生活也会继续下去。乡村振兴的真正意义，或许就在于此——不是要把乡村变成另一个城市，而是让乡村重新成为乡村，让炊烟重新成为生活的信号，让人们重新找到与土地、与传统、与彼此的联系。

炊烟再起时，乡村便活了。

CONTENTS 目录

深度报道

研究探讨

CONTENTS 目录

保险之家

八面来风

轻阅读

热点聚焦

金融春雨润山乡

2025年4月以来，安徽青阳农商银行全面启动“深耕‘三农’扩面强基”专项服务行动，通过系统性培训，15支金融服务队走进田间地头。这不，春茶氤氲间，在与农户亲切交谈中，金融活水正如春雨般浸润乡土。

文、图／徐明星 徐贝贝

深度报道

In Depth News

把握大势，创造未来

乡村振兴
向美而生的中国故事

统筹 / 李晔

乡村，是中华文明的根系所在。每一寸泥土都沉淀着祖先的智慧，每一缕炊烟都飘荡着乡愁的韵律。当乡村振兴的号角唤醒沉睡的田野，一幅政策的蓝图便徐徐展开，这是千年农耕文明在新时代的深情回响，是山野与城市、传统与现代的浩大对话。乡村振兴，是对土地的重新书写——让荒芜的田垄再度生长希望，让老去的村庄焕发青春。

全国两会上，乡村振兴一直是热点话题之一。2025年2月23日，中共中央、国务院发布《关于进一步深化农村改革 扎实推进乡村全面振兴的意见》，这是党的十八大以来第13个指导“三农”工作的中央“一号文件”。2025年两会提请审议的政府工作报告提出，着力抓好“三农”工作，深入推进乡村全面振兴，千方百计推动农业增效益、农村增活力、农民增收入。两会传递出的政策信号，为农村金融发展开辟了广阔空间。

金融是国民经济的血脉。2024年、2025年的中央“一号文件”都多次提到“金融”。随着乡村振兴战略深入推进，农村金融迎来前所未有的发展机遇；同时，金融活水如春风化雨，浸润着山间的茶园、塬上的果园、水乡的荷塘，让农业不再是沉重的生计，而成为充满诗意的产业。

深度报道

产业振兴

泥土的觉醒

曾几何时，农村更像是一片沉睡的泥土。那些撂荒的田地、坍塌的祠堂和留守的儿童，在等候、在眺望、在期盼……是的，乡村振兴并不是漂亮的数据，而是要让土地重新学会呼吸。在乡村振兴的五大方面——产业振兴、人才振兴、文化振兴、生态振兴、组织振兴中，产业振兴被视为最关键的一环。产业振兴是激发乡村内生发展动力的源泉，更是乡村全面振兴的基础和关键，承载着亿万农民的美好愿景。

近年来，金融机构因地制宜、因村施策，充分利用当地资源，帮助当地发展适合的种植、养殖和林业产业，将产业发展与农民增收紧密结合。同时，积极推动农产品加工业的发展，优化产业布局，引导农村从销售原材料向销售制成品转变，从而将更多的增值收益留在县域。

农发行云南省分行深入贯彻落实省委“3815”战略和云南省产业强省三年行动，以开展“万企兴万村”专项行动为切入点，省、市、县三级行现场把脉问诊牛油果项目，疏通办贷过程堵点难点，积极探索“政银企村农共建”的联农筹资模式，即政府主导、银行参与、公司入股、村集体分红、农民增收的五级联动机制，倾斜信贷资源和优惠政策，有效解决辖内县城产业设施建设“钱从哪来”的问题，为乡村产业腾飞装上“新引擎”。

农发行宁夏分行则基于多年的行业观察与信贷实践总结，制定了“动产浮动抵押+”“枸杞贷”“土豆贷”“活体抵押+”等创新业务模式。通过“动产浮动抵押+”融资模式累计向10户粮食企业发放粮食收购贷款近13亿元，确保国家粮食安全；通过“活体抵押+”融资模式累计向牛奶产业投放贷款2.6亿元，助力将宁夏牛奶打造为自治区“千亿级”产业之一；通过“枸杞贷”融资模式累计发放贷款2800万元，支持

"宁夏枸杞甲天下"品牌进一步加固;通过"土豆贷"融资模式累计支持固原马铃薯产业1000万元,推动固原"土蛋蛋"向"金蛋蛋"华丽转身。

"种了五辈子的地,没见黄土里能刨出金疙瘩。"老乡们的感慨让乡村振兴的产业振兴之曲有了具象的表达。当乡村里的年轻人开始讨论"品牌溢价"和"产业链延伸",当老会计的账本上出现"文化附加值"的条目时,这场变革才真正触及灵魂。产业振兴给予乡村的,不仅是老乡们银行卡余额的增长,更是挺直腰杆走路的底气。

人才振兴
点亮归巢的心灯

乡村振兴，关键在人。在全面建设社会主义现代化国家的新征程上，人才振兴不仅是破解乡村发展瓶颈的关键之举，更是激活乡村内生动力、实现农业农村现代化的长远之策。广袤乡村对人才的渴求愈加迫切，而人才投身乡村的机遇也比任何时候都更加广阔。

人才振兴是乡村振兴的“关键变量”。无论是农业科技的创新推广，还是特色产业的培育壮大；无论是基层治理的优化提升，还是乡土文化的传承发展，都离不开人才的支撑。只有让更多懂技术、善经营、会管理的“新农人”扎根乡土，乡村振兴才能从“输血”走向“造血”，真正实现可持续发展。

金融机构通过向县域乡村输送金融人才，推动人才培养、金融与乡村振兴工作融合发展。例如，建行山东省分行选派干部到乡村振兴任务重的县市金融部门或乡镇挂职；农发行四川省分行投放540万元贷款支持邻水县乡

村振兴人才教育培训基地项目建设，为助力县域教育发展，加快城乡基础设施一体化均等化建设提供资金支持。

吸引人才返乡创业、引导人才服务乡村，需要营造良好的发展生态。一方面，要优化政策环境，在土地、金融、税收等方面给予支持，让返乡人才创业有保障、发展有空间；另一方面，要搭建干事平台，通过建设现代农业产业园、发展乡村旅游、培育电商新业态等方式，让人才在乡村大展拳脚。同时，也要注重本土人才培养，加强职业农民培训，让更多"土专家""田秀才"脱颖而出，形成"外来人才引进"与"本土人才培育"并重的良性发展。

人才兴，则乡村兴。乡村振兴不仅是乡村的机遇，也是人才的机遇。在城乡融合发展的背景下，乡村不再是单一的生产空间，而是承载着生态价值、文化价值、社会价值的综合舞台。越来越多年轻人选择返乡，用新理念、新技术改造传统农业；越来越多乡贤能人回归故土，带领乡亲们共同致富；越来越多科研工作者深入田间地头，把论文写在祖国大地上……这种"双向奔赴"，既让乡村焕发新生机，也让人才实现新价值。

文化振兴

乡魂有了归宿

文化振兴是乡村振兴的根与魂。近年来，全国各地乡村文化活动丰富活跃，展现出繁荣发展的蓬勃气象。如"村BA（Basketball Association，篮球联赛）""村超"等乡村文化体育活动火热开展；接地气的特色"村晚"深受欢迎；饱含乡村历史文化的非遗展演让游客流连忘返……绚丽多彩的乡村文化扮靓了村民的文化生活空间，充实着人们对美好生活的向往，同时也支撑了乡村振兴战略的扎根入土。

金融助力推动乡村文化振兴，让人民享有更加充实、更为丰富、更高质量的精神文化生活，对于焕发乡村社会文明新气象，传承并发展中华优

秀传统文化，铸就中华文化新辉煌，全面建设社会主义现代化国家具有重要的时代意义。文化赋能乡村振兴不仅是传承中华优秀传统文化的必然要求，更是激活乡村内生动力、实现高质量发展的战略选择。

把非物质文化遗产保护好传承好，需要金融力量的持续支持。近年来，恒丰银行不断创新金融服务模式，以有温度、有情怀的优质金融服务支持非遗传承创新，为坚定和增强文化自信贡献力量。在西安，恒丰银行将金融知识宣传融入皮影戏，携手陕西渭南华州皮影传承人姜建合等老艺术家，推出了原创消保宣传主题皮影戏《西游新记之非法集资》，打造金融知识宣传新模式，荣获全国防范非法集资短视频大赛优秀作品奖。在南京，恒丰银行私行客户走进六朝博物馆，开启一场跨越时空的文化奇旅，现场体验金箔艺术穿越千年、承古融今的璀璨光华与独特魅力。在成都和扬州，恒丰银行的员工学习非遗漆扇传统工艺的制作，精致演绎中国传统美学……

乡村文化承载着中华民族的集体记忆，是中国人的精神家园。挖掘乡土文化、活化传统村落、复兴民俗节庆等方式，能够重建村民的文化认同，增强归属感与凝聚力。例如，浙江松阳的“乡村记忆工程”，通过整理村史、修复古建，让村民在文化传承中找回自信，激发共建家园的热情。贵州丹寨的苗族蜡染、陕西袁家村的关中民俗体验，都通过“文化+旅游”“文化+电商”模式，带动村民增收，形成可持续发展的产业生态。传统文化中的乡规民约、家风家训等蕴含治理智慧，与现代治理体系结合，可提升乡村自治效能。如福建培田村的古村落保护协会、广东佛山的祠堂理事会，均依托传统文化资源，构建了村民共治共享的治理模式，有效促进了乡风文明与社会和谐。

文化赋能乡村振兴，核心在于激活乡村的内生动力，让文化从“遗产”变为“资产”，从“传统”走向“现代”。未来，需要进一步强化政策支持、科技赋能和人才支撑，构建政府引导、市场运作、社会参与的文化振兴机制，使乡村真正成为文化繁荣、产业兴旺、生态宜居的美好家园。

生态振兴

泥土的重生

当“绿水青山就是金山银山”的标语布满乡村的山山水水时，田埂上的野花多了，蜜蜂、蝴蝶也回来了。王家庄的王大嫂，过去常把垃圾倒进河沟，如今却成了村里垃圾分类的积极分子。她说：“看着河水清了，就想起了小时候在河里洗衣洗菜的日子。”这话虽朴实，却道出了生态振兴的真谛——它唤醒的不仅是土地的生命力，更是人们对土地的那份本真的情意。

近年来，金融机构积极作为，一笔笔资金如春风化雨，让荒山披绿，让浊水还清。农发行德兴市支行投放1亿元支持德兴市绿色生态农业基地项目建设，截至2025年3月中旬，该项目已获农发行德兴市支行1.4亿元贷款支持。项目总投资7.53亿元，计划流转土地22125亩（约14.75平方千米），用于建设蔬菜、中草药和油茶等种植基地。这些基地的建设，涵盖了多种农业产业形态，构

深度报道

成了较为完善的农业产业体系。这不仅将极大地促进德兴市农业产业结构的优化升级，推动农业向多元化、现代化方向发展，还将形成产业集聚效应，提高农业生产的规模化和集约化水平。农发行的贷款支持，为项目的顺利推进提供了坚实的资金保障。项目建成后，有望在提升农产品产量和质量的同时，带动周边农民就业增收，促进区域经济发展，实现社会、经济和环境效益的有机统一。

农发行新疆阿克苏地区分行深入践行绿色发展理念，以创新举措和高效服务推动绿色信贷业务实现跨越式增长。该行围绕绿色农业、生态修复、可再生能源等七大核心领域，量身定制金融方案。其中，在绿色农业领域，支持企业升级设施、革新种养模式；在生态治理领域，为柯柯牙河下游生态修复等项目提供资金保障，助力区域生态韧性提升；在工业节能、污染治理等领域，精准匹配项目需求，资金使用效率显著提高，多领域布局推动绿色信贷覆盖面持续扩大。

金融架起了一座桥，一头连着经济发展的“金山银山”，另一头连着世代传承的“绿水青山”。它让生态价值可衡量、可交易，让保护者受益，让破坏者付费。曾经的采矿塌陷区，因绿色基金而蝶变生态公园；往日的污染河流，在环境债券的支持下重现鱼翔浅底。金融的账本里，不再只有利润与亏损，还有物种的存续、气候的稳定、子孙后代的呼吸。

组织振兴
主心骨的力量

乡村振兴，组织是那看不见的根系，在泥土深处蔓延，将分散的力量拧成一股绳。我们可以清楚地看到，在全面推进乡村振兴进程中，哪里的基层党组织坚强有力，哪里的乡村就发展得快，农村面貌就改变得快，农民生活水平就提高得快。因为有了坚强有力的党组织，农民就有了主心骨，特别是在面对各种自然灾害和工作困难时，就能够充满信心地去克服困难、迎接挑战。

组织振兴是乡村治理现代化的关键。长期以来，部分农村地区面临基层组织涣散、治理能力薄弱的问题，导致政策执行不到位、资源分配不均、矛盾纠纷频发。同时，传统的乡村治理往往依赖行政命令，农民参与度低，容易形成“干部干、群众看”的局面。而组织振兴强调通过村民议事会、乡贤理事会等协商平台，让农民真正成为乡村治理的主体。贵州塘约村在脱贫过程中，通过党支部领办合作社，不仅壮大了集体经济，还增强了村民的自治意识，形成了“大事一起议、产业一起干、成果一起享”的治理模式。这种以组织创新带动治理创新的做法，为乡村善治提供了可复制的经验。

组织振兴是激发农民内生动力的重要途径。过去，部分农民存在“等靠要”思想，依赖政府补贴，缺乏主动发展的动力。通过组织化的方式，如成立农民培训学校、创业孵化平台等，可以提升农民的技能水平和市场意识，帮助他们从被动接受扶持转向主动寻求发展。同时，通过完善乡村组织体系，提供创业支持、政策保障和社会认可，可以吸引外出务工人员、大学生、退伍军人等返乡创业。四川战旗村通过建立乡村振兴人才工作站，吸引了一批返乡青年投身现代农业和乡村旅游，为村庄发展注入了新鲜血液。

组织振兴是乡村文化传承与社会稳定的保障。乡村振兴不仅要富口袋，还要富脑袋。许多乡村拥有丰富的传统文化资源，如民俗技艺、古村落建筑等，但由于缺乏有效的保护机制，这些文化瑰宝正逐渐消失。通过成立文化传承协会、非遗保护小组等组织，可以系统性地挖掘、保护和弘扬乡土文化。例如，福建部分拥有土楼的地区成立文化保护合作社，既保留了传统建筑风貌，又发展了文化旅游产业，实现了文化传承与经济发展的双赢。

深度报道

河北省农村信用社联合社“一池两新万企”(“一池”，即激活县域最大的金融主体——农信机构这一池资金活水；“两新”，即新“双基”共建农村信用工程和新“三信”创建活动；“万企”，即将资金精准送达百万家小微企业和农村各类经营主体)工程的实施，是金融服务乡村振兴的重要实践，尤其对乡村组织振兴起到了关键推动作用。一方面，通过支持村集体经济和新型农业主体，增强了基层组织的经济实力，使其能够更好地带动村民致富；另一方面，通过“党建+金融”模式，提升了基层党组织的治理能力，使其在乡村振兴中发挥更大作用。这一实践表明，金融不仅是乡村振兴的“输血”工具，更是激活乡村内生动力、强化基层组织的“造血”机制。

总之，组织振兴是乡村振兴的“牛鼻子”，只有抓住这一关键环节，才能确保乡村振兴战略行稳致远。要继续强化基层党组织建设，创新农村经济组织形式，激发农民参与热情，并通过政策支持、人才引进、文化培育等多方面举措，推动组织振兴向更深层次发展。唯有如此，乡村振兴才能真正实现从“外在推动”到“内生发展”的转变，让农业成为有奔头的产业，让农民成为有吸引力的职业，让农村成为安居乐业的美丽家园。

站在历史的隘口，乡村振兴是一场文明的重新启蒙。它呼唤我们超越“非城即乡”的二元对立，让艺术家驻村创作，激活沉睡的民俗；让科学家扎根田野，培育智能农业的星火；让游子归巢，将乡愁转化为振兴的动能。乡村振兴的终极意义，不仅在于让农民富足、村庄美丽，更在于重塑一种城乡互哺的文明范式——让城市在效率中不失温度，让乡村在传统中拥抱未来。如此，中国的大地才能既生长出摩天大楼的壮志，又流淌着稻花鱼米的乡韵；既有时速350千米的高铁呼啸而过，又有袅袅炊烟在夕阳下缓缓升起。这，才是中国式现代化最动人的风景。

研究探讨

Research

为有源头活水来

诺克斯堡金库潜在问题对美元、世界贸易的影响及中国应对策略

文／白鹤

诺克斯堡金库作为美国核心的黄金储备库，其黄金储备量长期以来都是全球金融稳定的关键支撑要素之一。回溯历史，在布雷顿森林体系时代，美元与黄金直接挂钩，诺克斯堡丰富的黄金储备为美元在国际货币舞台上的地位奠定了坚实的物质根基。尽管布雷顿森林体系已瓦解，但黄金在全球金融体系中的重要性并未随之消逝，诺克斯堡黄金储备的任何细微变动，都有可能在全球范围内引发连锁反应，对美元以及世界贸易产生深远影响。在全球经济一体化进程不断加速，中国深度融入世界经济的当下，研究诺克斯堡黄金出现问题时中国的应对策略，具有至关重要的现实意义。这不仅关乎中国自身经济的稳定与发展，更对全球经济格局的稳定与重塑有着不可忽视的作用。

诺克斯堡金库概述

诺克斯堡金库坐落于美国肯塔基州，自1936年建成启用以来，便一直肩负着储存美国大量黄金的重任。依据官方公布的数据，其存储约4580吨黄金，约占美国总黄金储备的56%。在布雷顿森林体系框架下，美国凭借第二次世界大战后约占全球75%（约2.2万吨）的巨额黄金储备，确立了美元与黄金的固定兑换比率——35美元兑换1盎司黄金，进而构建起以美元为核心的国际货币体系。

在这一体系中，诺克斯堡金库成为美元信用的关键象征。各国基于对美国黄金储备的高度信任，纷纷选择持有美元作为国际支付和储备资产，这一举措极大地促进了国际贸易的稳定发展。例如，在20世纪50至70年代，全球贸易额伴随着美元体系的稳定而持续增长，年均增长率达到了8%左右，其中很大程度上得益于各国对美元的信心以及以美元为基础的贸易结算体系。

诺克斯堡金库出现问题对美元的影响

美元信用受损。若诺克斯斯堡的黄金被证实存在数量短缺、质量问题或其他造假情况，全球对美元的信任基石将遭受毁灭性打击。长期以来，美元作为国际主要储备货币和结算货币，其信用在很大程度上依赖于美国的经济实力以及背后的黄金储备支撑。一旦黄金储备出现问题，投资者和各国央行将重新审视美元的价值稳定性。

以历史上类似事件为例，20世纪70年代，美国因经济形势变化，黄金储备相对减少，导致美元与黄金的固定汇率制度难以维持，最终布雷顿森林体系崩溃。在此期间，美元汇率大幅波动，美元指数从1970年的120左右，一路下跌至1978年的80左右，跌幅超过30%。这使各国对美元的信心受挫，纷纷寻求其他货币或资产作为储备和结算手段。若诺克斯堡的黄金出现问题，预计大量投资者和各国央行将大规模抛售美元资产，导致美元在国际市场上的需求急剧下滑，进而引发美元汇率大幅波动，严重影响其国际支付和储备功能。

国际货币体系格局改变。美元在国际货币体系中的主导地位一旦因诺克斯堡金库出现问题而面临挑战，极有可能引发其他货币加速崛起。近年来，随着全球经济格局的变化，欧元、人民币等货币在国际支付、结算和储备领域的份额已呈现上升趋势。

根据国际货币基金组织(IMF)的数据，2020年，人民币在全球外汇储备中的占比升至2.25%，较2016年人民币刚加入特别提款权(SDR)货币篮子时提升了1.08个百分点；同期，欧元的国际储备货币份额也稳定在20%左右。若诺克斯堡金库出现问题，预计这些货币的份额将进一步提升，推动国际货币体系朝着更加多元化的方向发展。各国为降低对美元的依赖，会积极探索新的货币合作模式和储备资产配置方式，国际金融秩序将迎来重塑。

诺克斯堡金库出现问题对世界贸易的影响

国际贸易结算风险增加。美元在国际贸易结算中占据主导地位，诺克斯堡金库问题所引发的美元信用危机，将使国际贸易结算流程充满不确定性。跨国企业在贸易合同签订、货款支付等环节将面临更高的汇率风险和违约风险。

以2008年国际金融危机为例，美元汇率大幅波动，导致众多以美元结算的跨国企业遭受巨大损失。据统计，当年美国跨国企业因汇率波动遭受的损失高达数千亿美元。若诺克斯堡金库出现问题，美元汇率的不稳定将进一步加剧，企业可能因担忧美元贬值或结算受阻，而减少贸易活动。据相关经济模型预测，美元信用危机可能导致全球贸易规模萎缩10%~20%，交易成本大幅上升，严重阻碍全球经济的复苏与发展。

全球贸易格局调整。诺克斯堡金库问题引发的美元危机，将促使全球贸易格局发生深刻变化。一方面，依赖美元结算的传统贸易模式将受到冲击，各国将积极拓展区域贸易合作，加强与货币稳定国家的贸易往来，推动区域经济一体化进程。例如，区域全面经济伙伴关系协定(RCEP)的签署，就是区域内国家为应对全球贸易不确定性、加强区域经济合作的重要举措。RCEP成员国之间通过降低关税、减少贸易壁垒等方式，促进区域内贸易的增长。

另一方面，贸易保护主义可能抬头。各国为保护本国产业和贸易利益，会设置更多贸易壁垒，加剧全球贸易摩擦。根据世界贸易组织(WTO)的数据，2018—2019年，全球新增贸易限制措施数量大幅增加，贸易摩擦导致全球贸易增速放缓。若诺克斯堡金库问题引发美元危机，贸易保护主义可能抬头，对世界贸易的健康发展造成严重影响。

中国应对策略

推进人民币国际化进程。一是加强金融市场开放。进一步开放国内金融市场，吸引更多国际投资者参与人民币资产交易，提高人民币在国际金融市场的流通性和认可度。近年来，中国不断扩大债券市场对外开放，截至2021年年底，境外机构持有中国债券规模达到人民币4万亿元。通过扩大债券市场开放，吸引了更多海外机构投资者投资中国债券，提升了人民币资产的国际吸引力。未来，应继续优化相关政策，为国际投资者提供更加便利的投资环境。

二是完善人民币跨境支付体系。持续优化人民币跨境支付系统（CIPS），提高结算效率和安全性，降低跨境交易成本，为人民币在国际贸易和投资中的广泛使用提供有力支持。自2015年CIPS正式启动以来，其业务量不断增长。2021年，CIPS处理业务334.16万笔，金额79.6万亿元，同比分别增长51.55%和75.83%。通过不断完善CIPS系统功能，提高其覆盖范围和处理能力，能够更好地满足人民币跨境使用的需求。

三是加强货币互换合作。与更多国家和地区签署货币互换协议，扩大人民币在国际支付中的使用范围，增强人民币在国际市场的影响力。截至2021年年末，中国已与40多个国家和地区签署了货币互换协议，总金额超过人民币4万亿元。货币互换为双边贸易和投资提供了更多的人民币流动性支持，促进了人民币在国际支付中的应用。

优化贸易结构与市场布局。一是推动贸易转型升级。加大对高新技术产业和高附加值产品的研发与出口支持，提高中国出口产品的竞争力和抗风险能力。近年来，中国高新技术产品出口占比不断提高，2021年，高新技术产品出口交货值达9795.8亿美元，为2012年的1.6倍。鼓励企业加强技术创新，提升产品质量和品牌价值，减少对低附加值产品的依赖。例如，华为、大疆等企业通过持续创新，在通信设备、无人机等领域占据了国际市场的重要地位，提升了中国产品的国际竞争力。

二是拓展多元化贸易市场。降低对单一市场的依赖，积极开拓与“一带一路”国家和新兴市场的贸易合作，分散贸易风险。2021年，中国与“一带一路”国家货物贸易额达1.8万亿美元，同比增长23.6%，高于中国外贸整体增速2个百分点。通过加强与这些国家的基础设施建设合作、贸易协定谈判等方式，促进贸易规模增长和贸易结构优化。例如，中老铁路的开通，加强了中国与老挝以及周边国家的贸易往来，推动了区域贸易的发展。

强化金融市场监管与风险防范。一是加强金融监管协调。建立健全跨部门的金融监管协调机制，加强对金融市场的全方位监管，防范金融风险的跨市场传播。特别是在跨境资本流动、外汇交易等领域，加强监管力度，维护金融市场稳定。2017年，中国成立了国务院金融稳定发展委员会（现划入中央金融委员会办公室），加强了金融监管部门之间的协调与合作，有效防范了金融风险的发生。通过加强对跨境资本流动的监测和管理，及时发现和化解潜在风险。

二是完善风险预警体系。构建完善的金融风险预警指标体系，及时监测和评估国际金融市场波动对中国经济的影响。利用大数据、人工智能等技术手段，提高风险预警的准确性和及时性，为政策制定提供科学依据。例如，一些金融机构和研究机构通过建立风险预警模型，对汇率波动、利率变化等风险因素进行实时监测和分析，提前发出风险预警信号，帮助企业和政府采取相应的防范措施。

加强国际合作与政策协调。一是参与国际金融规则制定。积极参与国际货币基金组织、世界银行等国际金融机构的改革与治理，提升中国在国际金融规则制定中的话语权，推动建立更加公平、合理、稳定的国际金融秩序。近年来，中国在国际货币基金组织中的份额和投票权逐步提高，在国际金融规则制定中的影响力不断增强。通过积极参与国际金融机构的决策过程，为发展中国家争取更多的权益。

二是加强与其他国家的政策协调。与主要经济体加强宏观经济政策沟通与协调，共同应对全球性经济金融问题。在贸易政策、货币政策、财政政策等方面加强合作，避免政策冲突和贸易摩擦，维护世界贸易和金融稳定。例如，在二十国集团（G20）框架下，各国就宏观经济政策进行沟通与协调，共同应对全球经济挑战，推动全球经济的复苏与发展。

诺克斯堡黄金储备若出现问题，无疑将对美元国际地位和世界贸易格局产生巨大且深远的冲击。中国作为世界第二大经济体和第一大货物贸易国，必须高度警觉并重视这一潜在风险，积极采取有效的应对策略。通过坚定不移地推进人民币国际化、全面优化贸易结构、强化金融监管以及加强国际合作等一系列措施，中国不仅能够在复杂多变的国际经济环境中保持经济的稳定增长，更能有效提升自身的国际竞争力，为全球经济的稳定与发展贡献重要力量。

展望未来，随着全球经济金融形势的持续演变，中国应持续密切关注诺克斯堡黄金储备动态以及国际经济金融形势的发展变化，及时灵活地调整和完善应对策略，以从容应对新的机遇与挑战，确保中国经济在全球经济浪潮中稳健前行。

聚力设备更新“更”出新动能
——江苏如皋农商银行多维赋能民营企业转型升级

文 / 姚海霞

在长三角一体化发展战略纵深推进的背景下，地处北翼的如皋市正依托实体产业基础，加速新旧动能转换。作为深耕县域70余载的本土金融机构，江苏如皋农商银行以设备更新融资为突破口，通过机制创新、产品迭代和服务升级的三维驱动，构建起“政银企”协同的设备革新支持体系。这一实践不仅破解了传统融资难题，更在产业转型升级中催生出裂变效应，为县域经济高质量发展注入强劲金融动能。截至2025年5月，该行已累计为全市26家企业提供设备更新专项贷款1.4亿元，带动企业新增产值逾5亿元，以金融之力为地方经济高质量发展注入新动能。

案例

破局之匙：制度创新破解融资难题。在制造业设备更新领域，融资难的核心症结在于风险与收益不匹配。中小企业因抵押物不足、信用评级不高，往往难以获得足额信贷支持，而银行出于风控考虑对设备更新贷款持审慎态度。如皋农商银行通过构建风险共担生态圈、叠加政策工具、创新风控逻辑三大创新，成功破解这一困局。

“银政担”协同，构建风险共担生态圈。如皋农商银行联合地方政府及江苏省信用再担保集团，创建“政银担”三方风险分担机制。该机制下，1000万元以下贷款，省级风险补偿基金承担贷款本金80%的损失风险，银行仅承担20%。这种风险梯度分担模式，实质是通过政策杠杆撬动银行风险偏好，有效覆盖了中小型制造业企业的设备升级需求。

政策工具叠加，降低综合融资成本。深度对接央行结构性货币政策工具，形成“再贷款+财政贴息”的政策组合拳。通过支农支小再贷款获得低成本资金，运用2%的财政贴息后，企业实际融资成本可压降至2%以下。这种政策协同不仅降低了融资成本，更引导资金流向绿色技术领域。南通神马线业有限公司80套捻线机技改项目即受益于此模式。公司设备总投资1200万元，如皋农商银行发放840万元贷款，执行年利率3.75%，经2%贴息后实际成本仅1.75%。

全生命周期管理，创新风控逻辑。突破传统“抵押物中心”思维，建立“设备效能评估+企业信用画像+政策增信”三维风控模型。在贷前审查阶段，引入第三方机构进行设备产能评估；贷中管理时，动态监测企业订单量、开工率等先行指标；贷后跟踪环节，建立设备产出效益评估机制。对达到约定产能指标的企业，自动触发额度提升机制，形成“信用越用越值钱”的正向循环。如，南通沪达机械设备有限公司在新能源汽车减速器伺服电机组件技改项目中，需采购价值1500万元的生产设备。企业虽掌握核心技术，但厂房土地已抵押，面临融资缺口。如皋农商银行基于设备产能及企业信用给予1000万元信用贷款，该项目投产后产能提升30%。

产品矩阵：精准滴灌设备更新需求。积极支持制造业高端化、智能化、绿色化发展，完善顶层设计、丰富金融产品，针对设备更新场景构建“三维六品”产品体系，覆盖农业装备、产业技改、绿色技术三大领域，形成差异化服务方案。通过细分市场需求，设计专属信贷产品，实现精准滴灌。

农业装备升级领域，针对新型农业经营主体设备更新需求，创新“农机贷”“惠农快贷”“苏农担”三款产品，形成梯度化支持体系。

产业技术改造领域，聚焦专精特新企业和制造型企业设备更新需求，推出“专精特新贷”“制造业贴息贷款”两款拳头产品。南通百正电子新材料股份有限公司通过“设备贷+流动资金贷”组合方案获得4820万元综合授信，其中设备贷款2800万元用于采购智能生产线，流动资金贷款2020万元用于保障运营。项目投产后，企业产能大幅提升，预计2025年销售收入较上年增加2亿元。

在绿色技术革新领域，细化制定绿色信贷管理办法，明确总行行长室以及各相关部门的工作职责，建立了完善的绿色金融管理体制机制。创新开发了“绿能贷”“环保贷”“排污权抵押贷款”等特色产品，累计发放贷款金额约3亿元，重点支持光伏电站建设、污水处理站、节能设备采购等绿色技改项目。

服务升级：构建设备更新生态圈。打造“融资+融智+融链”的全周期服务体系。注重为企业提供全生命周期的金融服务，从设备购置前的咨询服务到设备使用过程中的资金支持，再到设备更新后的跟踪服务，全方位满足企业的金融需求。

前期咨询，组建设备更新专家服务团，联合工信部门开展“入园惠企”专项行动。深入企业进行调研，了解企业的设备更新需求和经营状况，为企业制定个性化的设备更新方案。

中期融资，推出“设备贷+项目贷+流动资金贷”组合包。在企业设备使用过程中，根据企业的生产经营情况和资金需求，及时提供流动资金贷款、应收账款融资等金融服务，确保企业设备的正常运行。对于一些季节性生产企业，在生产旺季提供短期流动资金贷款，帮助企业采购原材料、支付工资等；对于一些供应链核心企业，为其上下游企业提供应收账款融资，盘活企业的应收账款。

后期护航，建立设备效能评估数据库，对达产项目给予利率下调的激励。定期对企业的设备使用情况和经营状况进行跟踪回访，了解企业在设备更新过程中遇到的问题和困难，及时调整金融服务方案。同时，为企业提供财务咨询、风险管理等服务，帮助企业提高经营管理水平。为企业提供财务报表分析、成本控制建议等服务，帮助企业优化财务管理；为企业提供市场风险、信用风险等方面的管理建议，帮助企业降低经营风险。

聚焦重点：助力绿色低碳产业转型升级。重点聚焦新型农业经营主体装备升级、中小微企业技术改造、支持绿色低碳设备应用等重点领域。

支持智慧农业装备。积极支持如皋市智慧农业的发展，为新型农业经营主体提供金融支持，推动农业机械化、智能化水平的提高。例如，为如皋市恒峰家庭农场提供100万元贷款支持，帮助其购置智能灌溉系统、无人机植保设备等智慧农业装备，提高了农业生产效率和农产品质量。同时，与农机合作社开展党建共建，创新“整村授信+农机租赁”模式，为新型农业经营主体提供技术培训和服务，促进智慧农业装备的推广应用。

支持低碳环保设备更新。为确保绿色金融战略的有效实施，在总行层面出台《绿色信贷管理办法》，构建完善的绿色金融管理体制机制，成立绿色信贷自评价工作领导小组，将绿色信贷考核评价指标纳入综合绩效考评体系，设置了绿色信贷占比、绿色信贷增速等关键监测指标，确保绿色贷款增速持续高于全行各项贷款增速，绿色金融指标持续达标。依托“南通市绿色金融信息平台”，及时了解绿色金融动态信息，大力支持节能环保、清洁能源、绿色建筑等有利于社会环境改善的绿色环保行业发展，支持地方环境基础设施建设以及企业绿色化发展项目。

未来发展方向

如皋农商行深化数智化转型，拓展生态场景，以期构建更加智能化的设备更新金融支持体系。

设备更新+供应链金融。

为核心企业上下游提供订单融资、存货融资服务。建立设备二手交易市场，盘活存量资产。

设备更新+产业集群。针对如皋氢能、光电等特色产业，设计专属金融方案。与产业园区合作，建立“园区保”风险池。举办设备更新供需对接会，促进产业链协同发展。

创新案例的示范意义

如皋农商银行的设备更新融资实践，本质上是县域金融供给侧结构性改革的有益探索。其创新模式具有三重示范价值。

机制创新层面， 通过“政银担”风险共担机制，重构了传统信贷风险分配体系。这种设计将政府信用有效注入市场，解决了中小企业抵押物不足的核心痛点。

产品创新层面， 构建“三维六品”产品矩阵，实现了对设备更新需求的精准覆盖。特别是“专精特新贷”“绿能贷”等产品，紧密契合了产业升级和绿色发展需求。案例显示，获得“专精特新贷”的企业平均营收增速达30%，远高于行业平均水平。

服务模式创新层面， 打造“融资+融智+融链”的全周期服务体系，突破了传统信贷服务的边界。通过整合政府、企业、金融机构资源，形成了设备更新的生态闭环。实践表明，该模式使项目落地周期缩短40%，融资成本降低30%以上。

从“制造”到“智造”，从“传统”到“绿色”，如皋农商银行始终以“地方金融排头兵”的担当将设备更新作为服务实体经济的重要抓手。未来，该行将继续紧跟国家政策导向，进一步优化信贷产品和服务模式，为企业提供更加全面、优质的金融服务。

（江苏如皋农商银行）

数字化背景下商业银行风险管理路径研究

文 / 丁皎洁

数字经济之繁荣发展，为金融创新活动提供了辽阔的平台，而数字技术的迅疾进步则为金融体系的数字化转型提供了强劲的动力。新兴信息技术，包括大数据、云计算与信息网络技术等，在金融行业的广泛运用，显著提升了金融机构的信息搜集效能，并增强了其风险管理意愿。然而，金融机构的过度虚拟化与高杠杆率状况，亦潜藏了潜在的金融风险。因此，当前中国商业银行面临的关键挑战之一，是如何有效地识别、防范并化解内部存在的各种风险，进而提升自身的核心竞争力。

数字化背景下商业银行风险管理存在的问题

缺乏完善的风险评估体系。在中国境内的各商业银行所面临的主要风险领域包括信贷风险、操作风险和市场风险。信贷风险涉及借款人违约，操作风险源于内部管理错误，市场风险则由市场变动引发。信贷风险评估标准不统一，尤其是对小微企业与普通消费者信用评估缺乏全面性与科学性。操作风险因地域经济发展的差异性而呈现多样性的特点，新银行易因员工错误、系统故障、业务设计或监管不足遭受经济损失，风险形式多样，如盗窃、抢劫及自然灾害。大数据时代下，操作风险较以往显著减少。然而，面对市场风险，商业银行面临复杂挑战，源于价格波动、汇率变动及政策调整的影响，可能导致潜在损失风险加剧，市场风险管理与风险防范策略变得更为复杂。因此，商业银行应利用数字化技术，实现对市场动态实时监控，辅助精准风险量化与评估。

风险管理机制不健全。鉴于银行线上业务面临的数据信息安全威胁日益加剧，线上风险防控变得更为重要。然而，当前商业银行的风险管理架构未能适时调整和优化，尤其是在线上业务风险管理策略上存在短板，对实际风险管理产生了制约。同时，某些银行内部部门对风险管理系统的理解存在局限性，业务执行者在操作过程中未能建立有效的业务风险防护机制，缺乏数字化思维以应对线上业务的潜在风险，并且在风险管理活动中的协同性不足。在风险管理流程中，专业人员运用专门技术处理风险的能力薄弱，导致流程各阶段间衔接不畅，从而阻碍了风险管理的有效推行，进而引发了多类风险问题。

另外，商业银行在风险管控方面主观性问题突出，操作风险管理主要基于具备审计资格人员的专业判断，然而此类判断往往蕴含一定程度的主观性与不一致性，缺乏统一规范，易引发理解上的混淆。控制机制存在缺失，特别是在当前调整优化的背景下，商业银行的商业运作模式已转向以线上流程、下游操作、前后端整合及跨部门协同为主，这导致风险评估信息可能在传递过程中发生遗漏或失衡现象。

数据分析人才缺失。从当前的数字化转型实践中观察，各行各业普遍面临数据分析人才短缺问题，包括商业银行在内的众多机构未能充分配备大数据分析专业人才。过去，数据分析工作基于基本需求理解，通过样本数据构建风险管理场景。现今，大数据技术从总体样本出发，高效整合市场与客户信息，转化为支持风险决策的资源。这要求数据分析人员具备统计学、运筹学、风险管理及数据科学的综合知识体系，同时需要掌握强大的数据挖掘和模型构建能力。为适应业务需求演变，商业银行应拓展业务范围，扩大网络化业务规模，吸纳信息技术人才，有效利用分散市场和个人、企业数据。面对数据分析人才供需矛盾，需防止关键人才流失，创造满足实际需求的空间与机遇。

数字化背景下商业银行风险管理路径

构建科学的风险评估体系。商业银行构建全面、科学的风险量化体系，是提升客户服务品质的核心。强化管理体系，持续优化体系结构，确保风险审查流程高效。融入数字化技术，利用数据分析自动聚合信息并快速构建风险评估模型。自动化报告生成较人工操作，能有效减少错误风险，大幅提升效率。深入研究风险类别，提出个性化风险管理数字化解决方案。面对新挑战，开发定制化、创新风险管理工具，运用AI、大数据等技术，动态适应风险变化。利用大语言模型分析海量文本，预测潜在风险和欺诈，深入交易数据与用户信息分析，实时识别风险点或异常，为银行提供预警。

建立和完善风险防控管理机制。风险管理体系是组织管理程序与风险管理流程的有机整合，形成系统化的治理架构与运行机制。鉴于数字金融之背景及其发展趋势，首先，商业银行亟须完善风险管控机制，依托线上服务与数字科技，构建风险管理框架。其次，商业银行须强化监督与考核机制，开发有效风险评估工具，精确界定风险责任。最后，于银行内部大力推广，确保业务人员与风险管理团队能及时掌握最新风险管理规定与要求，以确保风险管控机制的顺

畅运作，并增强制度对风险行为的约束力。

为了应对数字化转型与市场发展需求，商业银行需强化风险管理体系建设，以确保其稳定运营。自上而下地理解并构建健全的风险防控管理体系，同时提升自身的风险识别与控制能力，是银行转型的关键步骤。为此，必须进行顶层规划，明确转型情境下风险管理的组织架构与职责界定，这是实施后续优化措施的基础与动力来源。

加强风险管理人员的综合素质培养。在大数据时代背景下，强化商业银行的风险管理能力成为确保其实现高效且持续增长的关键支柱。然而，尽管数据资源丰富，其应用仍存在局限性，不足以解决所有风险管理挑战。在此情况下，建立并培养高素质的专业人才团队，对于有效应对复杂多变的金融风险至关重要。为此，银行内部应实施人力资源战略调整，以支持风险管理人员的发展需求，从而构建一支兼具风险评估、动态监测、潜在风险识别及风险模型建构能力的专业团队。特别地，营造一个有利于风险管理人才成长与发展的生态环境显得尤为重要。

因此，当商业银行面临显著的大数据专业人才缺口时，其策略应着重于人才的吸引与培养。如，在内部培训中实施风险管理与技术专家的跨职能训练，旨在增强员工的业务能力，并通过数据分析、模型建构等数字化技能训练，培育复合型风险管理人才。此外，通过引入具有潜力的新毕业生参与实践，建立人才库。实施轮岗计划，促进数据分析人员在总行与分行间交流，以提升全行的数字化能力。

（江苏宜兴农商银行）

对农商银行保密工作的研究

文/张念

保密工作是一项至关重要的任务，不仅关乎国家安全、企业经营，还涉及客户隐私和信息安全。在当今信息化快速发展的时代，重要性亦是更加凸显。

保密工作的定义与重要性

保密工作，从字面意思上看，就是通过一系列措施和手段，保护秘密信息的安全，防止其被泄露或滥用。具体来说，保密工作涉及的范围广泛，包括国家秘密、商业秘密以及客户信息等多个层面。其中，国家秘密关乎国家安全和利益，商业秘密则是企业核心竞争力的重要组成部分，而客户信息则是企业与客户之间建立信任关系的基石。因此，保密工作必须得到高度重视和严格执行。

保护国家秘密是维护国家安全稳定的重要前提。在信息时代，国家秘密一旦泄露，将对国家安全造成不可挽回的损失。保护商业秘密和客户信息是企业生存和发展的关键。商业秘密是企业的核心竞争力，一旦泄露，将导致企业失去市场优势，甚至面临倒闭的风险。而客户信息则是企业与客户之间建立信任关系的基石，一旦泄露，将严重损害企业的声誉和信誉，导致客户流失。

保密工作还关乎客户隐私和信息安全。随着互联网的普及和信息化程度的提高，客户信息泄露的风险也在不断增加。一旦客户信息被泄露，将给客户带来严重的损失和困扰。因此，保护客户隐私和信息安全是企业应尽的责任和义务。通过加强保密工作，企业可以提升客户的信任度和满意度，从而为企业赢得更多的市场机会和发展空间。

农商银行保密工作风险点识别与分析

信息安全风险。网络攻击方面，黑客利用先进的网络技术和工具，通过攻击银行的系统漏洞或薄弱环节，试图窃取或篡改敏感数据，给银行造成巨大的经济损失和声誉损害。例如，数据泄露事件可能导致客户信息被非法获取，进而引发个人信息安全问题。恶意软件攻击也可能导致银行信息系统瘫痪，影响业务的正常开展。

系统漏洞风险方面，尽管银行在信息系统建设上投入了大量资源，但系统漏洞仍难以完全避免。这些漏洞一旦被利用，就可能成为黑客攻击的突破口，导致信息泄露或系统崩溃。

数据分析风险方面，随着大数据技术的广泛应用，银行在享受数据带来的便利的同时，也面临着数据分析带来的挑战。如果数据处理不当，就可能导致敏感信息泄露，如客户交易数据、身份信息等。这不仅会损害客户的隐私，还可能引发法律风险。因此，农商银行必须加强信息安全防护，确保数据安全。

客户信息泄露风险。误操作泄露是指内部人员在处理客户信息时因疏忽或错误操作导致信息泄露。例如，回复错误邮件、泄露客户密码等行为都可能对客户信息安全构成威胁。为了降低误操作风险，银行应加强员工培训，提高员工的信息安全意识和操作水平，同时建立完善的错误处理机制，确保在出现误操作时能够及时发现并纠正。

第三方应用泄露是指客户在使用银行提供的第三方应用时，由于应用存在漏洞或被攻击，导致客户信息泄露。为了降低此类风险，银行应严格筛选和审查第三方应用，确保其安全性和可靠性，同时提醒客户在使用第三方应用时保持警惕，避免泄露个人信息。除此之外，银行还应积极推广自身的安全支付和身份验证技术，为客户提供更安全的服务。

内部人员违规操作风险。在内部人员违规操作风险中，泄露敏感信息是一个重要方面。内部人员可能故意或无意泄露银行内部政策、客户信息等，给不法分子提供可乘之机。一些内部人员利用职权之便，违规查询客户账户信息，侵犯客户隐私，甚至进行非法活动。

第三方合作泄密风险。在数字金融快速发展的当下，第三方合作成为农商银行提升业务能力和拓展市场的重要手段。然而，在合作过程中，信息泄露风险也随之增加，给银行的金融安全带来了潜在威胁。

合作伙伴泄密风险不容忽视。银行在与合作伙伴开展业务合作时，需要共享一定的客户信息，如客户信息、交易数据等。然而，一旦合作伙伴的员工违规获取或泄露信息，将对银行的金融安全造成严重影响。

业务外包风险也是重要的风险点之一。随着银行业务的不断发展，银行将一些业务外包给第三方公司已成为常态。然而，外包公司的人员可能擅自泄露客户信息，尤其是涉及客户隐私和敏感信息时，将给银行带来不可估量的损失。

对第三方合作监管不到位的风险也不容忽视。银行在与第三方合作时，需对其进行严格的审查和监管，以确保其符合相关法规和银行的安全要求。然而，由于各种原因，银行可能对合作伙伴的监管存在疏漏，导致信息泄露风险增加。

农商银行保密管理体系建设与完善

保密组织架构设置及职责划分。银行需建立健全的保密组织架构，以确保保密工作得到有效的执行。一是设立保密委员会，作为银行保密工作的最高决策机构。保密委员会负责制定保密政策，包括信息保密的标准、流程、方法等，并审核保密计划，确保计划的科学性和合理性。同时，还负责监督保密工作的实施情况，及时发现和解决保密工作中存在的问题。二是设立保密办公室，作为银行保密工作的日常管理机构。保密办公室负责具体落实保密委员会的决定，组织开展保密工作。这包括制定保密工作方案、组织保密培训、协调各部门之间的保密工作等。除此之外，还要负责收集、整理、分析保密工作中的信息，及时向保密委员会报告，并提出改进建议。三是各部门设立保密责任人，负责本部门保密工作的组织与实施。保密责任人需对部门内的保密工作进行全面负责，确保保密政策在本部门得到有效执行。同时，还需与保密办公室保持密切联系，及时报告本部门的保密工作情况，接受保密办公室的指导和监督。

保密培训与教育机制建立。在保密培训与教育机制建立方面，农商银行首先要制定详细的保密培训计划。计划需明确培训的内容、方式和周期，旨在确保员工能够接受全面而系统的保密培训。培训内容需涵盖保密法律法规、保密制度以及保密技能等方面，旨在提高员工的保密意识和能力。在教育方式上，可采用线上与线下相结合的方式，以更好地满足不同员工的学习需求。例如，线上培训可以通过网络学习平台进行，员工可以随时随地进行学习，方便快捷；线下培训则主要包括专家讲座、案例分析以及实践操作等，这些活动能够帮助员工更好地理解保密知识，并将其应用于实际工作中。同时，保密培训也是企业文化建设的重要组成部分，通过培训，员工能够树立正确的保密观念，形成全员参与、共同维护信息安全的良好氛围，从而推动企业文化建设向更高层次发展。

监督检查与考核机制实施。在监督检查方面，农商银行应定期开展保密工作专项检查，对各部门保密制度执行情况、保密设施运行情况等进行全面梳理和排查。通过检查，及时发现并整改存在的安全隐患，确保保密工作的严密性和有效性。同时，银行还注重加强日常监督，对保密工作进行常态化、动态化管理，确保各项保密措施始终处于有效状态。

在考核机制方面，应建立完

善的保密工作考核机制，将保密工作纳入各部门绩效考核体系。通过定期考核，对各部门保密工作进行评价和打分，对表现优秀的部门和个人给予表彰和奖励，对表现不佳的部门进行问责和整改。这种考核机制不仅激励了各部门和员工的保密工作积极性，也有效提升了保密工作的整体水平。

应急预案制定与演练活动组织。应急预案的制定与演练是银行保密工作中的重要环节，对于确保银行在突发事件中能够有效保护客户信息和资产安全至关重要。

在应急预案制定方面，银行应首先明确应急组织的组成和职责，确保在突发事件发生时能够迅速响应并有效协调。应急流程的制定应涵盖突发事件的识别、报告、处理、恢复等各个环节，确保每一步都有明确的责任人和执行标准。同时，银行还应评估并确定应急资源的需求，包括人力、物力、财力等方面，以确保在突发事件发生时能够迅速调集资源，有效应对。

在演练活动组织方面，银行应定期组织员工开展保密工作应急演练，模拟突发事件场景，检验应急预案的有效性和可操作性。演练活动应包括多种场景和情况，如数据泄露、恶意攻击、自然灾害等，以确保员工能够熟悉应急流程并熟练掌握应急技能。银行还应注重演练活动的反馈和评估，及时发现问题并改进，以提高演练的实战性和有效性。

在总结改进方面，银行应对演练活动进行全面的总结和分析，评估演练效果，发现存在的问题和不足，并及时制定改进措施。同时，银行还应根据演练活动的结果和实际情况，对应急预案进行修订和完善，确保应急预案的针对性和可操作性。通过不断地总结和改进，银行可以逐步完善应急预案和应急措施，提高银行保密工作的应急处理能力。

农商银行保密管理策略建议

保密工作面临的挑战与机遇分析。保密工作是银行业不可或缺的一环，尤其对于农商银行来说，更是维护客户信任、确保业务稳定的重要保障。然而，随着金融行业的快速发展，保密工作面临着前所未有的挑战与机遇。

挑战分析。农商银行在保密工作中面临的挑战主要来自三个方面。一是技术漏洞和风险的不断增加。随着信息技术的飞速发展，网络安全问题日益凸显。银行系统面临着来自网络黑客的不断攻击，数据加密、网络安全等技术问题层出不穷。这些技术漏洞一旦被恶意利用，就可能导致客户信息泄露、资金被盗等严重后果。二是内部人员泄露风险。银行员工在业务操作中可能接触到大量敏感信息，如果缺乏有效的监管和激励机制，就可能出现员工泄露客户信息、交易数据等违规行为。员工的疏忽大意、失误操作等也可能导致信息泄露。三是外部威胁和干扰。除了黑客攻击和内部人员泄露外，银行还面临着来自外部环境的威胁，如间谍活动、恶意竞争等。这些外部威胁往往难以预测和防范，给保密工作带来了极大的挑战。

机遇分析。然而，挑战与机遇并存。农商银行在保密工作中也迎来了重要机遇。一是新技术应用为保密工作提供了更多手段和工具。例如，人工智能、区块链等先进技术的应用，可以有效提高信息的安全性和保密性。通过人工智能技术，银行可以实现对敏感信息的自动识别和监控，及时发现并处理潜在的信息泄露风险。区块链技术的去中心化、不可篡改等特点，也为银行提供了一个安全、可靠的信息存储和传输平台。二是法律法规的完善为保密工作提供了有力保障。随着数据安全法、隐私保护法等法律法规的不断完善，银行在保密工作方面的法律责任和义务得到了明确。这为银行开展保密工作提供了法律依据和制度保障，使得银行在保护客户信息、维护业务稳定方面有了更强的法律支撑。

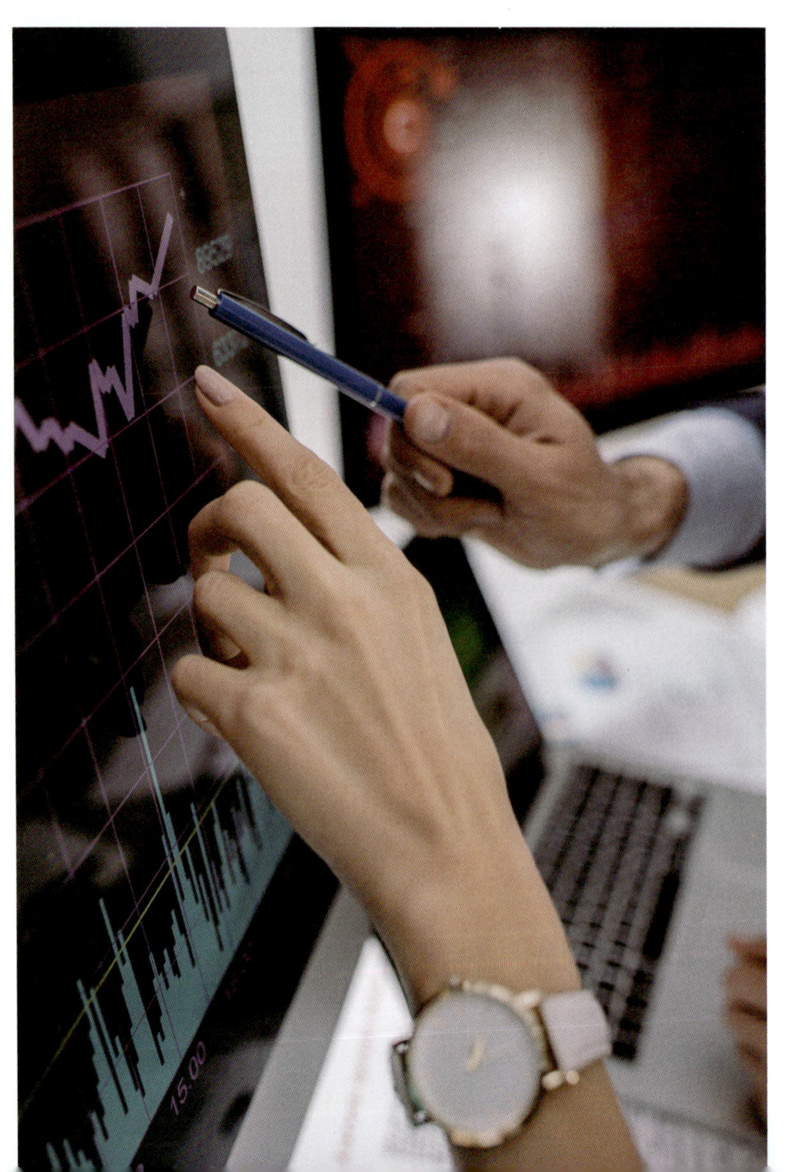

创新驱动下的保密技术发展预测。在当前创新驱动的浪潮下，保密技术的发展与应用在农商银行中展现出新的机遇与挑战。人工智能与区块链技术的出现，为保密工作提供了全新的解决方案与升级路径。

人工智能在保密工作中的应用，主要体现在智能识别与数据分析两大方面。智能识别技术通过深度学习、图像识别等手段，可以实现对敏感信息的自动识别与过滤。在银行的日常工作中，这一技术能够有效筛选并隔离出涉及客户隐私、商业秘密等敏感信息，确保这些信息不被非法获取或泄露。同时，数据分析技术则通过对大量数据的挖掘与分析，发现潜在的安全隐患与违规操作，为保密工作提供预警与决策支持。这种智能化的处理方式，不仅提高了保密工作的效率，还大大增强了保密工作的准确性与可靠性。

区块链技术在保密工作中的应用，则主要体现在其分布式存储与不可篡改的特性上。区块链技术通过去中心化的方式，将数据分散存储在多个节点上，有效避免了单点故障与数据丢失的风险。同时，区块链的不可篡改性确保了数据的真实性与完整性，任何试图篡改数据的行为都会被全网记录并追踪。对于农商银行而言，这一特性尤为重要。通过区块链技术，可以确保客户信息、交易记录等重要数据的安全性与可靠性，有效降低数据泄露与篡改的风险。区块链技术还可以应用于身份验证、授权管理等领域，进一步提升保密工作的整体安全水平。

人工智能与区块链技术的结合应用，为银行的保密工作提供了强大的技术支持与保障。未来，随着技术的不断发展与完善，这些技术将在保密工作中发挥更加重要的作用，为银行的稳健发展保驾护航。

全面提升农商银行保密能力。在人才培养和团队建设方面，农商银行应加强对保密工作人才的培养和引进。通过专业化的培训和引进外部专家，提升保密工作人员的专业素养和业务能力。同时，建立一支高素质、专业化的保密工作团队，确保保密工作的专业性和有效性。组织保密工作培训会议，让全行班子成员和中层干部集中学习相关法律法规和防范知识，提升整体的保密意识和能力。

在完善制度体系和流程规范方面，农商银行应建立健全的保密工作制度体系和流程规范。明确各部门、岗位的保密职责和权限，确保保密工作的有效实施。还应定期对保密工作进行自查自纠，及时发现问题、堵塞漏洞，真正做到防患于未然。通过严格的制度约束和流程管理，确保保密工作的有效性和可持续性。

在加强监督和奖惩机制建设方面，农商银行应加大对保密工作的监督力度。建立奖惩机制，对保密工作做得好的部门进行表彰和奖励，以激励全体员工积极参与保密工作。同时，对泄露机密的行为进行严肃处理，形成强大的震慑力。通过奖惩并举的方式，确保保密工作的严肃性和权威性。

（作者系宁夏同心农商银行党委书记、董事长）

推进党建工作和业务深度融合的若干思考和对策

文 / 朱峰磊

习近平总书记深刻指出,“党对国有企业的领导是政治领导、思想领导、组织领导的有机统一。国有企业党组织发挥领导核心和政治核心作用,归结到一点,就是把方向、管大局、保落实。”“坚持党对国有企业的领导是重大政治原则,必须一以贯之;建立现代企业制度是国有企业改革的方向,也必须一以贯之。”国有金融企业党建工作是新时代国有企业党的建设的有机组成部分,创新守正是提高现代金融企业核心竞争力的重要途径。只有将党的建设与现代金融企业建设有效融合在一起,才能从根本上保证工商银行党建工作与改革发展的同步推进,同频共振。做好新时代国有金融企业党建工作,必须以习近平新时代中国特色社会主义思想,特别是以习近平总书记关于国有企业党建工作一系列重要论述为指导和根本遵循,不断地创新工作思路和工作方法,充分发挥党的组织机能优势和思想引领优势,从政治先导上保证与党的政策和决策的一致性;从思想先导上保证坚决执行党的路线、方针;从组织先导上保证党的肌体的纯洁性;从作风先导上保证执行党的纪律的严肃性,从而促进银行业务经营的安全、高效、稳健运行。只有把党的建设总要求与各级行党组织具体实际相结合,促进党建工作的形式和内容相融合、党建工作与中心工作相融合、党建工作与从严治行相融合、党建工作与业务发展相融合,才能更好地丰富国有金融企业党建理论和实践体系,才能为新时代国有企业改革发展贡献新的磅礴伟力。

党建工作根植于基层,党建工作问计于源头,炽热的基层业务实践和行思悟语永远是党建工作守正创新的精神田园和理想沃土。在全行上下加速推进转型发展,落实“九个坚持”、把握“四个关系”、达成“三个目标”,一心一意谋发展,团结奋斗展新

在全行上下加速推进转型发展

落实"九个坚持"把握"四个关系"达成"三个目标"

貌的进程中，唯有不断强化和完善基层党建工作的新理念、新方式、新内容，认真践行以人民为中心的发展思想，持续改进干部工作作风，进一步提振精气神、调动积极性，才能奋力谱写工商银行服务区域发展新格局的华彩篇章。这种远景和愿景，是大势所趋、大局所致，是顺势而为、势在必行。

抓牢"关键少数"，增强党务主体的责任履职和看齐意识

2018年3月，习近平总书记在会见参加十三届全国人大一次会议的代表时指出，"要加强教育引导，注重破立并举，抓住'关键少数'，推动各级领导干部自觉担当领导责任和示范责任，把自己摆进去、把思想摆进去、把工作摆进去，形成'头雁效应'。"时隔两年，2020年1月8日，总书记又在"不忘初心、牢记使命"主题教育总结大会上再次强调指出，"领导干部是党和国家事业发展的'关键少数'，对全党全社会都具有风向标作用。'君子之德风，小人之德草，草上之风必偃。'在上面要求人、在后面推动人，都不如在前面

带动人管用。”总书记的谆谆教导，语重心长，言之凿凿，发人深省。基层党委和党支部委员会是基层党组织的组织形式和领导班子，党委成员和党支部委员是党组织的带头人、引路人和领头雁，既是关键人物又是“关键少数”，关键人物和“关键少数”在各级党组织建设中起着关键性的决定作用。俗话说：“村看村、户看户，群众看党员、党员看干部。”“火车跑得快，全靠车头带。”一个团结有为、积极向上、朝气蓬勃、踔厉奋发的强而有力的领导班子，一定能够带出一支坚不可摧、攻无不克，召之即来、来之能战、战之必胜的员工队伍和精锐劲旅。因此，抓住基层党组织成员这个“关键少数”，加强党组织班子建设是围绕全局观大势，夯实党建抓经营的立业之本，成事之基。

一是加强思想观念转型。要切实改变思维定式，转变思想观念，从“重业务，轻党建”的小观念转变到“狠抓党建、共促发展”的大格局上来，不断增强“抓党建不离业务工作，抓业务不离党建工作”的管理思路和中心思想，坚持把加强党建引领作为推动转型发展的前提，运用两点论、两分法思考全局和把握大势，在“深度结合”“全力融入”的总框架下不断守正创新，确保经营发展始终坚持正确的宏观思路和政治方向。党组织书记是党委和党支部“管大局，把方向，抓落实”的“一把手”，党组织其他成员是党委和党支部的“第二提琴手”。“一把手”“第二提琴手”都是党组织中的“关键少数”，“关键少数”的责任和担当，决定了两者在党建实践中，必须牢固树立“抓好党建是本职、不抓党建是失职、抓不好党建是不称职”的主体责任意识，必须切实履行党建工作第一责任人的主体职责，切实履行“一岗双责”的政治责任。

二是加强能力业绩匹配。能力既是思想觉悟和行动效率的依托，也是知识、技能、态度和责任的总和。在党组织负责人的能力考察中，要将完成目标任务作为衡量党组织发展状况的重要标准、评价干部履职的重要依据和平衡短期与中长期发展目标的重要手段。将政治觉悟、责任担当转化成经营成果和业务实绩，努力提高在实践中剖析问题和解决问题的能力。

三是加强作风方法转变。要牢固树立“业绩增长，干部成长，员工满意”的公仆宗旨，加强政治历练，强化政治担当，更加自觉运用好“三比三看三提高”的工作方法，自觉加强党性修养，切实强化作风转变，要善于运用唯物论辩证法的立场、观点、方法观察，反思工作中遇到的实际困难和棘手问题，要把理论与实践充分结合起来，学以致用、以学增智、学用结合、知行合一。“刀在石上磨，人在事上练”。反对空谈误事，提倡实干兴行。反对坐而论道，提倡身体力行。强调在实践中增长才干，在实践中丰富见识，在实践中坚定信念，在实践中把握未来。努力做到讲党性、重品行、强实践、作表率，把党组织建设成“政治素质优、经营业绩佳、团结协作强、作风形象雅”的“四好标配”基层党员之家。

管住绝大多数，助力党员群体的素质养成和党性锤炼

党的基层组织先进与否，基层党员素质是决定因素。在基层党组织建设中，一般党员群体就是党委和党支部中的绝大多数。人员结构和群体庞大的绝大多数既是党建工作的主要对象，又是各级党组织的主体构成。因此，从提高党建工作质量的意义上讲，全面提高基层一般党员的素质养成和党性锤炼是其第一要务。

一是着力提升其道德素质。道德是人们共同生活及其行为的准则与规范，是做人做事和成人成事的底线。在广大党员中要进一步加强社会主义道德修养和核心价值观教育，使党员树立正确的道德观、价值观，切实筑牢思想防线，成为道德纯洁、理想高尚、情趣健康的人，永葆共产党员的先进性和纯洁性。

二是着力提升政治素质。政治责任是一个人特别是一个党员的政治方向、政治主张、政治观念、政治态度、政治信仰的综合表现。要通过组织培训、“三会一课”、参与学习、警示教育等方式强化政治学习，使广大党员及时了解党和国家的路线方针政策，深刻理解习近平新时代中国特色社会主义思想的深刻内涵，不断提高政治敏锐性和政治鉴别力。只有坚定正确的政治方向，树立崇高的理想信念，才能在工作中避免迷失方向，在前进中少走曲折弯路。

三是重视整体塑形培养。要切实做到选好人、用好人、管好人，尽最大努力激发和释放人才潜力和活力。要注重政治素质和政治思想考量，既要突出专业结构全面覆盖的人才观，又要落实选人用人上的“能上能下又能上”。加大青年干部交流、岗位锻炼力度，完善优秀年轻干部业绩考核评价机制，提高青年干部管理能力和业务素质。重视党员发展，创建“党员示范岗”“党员责任区”，落实基层党员亮身份、践承诺、树形象、当先锋工作，发挥党员在业务发展中攻坚克难、勇挑重担的先锋模范作用，突出党员作为“最美奋斗者”“最强金融人”的引领示范作用，让“党旗在基层一线高高飘扬”。

四是着力提升业务素质。对于基层党员来说，一定的工作能力和应对能力是其发挥先锋模范作用的必要前提。只有具备较高的综合业务素质，才能正确处理业务流程，把控业务风险，解决客户疑惑。要坚持和完善学习制度，落实学习计划，不断创新学习教育途径，丰富学习教育形式（正面教育、互动教育、自我教育、典型教育、集中教育、网络教育等）。引导基层党员特别是青年党员主动学习党政理论、党

史国史，学习数字经济时代的营销战略与创新知识，鼓励青年党员跨专业获取业务资质和专业技术职称。要把党员参加学习的主动性作为基层党建工作的重点，实行党员学习积分制，切实改变“惰”的情绪，克服“躺”的思想，纠正“疲”的执念，通过增强党员学习积极性和党员执行力，唤醒其主动干事、努力成事的意识和本领。

完善制度机制，提升党建实务的质量效能和管理水平

习近平总书记指出：“党的工作最坚实的力量支撑在基层，经济社会发展和民生最突出的矛盾和问题也在基层，必须把抓基层打基础作为长远之计和固本之策，丝毫不能放松。”因此，提高基层党建工作质量，尤其要注重机制建设，进一步解决制约基层党建工作开展的深层次矛盾和问题，切实夯实基础，走进基层，尽快形成应对措施，推动基层党建工作整体水平不断提升，党建工作质量不断提高。要进一步贯彻新发展理念，认真落实总行“48字”工作思路和省分行“九个坚持”“四个关系”“三大远景目标”，高标引领，把政治优势转化为治理效能和发展优势，以党的建设成效推动和保证各项改革发展任务落地见效。持续提升党组织政治生态和经营质态，以高质量发展赓续谱写打造区域人民满意银行，最受尊敬银行新篇章。

一是进一步加强领导，落实主体责任清单。党组织要坚持把主体责任抓在手上、扛在肩上，充分发挥党委会（党支委）、党建工作领导小组及办公室（综合管理部）的职能作用，明确职责、细化任务。坚持把党建工作与业务工作同研究、同部署、同推进，督促指导基层党组织抓紧抓实党建工作，做到“两手抓、两手硬，两结合、两促进”。把基层党建工作纳入经营发展指标考核体系，从“软性说教”变为“刚性约束”，加大问责力度，通过第一种形态的运用，提醒、通报，加大教育警示在党务管理和员工管理全过程的鞭策推动作用。在日常工作中体现“党建导向”，坚持述职述廉述党建，评价评议评党建，考核考量考党建。

二是进一步加强监督，落实主体问责机制。综合运用监督执纪“四种形态”，保持力度不减、尺度不松，完善失职失责责任追究制度，用好问责利器，发挥“问责一个、警醒一片”的震慑效应，形成抓铁有痕的落实韧劲、失责必问的制度刚性，推进全面从严治党的党组织主体责任、党组织书记第一责任、纪委监督责任、党的工作部门共建责任、领导班子成员分工责任、基层党组织直接责任全面落实。

三是进一步加强考核，落实党建责任部署。要严格考核全面从严治党主体责任的步骤和落实，完善党组织书记抓党建工作述职评议考核制度，实现对基层党组织的全覆盖。强化对各级党

员干部（管理人员）特别是党组织书记履行党建责任的考核，把抓党建工作的成效和实效作为年度考核、日常考核、个别调整、提拔考察的重要内容。强化考核工作的问题导向，重在发现和指正党建工作存在的突出问题，推动解决实际问题。强化考核的结果运用，奖优罚劣、奖勤罚懒。

四是进一步加强创新，落实规范精细管理。创新党建组干工作机制，及时梳理最新最实用的党建、干部制度、办法等制度规范性文件，进一步以机制梳理来促动规范管理，防止和克服工作的随意性和盲目性，促进党建工作的制度化、程序化、规范化；积极对党建工作进行科学分析和研究，形成系统的、完整的工作程序，用以指导和规范党建工作；完善综合管理部党建管理人员、经办人员岗位职责规范，严明岗位纪律，真正形成一套职责明确、程序严谨、落实有力、运转灵活的工作机制，为党建工作各项任务的完成提供坚实保证。创新培训方式，依托多样化多渠道方式，及时组织各类专题培训，进一步提升党组织书记、党务工作者的党建工作业务水平；召开党建干部专题会议，进一步传达党建工作精神，落实工作要点；组织开展综合管理部经理培训班，对党建工作具体事项提出行之有效的办法和明确的管理要求；以考促学，下发党建干部条线应知应会考试通知，激发党建专业条线干部员工学习新知识，掌握新技能的新动力。创新日常工作过程管理，对省市分行党建巡察、非现场检查的各类问题、日常工作及时性、有效性等工作完成情况进行及时记录，按月通报，并将相关情况纳入党建重点绩效考核，按季兑现；对各类检查、日常通报中存在的问题，及时整改反馈，按月对支行进行提醒督办，确保问题整改落实到位；编写党建工作专刊，为基层党组织党建工作开展提供交流、展示平台，营造较为浓厚的党建工作氛围。

紧扣思想驱动，推动党建、经营的同频共振和融合共治

基层党组织既是把方向的根据地，也是管大局的指挥所，更是抓落实的先锋队。一个党组织就是一座战斗堡垒，一个党员就是一面赤色旌旗。只有牢记“抓好党建就是抓业绩，抓政绩”的理念，一以贯之，坚持把党建工作抓在日常、严在经常，全面压实党建工作责任，才能形成书记带头抓、一级抓一级、层层抓落实的党建工作格局，真正把党建工作摆在与业务工作同等重要的头部首位。在安排业务工作的同时，应主动融入党性要求、党建理念、党务因素。将业务经营与党建工作同部署、同落实，以党建工作的各项制度和要求来约束，进而推进业务工作的开展。充分发挥党组织的政治优势和组织优势，激发党员干部干事创业热情，更好地围绕主业、服务大局、推动发展。要把党建工作的立足点放在服务经营发

展和内控合规上，坚持发展是第一要务，内控合规是第一责任，把经营管理的热点和难点，作为党建工作的重点，将主动适应新常态、把握新常态、引领新常态贯穿党建工作始终。围绕金融资产战略、普惠优先战略、全量客户战略、存款领先战略、服务实体战略、培育创收战略，内控合规举措、履行社会责任等重点经营目标和管理指标，把党建工作与业务发展目标一起定、任务一起下、工作一并研究、考核一并进行、责任一并追究，找准对接点，瞄准突破口，强化党员干部以更高姿态的政治自觉、行动自觉，更好地服务公私客户，服务实体经济，争揽优质项目，争揽高端客户，确保全面完成各类目标任务，以期实现“党建领航全局、党建凝聚力量、党建促进业务、党建助推发展、党建启迪成长、党建协和四方”的宏旨大愿。要贯彻新时代党的组织路线，坚持党管干部、党管人才原则，着力建设忠诚干净担当的高素质干部队伍，激励各层级管理人员和党员干部在新时代、新金融、新格局的新形势下，能有新转变新担当新作为。要树立重实干重实绩的鲜明用人导向，坚持优者上、庸者下、劣者汰，使能上能下成为常态。要突出党建标准，提倡党员干部的考核、培养、提拔、任用以“党建政绩为主、以经营业绩为辅”，提拔重用贯彻任务指标彻底、维护党委权威坚决，处事干事行事果断，格局作风状态优良的新复合型党员干部和管理人员。只有将党建党务融入市场拓展和客户维护，才能确立党组织在经营管理全过程中的“执牛耳者”“马首是瞻”的首要地位；只有将党建融入考察标准和考核机制，才能突出党建在推进和履行主业主责中的核心主导和分量主体；只有将党建融入专项工作和业务推动，才能以经营发展实效来检验党建工作成效；只有将党建融入党员培养和专业培训，才能激发员工潜能和动能；只有将党建转化为内生动力和发展实力，才能助力市场竞争力和客户体验感的提质晋级。

基层党组织建设作为党的肌体的“神经末梢”和“底层设计”的“最后一公里”，必须在深度和广度上将党建与全行经营管理紧密结合，心怀金融爱党报国之志，聚焦中小微企业发展，聚焦突出矛盾和问题，聚焦员工，关心热点难点，深谋破题之策，深悟破局之道，深察客户之需，深究市场之源，方能进一步发挥基层党组织的战斗堡垒作用和党员先锋模范作用，方可着力实现基层党组织战斗堡垒作用和业务工作能力的同频共振和双向奔赴。

（工商银行湖北武汉分行）

文化交流

Culture

三人行必有我师

“十五五”企业文化发展趋势前瞻

文 / 赵晓舟

进入21世纪后，中国的企业文化呈现出多元化、系统化、个性化等特点，并且越来越注重社会责任感和创新能力。企业文化不再局限于企业内部，而是逐渐融入社会，成为企业与社会互动的重要桥梁。此外，随着科技的飞速发展，企业文化也开始借助数字化、网络化等手段进行传播和创新，使其影响力不断扩大，成为企业核心竞争力的重要组成部分。

在过去的二十余年中，经济发展趋势清晰地揭示了企业文化在企业内部管理及员工行为塑造方面的重要作用，同时，企业文化对外部市场中企业品牌形象及竞争力的构建亦具有显著影响。因此，企业必须持续重视企业文化的构建与维护，以增强企业的整体竞争力和市场地位。

展望“十五五”时期，我们对企业文化建设与发展持有明确的预期与策略。本文旨在回顾与展望企业文化在中国四十余年来的发展历程，以深化对企业文化的理解，并提出相应的策略和措施。我们坚信，随着社会经济的持续发展和企业内外部环境的变化，企业文化将扮演越来越重要的角色。因此，有必要对企业文化的发展趋势进行深入分析，以便更好地适应未来的发展需求。

企业文化在中国的兴起

企业文化理念在中国的兴起可追溯至20世纪80年代。具体而言，该理念于1984年前后传入中国，并在1983 — 1988年引发了广泛关注。在这一时期，中国的企业界在经历了改革开放的探索和对传统文化的反思后，从这一新兴的管理理念中汲取灵感，促进了企业文化的构建。这一时期，有关企业文化的西方代表作主要有《企业文化：企业生存的习俗和礼仪》《西方企业文化》《Z理论：美国企业界怎样迎接日本的挑战》等。国内的代表作有中国社会科学院研究员刘光明所著的《企业文化（第四版）》《企业文化案例》《现代企业家与企业文化》等。

尽管在20世纪80年代末期企业文化热潮有所减退，但自1992 — 1999年，企业文化在中国重新获得重视并持续深化发展。1992年10月，党的十四大报告中明确提出了加强企业文化建设的要求，并且在党的十五大和十五届四中全会上，将发展企业文化和培育积极向上的企业文化作为搞好国有大中型企业的一项指导方针，纳入决议之中。这体现了党中央对这一问题的高度重视，为企业文化建设和发展提供了广阔的前景。

在这一时期，企业文化建设展现出三个显著特征：首先，理论与实践的结合日益紧密。企业文化已不再局限于口号和标语，而是逐渐渗透到企业的日常管理和运营活动之中。其次，跨学科研究逐渐兴起。管理学、文化学、社会学以及心理学等领域的学者开始积极参与到企业文化的研究和实践活动中。最后，企业文化的推广和传播方式多样化。企业文化通过报刊、杂志、研讨会、专业著作等多种媒介得到了广泛的传播和推广。代表人物有著名管理学者陈春花教授，她不仅在企业文化管理理论上有深厚造诣，还经常深入企业一线，指导企业文化实践活动。此外，还有众多企业家，如海尔集团的张瑞敏、华为的任正非等，他们通过自己的管理理念和领导

风格，塑造了具有鲜明特色的企业文化，成为企业文化建设的重要推动者。这些代表人物的出现，进一步推动了企业文化在中国的兴起和发展。

随着改革开放的深入实施，企业文化逐渐展现出理性化与系统化的特征，并开始注重内涵的构建，这包括企业精神的培养与员工价值观的塑造等关键要素。与此同时，众多处于行业领先地位的企业开始探索具有个性化特征的文化模式。这一现象揭示了，在社会主义市场经济的框架下，企业文化建设已经成为企业思想政治工作的核心，它在向现代企业制度转型过程中扮演了一个不可替代的关键环节的角色。其典型案例如，海尔集团的“人单合一”管理模式，强调员工与用户的一体化，通过赋予员工更多自主权，激发其创新潜能，推动企业的持续发展；华为的“狼性文化”，则强调敏锐的市场洞察力、团队协作与不屈不挠的奋斗精神，这种文化是华为在全球市场竞争中的重要支撑。这些企业的实践表明，具有个性化特征的企业文化不仅能够增强企业的内部凝聚力，还能在激烈的市场竞争中凸显企业的独特优势，为企业带来持久的竞争优势。

21世纪伊始，中国经济的迅猛发展催生了显著的变革，企业文化亦步入了一个多元融合与创新驱动的新纪元。在此背景下，企业不仅重视内部文化的塑造与强化，更将视野拓展至企业社会责任与可持续发展等核心议题。与此同时，信息化与智能化技术的持续演进为企业文化带来了前所未有的多元性与复杂性挑战。在这一阶段，企业文化不再仅仅局限于企业的内部管理与团队建设，而是逐渐融入了企业的战略规划、市场拓展以及品牌建设等多个层面。企业通过构建独特的文化体系，不仅提升了自身的品牌形象，还增强了员工的归属感和忠诚度，进而为企业的可持续发展奠定了坚实的基础。此外，随着全球化的加速推进，中国企业开始积极学习借鉴国际先进的企业文化理念，并结合自身实际情况进行本土化创新，进一步丰富了企业文化的内涵和外延。其间涌现出一些优秀企业，诸如海尔、华为、阿里巴巴等，它们不仅在国内市场取得了显著成就，还在国际舞台上展现了独特的文化魅力。这些企业通过构建开放、包容、创新的企业文化，不仅激发了员工的创造力和活力，还吸引了众多国际合作伙伴，共同推动了企业的全球化发展。同时，这些优秀企业的成功经验也为其他中国企业提供了宝贵的借鉴和启示，促进了企业文化的整体提升和繁荣，推动了企业文化在中国的兴起和发展。

综合分析，中国企业文化的演进历程可概括为引入期阶段、探索期阶段、理性化阶段、多元化阶段以及创新导向阶段。展望未来，伴随中国经济的持续增长以及企业国际化步伐的加速，企业文化将扮演更为关键的角色，促进企业向更高级阶段的跃进。

企业文化在中国的成就

企业文化在中国的实践中，不仅作为组织内部的管理工具，更是根植于员工心中的价值观念和行为准则。随着中国经济的迅猛发展和全球化的不断深入，企业文化在中国扮演着日益重要的角色。它促进了企业内部的和谐稳定，增强了员工的归属感和忠诚度，为企业的长远发展奠定了坚实的基础。同时，优秀的企业文化也成了企业吸引人才、留住人才的重要手段。在市场竞争日益激烈的当下，企业文化成为企业核心竞争力的重要组成部分，为企业的可持续发展注入了强大的动力。此外，企业文化还促进了企业与社会、环境的和谐共生，展现了企业的社会责任感和担当精神。其主要成就可概括为以下几个方面。

丰富了中国文化的现代内容。在改革开放的进程中，企业文化建设不仅为中国文化理论的发展提供了实践路径，而且通过与现代社会和企业实际的紧密结合，使中国文化更加贴近现代人的生活，从而极大地丰富了其现代内容。这种文化的丰富性体现在多个方面，包括但不限于价值观的更新、管理理念的创新以及企业社会责任的强化等。

推动企业队伍凝聚与行为模式改变。企业文化在增强企业队伍的凝聚力和促进员工行为模式的改变方面扮演了至关重要的角色，它有助于塑造统一的价值观念和行为规范，进而显著提升企业的凝聚力和市场竞争力。通过不断强化企业文化，企业能够确保其员工在面对各种挑战和机遇时，以一致的态度和行动来应对，从而在激烈的市场竞争中保持优势。

引导企业经营管理与战略设计。企业文化在企业的经营管理、战略设计、制度安排和品牌塑造等方面起到了引导和制约作用，使企业能够在激烈的市场竞争中保持明确和稳定的方向。它不仅为企业提供了核心价值观和行为准则，还通过塑造共同的信念和目标，增强了员工的归属感和忠诚度，从而推动了企业的长期发展和持续创新。

促进企业文化与社会文化的深度整合。企业文化已经成为社会文化的关键组成部分，并且其理论探讨与实践操作为中国社会的现代化进程及现代文明的实践贡献了重要的实证与理论支撑。此类整合不仅有助于企业更有效地适应社会发展需求，而且能够为社会文化的多元性与创新性注入新的活力。

提升企业在国际市场上的竞争力。企业文化中所体现的“以人为本”以及“以文化人”的核心理念，不仅极大地拓宽了人们的文化视野，而且有效地吸收了全球范围内文化研究的实践成果。这些文化理念和实践成果为企业在参与国际竞争和开展国际合作的过程中，解决文化差异所导致的交流障碍和误解问题，提供了宝贵的思路和方法。

形成独具中国特色的企业文化理论体系。在过去的二十多年里，中国企业经历了一个不断探索和成长的过程，在这个过程中，它们逐步构建并发展出了一套具有中国特色的企业文化理论体系。这一理论体系不仅体现了中国传统文化的深厚底蕴，同时融合了现代管理理念和实践，使企业在激烈的市场竞争中能够保持独特的优势。

为现代企业管理注入了文化元素。企业通过构建独具特色的企业文化，不仅能够增强内部员工的凝聚力和归属感，而且能在外部市场中塑造鲜明的品牌形象。这种以文化为导向的管理策略，强调以人为本，重视员工的个人发展与团队合作，从而推动企业内部的和谐与创新，提升决策的灵活性与效率，最终促进企业的可持续发展。

提供解决跨文化障碍的途径与思路。在当今全球化的商业环境中，企业文化不仅有助于促进不同文化背景下的员工之间的理解和沟通，而且为企业实施"走出去"战略提供了坚实的文化支撑和指导。通过培养包容和尊重多元文化的企业氛围，企业能够更好地适应国际市场的需求，克服文化差异带来的挑战，从而在全球范围内实现更有效的竞争和合作。

综上所述，企业文化在中国的主要成就不仅体现在对企业内部管理和员工行为的深刻影响，还在于其对社会文化的积极贡献以及对企业国际化进程的推动作用。通过企业文化的建设，中国企业不仅提升了自身的竞争力，也在一定程度上推动了整个社会的文化进步。

企业文化面临的新挑战

在全球化加速推进及中国经济迅猛发展的背景下，企业文化在中国的构建与演进面临诸多问题与挑战。中国传统文化与西方企业文化理念之间的显著差异成了人们关注的焦点。中国传统文化根植于历史的土壤之中，蕴含着丰富的哲学思想、道德观念和社会规范，而西方企业文化理念则以其创新性、效率性和竞争性在全球范围内产生了广泛的影响。如何在坚守和维护中国传统文化的核心价值和精神实质的同时，有效地吸纳并融合西方先进的企业文化理念，已经成为亟须解决的重要问题。这一问题不仅关系到中国企业的国际竞争力，也关系到中国文化的传承与发展，以及在全球化浪潮中如何保持文化多样性和文化自信。新时代，企业文化面临的挑战主要有以下几个方面。

多元化与一体化的挑战。在全球化战略布局持续深化的进程中，企业逐步延揽具有跨地域文化背景的国际化人才资源，通过系统性整合不同文明体系下的价值观念与行为范式，逐渐形成具有多维文化兼容特征的多元复合型组织架构。这种多元化的组织架构虽然能够带来丰富的视角和创新的思维，但同时可能伴随着一系列的挑战。一方面，不同文化背景的员工在价值观、沟通方式、工作习惯等方面可能存在显著差异，这些差异可能会导致沟通障碍，使团队成员之间的交流变得困难。此外，员工在认同感和归属感方面可能会遇到问题，因为在一个多元化的环境中，找到共同点和建立团队凝聚力可能比在单一文化背景的环境中更加困难。因此，企业需要采取有效的策略来应对这些挑战，促进不同文化背景的员工之间的相互理解和融合，以实现组织的一体化和高效运作。另一方面，企业为了实现统一的管理和战略目标，也需要在多元化的背景下实现一体化的企业文化。这要求企业不仅要尊重并包容各种文化背景，还要在此基础上形成一套被全体员工广泛接受和认同的核心价值观和行为规范。这涉及企业文化的重塑和传播，以及一系列制度和政策的制定和执行。在这个过程中，企业可能会面临诸多困难，如何平衡不同文化背景员工的利益诉求，如何确保企业文化的传播不会引发文化冲突，以及如何评估企业文化一体化的成效等，都需要企业在实践中不断探索和总结，找到适合自己的企业文化一体化之路。

变革和创新的挑战。在当代商业环境持续演进与人工智能技术深入应用的背景下，企业文化的革新已成为适应外部环境动态变革、满足组织内部迭代升级和创新诉求的核心命题。然而，组织变革与创新实践往往伴随着员工群体的适应性挑战与心理阻抗，其表现形式具有多维特征：既可能表现为对新流程的被动抵触，亦可能呈现为对新技术的认知排斥，甚或转化为对新战略的持续性质疑。此类负面情绪不仅会直接延缓组织变革进程，更会从深层次削弱企业文化的内生凝聚力与发展动能，致使企业战略转型陷入效能折损、竞争优势弱化的系统性风险。鉴于此，企业在实施文化革新战略时，亟须构建科学系统的情绪管理机制。具体而言，应通过构建多维度沟通机制，系统阐释变革的战略价值与实施路径；完善分层培训体系，针对性提升员工的技术适配能力与创新思维；设计差异化的激励方案，将变革参与度纳入绩效考核指标体系。唯有通过这种结构化的管理范式，方能使企业在动态竞争格局中保持战略定力，最终实现组织效能的持续优化与永续发展。

价值观传承与落地挑战。在企业文化建设中，价值观的传承与落地是一个至关重要的议题。企业文化的精髓在于其共同的价值观和行为规范，这些是企业精神的体现，也是引导员工行为和决策的基石。然而，在实际的企业运营过程中，我们常常会遇到价值观传承与落地的双重挑战。一方面，随着企业规模的不断扩张以及员工队伍的更新换代，原有的企业价值观可能难以被新一代员工所理解和接受，从而导致企业文化的传承出现断层现象。这种断层不仅影响了企业内部的凝聚力，也可能对外部品牌形象造成不利影响。另一方面，即便价值观能够得到一定程度的传承，但在实际的落地执行过程中，仍然面临着诸多挑战。这些挑战可能包括缺乏有效的执行机制，管理层对价值观的重视程度不足，以及员工对这些价值观的认同感和参与度不够。当价值观无法真正融入员工的日常工作和行为中时，它们就无法成为指导员工行为的准则，从而失去了其应有的作用和意义。因此，如何确保企业价值观能够有效地传承并落实到企业的每一个角落，成为当前企业文化建设中亟待解决的一大难题。

综合前述分析，新时代企业文化面临的挑战是多方面的，其中上述三个方面最为突出。企业必须采取针对性策略以应对这些挑战，确保企业文化的构建与发展能够顺利进行，从而为企业的持续发展提供坚实的支持。

企业文化建设路在何方

中国企业文化体系正经历结构性嬗变，其演进轨迹正由以科层架构与行政权威为基质的传统范式，向现代化组织文化形态深度转型。现代企业文化的核心价值取向转向员工主体性培育与创新机制构建，这种战略转向有效激活了组织的内生动力与创新势能。具体呈现出六大演进特征：企业文化战略地位的战略性提升、领导力文化范式革新、管理范式理念化转型、运营系统数字化转型、人才战略本土化推进以及文化形态多元化发展。这些关键要素的系统性耦合，将驱动中国企业文化建设进入价值创造新周期，为组织核心竞争力的持续强化提供文化支撑体系。展望“十五五”发展规划，企业文化建设将继续深化和发展，以下几个方向值得商榷。

个性化与差异化。在当今这个快速变化的商业环境中，企业文化建设显得尤为重要。企业将更加注重个性化和差异化，以适应不断变化的市场环境和企业发展的需要。每个企业都将根据自身的实际情况，包括其历史背景、行业特点、员工构成以及核心价值观等因素，形成独特的文化特色和竞争优势。这种文化建设不仅有助于提升员工的归属感和忠诚度，还能在激烈的市场竞争中为企业赢得一席之地。通过明确和强化企业文化，企业能够更好地吸引和保留人才，同时向外界传递出清晰的品牌形象和价值主张。

数字化与智能化。在数字化与智能化进程的推动下，企业文化建设正经历着技术赋能的深刻变革。借助大数据技术解析员工行为数据与需求图谱，依托人工智能实现文化理念的精准触达与效能提升，可有效强化核心价值观的内化程度。数字化与智能化转型更将为文化创新开辟多维路径，通过虚拟现实（VR）、增强现实（AR）等前沿技术构建沉浸式体验场景，使员工在交互感知中深化对企业文化的认知认同。此类创新实践不仅能够增强组织成员的参与深度与情感依附，更能实现文化传播的具象化与趣味化转型。数字化传播矩阵的建立亦为文化辐射提供战略支撑，依托社交媒体平台、企业数字门户等载体构建信息传播生态，通过动态更新文化成果、实时共享建设进展，构建线上线下协同联动的文化传播矩阵，从而系统提升企业文化的渗透广度与传播势能。

全球化与本土化。在全球化的背景下，企业文化建设需要同时考虑全球视野和本土特色。企业将努力在全球范围内传播自己的文化理念，同时尊重和包容不同国家和地区的文化差异。通过融合全球化与本土化，企业能够构建一个既具有国际竞争力又贴近本土市场的文化体系。这种文化体系不仅能够增强员工对全球战略的认同感，还能激发他们对本土市场的深入了解和创新思维。企业将致力于在全球化进程中保持文化的一致性和连贯性，同时在本土市场上展现出灵活性和适应性，以满足不同地区的消费者需求和文化偏好。

社会责任与可持续发展。企业文化建设将更加关注企业的社会责任和可持续发展。企业将通过文化建设，强化员工的社会责任感和环保意识，推动绿色生产和可持续发展战略的实施。企业还会通过公益活动、志愿服务等形式，积极参与社会事务，回馈社会，树立良好的企业形象。同时，企业文化建设也会将可持续发展理念融入其中，倡导低碳生活、节能减排，推动资源的合理利用和循环经济的发展。这样，企业不仅能够实现经济效益的提升，还能够为社会和环境作出更大的贡献，实现企业与社会的和谐共生。

员工参与与全员共创。企业文化建设将更加注重员工的参与和共创。企业将通过各种渠道鼓励员工参与到文化建设的过程中来，让员工成为文化的创造者和传播者。通过定期的座谈会、文化活动、创意征集等方式，企业可以激发员工的积极性和创造力，让员工在文化建设中发挥更大的作用。同时，企业还需要建立健全的文化激励机制，对在文化建设中表现突出的员工进行表彰和奖励，以激发更多员工的参与热情。这样，企业文化建设将不再是企业管理层的单方面行为，而是全体员工共同参与、共同创造的过程。

综合前述内容，我们可以得出结论，在"十五五"期间，企业文化建设将会继续经历演变和发展，预计将会展现出更加多元化、科技化、责任化、国际化以及民主化的趋势。这些积极的变化和演进，将为企业提供更为坚实的基础，帮助他们更加有效地应对未来可能面临的各种挑战和机遇。通过这样的文化演进，企业将有望实现更加持续和健康的长期发展。

企业文化"十五五"前瞻

在"十五五"规划期间，即2026 — 2030年这一时期，企业文化的发展趋势预计将会受到多种因素的综合影响，这些因素包括但不限于政策环境的引导、市场需求的驱动、技术革新的推动以及企业战略调整的需要。这些因素相互作用，共同塑造企业文化的发展方向。以下将对可能的发展趋势进行详细分析，并展望其未来前景。

政策支持持续加强。综合分析，我国政府已将文化产业发展置于国家战略高度，近年来持续制定系统性政策框架。该政策体系涉及文化事业规划、结构性减税措施、专项扶持基金配置及市场准入机制优化等关键领域。根据“十五五”规划纲要的顶层设计，通过构建文化经济政策长效机制、完善产业生态体系，预期相关支持措施将呈现持续深化态势，为企业文化建设提供坚实的制度保障与资源支撑。

市场需求持续增长。随着居民收入水平的持续攀升及消费观念的转型升级，文化产品与服务需求呈现显著增长态势。这一趋势将推动企业将文化建设纳入战略发展框架，通过构建完善的精神文化供给体系满足利益相关者的多维需求，由此形成的良性互动机制将有助于全面提升企业凝聚力和市场核心竞争力。

技术进步推动创新。信息技术的迭代发展，特别是移动互联网、大数据分析和人工智能技术的集成应用，为企业文化构建与传播提供了创新性解决方案和数字化传播平台。典型应用场景包括依托社交媒体矩阵构建多元化传播渠道，以及通过沉浸式虚拟培训系统实现文化理念渗透，这种技术赋能的传播范式能显著提升文化传导效率，进而强化组织成员的文化认同与归属意识。

国际化发展加速。随着中国企业在国际市场中持续扩大全球化经营规模，企业文化国际化转型已演进为增强国际核心竞争力的核心战略命题。企业将在恪守文化主体性的前提下，有机融合国际先进管理范式与文化价值要素，通过构建跨文化适应创新机制，逐步形成兼具文化特色与全球适配性的企业文化生态系统。

企业内部管理优化。企业文化建设不仅局限于对外形象塑造，更侧重于优化内部治理架构与员工激励机制。根据“十五五”战略规划，企业将深化内部管理机制改革，通过构建科学量化的绩效考核指标体系、完善系统化的人才培养机制与职业发展通道等举措，有效激活组织内生动力与人才创新潜能。

社会责任和可持续发展。随着社会主体对企业社会责任及可持续发展议题的关注度持续提升，现代企业愈发重视社会责任的系统性履行，具体表现为主动参与公益事业运营、深入推进可持续发展战略的实施。这种实践范式不仅能够有效提升企业的公共形象与社会声誉，更有助于推动建设具有社会责任意识的企业文化体系。

综上所述，在第十五个五年规划周期内，我国企业文化建设将呈现稳健向好的发展格局。企业主体亟须系统把握政策制度性红利、消费结构升级与技术创新突破等战略机遇窗口，持续推进文化体系创新与内涵优化工程。通过构建价值理念重构、组织机制革新与数字化转型三位一体的协同创新路径，科学应对动态复杂的市场环境挑战，最终实现经济价值与社会价值的帕累托最优，以此培育兼具持续竞争力与时代适应性的具有中国特色的现代化企业文化生态体系。

（作者系中国企业文化促进会金融文化工作委员会常务副主任、西北政法大学法治法硕学院特聘教授、西安培华学院金融文化研究院院长）

巴山深处金穗飘（二）

文 / 李良清

创新驱动，经营转型

技术引领，拥抱金融科技变革。随着科技的飞速发展，中国农业银行重庆巫溪马镇坝支行认识到数字化转型是提升金融服务效率和质量的关键。为此，该行积极引进先进的金融科技解决方案，从智能客服到自动化审批流程，从大数据分析到区块链应用，每一项技术的引入都是为了更好地服务客户，提高业务处理速度和准确性。通过不断探索和实践，马镇坝支行正在逐步构建一个智能化、高效化的金融服务体系。

智能服务，优化客户体验。为了让客户享受到更加便捷的服务，马镇坝支行推出了多种智能服务平台。24小时在线客服系统能够即时响应客户的咨询与需求；移动银行应用程序则让用户能够随时随地管理自己的财务；自助终端设备更是将传统的柜台业务转移到了指尖之上。这些创新不仅提升了用户体验，也增强了客户的满意度和忠诚度。

数据驱动，精准营销与风险管理。借助大数据分析工具，马镇坝支行可以深入了解客户需求，提供个性化的产品推荐和服务建议。同时，在风险控制方面，支行利用数据分析进行实时监控和预警，确保资金安全。通过数据驱动的决策机制，马镇坝支行不仅提高了营销效率，还有效地降低了信贷和其他金融活动中的潜在风险。

安全至上，强化网络安全防护。面对日益复杂的网络环境，保障客户信息安全成为马镇坝支行不可忽视的任务。为此，支行加大了对网络安全的投资力度，建立了多层防护体系，包括防火墙、入侵检测系统、加密技术和定期的安全审计等措施。此外，支行还加强了员工的安全意识培训，确保每位员工都能遵守严格的信息保护政策，为客户提供最可靠的安全保障。

合作共赢，拓展数字生态。马镇坝支行深知，在数字化时代，单打独斗难以取得长远成功。因此，支行积极探索与其他金融机构、科技公司以及政府部门的合作机会，共同构建一个开放共享的数字金融生态系统。通过跨界合作，不仅可以实现资源共享和技术互补，更能催生出更多创新性的金融服务模式，从而更好地服务于广大用户和社会经济的发展。

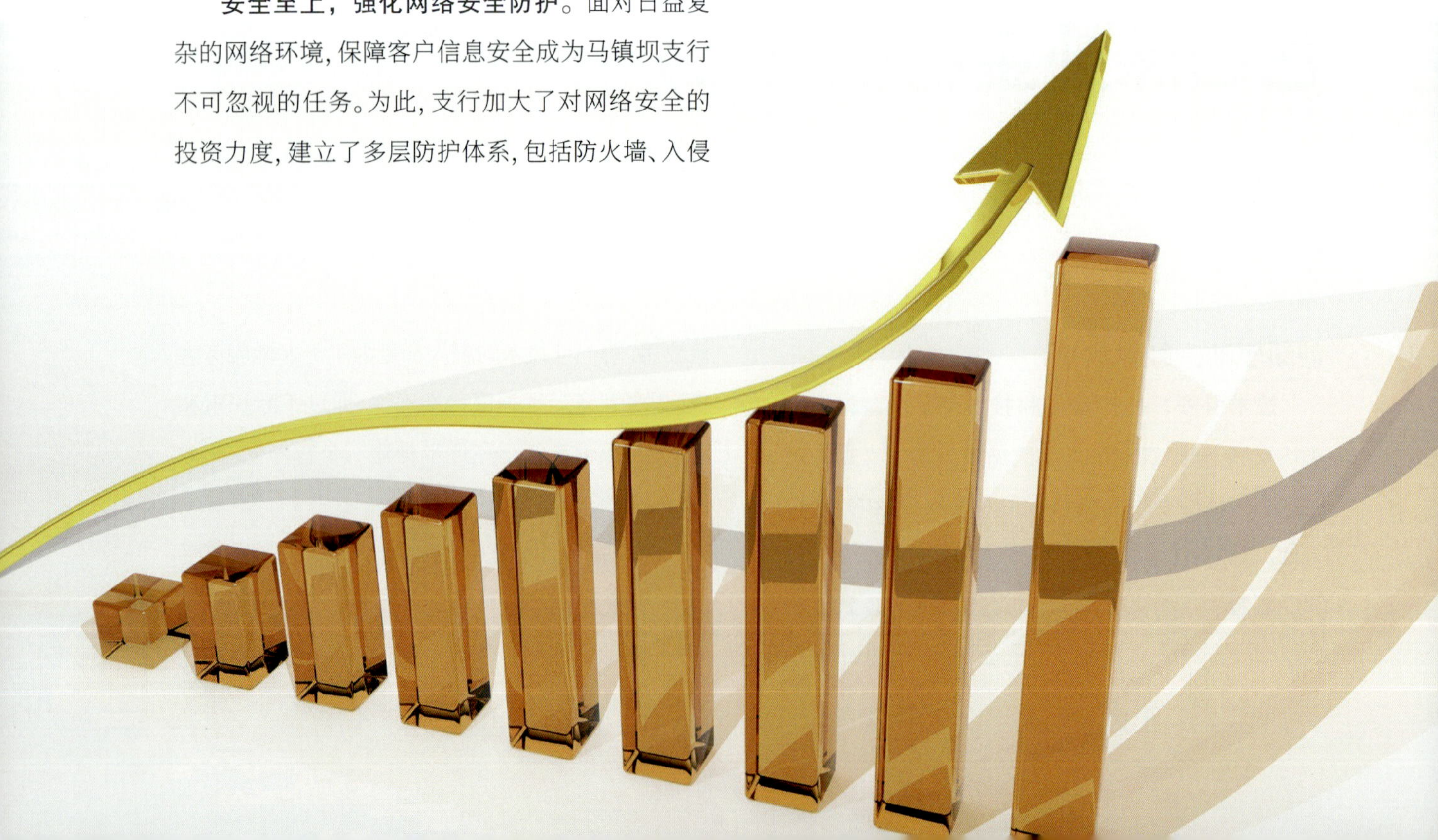

人才培养，储备未来力量。为了支持持续的技术创新，马镇坝支行重视人才队伍建设，特别是对于拥有金融科技背景的专业人才给予特别关注。支行不仅提供有竞争力的薪酬待遇吸引优秀人才加入，还制定了完善的培训和发展计划，帮助员工不断提升技能水平。通过培养一批既懂金融又懂技术的复合型人才，马镇坝支行为未来的数字化转型奠定了坚实的人才基础。

绿色金融，助力可持续发展。在推动数字化转型的同时，马镇坝支行不忘履行社会责任，积极响应国家关于绿色发展的号召。支行致力于推广绿色金融产品和服务，如绿色贷款、环保项目投资等，鼓励和支持企业向低碳、环保方向转型。此外，支行还参与了一系列节能减排的公益活动，旨在促进社会经济与自然环境的和谐共生。

卓越管理，高效运行

企业文化，凝聚团队力量。马镇坝支行深知企业文化对于企业发展的重要性，积极塑造一个富有活力、团结协作的工作环境。通过倡导“以人为本”的理念，支行鼓励员工发挥个人潜力，同时注重团队合作精神的培养。支行为员工特别设计的“梦想墙”，让每位员工写下自己的职业理想和个人目标，共同见证彼此的成长与进步。此外，支行还设立了“家庭日”活动，邀请员工家属共同参与，既增进了家属对员工工作的理解与支持，又让每位员工都能感受到支行如家一般的温暖关怀。

管理创新，提升运营效率。面对激烈的市场竞争，马镇坝支行不断探索新的管理模式和方法，以提高工作效率和服务质量。引入先进的项目管理和流程优化工具，简化业务操作流程，减少不必要的环节。通过实施精益的管理策略，支行实现了资源的有效配置和利用，降低了成本，提高了客户满意度。比如，在数字化转型中，支行通过优化内部审批流程，大大缩短了贷款审批时间，使得企业客户能够在最短时间内获得所需资金支持，有效提升了市场响应速度。

人才战略，打造专业队伍。优秀的人才是企业发展的基石。马镇坝支行十分重视现有人才的培养与发展，致力于通过完善的考核分配机制和系统的培训体系来提升员工的专业素质和综合能力。支行建立了科学合理的绩效评估体系，确保每位员工的努力都能得到公正的认可和回报，激励员工不断提升自身能力和业绩表现。支行推行的“季度之星”评选活动，不仅表彰了表现突出的员工，还为其他同事树立了榜样。荣获“季度之星”的柜员小李分享说：“这个荣誉不仅是对我工作的肯定，更是激励我继续努力的动力。”针对不同岗位的需求，支行制定了多样化的培训计划，涵盖金融知识更新、技能提升、领导力发展等多个方面，帮助员工在职业生涯中不断进步。支行还开设了“行长面对面”交流会，让员工有机会直接向管理层提出问题和建议，促进了上下级之间的沟通与理解。

合规经营，坚守风险底线。在追求业务增长的同时，马镇坝支行始终把合规经营放在首位，严格遵守国家法律法规及相关监管要求。建立健全的风险管理体系，涵盖信用风险、市场风险、操作风险等多个方面，确保各项业务活动依法依规进行。定期开展内部审计和自查自纠工作，及时发现并整改存在的问题，有效防范各类风险的发生。支行曾成功识别并处理了一起潜在的欺诈案件。当时，一名经验丰富的信贷审查员注意到一笔贷款申请中的异常之处——申请人提供的财务报表与其他公开信息不符。经过深入调查，确认该笔贷款存在欺诈风险后，支行立即采取措施阻止了贷款发放，并协助警方进行了后续调查。这次事件展示了支行在风险防控方面的敏锐性和果断性，也赢得了客户的信任和赞誉。

客户至上，优化服务

客户至上，定制化金融服务。马镇坝支行始终坚持以客户需求为导向，致力于为每一位客户提供量身定制的金融解决方案。无论是个人客户的财富管理需求，还是企业客户的融资难题，支行都通过专业的团队和先进的技术手段，提供精准的服务。针对小微企业主的资金周转问题，支行推出了灵活便捷的小额贷款产品，帮助他们快速获取资金支持，推动业务发展。一位受益的企业主张先生感慨道：“马镇坝支行不仅解决了我的燃眉之急，还为我们提供了后续的发展建议，真正成为了我们的金融伙伴。”

贴心服务，提升客户体验。为了让每一位客户都能享受到更加优质的服务，马镇坝支行始终致力于优化服务流程和服务环境。从温馨舒适的营业厅布置到高效便捷的自助服务区，每一个细微之处都体现了支行对客户的深切关怀。走进马镇坝支行的营业大厅，首先映入眼帘的是宽敞明亮的空间和柔和的灯光设计。这里不仅设有舒适的座椅供等待办理业务的客户休息，还配备了饮水机、杂志架等设施，为客户提供了一个轻松愉快的等候环境。为了方便老年人和行动不便的客户，支行特别安装了无障碍通道，并在显眼位置设置了紧急呼叫按钮，确保任何人在遇到困难时都能及时得到帮助。

自助服务区是现代银行不可或缺的一部分，而马镇坝支行在这方面做得尤为出色。这里的自助设备布局合理，操作简单明了，无论是存取款还是查询余额，客户都可以轻松完成。针对不太熟悉电子设备的老年客户，支行安排了专门的引导员，在他们需要时提供一对一指导，确保每位客户都能顺利完成所需操作。此外，支行还在自助区设置了24小

时客服热线标识，即使在非营业时间，客户也能随时获得帮助。为了更好地了解客户需求并持续改进服务质量，马镇坝支行特别设立“客户意见箱”。这个小小的箱子成为连接支行与客户之间的重要桥梁。它不仅仅是一个收集建议的地方，更是支行倾听客户声音、解决问题的窗口。每次收到反馈后，支行都会立即组织相关人员进行讨论分析，迅速响应并采取措施加以改进。这种开放透明的态度赢得了广大客户的信任和支持。李奶奶就是众多受益者中的一位。她是支行的老客户，几乎每个月都会来这里办理业务。回忆起第一次使用自助设备的经历，李奶奶笑着说：“刚开始的时候我真的很害怕弄错，但是工作人员非常耐心地教我怎么用，现在我已经完全掌握了。”她还提到，有一次她在填写表格时遇到了困难，工作人员主动过来帮忙，详细解释每一个步骤，直到她完全理解为止。“这里的工作人员不仅专业，而且特别有爱心，每次来办理业务都感觉特别舒心。”李奶奶感慨地说。

除了日常服务，马镇坝支行还经常举办各类金融知识讲座和互动活动，旨在提高居民的理财意识和风险防范能力。例如，支行会邀请资深专家讲解如何规划个人财务、识别常见诈骗手段等内容；同时也会组织亲子财商课堂，通过游戏的方式让孩子们从小树立正确的金钱观念。这些丰富多彩的活动不仅增强了客户对金融产品的理解和信任，也提升了支行在当地的品牌影响力。

为了让客户感受到家一般的温暖，马镇坝支行还推出了许多人性化的服务举措。每逢节假日，支行都会精心准备小礼物送给前来办理业务的客户；对于长期合作的企业客户，则会在重要日子送上真挚祝福。这些看似微不足道的小举动，却传递出了深深的关怀之情，使客户与支行之间的关系更加紧密。总之，马镇坝支行通过不断优化服务流程和服务环境，努力营造一个舒适便捷的金融服务平台。每一位员工都以真诚的态度对待客户，用心聆听他们的需求，并尽力满足。正是这样贴心周到的服务，让越来越多的人选择在这里安放自己的财富梦想。正如李奶奶所言：“这里不仅是办理银行业务的地方，还像是一个充满温情的大家庭。”

金融科技，创新服务模式。随着科技的快速发展，马镇坝支行积极探索金融科技的应用，不断创新服务模式。通过引入人工智能、大数据分析等先进技术，支行实现了智能客服、个性化推荐等功能，为客户带来全新的服务体验。例如，为了提升辖内教育机构的服务水平，支行与当地13所中小学合作，上线智慧食堂系统。该系统集成了在线订餐、支付结算、营养分析等多项功能，不仅简化了学生的就餐流程，还帮助学校更好地管理食堂运营，提升了整体效率。同时，为了改善基层医疗服务，支行还为辖内32家乡镇卫生院提供了“健康巫溪”智慧医疗系统。这套系统涵盖了预约挂号、远程诊疗、电子病历管理等功能，大大缩短了患者的候诊时间，提高了医生的工作效率，受到了医护人员和患者的一致好评。一位小学老师王女士说："智慧食堂让家长更放心，也让孩子们吃得更健康。"而乡镇卫生院的医生李先生则表示："'健康巫溪'系统使我们的工作更加高效，也为患者带来了更好的就医体验。"

专业团队，保障服务质量。马镇坝支行拥有一支高素质的专业团队，成员们不仅具备丰富的金融知识和实践经验，更有着强烈的责任心和服务意识。支行定期组织内部培训和技能竞赛，不断提升员工的专业水平和服务能力。同时，支行还建立了严格的监督机制，确保每位员工都能遵守服务规范，为客户提供高标准的服务。资深客户经理赵女士分享说："我们不仅要把业务做好，更要让客户感受到真诚和温暖。"

社区互动，增强客户黏性。为了更好地服务当地居民，马镇坝支行积极与社区合作，开展丰富多彩的金融知识普及活动。从社区讲座到公益咨询，从金融夜校到亲子财商课堂，支行通过多种形式向居民传授实用的金融知识和技巧。这些活动不仅增强了客户对金融产品的理解和信任，也提升了支行在当地的品牌影响力。参加过多次活动的居民李先生说："通过这些活动，我学到了很多有用的金融知识，现在处理财务问题更加得心应手了。"

支行的成长历程中，有许多令人难忘的故事。在一次帮助小微企业解决资金难题的过程中，支行仅用三天时间就为企业提供了所需的资金支持，帮助企业渡过了难关。还有一次，支行成功为一个乡村旅游项目争取到了一笔低息贷款，使这个村庄变成了远近闻名的旅游胜地。这些点滴故事汇聚在一起，见证了支行从无到有、从小到大的发展历程，展现了员工们的无私奉献精神。随着影响力的扩大，马镇坝支行与巫溪县之间的联系愈加紧密。通过积极参与地方建设活动，支行有效促进了资源的有效配置和社会和谐稳定。在脱贫攻坚工作中，支行积极响应国家号召，加大信贷支持力度，推出了多项扶贫专项贷款产品，帮助无数贫困户走上了致富之路。支行也非常重视环境保护和社会责任履行，近年来大力推广绿色金融理念，优先支持节能环保项目和生态农业发展，努力打造美丽家园。在抗击自然灾害面前，支行总是第一时间伸出援手，组织捐款捐物，展现了强烈的社会责任感。

经过二十年的发展，马镇坝支行已经成为巫溪县一张亮丽的名片，不仅给当地带来了优质的金融服务，更为地方经济社会发展作出了重要贡献。未来，支行将继续秉承"服务'三农'、助力振兴"的宗旨，不断探索创新，为实现中华民族伟大复兴的中国梦添砖加瓦。播撒希望，共筑梦想，马镇坝支行在这片巴山渝水间持续书写着属于自己的辉煌篇章！

（中国农业银行重庆巫溪马镇坝支行）

党建领航提质效，科技赋能促发展

文 / 于洪波

2025年年初以来，江苏丰县农商银行党委坚持把党的领导融入公司治理各环节，以“润丰”党建品牌建设为抓手，构建“党委领航、支部攻坚、党员示范”三级联动机制，上下协同、齐心协力抓好业务发展机遇期，促进各项业务迈上新台阶。

凝心铸魂强根基，党建领航聚合力

2025年一季度，该行在党委班子和支部层面分别组织开展2024年度民主生活会和组织生活会；开展党委理论学习中心组学习3次，党员固定学习日学习3次。及时传达学习上级文件和会议精神，围绕开展深入贯彻中央八项规定精神学习教育，细化实施方案、明确责任分工，组织召开专题读书班。春节期间走访慰问困难党员群众60余人，以组织关怀凝聚全员奋斗合力。

深耕本土勇争先，服务实体显担当

通过建立班子成员包片督导、部室挂钩帮扶机制，将党建工作深度嵌入“开门红”专项活动，党员干部带头走访企业3.64万户，积极开展“产业链党建共建”，共建单位达到103家，累计投放制造业贷款5.67亿元，以“红色引擎”激活实体经济服务效能，为86家产业链核心企业提供定制化服务。截至2025年3月末，该行对公存款、贷款增幅分别达到33.22%、16.62%，在全省农商银行中分别排在第1名和第5名。

科技网格赋新能，数字转型提质效

全面提升业务效率，实现线上贷款秒批秒到，线下贷款限时办结。强化数据资产应用，建立预授信白名单动态管理机制，通过“网格化管理系统”精准触达客户1.17万户，为新型农业经营主体发放信用贷款4200万元。创新打造“智慧医疗”“智慧校园”等民生场景，新增核心收单商户1983户，带动低成本存款沉淀2.1亿元。代销业务规模较年初增长1.09亿元，个人核心客户突破23.28万户，中间业务收入同比增长18.6%，数字化转型成效显著。

合规经营筑防线，稳健发展护远航

开展“合规文化提升年”专项行动，组织开展“高管合规宣讲”活动，完成问题排查整改83项。完善拦截规则模型并导入“智能风控”体系，通过客户风险预警系统拦截高风险业务47笔，完成表内外不良贷款清收处置0.85亿元，将不良率保持在1.36%的行业优良水平。同时，强化安全生产“技防+人防”双保障，对37家网点进行“智慧消防”改造，组织开展应急演练14次，筑牢高质量发展安全屏障。

面对复杂的经济形势和内外部环境，丰县农商银行将紧扣“服务实体经济、防控金融风险、深化金融改革”三大任务，持续深化“党建+业务”融合模式，及时上线应用“移动展业平台”科技系统，以“走在前、做示范”的担当，奋力谱写服务乡村振兴、助力共同富裕的新篇章。

（江苏丰县农商银行）

“党建+金融”铸就乡村振兴新引擎

文 / 胡玲玲

2025年以来，江苏沭阳农商银行以党建为引领，以金融服务为纽带，全面融入县域发展大局，努力探索“党建+金融”支持乡村振兴的服务模式，不断提升党建品牌水平，以“红色引擎”激发服务乡村振兴的内生动力。

齐抓共管，构建党建新格局。沭阳农商银行牢固树立“抓党建就是抓业务、抓业务首先要抓党建”理念，严格落实党要管党、全面从严治党要求，突出党委管党建，书记抓党建职责。党委班子严格履行“一岗双责”、职能部门牵头抓、相关部门齐抓共管，一级抓一级、层层抓落实的党建工作格局，形成主体明晰、责任明确、有机衔接的党建工作机制。

加强政治引领。积极开展“三会一课”活动，认真组织廉政警示教育，深化全面从严治党，引导党员干部深刻领悟“两个确立”的决定性意义，增强“四个意识”、坚定“四个自信”、做到“两个维护”，确保全员的思想和行动统一到各级党组织安排部署上来。按季开展业务竞赛活动，严格落实领导班子“一岗双责”制度，加大各支部之间PK赛，明目标、聚合力、保落实，让党的创新理论转化为实践力量；加强示范引导。成立党员先锋队，激发广大干部员工的干事创业热情，采取“党员带动群众，一帮一，一带多”的方式，党员干部带头完成目标，形成全员创先争优的浓厚氛围。

找准融合载体，激活乡村振兴“原动力”。坚持将品牌建设理念融入党建和生产经营工作，充分发挥支行地域优势、资源优势，鼓励支行围绕产品找客群、围绕产业找市场，努力打造“一支行一特色，一支部一品牌”的党建工作新格局。充分发挥党员先锋模范作用，积极组织党员进村、社区，走访小微企业主、个体工商户，了解不同客群金融需求。量身定制金融产品。针对农户、个体工商户、务工人员、小微企业主等不同客群，推出“苏农担”“苏质贷”“惠农快贷”等特色产品，为各类客群提供专业化、特色化、精细化的“一站式”综合金融服务，努力通过创建具有引领力、创新力、实践力的党建品牌新格局，激发乡村振兴新动能。

（江苏沭阳农商银行）

创世纪

Genesis

领异标新二月花

河北藁城农信联社
金融活水让蔬更绿果更红

文/牧人 任东曜

乡村全面振兴的关键在于产业振兴。河北省藁城农信联社深刻理解这一核心理念，始终坚守“立足本地区、服务农业、农村、农民”的初衷，紧密围绕“双基”共建的核心任务，充分利用其人脉和地理优势，优化服务网点布局，扩大信贷服务范围，将金融资源精确地投放至农业产业链的关键环节，助力农业产业的转型升级，使得农业更加繁荣，乡村更加美丽。截至2025年3月末，该联社涉农贷款余额达27.47亿元。

初入河北藁城区贾市庄镇贯庄村，便可见道路两旁整齐排列的大棚，从中不断散发出浓郁的绿色气息，该村是远近闻名的黄瓜种植大村。资料显示，贯庄村大棚黄瓜种植面积超过5000亩(约3.33平方千米)，荣获河北省级农业产业“一村一品”示范村称号。在该村农昌种植服务专业合作社负责人孟彦峰的介绍下，笔者深入了解了该村的发展历程。2000年以前，贯庄村的村民主要以种植韭菜为生，但鉴于叶菜类管理上的不便，村里三户农民商议后决定共同前往山东考察大棚黄瓜种植的潜力，从而开启了该村大棚黄瓜种植的序幕。随后，在作为农资供应商的过程中，孟彦峰发现村民采购的黄瓜种苗存在诸多问题，便开始着手育苗研究，迅速解决了该村300亩(约0.2平方千米)大棚黄瓜的种苗需求。2014年，随着合作社经营规模的持续扩大，资金需求日益紧迫，藁城农信联社提供的60万元贷款及时缓解了这一困境。农信联社的循环使用贷款额度已增至300万元，黄瓜不仅远销多个省市，还为该村5000亩黄瓜种植大棚提供了1/4的种苗，今年的绿色食品认证申报工作也已启动。据统计，自2023年起，在藁城农信社2400万元信贷资金的支持下，贯庄村以黄瓜新品种推广和标准化生产为突破口，实现了规模化经营和产业化发展，引导周边村庄增加种植面积40亩(约0.0267平方千米)，创造额外收入220万元，使大棚黄瓜种植成为村民致富的关键产业。

在通往富裕的道路上，每个人都应得到关注。在距离不远的周家庄村，远远便能望见个体户胡先生忙碌的身影。走近时，种植大棚外的桌案上陈列着新鲜采摘的草莓，正等待着顾客的选购。走进大棚内部，红润的普罗旺斯西红柿与铁皮西红柿清香四溢，其酸甜多汁的风味立即征服了品尝者。难以置信的是，几年前胡先生还仅依靠在工地打零工维持生计。一次偶然的机会，通过朋友介绍，胡先生了解到西红柿大棚种植具有周期短、风险低、收益快的特点，于是他毅然决然地投身于西红柿的大棚种植。在成功承包并经营一个

大棚后，他决定扩大规模，但资金短缺成了阻碍。正当胡先生陷入困境之际，藁城农信联社的客户经理主动上门服务，通过细致的调查和了解，根据他的经营规模和实际资金需求，向他提供了20万元的“惠农快贷”。有了这笔信贷资金的支持，进一步坚定了胡先生继续发展的决心。利用这笔贷款，他扩建了两个大棚，产能和效益也得到了显著提升。据了解，为了有效支持周家庄村特色种植和养殖业的发展，客户经理们进行了入户实地走访，为每户建立了详细的档案，深入了解农户的贷款需求。周家庄村已有养殖户95户、种植户25户、经营门市35户，均已完成档案建立。周家庄村累计授信76户，授信总额达到1581万元，其中种养殖户授信58户，授信金额为1080万元。

路漫漫其修远兮。今后，藁城农信联社将继续秉承服务“三农”的初心，不断优化金融服务，创新金融产品，加大对特色种植和养殖业的支持力度，进一步深入农村基层，与农户建立更为紧密的联系，了解村民实际需求，提供更加精准和贴心的金融服务。同时，加强与政府、农业部门等相关机构的合作，共同推动农村经济的发展，助力农民增收致富。在金融活水的浇灌下，藁城的蔬果将更加鲜艳夺目，为乡村振兴贡献更多的力量。

河北鸡泽农商银行
“一池两新万企”行动 助力辣椒产业蓬勃发展

文/牧人

河北省鸡泽县，属于暖温地带的半湿润半干旱大陆性季风气候区，四季分明，气候温和，非常适合辣椒的种植。据民间传说，该地辣椒种植的传统始于隋朝，史料记载亦显示，自明末清初以来，该地已有超过四百年的辣椒种植历史。因其紫红色泽、光滑细长的外形、尖端带钩的特征，形似羊角，香气浓郁，辣度适中，因此得名“羊角椒”。为了保护这一具有地方特色的农产品，农业农村部和国家知识产权局分别于2019年和2021年批准对“鸡泽辣椒”实施农产品地理标志登记保护。为了进一步推动这一特色产业的发展，2025年以来，鸡泽农商银行更是遵循河北省联社和邯郸审计中心2025年度工作会议的指导精神，坚持“1357”战略规划和稳中求进的总基调，通过实施“一池两新万企”行动，深入走访并对接小微企业，为该产业的蓬勃发展再度提供了有力的金融支持。该行已发放涉农贷款44.59亿元，发放小微企业贷款68.37亿元。

在鸡泽农商银行客户经理的陪同下，笔者一行前往了当地辣椒种植规模最大的鸡泽县万亩红辣椒专业合作社。据该合作社负责人刘先生讲述，2013年之前，尽管村民们已种植辣椒多年，但依旧采取传统种植方式，导致规模和产量均未能有所提升。自2015年合作社成功流转500余亩（约0.333平方千米）土地用于辣椒种植以后，辣椒的集中育苗和规模化种植才得以实现。2024年年初，随着合作社经营规模的扩大和资金流动性需求的增加，迫切需要贷款支持。鸡泽农商银行客户经理在走访过程中发现这一需求后，经过审核，于2024年5月快速为合作社提供了300万元的授信额度，实现了贷款的便捷性。2025年年初，该行更是通过“一池两新万企”行动再次访问了该合作社，进一步确认了之前审批的贷款额度是否能满足合作社的资金需求。经过十余年的成长，截至目前，该合作社现已拥有日光温室47座，总面积达45000平方米；阳光大棚14座，总面积15000平方米；联栋温室6000平方米。此外，还建有速冻生产线一条、冷冻库2500立方米、保鲜库8500立方米，以及冷冻干燥生产线和辣椒（蔬菜）制种生产线各一条。辣椒代种规模也从最初带动附近三个村庄的辣椒种植，扩展至周边13个村庄，覆盖土地面积达15000亩（约10平方千米），涉及1000余户家庭。通过代种模式，种植辣椒的农户每亩纯收益可超过2000元，合作社为保障农户利益，还设定了最低收购价为每斤辣椒8角，辣椒种植业彻底成为当地农户的重要经济支柱。

为鸡泽县万亩红辣椒专业合作社提供信贷支持，只是鸡泽农商银行日常工作中的一个缩影。作为县域经济发展的关键金融机构，该行在“一池两新万企”行动的深化实施中，将持续不懈地提升对特色产业的支持力度，为当地农民提供更高质量、更便捷的金融服务，以具体行动勾勒出乡村振兴的宏伟蓝图。

中国农业发展银行海南三亚市分行 打造自贸港科创高地

文 / 闫维琪

三亚崖州湾科技城是海南省自贸港建设的13个重点园区之一，承载着服务国家“深海科技”与“南繁种业”战略的重要使命。农发行三亚市分行始终以服务国家战略为己任，充分发挥政策性金融“当先导、补短板、逆周期”的职能作用，通过“融资+融智”的多元化支持模式，深度参与园区基础设施建设、科研攻关和产业培育等关键环节。该行既是科技城建设的“金融主力军”，也是园区创新生态的“共建者”，助力这里从一片热土成长为国家级科创高地。

聚焦种业与深海科技，夯实国家战略支撑

农发行三亚市分行紧扣崖州湾科技城“深海科技”与“南繁种业”两大发展战略，提供全链条金融支持。

在种业领域，该行以“全链条模式”破解“卡脖子”难题。一方面，支持科研用地收储和试验田改造，为科研院所打造“实验室研究—田间育种—品种推广”的一体化基地；另一方面，重点支持崖州湾种子实验室建设，推动生物育种技术攻关。例如，该行为实验室提供专项信贷支持，助力其成为领先的种业创新平台。

在深海科技领域，该行瞄准南海资源开发与海洋强国战略，重点支持南海探测基础设施与科考设备配置。通过资金注入，助力提升深海往返科考效率，为海洋科研提供“金融保障”。

构建“基建+服务”双引擎，打造人才吸引力高地

科技城采用“政府主导+企业运营+金融赋能”模式，农发行深度嵌入园区运营全流程。该行已累计投放超47亿元贷款，在硬件上，支持园区道路、水电管网、人才公寓及教育配套设施建设，打造“15分钟生活圈”，让科研人才安心扎根；在软件上，通过金

南山港码头

融赋能高校合作平台，例如支持浙江大学、武汉理工大学等研究院落地，专项培养数百名硕博研究生，形成“科研—转化—产业”闭环。园区已集聚数千名科研人员，这正是金融与产业、人才深度融合的成果。

政策性金融优势凸显，护航自贸港创新标杆

政策性金融的优势在于“长期性、稳定性、低成本”，农发行三亚市分行通过政策性金融优势，大幅降低了企业融资成本。2020年以来，该行将三亚崖州湾科技城列为重点支持对象，贷款规模年均增长50%以上，并与园区控股集团签署全面战略协议，覆盖未来五年重点项目资金需求。

三亚崖州湾科技城相关负责人表示：“农发行的长周期资金与园区发展节奏高度契合，真正实现了‘造血式’支持。”随着园区管理机制政企分离深化，基建与招商成效显著，叠加自贸港政策红利，崖州湾正加速向南繁硅谷、深海创新策源地迈进。

作为国家战略的践行者，未来，农发行三亚市分行将以金融之力书写科技城从“蓝图”到“实景”的蜕变故事。在自贸港建设浪潮中，通过“政策先行、金融护航、产业落地”的模式，助力崖州湾科技城在海南自贸港建设中作出更大贡献。

江苏泗洪农商银行

扎根“三农”沃土，书写普惠金融生动篇章

文 / 赵保康 刘泽宇

作为服务乡村振兴的金融主力军，泗洪农商银行始终坚守“服务‘三农’、支持实体”的初心使命，以精准的金融产品、创新的服务模式和强烈的责任担当，为实体经济注入源源不断的金融活水，在广袤田野间谱写着普惠金融的生动篇章。

浇灌龙头产业，助力打造共富产业链。走进江苏苏北粮油股份有限公司的现代化车间，稻米加工生产线正开足马力运转。这家扎根泗洪的农业龙头企业，在泗洪农商银行2570万元综合授信的支持下，不仅完成了设备智能化改造，更构建起“支部共建+村企联建+渠道销售+电商寄递”的生态产业链。通过与当地3000余农户签订30万亩订单种植协议，该企业以高于市场价0.2元的价格收购稻谷，每年还为村集体发放百万元分红。“正是有泗洪农商银行在资金方面的鼎力支持，我们才能在发展壮大的同时，带动周边农户共同致富。”企业负责人这样说道。长期以来，该行将农业龙头企业作为服务重点，通过“一户一策”制定授信方案，专项用于新技术研发和设备升级。泗洪农商银行通过“流动资金贷款”“满仓贷”“信易融”等信贷产品，支持当地农业龙头企业54户、3.57亿元，在打造新时代鱼米之乡上彰显了金融担当。

润泽创业梦想，激活县域经济新引擎。“这30万元贷款来得太及时了！”半城镇手工艺加工厂负责人喻学尚望着忙碌的车间感慨道。2024年受市场环境影响，他的手工艺品加工厂面临资金周转困境，泗洪农商银行通过“助业贷”为其解了燃眉之急。这款泗洪农商银行与县财政局、县人社局、苏盛融资担保有限公司等部门合作推出的财政贴息产品，专门服务返乡农民工、退役军人、高校毕业生等创业群体。自“助业贷”推出以来，泗洪农商银行坚持通过线上、线下等多种渠道加大宣传力度，并在组织信贷专员分片区网格走访、逐户扫街等活动的基础上，重点梳理符合产品政策群体名单，开展精准走访营销，提供创业资金支持。为进一步提高贷款审批发放效率，泗洪农商银行与政府部门加强协作，建立起专门的创业担保贷款工作群，实现“信息多共享，客户少跑腿”，真正为客户赢得时间成本。该行已累计发放“助业贷”4.94亿元，惠及近3000户创业者，带动4000余人实现家门口就业。

深耕脱贫田畴，精准滴灌惠民生。在双沟镇罗岗村，谢红娟正在牛舍里忙碌。曾经，因婆婆长期患病，她家被列为建档立卡低收入户；在泗洪农商银行5万元脱贫人口小额贷款的支持下，如今她已成为养殖专业户，养着100多头牛。“是泗洪农商银行的贷款让我有了生活的底气，现在日子越来越有盼头了！”谢红娟的故事，正是该行助力脱贫攻坚的一个缩影。为精准帮扶低收入农户，泗洪农商银行坚持“三个百分百”工程，即上门走访100%、政策宣传100%、分类管理100%，于每年年初组织开展建档立卡低收入农户走访专项行动，对名册内农户的脱贫进展、致富项目、脱贫人口小额信贷需求等变化情况逐户走访了解，及时完善脱贫人口档案信息，充分摸清和掌握有效需求，并根据农户实际情况，动态调整助农扶农对象和额度，确保符合条件的脱贫人口能贷应贷、应贷尽贷。该行脱贫人口小额信贷余额4.63亿元，惠及低收入农户1.11万户，在精准扶贫之路上迈出坚实步伐。

走在泗洪的乡村小道上，随处可见农商银行服务队走访农户的身影。他们带着政策宣传册走村入户，背着移动终端上门办理业务，用脚步丈量民情，用服务温暖民心。截至2025年一季度，该行涉农贷款余额达195.74亿元，涉农及小微企业贷款占比始终在97%以上，真正让金融活水畅流在田间地头。

沾泥的工装才踏实

——从四川阿坝农商银行四姑娘山景区支行看农村中小银行的“乡土答卷”

文 / 蒲天国

初春的四姑娘山，晨曦穿过雪峰，将山脚下的藏寨染成金色。牦牛铃铛声与溪流潺潺交织，国家金融监督管理总局“农村中小银行如何办好”的研讨思索，仿佛被高原的风吹到了川西腹地。在海拔约3250米的四姑娘山镇，阿坝农商银行四姑娘山景区支行门前，一个留着齐耳短发、戴眼镜的娇小身影，正蹲身擦拭工装上的泥渍——她叫付婷，是29岁的支行行长。在众多藏族阿妈眼里，她还是个小女孩，却已有8年工作经历，先后在某保险公司当客户经理，在县城管局当文员，到农信系统已经6年，先后任职柜员、客户经理和网点负责人。在州总行工作会经验交流时，付婷动情地说：“基层工作让我懂得，这身工装，沾着泥巴才穿得踏实！”工装袖口、裤腿上的泥痕，是她扎根雪山的勋章，更是中国农村中小银行“向下扎根、向上生长”的缩影。

屋檐柴火与1%不良率：雪山脚下的风控密码

人间四月芳菲尽，山寺桃花始盛开。四姑娘山的春天来得比内地迟一些，四月野桃花才攀上崖壁。金锋村藏式民居的屋檐下，付婷仰头指着一垛柴火：“您看，码得比书架子还整齐，这样的主人，贷款错不了！”三年前，民宿老板张姐忐忑地递上申请，付婷走访时发现她家柴火堆棱角分明，连劈柴的斧痕都朝着同一方向。“勤快人，错不了！”30万元贷款一锤定音。如今，张姐的民宿旺季日均接待游客超百人，还款日她总是提前三小时到网点：“付行长的眼睛，比雪山鹰还毒！”

在年均游客约200万人次的景区，付婷自创的“五看尽调法”已成风控范本：看屋檐柴火知勤勉、观牲口毛色识家境、查手机消费明信用。2024年深秋，某民宿老板申请贷款，带着厚厚的账本以示生意兴隆，付婷却从其手机里翻出7个网贷App，一下戳穿了假象。后来，该老板因多头借贷“跑路”。同业机构坏账频发，而四姑娘山支行至今仍有一笔10万元不良贷款记录。

“大数据翻不过雪山，但火塘边的眼睛看得见人心。”付婷的电脑里存着200多户家庭的屋檐照片，每一张都标注着走访日期和柴火堆的“整齐指数”。在海拔3800米的牧区，她甚至能通过牦牛耳标追踪牲畜流向。这种“笨功夫”背后，是农信人用脚步丈量的生存智慧——目前，该

支行涉农贷款不良率仅0.8%，较三年前下降67%。

移动银行翻雪山：云端之上的“金融候鸟”

冬季的夹金沟，积雪没膝。付婷和同事们背着移动终端，像一串黑点在雪原上蜿蜒。打印机在零下20摄氏度罢工了，她们把墨盒贴胸口焐热；当地村民的手冻得按不了指纹，姑娘们就脱下羽绒服帮客户把手焐热。在海拔3500米的村委活动室里，藏式火塘噼啪作响，验钞机的蓝光映着墙上的双语横幅——“扎西德勒，金融服务进万家”。

面对景区“半年旺季挤破门，半年淡季不见人”的特点，付婷发明了“潮汐工作法”：旺季全员化身“景区金融卫士”，在游客中心搭帐篷扫码支付；淡季组成“马背银行”，用牦牛驮设备翻越垭口。三年间，她们在暴雪中徒步送达460万元民宿贷款，在杜鹃花开时教会257家商户使用“惠支付”，连食堂做饭的卓玛阿姐都成了编外营销员——她给远嫁双桥沟的侄女定了20万元的存款任务。

最惊心动魄的“战役”发生在2023年寒冬。为抢抓“开门红”，付婷将团队分作两组：一组沿双桥沟景区收储，创下单日归集存款580万元纪录；另一组顶着寒风激活社保卡，当第800张社保卡被激活时，藏族阿妈把她们生满冻疮的手塞进藏袍说：“农商行的姑娘，比格桑梅朵还耐寒！”

高原红与军令状：火塘边淬炼的“农信铁军”

在付婷办公室挂着的“金融作战图”令人震撼——四姑娘山镇7个村寨化作不同色块，186家民宿、532户种养大户的位置精确标出，连牦牛合作社的产奶周期都用红笔圈注。“这叫知天知地，胜乃可全。”这位巧用《孙子兵法》的女行长，把军事思维融入管理：晨会精确到“10点前完成3户贷后检查”，夕会复盘具体到“某商户POS机响应慢2秒”。

2024年初春那场暴雪，让这支“铁军”的硬度显露无遗。双碉村23户民宿急需贷款升级取暖设备，付婷带着57岁的老信贷员扎西，把办公点搬到雪山腰的村活动室。藏刀削铅笔签合同，哈达裹着POS机刷卡，羽绒服结冰了就贴着火塘翻面烘烤。三天后，当460万元贷款全部落地时，监控镜头记录下这样的画面：付婷踮脚给冻成“高原红”的扎西搓耳朵，两人呼出的白气与火塘青烟缠绕，宛若雪莲在风中共舞。

七年间，这个曾被客户看不上眼的“妹妹头”女孩，带出了3名网点主任、4名客户经理。现长坪沟支行主任陈晓蓉难忘入行第一课：付婷教她在火塘边添茶，“茶凉了换三遍，人心凉了难暖”。如今她的网点摆着八宝茶具，茶碗边永远搁着湿巾——既擦茶渍，也擦工装上的泥。在阿坝农信系统，“四姑娘山作风”已成标杆：晨会铃响后10秒全员就位，夕会必须带三个解决方案，新员工工装口袋里永远备着擦泥渍的湿巾。“沾泥巴的衣裳，才是农信人最好的勋章。”付婷也作为先进在阿坝农商银行2025年工作会上作了典型发言。

后记

夕阳西下，四姑娘山的雪峰泛起玫瑰金。付婷站在支行门口，工装上的泥渍在余晖中泛着微光。当国家金融监督管理总局的研讨聚焦于“农村中小银行是如何办好的”，这里的答案早已写在雪山草甸之间——风控不是冰冷的模型，而是屋檐下的一垛柴；服务不是考核指标，而是火塘边的一碗茶；成长不是职位跃迁，而是工装上的泥渍。

山脚下，又一支“马背银行小分队”整装待发。打印机、验钞机、社保卡读卡器被仔细捆上牦牛背，像古老的茶马古道驮起现代金融。付婷为队员紧了紧防风帽，转身望向云雾缭绕的幺妹峰。这座被当地人称为“斯古拉神山”的雪峰，在藏语里意为“通向幸福的天梯。”她知道，农信人的天梯，从来都是用沾满泥巴的脚步，一阶一阶垒成的。

山西广灵农商银行

让粮食重点领域不再等“贷”

文/赵多献

“粮食收购用款急，一时又难以找到合适的抵押物、担保人，是广灵农商银行为我们送来了‘及时雨’，解了燃眉之急。”广灵县宜兴乡宜兴村孙先生激动地说。

孙先生经营粮食收购多年，因扩大收购规模，流动资金存在缺口，资金筹措困难。广灵农商银行信贷客户经理通过“万人大走访活动”了解情况后，根据客户实际需求，为其推荐了线上贷款品种“晋享贷”，成功发放贷款30万元。“农商银行的贷款发放得太及时了，既快捷又方便，从审批到放款，只用了1个工作日。”孙先生说道。

广灵县是传统农业县，农作物品种丰富，品质优良，是大同市优质杂粮生产基地、全省无公害农产品认证整体推进县、国家级食品安全示范县、国家首批有机产品认证示范创建县。近年来，广灵农商银行充分发挥乡村振兴主办行和金融支农主力军作用，主动适应农村金融发展的新形势、新要求，与农共舞，精耕细作“三农”沃土，取得了良好的经济效益和社会效益。该行针对粮食收购资金短、频、急特点，下沉服务重心，开辟粮食重点领域主体信贷绿色通道，重点支持，优化金融服务，为广大客户打开方便之门，让他们不再等“贷”。

山西立景农业科技有限公司是一家集食品生产、食品销售、住宿服务、餐饮服务、谷物种植、谷物销售等多种职能于一体的民营企业。生产加工的小米、杂粮在京、津、冀及全国各大城市都有销售，带动周边300多户427人增收致富。2025年年初，由于扩大种植、收购、加工规模，出现了流动资金不足的困难。该行小微事业部客户经理主动上门了解情况后，在充分论证评估的基础上，采取担保方式为该企业发放贷款500万元，确保企业及时复工复产和粮食稳定生产，以带动广大农户增收致富。

在服务“三农”的实践中，该行不忘初心、牢记使命，勇挑责任和担当。一是普惠金融，满足多方需求。在全辖内积极开展整村授信，做到应授尽授，应贷尽贷；二是创新观念，优化贷款品种。该行根据客户的资金需求特点，推出10多种信贷产品，进一步简化办贷手续、优化审批程序，提高办理效率，快速满足农户生产经营、商户存货进货等短期急需资金需求。三是全程服务，让客户少跑路。通过整村授信，一次授信周转使用，大大减少了客户跑银行的频率。同时大力支持春耕备耕、夏粮秋粮收购等环节的融资需求，确保种植户有钱种粮、收粮户有钱收粮、粮食颗粒归仓，以高质量的金融服务助力国家粮食安全。截至2023年9月底，该行涉农贷款余额24.41亿元，较年初净增2.63亿元，其中，粮食重点领域贷款余额达8399.46万元，支持企业6户，贷款5876万元，支持个体工商户156户，贷款2523.46万元。

河北临漳农信联社

扎实推进“一池两新万企”行动落实落细

文 / 王海涛

为全面贯彻落实2025年度工作会议精神，在河北省联社、邯郸审计中心党委的正确领导下，临漳联社紧紧围绕“1357”战略规划，扎实开展“一池两新万企”行动。特别是全省农信系统“一池两新万企”行动推进会后，临漳联社在小贷中心倾力打造全流程控险增效新模式的基础上，全面推进新“双基”共建提质增效，加快提速扩面，同时着力深化新“三信”创建走实走深，融合新“双基”共建、新“三信”创建以及农链金融和商户异业联盟建设等重点工作开展“一池两新万企”行动综合大走访活动，为民营企业，特别是小微企业提供源源不断的发展动能。省联社推送小微企业户数共计11164户，2024年年底有存量业务贷款余额32.68亿元。2025年一季度，经过走访后有贷款意向并后续跟进的户数为290户，新增授信户数207户，新增授信余额1.86亿元，贷款余额比年初增加1.62亿元，清单内企业贷款余额达到34.3亿元。

强化政策宣传，推动惠企服务直达。一是搭建“政银企”沟通桥梁，开展多场次银企座谈会，邀请小微企业负责人到场交流，详细介绍“一池两新万企”行动及配套信贷政策，播放银企合作优秀案例宣传视频及信贷产品展示，进一步了解企业客户经营情况和资金需求，对客户提出的贷款额度、合作模式等问题进行解答，有效推进政银企合作共赢，助力地方经济高质量发展。二是录制“一池两新万企”“致富贷”“农机贷”“惠农快贷”“商超贷”等与老百姓切身利益相关的视频和音频，通过村委会大喇叭开展线下覆盖式宣传，借助金融服务微信群、视频号、公众号、美篇、外媒等方式进行线上宣传；利用网点门楣、LED屏滚动播放“一池两新万企”宣传标语、宣传视频，精心制作60块“一池两新万企”展板，在联社和网点显著位置进行展示；积极与人社局沟通，在县创业孵化基地开展“一池两新万企”行动集中宣讲活动，现场受理业务咨询并走访收集企业实际经营情况，推动“一池两新万企”行动落地见效，让优惠政策直达企业、行动成果惠及民生。

分层精准画像，全面挖掘融资需求。对推送清单中有存量业务的企业，由业务所在部门优先对接建档，剩余企业按营业执照注册地或经营地推送网点与小贷客户经理进行网格化对接，开展需求分级管理，即对有需求意向的企业进行实地走访和需求建档，对暂无需求的企业，利用工商、税务等第三方“硬数据”，结合“双基”共建中对小微企业主、股东、管理人员的评议结果，通过发挥人缘地缘优势进一步了解企业口碑、发展前景、管理层素质等“软信息”，对企业进行相对精准画像，构建县域小微企业经营发展的“百科全书”，便于筛选优质企业并深度挖掘其潜在需求。

创新“链式走访”，持续扩大服务覆盖。一是大力发展产业链金融，通过产业链中的核心企业，成功锁定并走访对接产业链上下游企业，实现以点带面的走访效果，全面激活县域金融活力，精准赋能小微企业发展。二是以业务需求为突破口，以业务拓展驱动走访半径延伸，从“互惠通”业务着手探索出一条互惠共利、合作共赢的新路子，以贷款存量客户转介新客户成功后可享受利率优惠为抓手，通过客户牵线搭桥，有效挖掘有融资需求的小微企业，以信贷业务拓展促进走访覆盖范围拓展，将金融活水精准滴灌到千企万户。

融合多方资源，扎实开展综合走访。一是强化科技支撑，打造小微企业风控模型，采取“硬数据+评议结果+软信息”模式，对企业进行相对精准画像，根据风控模型对企业进行预授信，在预授信额度内实现网点柜面用信，超限额或有提额需求的再由网点推送至包片小贷经理进一步调查办理，确保风险管控与客户需求深度匹配。二是将新“双基”普惠大走访、新“三信”企业大走访与农链金融拓展、商户异业联盟等年度重点推进工作统筹实施，深化丰富“一池两新万企”行动内涵，制定标准化的走访工作指引，明确走访对象、走访目的、走访要求、信息收集、绩效考核、验收标准等，实现“一次走访、多维服务”工作模式，切实提升走访效率和服务水平，同时走访人员须通过政策水平和业务能力考核，成绩达到95分以上方可开展走访工作，以确保综合大走访工作规范有序开展。

江苏紫金农商银行营业部小圆服务队
筑牢支付安全防线，护航幸福美好生活

文 / 周羽昕 戴悦媛

为切实提升重点群体风险防范能力，紫金农商银行营业部小圆服务队联合清荷社区党委，在社区活动中心开展“支付安全守护者”专项行动，通过“分众施策+场景体验+联防联控”三维模式，为老年居民和在校大学生构筑金融安全防线。

精准宣教：银发守护有温度，青春护航更贴心

创新设立“银龄智慧站”与“青春护航站”双专区，聚焦群体特征开展靶向教育。面向老年群体，通过方言情景剧演绎“养生投资”“二维码陷阱”等新型骗局，现场指导开通账户安全锁、设置交易限额功能。针对大学生群体，设置“校园贷滚雪球计算器”互动装置，解析“兼职刷单”“游戏代充”等典型套路，配套发放《大学生金融安全通关手册》。

场景赋能：模拟攻防强意识，风险教育入人心

打造反诈实训基地，设置“支付安全实验室”模拟转账测试，通过AI语音交互还原“子女意外”“中奖退税”等诈骗话术。开发钓鱼链接识别训练程序，帮助体验者掌握“三查三不”要诀（查网址、查资质、查凭证；不轻信、不泄露、不转账）。活动现场同步开展账户安全体检服务，累计为23名老年人优化支付设置，为17名学生排查可疑交易。

协同共治：警银校联动聚力，风险防控筑屏障

联合辖区派出所、高校保卫处组建“反诈联盟”，建立“风险预警—应急处置—教育回访”闭环机制。民警现场解析买卖账户刑事案例，高校辅导员分享学生受骗心理画像，金融顾问演示“紧急止付”操作流程，发放爱心书包，包含《老年人支付安全手册》《大学生防诈指南》等定制资料，内有反诈口诀、警银校三方“护老助青服务专线”等实用信息。

下阶段，总行营业部小圆服务队将持续深化“六个一”工程（一月一主题、一季一演练、一年一评估），通过“银发课堂”“金融安全进校园”等活动载体，持续推动金融安全教育常态化、长效化，切实守护人民群众“钱袋子”。

河北大名农商银行
金融助力中小微企业畅通经济血脉

文 / 郭煜

大名农商银行以“一池两新万企”专项行动为抓手，深耕县域沃土，激活小微“细胞”，潜心布局支持实体经济“新赛道”，积极提升小微企业融资的便捷性、获得感，有力推动了地方经济发展。

让利惠企，为中小微企业减负赋能。为减轻企业财务负担，让中小微企业“轻装上阵”，该行充分发挥央行专项资金政策导向作用。运用人行再贷款的货币政策工具，针对适用人行再贷款政策的客户，落实监管机构支持普惠贷款政策，加大民营企业信贷支持力度，有效缓解中小微企业融资贵、融资难的困扰。对于新增优质企业，符合重点领域企业，让符合利率优惠条件的客户“应享尽享”，努力实现贷款“量增价降”，降低融资成本。

银政联动，为中小微企业多维赋能。为切实服务大名县域中小微企业，该行积极参与各项“政企”对接活动，通过政府部门组织的“银企”对接会直接触达企业，做到与企业面对面、点对点、一对一深度沟通。加大对专精特新客群的金融服务力度，根据参与企业特点，有针对性地提供融资方案和金融产品，助力企业实现创新发展和增强市场竞争力。大名农商银行围绕“高新技术产业”重点领域，为重点项目、重点招商引资企业提供融资支持，聚焦新技术、新产业、新业态，加大融资和综合金融服务支持力度。

一企一策，为中小微企业精准赋能。该行深入企业园区、专业市场、产业集群等小微企业聚集区，主动对接县域小微企业“首贷户”融资需求，积极对接专精特新、科技型中小企业等名单企业，根据其发展周期进行“问诊把脉”，逐户了解企业经营发展状况，全面掌握客户金融需求，上门送政策、送产品、送服务，持续做好金融服务和政策宣传。客户经理对企业信息进行梳理，实行“台账式”跟踪管理，为小微企业提供“一企一策”专业化、个性化金融服务。

河北饶阳农信联社

深入推进“一池两新万企”活动，写好普惠金融文章

文 / 贾蓉蓉

2025年以来，饶阳联社积极贯彻落实省联社和衡水审计中心2025年度工作会议精神，深入推进“一池两新万企”行动，将金融服务精准送达各类经营主体，以更大力度、更实举措做好普惠金融文章。

坚持“专班推进+专设方案”双轮驱动。成立“一池两新万企”行动领导小组，召开动员会、推进会，制定《“一池两新万企”行动实施方案》《宣传活动实施方案》《考核办法》，明确新“双基”、新“三信”及“千企万户大走访”工作目标，建立日统计、周通报、月约谈的督导调度机制，全力推动“一池两新万企”行动落地见效。

坚持“专访行动+专属服务”双向发力。将“一池两新万企”行动与“千企万户大走访”活动有机结合，组织全员对全量小微企业深入开展“地毯式”走访对接，深入了解小微企业的经营状况、资金需求特点，建立详尽的“软信息”，为后续精准营销与金融服务提供坚实支撑。截至2025年3月末，已成功对接走访小微企业7419户，累计授信6.28亿元，累计用信6.15亿元。积极开展“一池两新万企”行动全员营销培训、信贷业务风险培训，细化尽职免责流程和制度，消除一线信贷人员的顾虑。制定小微企业走访操作手册，规范走访流程及走访座谈提纲，印制“信贷产品明白纸”，让小微企业对金融服务一目了然。

坚持“专有政策+专门产品”双重保障。对符合政策的小微企业到期贷款落实无还本续贷；在风险可控前提下优化办贷流程，下调普惠型小微企业贷款定价利率，助力小微企业融资降本增效。创新推出“税易贷”“流水贷”“信用微企贷”3项小微企业专属信贷产品，并依托小贷中心的“振兴快贷”“乐器快贷”“棚室快贷”“养殖快贷”等特色产品，量身定制高效贴心金融服务方案。

坚持“专项活动+专题宣传”双管齐下。一方面，以支持小微企业融资协调工作机制为契机，建立与地方政府的联动机制，通过与辖内乡镇联合举办“一池两新万企”行动银企对接会，实施“一企一策”精准对接。另一方面，在办公楼、营业厅及周围布放主题灯箱、宣传展板，向员工和客户广泛宣传行动内容；利用微信公众号、视频号等线上平台发布“一池两新万企”行动系列宣传报道及视频短片；在县高速路口、主要街道、重点公交车亭投放宣传广告、跨街广告，全面提升行动曝光度和农信品牌美誉度。

2025年4月15日，该行“弘扬雷锋精神青年志愿服务团队”队员，在春风支行宣传咨询站向过往群众发放《全民国家安全教育日手册》，向群众普及有关国家安全的知识。

中国工商银行辽宁朝阳分行

开展全民国家安全教育日宣传活动

文 / 王建国 徐宏图

2025年是《中华人民共和国国家安全法》颁布施行10周年，4月15日是第十个全民国家安全教育日。工行辽宁朝阳分行按照省工行、市金融监管部门、市银行业协会有关工作要求，全面落实国家安全工作决策部署，通过开展形式多样的宣传教育活动，多维度普及国家安全知识，为维护国家安全贡献工行力量。

据介绍，4月初以来，该行认真围绕“全民国家安全教育走深走实十周年”的活动主题，深入学习《中华人民共和国国家安全法》《中华人民共和国反间谍法》等法律法规，树立大安全理念，形成大安全格局。通过学习，全辖员工进一步认清了国家安全形势，明确了维护国家安全的责任和义务，为深入持久开展宣传活动奠定了思想理论基础。

4月15日，该行在城区繁华路段和临街的支行网点设立宣传咨询站，向来行客户和过往居民群众发放《全民国家安全教育日手册》，向群众普及有关国家安全的知识。同时，该行通过行内微信群、个人微信朋友圈宣传及营业网点LED播放宣传标语等方式进行推广，在营业网点利用客户等待办理业务的时间讲解相关法规，普及国家安全知识。系列宣传教育活动的开展，进一步提高了行内员工和公众的国家安全意识，尤其是加深了对关于金融安全的相关法条的理解，营造了全民依法维护国家安全的良好氛围。

保险之家

Insurance

诚担重义，安享生活

国家金融监督管理总局发布《保险集团并表监督管理办法》

为加强保险集团并表监管，维护保险集团稳健运行，有效防范金融风险，金融监管总局对原保监会《保险集团并表监管指引》进行修订，2025年4月2日印发了《保险集团并表监督管理办法》（以下简称《办法》）。

《办法》深入贯彻落实中央金融工作会议精神，坚持问题导向，突出并表风险特性，对保险集团并表管理提出更加明确的监管要求。

《办法》注重压实保险集团并表管理主体责任，要求遵循实质重于形式原则确定并表范围；加强并表管理内部治理约束，要求坚持聚焦主业，强化审计监督，定期评估成员公司情况；要求强化全面风险管理，重点防范集团特有的风险集中、风险传染与隐匿；加强内部交易管理，建立健全风险隔离机制；强化资产负债联动管理，防止资本重复计算，减少过度杠杆风险。下一步，金融监管总局将扎实推进《办法》落地实施，促进行业高质量发展。

上市险企掀起AI热潮

文/苏 洁

近期，上市险企陆续发布2024年“成绩单”，AI发展令人眼前一亮。行业人士普遍认为，AI不仅是技术工具，也是重塑行业逻辑的系统性变量，为销售、核保、风控、理赔、产品创新等全业务全价值链条赋能。

五大上市险企发布的2024年经营业绩中，无一例外提到了AI战略和规划。从中国人保的“六个统一”智能底座建设到中国平安的“953”科技矩阵，头部险企正以AI重构价值链，重塑竞争壁垒，并推动全员参与数智化生态共建。在业绩发布会上，多家企业高管频频提及AI，更有企业将AI上升至企业战略层面。

AI战略版图日渐清晰

安永发布的报告《2025年全球保险业展望》指出，数据策略和AI技术是保险业把握增长的关键。当前，保险行业显然已经意识到了这一点，将科技、AI等提升至集团战略层面。

五大上市险企发布的2024年年报中，都谈到了科技赋能。如人保的“六个统一”智能底座建设（算力底座、技术路线、数据底座、智能底座、安全底座和自主可控方案），中国平安的“953”科技矩阵，中国太保的“AI+”战略，国寿的数智技术与运营服务的有机融合等。

头部险企相继发布AI战略规划，离不开“一把手”决策部署。中国人保副总裁表示，人保集团紧抓人工智能发展的历史性机遇，加快推动人工智能、大模型等前沿技术应用探索，在风控、销售、承保、理赔等主要场景持续构建智能应用体系，实现保险服务能力、产品创新能力、风险管理能力的全面提升。

中国太保董事长在业绩发布会上表示，当前保险业从规模扩张转向价值创造，新的发展阶段下，公司正式启动大康养、“AI+”和国际化三大战略。其中“AI+”战略是创新发展的重要引擎，通过科技赋能为传统业务注入新的发展动能，实现经营模式和

业务形态的创新突破。

中国平安的业绩报告更是将“科技”二字贯穿始终。中国平安打造“953”科技矩阵，即“九大数据库+五大实验室+三大科技应用层”体系，正在重塑金融行业的底层逻辑。正如平安集团联席CEO所言：“科技赋能不是选择题，而是必答题，是平安穿越周期的核心竞争力。”展望2025年，平安提出了“五大数字化体系”建设目标：数字化经营、运营、管理、营销、服务，这标志着平安正从“科技赋能”走向“全面数字化”。

中国人寿总裁在业绩发布会上介绍了中国人寿数智技术与运营服务的有机融合，如数据价值加速释放、数智基建赋能升级、数智运营质效双升等。

由此来看，头部险企已经将科技战略融入业务发展各个环节，使其成为企业发展的一部分。

中央财经大学中国精算研究院精算科技实验室主任陈辉指出，AI已经成为险企长期发展的战略规划重点，这一现象反映了保险业在数字化转型、智能化升级中的重要趋势。随着AI技术的快速发展，特别是大模型的开源，保险业正经历着前所未有的变革——从前几年追逐大模型开始回归小模型。

“在五大上市险企2024年年报中可以看到，AI正在重构保险业底层逻辑，其不再是技术工具层面的效率革命，而成为保险公司可持续经营、提升竞争力的战略核心。”中电金信保险事业部总经理刘晗表示。

借助AI实现弯道超车

不仅仅是头部险企，中小保险机构也将AI作为公司长期发展的战略布局。

如众安保险2024年AI技术的应用落地持续加速，公司搭建的AI中台“灵犀平台”已完成多项核心能力的打磨，还利用AI开发了完整用户行为轨迹，在AI场景化长记忆能力等工具的加持下，在包括客户投保、理赔、服务等环节全流程、全周期融入应用。

慧择凭借“AI应用+产品创新+服务矩阵”三引擎创新模式实现突围，累计投保客户进一步增长至1061万。慧择创始人兼CEO表示：“展望2025年，借助DeepSeek等AI技术，我们将提升服务效率与客户体验，在产品设计、风险管理等方面持续发力，寻求突破，巩固领先地位。”

一方面，头部险企在保险科技布局方面高歌猛进，保持着相当大的战略定力和投入力度。另一方面，中小险企通过合理的科技战略和工具应用，实现差异化竞争，力求在细分市场弯道超车。

在陈辉看来，无论是大型金融机构，还是小型金融机构，科技应用都取决于企业的实际需求、资源情况以及长远战略。以AI为例，大模型已出现头部效应，金融机构要综合考虑成本和未来发展情况，可以考虑利用开源的大模型进行微调，在减少算力和人力投入的同时，结合自身业务和市场需求打造基于小模型的应用型产品。

“AI技术为中小金融机构提供了前所未有的机遇，帮助他们在市场竞争中实现逆袭，但是这一切都依赖于能否构建好的商业应用，以打造长期壁垒。”陈辉说。

慧择AI项目负责人徐子墨表示，从年报数据看，头部险企都已将AI提升至战略高度，这一现象既是行业数字化转型的必然选择，也是应对市场竞争的关键举措。对于中小机构而言，须以“精准聚焦、生态合作、敏捷落地”为突破点；聚焦细分场景——利用AI开发一些细分场景的保险产品，满足多元化需求；借力外部生态——与科技公司合作弥补算力、数据短板；采用轻量化技术路径——选择最适合自己的模型，而非盲目追求参数最大的、最热门的大模型。

“目前大部分险企的数字化转型已经进入深水区，需要一套更加体系化的生产力思维来引领数字化转型工作。其中，数据作为一个承载智能化、数字化、网络化的载体，是发展新质生产力的关键要素。另外，需要让数据、人工智能、算力等数字技术与业务紧密融合，打好关键核心技术攻坚战，助力数字中国的建设。”刘晗说。

勿盲目跟风

科技赋能业务发展已经成为近年来险企老生常谈的话题，目前来看，科技赋能是否已达预期？

陈辉表示，近年来，前沿科技逐渐被应用于保险领域，给保险业带来了赋能效应与挤出效应。一方面，AI可以替代人类完成保险运营中的大部分环节，对相关岗位就业人员产生一定的挤出效应；另

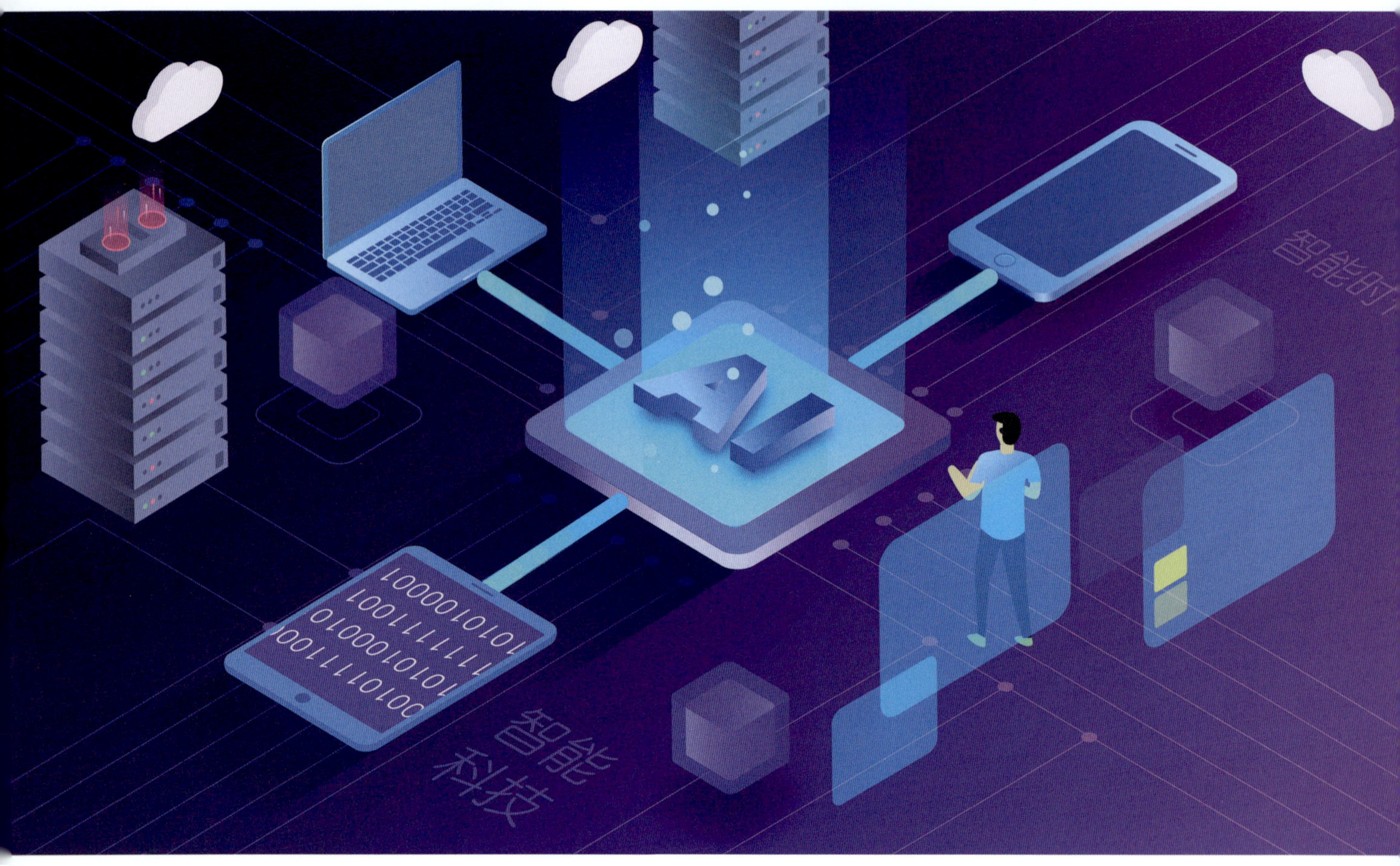

一方面，AI在保险运营各环节中的广泛应用，不可避免地需要大量专业人员参与技术流程设计、数据库维护等工作，创造了新的岗位需求。此消彼长中，保险业对人才的需求发生了变化。

在徐子墨看来，科技对保险业务的价值从最简单的降本增效慢慢进入重构生产关系的阶段，主要体现在三方面：一是效率革命，二是模式创新，三是风险管控。但两大问题凸显：一是技术投入的“头部效应”显著；二是技术与业务融合仍存瓶颈。例如，生成式AI多停留在规划层面，数据的质量、业务人员对技术的认知水平等制约了业务场景的深度挖掘。

随着技术的不断迭代，未来大家比拼的不是技术，而是能否用技术解决实际问题。

来源：中国银行保险报网
网址：http://www.cbimc.cn/content/2025-04/16/content_544702.html
发布时间：2025年4月16日

存款保险进乡村——从“藏钱入柜”到“存钱入行”的安心之变

文 / 张志文

初春的清晨，天刚蒙蒙亮，70多岁的村民赵大爷攥着一把皱巴巴的钞票，蹲在河北蔚县农信联社黄梅信用社的铁门前。他忐忑不安地盯着手里破损的钱，眉头拧成了疙瘩。信用社柜员小李刚晨练回来，老远就看到了神色落寞的大爷，不由凑近一瞧，只见老人手里十几张纸币边缘布满齿痕，有的甚至缺了角。“同志，这钱被老鼠啃成这样，还能换吗？”李大爷小心翼翼地摊开手。柜员小李赶忙招呼李大爷先进门房休息，并笑着安慰：“大爷别急，残损币可以兑换！”信用社营业后小李第一时间为大爷办理了残损币兑换业务，李大爷捧着崭新的钞票连连道谢，却又忍不住念叨：“放家里虽然踏实，可是再被咬了咋办？”小李一听，顺势从柜台递出一张宣传单：“您听说过存款保险吗?把钱存银行，可比藏柜子里安全多啦！”随后在大堂经理的详细讲解下，李大爷拿着《图解存款保险》小册子，感慨道：“国家给咱存款贴了‘护身符’，一家银行保50万元，比藏后

院强多喽!"

李大爷的故事并非个例。在不少农村地区,老一辈人仍习惯将现金藏在家中,认为"钱捏在手里才安心"。然而,因虫蛀、霉变、火灾甚至盗窃导致的财产损失屡见不鲜。

《存款保险条例》制定实施已超过10年,在各方的不断推广宣传下,"存款有保障"的观念早已深入人心,然而农村地区由于人口老龄化严重、识字率低、信息闭塞等,仍被困在传统的"信息茧房"中,村民认为钱只有自己看得到才放心。为撕开这层"茧房",黄梅信用社联合村委会推出三项"接地气"的举措:一是大集宣传,"追"着老人走。利用乡镇赶集人流量多的特点,搭建宣传展台,宣讲普及存款保险制度。二是科普喇叭,喊进山沟沟。主动对接村委会协商确定,每月用方言滚动播放存款保险相关条例。三是厅堂课堂,讲出大道理。充分发挥大堂优势,为查询余额、办理社保卡的客户顺手递上存款保险宣传册,不定期在大堂举行宣讲活动,让存款保险制度走进每一个农村百姓的心。

金融普惠的真谛,或许就藏在这些"笨办法"里。

(河北蔚县农信联社)

八面来风

Style

宝地聚风华

图片新闻

近年来，吉林靖宇农商银行始终坚守支农支小初心，践行普惠金融服务使命，不断通过线上化、智能化金融服务拓宽小微企业融资渠道，以更精准的金融服务助力小微企业快速发展。截至2025年3月末，该行累计小微企业贷款余额10.44亿元，同比增长6.42%。图为该行工作人员向小微企业主介绍相关信贷产品。

文、图 / 任 鹤

2025年以来，武强农商银行一直以“一池两新万企”行动为主线，立足县域经济发展，坚定做小做散思维，主动下沉服务，不断夯实基础，做精做细普惠金融工作，为县域经济发展注入了金融动力。截至2025年3月末，各项存款96.17亿元，各项贷款78.33亿元。图为该行工作人员深入企业开展金融扶持政策精准宣讲活动。

文、图 / 李文玉

传承进贤廉脉，永葆廉洁本色。为扎实开展深入贯彻中央八项规定精神学习教育，着力推进勤廉文化建设，提高干部职工廉洁自律意识，农发行进贤县支行组织开展参观文港镇曾湾村勤廉文化教育基地活动，全体干部职工经历了一次深刻的勤廉文化洗礼。

文、图 / 雷武

在第62个学雷锋纪念日到来前夕，工行辽宁省分行党委书记带队赴朝阳分行调研，实地走访“千佳网点”春风支行、党建园区及王建国工作室，充分肯定该行党建引领下“做人民满意银行”的活动成效。图为书记（中）在该行“弘扬雷锋精神——王建国工作室”参观指导学雷锋活动，听取全国金融系统“学雷锋模范”王建国介绍收集雷锋文化藏品背后的故事。工行辽宁省分行专家（右一）、工行辽宁省朝阳分行党委书记、行长（左一）陪同参观。

文、图 / 王建国 苗苗 宝东洋

服务

农发行安徽马鞍山市分行积极支持县域水域治理

文／赵 靖

新年伊始，农发行马鞍山市分行投放4.8亿元信贷资金，专项支持含山县水域综合治理及配套产业设施项目建设，为“幸福美好含山”建设注入金融活水。

含山县境内中小河流虽经多次治理，但不少堤段防洪能力不足。部分堤段河道狭窄、深泓近岸、迎流顶冲，水流冲刷严重。2020年汛期，巢湖、裕溪河水位全线超警戒，水位连创纪录，流量创新高，降雨强度创新高。中小河流局部防洪能力低，不少河道的河底存在一定程度的淤积，削弱了干沟排涝能力，威胁当地人民生命财产安全。根据该县“十四五”水利规划，目前域内排涝标准过低，与发展定位不匹配、与区域经济社会发展水平不一致的矛盾日益突出。因此，开展中小河流综合整治，及时排查并消除各类安全隐患，改善河道水体水质，保障粮食安全生产尤为迫切。

为确保项目顺利推进，农发行含山县支行积极与项目承建单位沟通对接，优化信贷流程，加快贷款核准进度，最终在2025年年初成功审批该项目7.5亿元贷款，全部纳入绿色贷款，为项目建设提供了及时的资金保障。项目主要建设内容含山县得胜河、清溪河等流域渠道及主要水库治理，实施堤防加固、护岸护坡建设，清淤整治、改建泵站、新建堤顶防汛道路等工程，并配套水产养殖等产业设施建设。本次治理河渠道70余条，加固堤防超过60千米，改建泵站60余座，同时对县域内主要水库实施水环境综合治理。

预计本项目的建设将显著提升含山县的水环境质量，增强防洪抗灾能力，改善生产生活环境。该行也将强化与地方政企合作，为水利建设提供充足资金支持，进一步擦亮农发行“水利银行”招牌。

农发行江苏泰州市分行惠企业务走访见实效

文／张珩

2025年伊始，农发行泰州市分行交出了一份亮眼的“开门红”答卷：截至2025年2月底，分行累计完成跨境人民币国际结算量1054万元，较2024年全年103万元实现跨越式增长，增幅超10倍。

精准对接需求，破解企业跨境难题。面对复杂多变的国际贸易环境，跨境人民币结算因具备规避汇率风险、降低交易成本等优势，成为企业“走出去”的重要工具。该行以“大走访”为契机，组建跨境服务专班，行领导带队深入重点外贸企业调研，倾听企业诉求，破解痛点堵点。

在走访中，专班发现某纺织集团作为本地纺织行业龙头，虽出口业务稳定，但受限于传统结算方式，存在汇率波动侵蚀利润、融资渠道单一等问题。而其子公司某进出口公司因规模较小，跨境结算流程烦琐、效率偏低，制约了业务拓展。对此，该行迅速制定“一企一策”服务方案：一是为该纺织集团定制跨境人民币综合服务方案，宣讲汇率风险中性理念，通过跨境人民币支付推广方案规避汇率波动；二是开通跨境人民币绿色通道，简化单证审核流程，提升结算效率；三是联动省分行资源，最大限度减免汇款手续费、报文费，为企业提供低成本跨境支付支持。

政策红利释放，企业获得感显著提升。随着服务方案落地，该纺织集团及其子公司感受到跨境人民币结算的便利性与政策性金融的“温度”。通过采用人民币结算，该纺织集团成功规避了美元汇率波动风险，截至2025年2月底，集团跨境人民币结算量达664万元。作为子公司，该进出口公司过去因跨境结算流程复杂，业务拓展受限。分行通过简化单证要求、提供线上化操作指导，助力其结算效率提升，2个月内实现跨境人民币结算390万元。

从全年103万元到单季破千万元，这是该行积极响应国家“稳外贸、促开放”政策号召，以“跨境人民币惠企大走访”活动为抓手，深入企业问需解难、靶向施策的生动实践。未来，该行将继续践行政策性银行使命，以跨境人民币业务为纽带，推动更多企业融入“双循环”格局，为泰州外向型经济高质量发展注入源源不断的金融活水。

农发行新疆石河子兵团分行全力保障光伏电力供应

文 / 史博

随着天气转暖，企业复工复产工作已全面展开，对电力需求也进一步攀升，中国农业发展银行新疆石河子兵团分行聚焦清洁能源产业，成功投放2亿元绿色贷款支持企业采购光伏电力。

农发行石河子兵团分行支持的电力企业具有自主、较高的电力调度能力和水平。该行获悉企业急需资金采购电力保障垦区居民生活用电和师市企业生产用电后，充分发挥政策性金融职能作用，迅速行动，选派专业骨干密切对接，打通各环节难点、堵点问题，在区市两级行协同配合下，快速高效完成了贷款的审批和投放工作。

据悉，该笔贷款可支持企业采购光伏电力约7亿千瓦时，为第八师石河子市城乡居民生产生活和企业生产提供了稳定的电力保障。此外，通过清洁能源替代，每年可减少标准煤消耗约16万吨，预计降低二氧化碳排放约40万吨，相当于新增造林面积4万多公顷。

下一步，农发行石河子兵团分行将紧抓当前能源结构转型关键期，持续以金融活水浇灌绿色发展，守护兵团职工群众的万家灯火，绘就天山北麓的生态蓝图，为兵团经济社会高质量发展注入更强劲动能。

江苏海门农商银行首笔“转贷宝”促消费信心

文 / 杨晨

2025年3月21日，江苏海门农商银行首次为消费类客户办理“转贷宝”业务，第一时间落地实施个人消费贷款纾困措施的监管要求，帮助暂时遇到困难的消费者缓解压力、提振信心，助力扩大内需促进消费。

“转贷宝”是海门农商银行于2020年推出的一款对符合条件的贷款人，通过新发放贷款结清已有贷款的产品。过去，“符合条件的贷款人”仅针对存量企业和自然人经营客户。2025年3月20日，海门农商银行顺应国家金融监督管理总局的政策导向，修订“转贷宝”相关条款内容，将转贷困难的消费类客户列入贷款名单，扩大了“转贷宝”的贷款支持范围。同时，对消费类客户“转贷宝”业务的申贷条件、贷款期限、利率额度、担保方式等进行了明确要求和合理约束，实现了在风险可控前提下，最大限度缓解消费者的还款压力，进而激发并提振消费市场的信心。

张某是海门区四甲镇的一名从事室内装潢的人员。两年前，张某在该行申请了一笔消费贷款，按月准时还息。这两年，他从事的建筑行业不景气，收入也随之减少。眼看贷款临近到期，张某为偿还本金愁眉苦脸。正当张某一筹莫展之际，海门农商银行了解到张某的困难，在细致评估其信用记录与当前还款能力的基础上，向其推荐了“转贷宝”业务，量身定制个性化还款方案。同时，充分发挥专业优势，简化业务办理流程，开启高速审批通道，仅用4小时就为张某办理好业务全部流程，实现了3万元续贷的无缝衔接、精准纾困，解了他的燃眉之急。

该笔“转贷宝”业务的落地，吹响了海门农商银行信贷支持提振消费的号角。下阶段，海门农商银行将继续秉持“金融为民”理念，创新金融产品，精准投放资源，激发消费活力，为支持提振和扩大消费贡献更多金融力量。

河北滦州农商银行举办信贷制度专题培训

文 / 田祎璠　张优阳

为全面贯彻省联社信贷管理新规要求，提升全员合规意识和专业素养，滦州农商银行于2025年4月17日组织开展了信贷基本制度及“新三个办法”专题培训。本次培训通过“现场+线上”双渠道覆盖全行信贷条线人员，参训规模达140余人次，为制度落地夯实基础。

聚焦新政，全员赋能。培训紧扣省联社信贷基本制度核心要求，系统解读了信贷业务全流程管理规范、风险防控要点及“新三个办法”操作细则。信贷管理部讲师通过案例剖析、新旧制度对比等方式，重点阐释了贷前调查标准化、授信审批动态化、贷后管理精细化的具体要求，并针对农户小额贷款、普惠金融等重点领域进行专项辅导。

严明纪律，双线并进。本次培训严格落实分层参训机制。总行信贷条线全体人员、一级支行行长共50余人现场参训，其他人员通过腾讯会议同步学习。会前通过工作群进行三轮提醒，现场设置签到环节，线上会议室实行“实名制+全程监控”，培训结束后导出90余条参会记录核查考勤，确保制度传导全覆盖、无遗漏。

领导督学，强化落实。总行党委委员、分管信贷副行长在开班讲话中强调：“信贷制度是业务发展的生命线，全体人员既要吃透条文，更要转化为合规操作的本能。”要求各支行行长要制定“二次培训计划”，通过晨会组织客户经理逐条学习制度细则，每月至少开展一次信贷档案互查互评；总行按季评选3家“标杆支行”，分享贷前调查等优秀案例，推动经验共享、短板共补。

动态

农发行辽宁鞍山市分行开展2024年度优秀评选活动

文 / 王坤

农发行鞍山市分行在开展2025年“春天行动”活动之际，为进一步夯实“两基建设”，提升信贷管理水平，打造一支“懂业务、会营销、强管理、重合规”的高素质信贷队伍，助力全行业务高质量发展，在全辖组织开展了2024年度“优秀项目”“优秀信贷团队”“优秀客户经理”评选活动。

本次活动有16个项目参与“优秀项目”评选，评选标准为在信贷模式、担保方式、风险管控、存贷一体化联动等方面有创新性成果，可供全行借鉴推广，同时项目成效显著，能够带来良好的经济效益、社会效益和生态效益的项目；有5支信贷团队参与“优秀信贷团队”评选，评选标准为在信贷投放、客户数量增长、支农资金筹集及有关专项活动等方面成绩突出，在提升团队凝聚力等方面成效显著的团队；有16名支行客户经理参与“优秀客户经理”评选，评选标准为服务意识强，综合素质高，个人信贷业务突出，熟悉掌握每笔贷款的流程环节，特别是在资金投放支付、存续期管理等方面工作表现突出，做到信贷管理工作流程化、规范化的客户经理。

评选通过调阅系统资料与现场展评相结合的方式进行，调阅系统资料环节，对项目资料的完整性及存续期管理质量进行打分；客户经理现场展评环节，对个人风貌和业务能力、项目管理和实施进展进行打分。通过计分直接评选优秀客户经理和优秀项目，以团队参评选手得分加权平均方式，评选优秀团队。为确保评选活动的公平、公正与专业，该行邀请了省分行产业客户处、基础设施处、调查评估中心、省行放款中心的行内资深专家4人，与市分行前后台主管行长等6人共同组成评审小组。活动仲裁组组长由市行党委书记、市行纪委书记担任。

此次评优活动的开展，全面激发和提升了全行客户经理个人的工作能动性、主动性，促进了个人学习能力和竞争意识的提高，有效实现了信贷团队整体活力的提升、工作绩效的提高，营造了比学赶超、争先创优的良好氛围，为全行业务高质量发展奠定了坚实基础。

农发行江西鹰潭市分行开展反洗钱宣传活动

文 / 苏婉

为进一步加强反洗钱宣传工作，农发行鹰潭市分行开展了以“远离洗钱陷阱，捍卫消费安全”为主题的反洗钱宣传活动，旨在深化反洗钱知识的普及，激发公众的防范意识，携手共筑金融秩序与社会稳定的坚固防线。

一是充分利用网点布局优势，采取悬挂醒目横幅、设置宣传展板、分发资料等多种方式，全方位、多角度地向客户及社会公众传递反洗钱相关的法律法规与基础知识。二是组织员工走进社区、菜场、商铺等场所，通过发放宣传资料、讲解洗钱违法犯罪知识、接受公众现场咨询等形式开展集中宣传。

下一步，该行将立足实际，常态化开展反洗钱知识普及教育，以不断提高广大人民群众对洗钱风险的防范意识和能力。

农发行江苏宝应支行常态化开展青年员工小课堂

文／蒋伟

为进一步营造良好的学习氛围，不断提升青年员工综合能力，农发行宝应支行按照青年员工小课堂学习计划，开展了一次别开生面的授课。

一是为师授课。两位“90后”员工分别基于自身工作岗位情况分享了党员发展流程，对最新信贷文件进行解读，通过青年员工当老师，进一步提升了青年员工展示自我的能力，展现了其昂扬面貌。

二是交流探讨。参加小课堂的员工就学习过程中的疑惑展开交流，通过思想的碰撞、疑惑的解答进一步加深了员工对文件的理解，提高了实际工作的操作能力。

三是总结成效。通过常态化开展青年员工小课堂，进一步统一了思想，提振了信心，凝聚了精神。宝应支行青年员工纷纷表示，要以青年人朝气蓬勃的精气神，在推动党的农业政策性金融事业发展和宝应支行现代化高质量发展中奋勇争先，展现青春作为，贡献青春力量。

河北乐亭农信联社多维发力助力企业降本增效

文／臧家欣 李思佳

为深入贯彻落实省联社“一池两新万企”专项行动部署，乐亭联社立足县域经济发展需求，聚焦企业全生命周期服务，通过“融资+融智+融服务”多维发力，在加大信贷支持力度的同时，深化综合金融服务创新，助力企业降本增效、稳健发展，取得显著成效。

精准对接需求，扩大信贷供给强支撑。以“一池两新万企”行动为指引，持续深化行动服务内涵，围绕县域特色产业集群和重点项目建设，优化资源配置，创新“信贷+非信贷”综合服务模式，推动金融与产业深度融合，组建专项服务团队，深入园区、企业开展“大走访、大调研”行动，全面摸排企业融资需求。针对不同行业、不同规模企业特点，灵活运用“振兴快贷”“惠农快贷”等产品，开辟绿色审批通道，提升服务效率。截至2025年4月8日，已累计向农业产业化、新兴产业等领域企业新增贷款8400万元，惠及企业7户，有效缓解了企业资金压力。

延伸服务链条，打造金融生态圈。在加大信贷投放的基础上，该联社坚持“以客户为中心”，围绕企业多元化需求延伸服务场景。一是代发工资提质效，为企业提供批量开卡、代发工资一站式服务，帮助企业优化财务管理流程，累计新增代发工资企业79户，累计代发金额达2300万元。二是社保卡服务惠民生，联合社保局推进社保卡“申领+激活+金融功能应用”全流程服务，为企业员工提供便利，新增社保卡发放6800张，累计发放12.93万张，卡内余额1.12亿元。三是数字金融提效率，推广企业网银、手机银行等线上渠道，实现账户查询、转账结算、贷款申请等业务“掌上办”，企业电子银行覆盖率提升至50%。四是保险服务防风险，联合保险公司定制企业财产险、雇主责任险等产品，为企业提供风险保障60余万元，增强企业抗风险能力。

科技赋能服务，优化体验增黏性。为全面提升企业客户服务体验，该联社以“科技+场景”为驱动，推动41个网点完成智慧化升级，构建“智能柜台+移动终端+线上平台”三位一体服务模式，为企业客户提供“一站式、高效率、零距离”的金融服务。一是智能设备提效率，网点全面覆盖智慧柜员机、智慧现金柜台、自助填单机等设备，实现开户、签约、转账等高频业务“自助办、即时办”，企业基础业务办理时间缩短60%以上。二是移动服务更贴心，营业部设立“企业服务专窗”，各网点配置移动展业，为新发展企业客户提供上门核址、代发工资签约等“一对一”服务。线上线下一体化，打通智慧网点与手机银行、微信银行等线上渠道，企业可通过线上预约开户、预填单等功能，线下“即到即办”，业务办理效率提升50%。

河北鹿泉农商银行获评“河北服务业企业100强”

文 / 刘家祺

2025年4月9日，鹿泉农商银行被省委金融办、省发展改革委、省工信厅等单位评选为“河北服务业企业100强”。一直以来，鹿泉农商银行始终秉持“客户至上”的服务理念，将提升金融服务质量作为立行之本，为客户带来更加优质、高效、贴心的金融服务体验。

拥抱科技，以数智赋能金融服务。一是用好“鹿小泉”线上营销平台，客户只需扫描二维码，即可享受征信查询、额度测算等“一站式”金融服务，真正实现足不出户办业务。截至2025年3月末，鹿小泉累计注册2.1万户，授信申请1.3万户，授信金额7.6亿元。二是配套智能机具。在各营业网点配足配齐智能现金柜、智慧柜员机等设备，有效减少客户排队等待时间，极大提升了服务效率和客户体验，已合计为辖内网点配备各类智能机具100余台。

温情服务，服务体验稳提升。在关注年轻客群数字化需求的同时，鹿泉农商银行也不忘关怀老年客户群体，在营业网点添置多种度数的老花镜、放大镜、可移动填单台、爱心座椅扶手、血压仪、信息交流板等设备，从细节处彰显人文关怀。此外，在柜面窗口增设“老年人绿色通道”，并配备“老年人爱心服务专员”，为老年客户提供从咨询引导到业务办理、知识普及的全方位服务，让老年客户在办理业务时感受到家一般的温暖。该行适老化改造已实现100%覆盖。

服务上门，发扬“挎包精神”。员工携带展业设备，深入偏远地区，为行动不便的客户办理社保卡激活、完善信息等业务，填补了偏远地区的金融服务空白。截至2025年3月末，累计为区内居民提供上门服务百余次。同时，常态化推进“一池两新万企”行动宣传推广，累计开展政策宣讲会、银企对接会等活动20余次，走访小微企业超1.7万家，足迹遍布区内12个乡镇和1个经济开发区，有效触达小微企业和各类农业经营主体，破解其融资难题。

这一荣誉不仅是对该行过往工作的高度认可，更是激励其在未来继续奋进、不断突破的强大动力。下一步，该行将以此为新的起点，不断创新金融服务模式，提升服务质量，为客户提供更加优质、高效、全面的金融服务，为地方经济发展作出更大贡献。

河北河间农信联社 金融活水润泽万企千户

文 / 薛巧威

为深入贯彻省联社“一池两新万企”专项行动及沧州审计中心“四大专项行动”工作部署，河间联社聚焦县域经济发展需求，构建“数字赋能+精准走访+立体服务”工作机制。自活动开展以来至2025年4月8日，已累计为13家小微企业授信1.36亿元，用信余额达1.05亿元，金融支持实体经济发展取得显著成效。

科技赋能打造“智慧走访”新模式。针对传统走访效率低、信息碎片化等痛点，自主研发“普惠客户数字化管理中台”系统，通过微信小程序集成地理定位、智能表单、数据建模等功能。客户经理走访时可实时采集企业生产经营数据，系统自动生成包含资产负债、信用评价等指标的动态档案。相较传统模式，信息采集效率得到有效提升，信贷审批周期可缩短至3个工作日。

三级联动构建“政银企”服务生态。与地方政府建立“工作专班+村级联络员”协同机制，联合农业农村局、工商等部门筛选重点服务企业，按“新型农业主体”“专精特新企业”“民生服务商户”等类别建立培育库。推出“链式金融服务体系”，为汽车配件、工艺玻璃等县域特色产业集群定制“一链一策”融资方案，依托“汽车配件”“再制造产业”“玻璃器皿”等专项信贷产品，实现对河间县域特色产业集群的精准扶持。某汽车配件企业通过供应链融资获得2000万元授信，用信700万元，有效解决企业发展融资问题。

多维触达织密普惠金融服务网。构建“线下服务圈+线上云平台”立体服务体系。在18个乡镇陆续开展金融知识广播宣讲活动，2025年以来，已举办银企对接会6场次，对接企业225家；聚焦短视频新媒体传播模式，通过该联社微信视频号、抖音号发布活动宣传视频4期，总浏览量达2万人次。在各信贷营业网点设立“小微企业服务站”，配备专职客户经理提供政策咨询、业务办理等“一站式”服务。

下一步，河间联社将继续深化与税务、电力等部门数据共享，完善企业信用评价模型。同时，强化产品创新力度，推出更多专项信贷产品，为县域经济高质量发展注入更强金融动能。

河北献县农商银行 开展“4·15”宣传活动

文 / 孙宏伟

2025年4月15日是第十个全民国家安全教育日，为了进一步深入贯彻落实总体国家安全观，增强全民国家安全意识，献县农商银行以“全民国家安全教育，走深走实十周年”为主题陆续开展了形式多样的宣传活动。

立足厅堂，强化教育。各营业网点以办公场所LED显示屏、电视为载体，播放“全民国家安全教育，走深走实十周年”等国家安全教育相关宣传标语和视频，同步设立咨询台、发放宣传彩页，为过往群众及前来办理业务的客户普及国家安全知识，并结合实际案例，宣讲国家安全的重要性以及如何防范各类安全风险，尤其是金融诈骗风险，引导客户树立正确的国家安全观。

线上宣传，广泛传播。为进一步扩大宣传范围，献县农商银行通过公众号、朋友圈等线上宣传渠道转载国家安全知识，引导居民从自我做起，自觉抵制破坏国家安全的行为，增强国家安全责任感，提高保密意识、合规守纪意识和风险防范能力，将国家安全知识融入居民日常生活，积极营造全民共筑安全屏障的浓厚氛围。

深化教育，凝聚安全共识。为强化员工安全意识，该行组织全体干部员工集中观看《国家安全》系列宣传教育片，深刻领会国家安全与金融工作的紧密联系，推动安全理念融入日常业务。通过专题学习，全员进一步树牢“大安全”观念，增强了维护金融稳定、防范化解风险的责任感。

下一步，献县农商银行将持续推动安全教育常态化，不断丰富形式，扩大金融宣传的覆盖面和受众群体，夯实安全发展根基，为地方经济高质量发展营造稳定和谐的金融环境。

河北大名农商银行
审计监督助力业务高效发展

文 / 王慧蛟

近年来，大名农商银行始终坚持省联社“1234”工作思路，立足监督定位，聚焦主责主业；突出风险导向、结果导向和问题导向，切实履行审计监督职责，不断深化对审计工作的规律性认识。

用好“放大镜”，消除监督盲区。一方面，该行审计部与财务会计部、授信审批部等多部室横向联动，共同实施审计项目，切实将问题查深、查实。截至2024年12月末，该行共开展审计项目29项，其中突击查库12次，全面业务审计4次，专项审计13项。另一方面，最大限度发现潜在风险，提升风险防范能力。按照“审计未动、数据先行”原则，对被审计单位各项数据综合筛选、分析、比对，精准锁定疑点问题，对问题线索进行重点审计，实现由“去现场发现问题”到“带着问题到现场”的转变，截至2024年12月底，该行共开展非现场审计12次。

打好“聚光灯”，强化以案促改。针对当前普遍存在的对整改不够重视、责任不够清晰、问题屡查屡犯等突出问题，以“推动问题整改、强化成果运用”为着力点，扎实做好审计整改“后半篇”文章。同时，加强对支行审计整改的督导力度，做到问题整改不到位不放过，持续拓展整改的广度、深度，促进审计整改长效机制落地。

锻造“金刚钻”，提升专业能力。一方面，提升审计能力。采取“集中+自学”的方式，每周进行集体学习，制订年度自学计划，补齐补强自身短板，精通信贷财务、风险等专业知识。另一方面，“以审代训”提升实战能力。充分发挥“传帮带”作用，使年轻审计人员能够在工作中快速积累经验，稳步提升业务能力和实践能力，磨炼培养审计人员的韧劲、倔劲和巧劲。

河北滦平农商银行以管理推动业务提质增效

文 / 王志磊

2025年以来，滦平农商银行紧紧围绕省联社和省联社承德审计中心工作部署，始终将抓好信贷投放、支持地方经济发展作为各项工作的重中之重，多措并举，持续加强信贷投放，提升业务发展质效。截至3月末，该行各项贷款余额94.87亿元，较年初增加2亿元。

强化绿色信贷发展。该行将发展绿色金融列入重点工作，通过加强与农业农村局、农牧局等政府部门的沟通联系，获取绿色产业重点项目清单，及时走访对接；结合区域经济发展规划，积极支持创新型、科技型企业发展，对辖内符合条件的优质企业提供低成本资金支持，激励企业扩大生产和技术升级，努力向循环发展和低碳发展转型；全面助力乡村振兴，积极同乡镇村委进行对接，对地方特色农业发展现状及上下游产业情况进行全面摸底，聚焦辖内黄芩、有机梨、食用菌等优势产业，扎实做好金融配套服务；全力支持地方民营经济，加强银企互动、持续优化服务，通过精准赋能专精特新、开通绿色审批通道等举措，不断加大对民营企业信贷支持力度。

强化信贷服务质效。创新信贷产品，该行以“一池两新万企”为抓手，为龙头企业、重点企业、新能源企业、专精特新企业等各类新型经营主体提供“一户一策、一企一策”专业化金融服务，积极推广“商户快贷”“惠农快贷”“市民快贷”等特色信贷产品，有效推动信贷服务精细化，极大提升群众贷款便捷度、可得性；优化服务流程，开通绿色通道，确保快审查、快审批，严格执行限时服务，提升信贷服务便利性；加大对接力度，实现精准营销。建立客群分类明细表，通过深入开展“进村入户”“进园入企”等活动，不断强化与市场主体的业务衔接，有效实现精准营销。持续加大对辖内家庭农场、专业合作社等新型农业经营主体支持力度。

强化重要环节风险管控。该行结合自身实际，制定全面风险管理工作清单，做细做实“评级、分类、调查、贷后”等环节管理工作；加强重点领域风险管控。聚焦重点领域、重点机构、重点人员，制定案件风险排查方案，持续开展各类信贷业务专项检查，确保排查全覆盖、业务全覆盖；强化重点业务风险管控，各业务条线部门协同合作，通过运用多部门联动监督和整体协作纠改机制，强化信用类业务风险管控，并将风险类问题整改纳入协同监督范畴，通过归口管理和联动监督，有效发挥各部门专业优势，形成监督合力。

轻阅读

Reading

期待您会心一笑

一个人的春节(大结局)

文/谢志斌

(十一)

泡在酒席上几天下来，许之远明显感觉肠胃有些不适，不断提示妹妹做菜清淡点,少放点辣椒,妹妹笑了笑，似乎有些不解，厨房里平素的麻利似乎明显迟疑起来。

清晨下起小雨，访客也少了。许之远早饭后，独自去看望住在邻村的姑妈。他不开车，打着伞，尽量沿着村社残存的老路步行，想象儿时那样过田埂、穿山坳，听自己的脚步声孤独重复，看雨滴落在平静的水面上激起一圈又一圈细密的涟漪，鸭子东一群西一群地安静觅食，忽而有一两只“嘎嘎”惊起，脖颈仰天，双翅扑棱，半飞半走，冲向远处，引得鸭群纷纷引颈观望，叫声嘈嘈杂杂，此起彼伏，田里水面顿时被搅得浑黄一片。

附近这片山坡环绕的田垄是方圆几十里少见的平地，开阔、平整，阡陌纵横，河汊交织。在几十年前普遍吃不饱饭的年代，因为这方山肥水美田地，附近村子百姓的日子都相对好过，周边乡镇的人家总是愿意把女儿嫁到这边来。许之远边走边远远近近张望，不经意间发现，这方儿时便深刻脑海的田垄也有了明显的改变，田埂荒芜起来，有些地方甚至坍塌凹陷，不能通行了；田野中出现了一丛一丛的芦苇，有的已经长满整块田丘，苇叶枯黄，雪白的苇絮在细雨斜风中垂头摇摆，荒凉之意扑面而来。

“也许迟早有一天，稻田会改成荷田吧。”许之远叹了口气。

远远望见有人蓑衣斗笠在田边弯腰筑田塍，许之远快步走近，见是相邻自然村里熟悉的老伯，应该有八十多岁了，记得比父亲还大一点。未曾开口，心里顿生一阵怜惜，许之远赶紧呼唤“水清伯爷”。老人听得有人唤喊,缓缓地抬起头,腰身却仍然弯着，一手扶着锄头把，一手迟疑地接过许之远递过的香烟，用手背拭了拭眼睛，浑浊的眼神带着浅浅的笑意，打量好一会儿，喃喃道：“唉，是哪个啊，没认出来呢。”许之远赶紧弯下腰，大声说：“伯爷，我是村里许家的崽呢。”老人张大嘴“啊”了一声：“许支书崽，之远呀，我是老糊涂了呢。”听见老人家还能记得他的名字，许之远眼眶一热，问:“您都这么大年岁了，大过年的，下雨天又冷，怎么还出来干活呢？”老人家笑着说：“习惯了，干得动就慢慢干一点。”许之远又问:“这丘田您自己还在种呀？”“是的呢，崽走好多年了，孙子进城打工，不愿种田了。我自己搞，饭有的吃。哪天田搞不动了，饭也不吃了。”老人家平平静静地说道。

许之远听了，不知道再说点什么，拿出打火机，要给老人家点烟。老人家把一直捏在手上的香烟夹在右侧的耳朵后边，说：“干完活，回去再抽。嘿嘿，之远给的肯定是好烟。”许之远鼻腔一酸，赶紧把揣在兜里的整盒烟掏出来，加上一个备在身上的红包，用脖子别住伞把，抓起老人的手，把烟盒红包塞过去，握起来。老人一脸惊讶，正要推脱，许之远说声“您老要保重身体”，转身赶紧走开。只听见背后老人家高起声来说：“好崽啊。你爹许支书就是个好人呢。”约莫半个小时，许之远走近姑妈家村口。还没进村，他远远地望见临近村口一马路拐弯处，一大群人围着一辆高大的

越野车，正吵吵嚷嚷，两端好几辆车都被堵住过不去。许之远以为是车辆故障，正要从附近的田埂上绕过去。人群中的表弟认出了许之远，高声打着招呼，远远地奔过来，陪着他往家里走。

“找人家收买路钱呢，围这么多人？”许之远玩笑着问道。“岂止是买路钱，是修路钱呢。”表弟说：“村里一个人，在外省当大干部，平时也不回来，村里人出去碰巧去到他们那边，人家谁都不见。七八年前村里凑钱修马路，在外面工作的人家或多或少赞助一点，就他们家一毛不拔，理都不理。现在退休几年了，说去年差点被抓进去，老实了很多。今天带着全家开车回来，说要到弟弟家看看，给父母亲上坟，结果被村里人堵在这里，那么多亲戚没有一个人敢出来说好话。老头当着自己一家人的面，眼泪都快掉下来了，造孽得很。”许之远听了，只觉得背脊有些发凉。

姑妈八十三岁了，年轻时候就身有残疾，佝偻着腰背，基本上不能干体力活，但她从小聪明好学，读书成绩好，后来在村小当了二十多年民办老师。也许真是缘分天注定，当年高大壮实、慈眉善目的姑父不但没有嫌弃，而且悉心照顾，同甘共苦，相濡以沫一辈子，十分难得。姑父也老了，照顾不动了，五十岁出头的表妹就从婆家回来，专心照顾父母，管吃管喝、求医问药、端屎端尿，不分昼夜，年复一年，全无怨言。村里人都说姑妈是前世修来的福分。

姑妈患阿尔茨海默病，但除了已经不大认得出外人，不能出门离家，身体其他方面还好。许之远进屋时，姑父和表妹正陪着姑妈打字牌，父女二人和声细语，像哄着小孩子一样。见许之远来，一家人很是高兴。姑妈满脸笑意，打量着许之远。

表妹在一旁道：“认得出这是谁吗？”“之远呀，我认得。”姑妈自己先笑了，寻思了一会儿说。见状，大家都高兴得大笑起来。“果然是跟这个最有出息的外甥亲呢，别人来，一概不认识。”表妹忍不住打趣道。

许之远在姑妈身边坐下，姑妈伸手从桌上要给外甥拿点心，许之远赶忙自己起身抓过一把，要递给姑妈。姑妈说：“我吃不动了，你们小孩子吃。”表妹用手机给姑侄俩抢拍合影，姑父自己也笑嘻嘻地凑过来，说：“我也照进去。”表妹将照片拿给姑妈看，姑妈笑着咧开了嘴，端详很久，突然问道：“你爹呢，之远，他好久都没来看我了，我过生日都没来。”

许之远顿时眼眶湿了，不知如何答话。表妹也红着眼圈赶忙说：“舅舅住院呢，老毛病了，肺气肿呢。”

表弟表妹准备杀鸡留许之远吃午饭。许之远本来想坐一会儿就走，不吃饭。表妹说：“哥，陪姑父姑妈吃顿饭吧，说不上哪天就吃不上了。”许之远闻言一怔，连忙道：“吃、吃，还要陪姑父姑妈喝一杯。”

餐桌上，他们把每家亲戚的情况都聊了一遍，最后话题落到晚辈都不着急结婚生子这件事上。表妹掰着指头数了一遍，姑妈父亲的孙辈，姑表亲二十大几口子，大的年近四十岁，小的也二十岁往上，结婚的不到一半，已婚生育小孩的也就六七人，生二胎三胎的只是极个别。“真搞不懂现在的年轻人是怎么回事。”表妹说，“我婆家的哥嫂，儿子儿媳都三十好几了，只生了一个女儿，在上小学，哥嫂看见人家抱孙子眼珠子都馋出来了，老早就喊着儿媳生二胎，生孙儿，儿媳妇开始说养不起，老两口就没白天没黑夜地四处打工，把辛辛苦苦赚来的工钱都给了儿媳妇。儿媳妇好吃懒做，成天泡在麻将馆，老两口忍气吞声，敢怒不敢言。最后儿媳妇还是把钱都输光了，干脆跑了，出去两年多不知下落。不争气的儿子，也就是我家小叔子，说是出去找人，也不知找没找到，一年四季在外游荡。”

表妹说着说着突然问："你家女儿也不小了，条件那么好，什么时候结婚啊？"许之远笑笑："谁知道呢。"

表弟是个居家道士，从小死活读不进去书，小学没毕业，却练出一手相当像样的小楷，早年偷偷摸摸跟着师父给人家做道场，没少担惊受怕。现在好了，环境宽松，不仅声望高，生意好，而且继承了师父衣钵，成了一方坛主。几杯下肚，二人喝得高兴，许之远就开起表弟的玩笑："我们有的金融界人才靠'骗人'挣钱，你们更厉害，既'骗人'又'骗鬼'哈。"

表弟很认真道："我这个事是很专业的，县里给我们发了执业资格证书的，不能开玩笑。"许之远笑了："那咱俩一样，我也是有资格证的，哈哈。"

表弟嘿嘿一笑："那还是不一样的。敬哥哥一杯。""老弟，你告诉我，你真的亲眼见过鬼吗？"许之远凑近些低声说，故意盯着表弟的眼睛。表弟一愣，说："那没有。""那你相信鬼神吗？"许之远举着酒杯追问。表弟犹豫良久，说："哥哥面前不敢瞎说，不信。""那你信什么？"许之远笑道。"信钱呀。"说完，表弟自己先打起了哈哈。

许之远竖起大拇指，举杯道："喝酒。"又说："好好练字，回头我给你寄一打荣宝斋的好毛笔。"

（十二）

春寒料峭。大早起来，天还下着小雨，整个村庄雨雾蒙蒙，宁静潮湿。许之远站在堂屋大门口的廊台上，看门前雨打芭蕉发着呆，不知道该干点什么。记忆中的儿时，烟雨清晨，农人家家户户从来不见闲待，总有忙不完的活计。如果不上山下田劳作，父亲总会穿上雨衣，挑着厚实的木桶，在石板路上踩着不变的节奏，一担又一担地从村口的水井里挑回水来，哗的一声倒进自家的大石水缸。母亲常常在忙完早饭之后，就会照看着大铁锅在旺旺的炉火上煮着猪潲，一边用铡刀将一捆一捆的干薯藤切碎作饲料，铡刀咔咔的声响和铁锅噗噗的蒸气，枯燥、单调，很快，切碎的薯藤就会在母亲的膝下堆成一座小山。

之远不觉转身往堂屋里张望，似乎是想看水桶铡刀还在不在，又似在看父母亲的身影还在不在。一把锄头立在墙角，许之远忽然觉得手痒，随手握过锄把，扛了上肩，问妹妹道："山上有啥活干吗？"妹妹扑哧一声笑了："这时节哪有活啊，再说了，你穿这一身，怎么上山啊？"顿了一下，又说："要是闲不住，一会儿雨停了，让思成带你去菜地拔几棵白菜回来吧。"许之远尴尬地笑笑，把锄头从肩上放下来，立在原处……

许之远无聊地刷着手机。梅山中学周校长将校训草案发过来，好几个版本，但清一色的"崇德""尚读""笃行""勇毅"之类的，熟悉的虔诚而沉重。许之远实在提不出什么意见来，倒是脑海里忽然冒出"海阔凭鱼跃，天高任鸟飞"一句，就问周校长："还记得当年教语文的康老师不？"周校长比许之远低几届，也是康老师的学生。周校长说，几十年都没见到康老师了，但是年前碰巧在县里听教育局有人提到他，好像有点反面典型的意思。许之远听了眉头一皱，赶紧又问有康老师的联系方式没有。周校长说自己没有，找找试试。

康老师在梅山中学工作十多年，后来又在几个乡镇中学调来调去，直到退休前才回到市里。好像听人传过，康老师的妻子考研究生去了上海，然后二人就离婚再也没回来。后来康老师跟乡镇的一个女老师又成过家，但很快也散了，两次婚姻都没有生育孩子。一个城里的知识分子，在山区消耗一辈子，多少有些另类，退休前身体状况已经不好了。许之远常常想，如果康老师后来也继续读书深造，读硕士博士，然后留在大学教书，以他的热爱与才华，想必早已成名成家，于国于己，那都是什么景象？实在是造化弄人，难知其所以啊。

等了很久，周校长终于来电话说，康老师的联系方式没找到，但确切的消息是，康老师身体情况特别不乐观，目前正在市人民医院住院，随时都可能会不行了。许之远二话不说就出门开车奔往市医院。

康老师躺在病床上打着点滴，鼻孔插着氧气管子。脸色苍白，形容枯槁，眼窝深陷，眼睛微闭，呼吸轻微却急促，一头白发有些长了，梳理得还算整齐。守在病床边上照顾老师的是一个六十岁左右的阿姨，面目慈善，举止从容。阿姨说老师刚睡着一会儿，问要不要叫醒他。许之远赶紧说不用。许多年没见，老师容颜已经苍老，但清瘦雅气的轮廓依然能看出当年的影子。不大的病房摆着四张床，但另外三张都空着。康老师的床在最里边，靠着墙，床头柜上摆着水杯、药瓶，一个夹着铅笔的小本，还有摞在一起的几本书，最上头的是有些泛黄的《苏东坡传》，林语堂的著作。许之远环顾一圈，问边上的阿姨道："您是康老师的亲戚吧？"因为从气质上看，不像是医院雇的护工。阿姨笑笑："不是亲戚，是朋友。"顿了一下，又说："也是亲人。"许之远听了有些不解，也不便深问，就聊起了老师的病情。从支气管炎、气管炎、哮喘，到肺气肿，再到肺心病，得的竟然是跟父亲一样的病。

康老师前前后后在家里和医院病床上躺了七八年了，现在已经到了肺心病三期的末尾，医院多次报告病危。许之远心情沉重地看着病床上的老师，也默想起父亲当年最后阶段可能的样子。

不到半个小时，老师醒了。看见边上的许之远，暗淡的眼神顿时光亮起来，嗓子里发出噢噢的响动，老师挣扎着要起身跟许之远打招呼。许之远赶紧握住老师的手，让他躺着别动。阿姨说，老师已经口齿含混，不能说话，但听力没有问题，只要醒着，头脑都很清醒，要紧的时候，就用床头柜上的铅笔和小本做些简单的交流。许之远赶紧向老师拜年、问好、致歉，说这么多年也没有来看望老师感到十分的惭愧。

康老师平静地听着，轻轻摆摆手，然后示意要拿起纸笔。许之远对老师说："您别动手了，每个动作都会增加心肺的压力，我知道您要说什么，您听我说就行了。"老师欣慰地点点头。

许之远把几十年来的学习、工作和一部分生活的情况慢慢地给老师做了介绍。老师听得很认真，也在个别地方，招招手示意停下来，许之远就加一些解释和补充。说说停停，前前后后半个小时有余，阿姨在边上边听边照顾老师吃药、喝水、掖被角、垫靠枕，很是用心。其间，又先后有年岁和神情与阿姨相仿的叔叔、阿姨各一人来探望老师，都是平静、亲切的样子。

听到后来，许之远看见老师的眼神渐渐暗淡下来。阿姨说，老师是体力不支了，平时睁眼十几二十分钟就坚持不住了，今天高兴，算是奇迹了。许之远赶紧收尾，握紧老师的手说些安慰的话，准备告辞让老师休息。老师眼光又勉强亮了亮，手仍握得紧，明显是不舍。坚持拿起笔，在小本本上写下：

我知道一定能见到你一面。谢谢之远！为你骄傲！人生一世，乐乎天命。你一辈子经历丰富多彩，不要辜负难得的阅历和才思文笔，日子还很长，要读书、要写作。读书人唯有作品留存，才不枉一世。切切！

老师喘着气，虽然字迹轻浅，但一笔一画，严谨细致，连标点符号都一个不少。许之远红着眼眶，与老师双手紧握，使劲点头。然后，他站起身来，把老师的字条折好揣进贴近胸口的衣袋里，又掏了厚厚的红包放进床头柜抽屉，打起笑脸说："康老师你放心，我过两天回北京，路过再来看您。我也一直有退休以后搞写作的计划，这次我回去就开始动手，先写

个中篇小说，第一个送给您看，就像当年交作业，您一定要等着。”康老师点头笑着，嘴角翕动，双眼润出泪来。

（十三）

小雨连着下了几天，访客稀稀拉拉来得差不多了，家里很快安静下来。计划时间虽然宽裕，但每天早晨醒来一睁眼，不知道今天要干点啥。许之远决定提前返程。

离开前日的午后，趁着下雨，街上人少，许之远又撑起雨伞，想到桥头青石板老街上去走一走。

所谓老街，实际上只剩下一段不足百米长的青石板街路了。镇子边上的另一个村子，与老街被一条河隔开，河上有一座大青石板搭造的拱桥。以前通往村庄的公路没有修通，许之远和小伙伴们每天都得绕道邻村，经过石桥和青石板街上学校。

桥的这一端原来是个小型的养猪场，临街的一栋红砖瓦房门口开着肉铺，靠河的侧墙上用石灰写了四字标语：大养其猪。

记得小时候，同学们经过这里总是要嬉笑着互相打趣：“其猪”是什么猪？石桥的另一端有一棵高大的白果树，小时候听大家都喊白果树，后来进城读书才知道就是银杏树。记得每年深秋，白果树满树婆娑的叶子金黄夺目，秋风吹来，树叶铺满桥头路面，有的落到河面，静静地漂流远去。树下坐落着一座青砖黑瓦的两层四合院，以前石拱大门上刻着“树德堂”，是镇上大姓周氏的宗祠，后来改成梅山小学。许之远就是在这里上学启蒙。

老街两侧完全是新建的房屋，有的稍有仿旧的模样，更多是随意的建筑，当街清一色的店铺门脸，与普通乡镇的街道全无二致。只有石板路年年依旧，厚重的大青石块，百多年来被磨蚀得光滑水润，石板上随处可见的白色纹线，仿佛是青石的筋络，自然而生动。许之远撑着伞快速走过街道，眼前没有什么值得留恋的了，脑海中却一阵阵浮现出过往的情景。

记得自己一溜小跑跟在父亲身后，父亲和生产队员们挑着满满的两箩稻谷，迈开大步走在青石板上，往粮站送公粮；记得那天伟人逝世，从四面八方涌来的人们胸口别着白纸花，臂缠乌纱，呜咽着经过老街，赶往梅山中学礼堂的悼念会场；也记得当年怀揣大学录取通知书，从街上向家里飞跑而过，耳边呼呼风响，前头云蒸霞蔚，光辉炫目；更记得父母亲走时，长长的队伍缓缓经过老街，沿途的人家纷纷点燃鞭炮礼花，礼寄哀思……

许之远穿过青石板街，绕过热闹的街镇中心，再次来到父母坟前，肃立良久，鞠躬离开。经过学校门口，许之远给周校长打电话。周校长正好在，一路小跑从办公室过来，把许之远迎进校门，要领着在校园里转一转。许之远说不转了，上学时所有的痕迹都没了。

周校长说了一些校庆的事。说要在从校门进来的缓坡到运动场的边上，也就是两人站着位置的不远处，立一块巨大山石，把校训刻在上边。许之远说：“这里是梅山文脉所在，也是一代又一代梅山人梦想起飞的地方，还是刻几个让孩子们一辈子记得住的字吧。”校长眼睛一亮，赶忙问：“哪几个字？”“天下梅山。”

翌日清晨，雨过天晴。许之远早早出发，妹妹一家人站在门廊相送，上车回头，不忍依旧，悲上心头。妹妹说：“哥，把你写回来的信带走吧？”许之远说：“留着，回来看。”

到市医院时，康老师正睡着，阳光透过窗户照在老师的脸上，宁静而安详。上次来见过的另一位阿姨坐在病房的小方凳上看书，见许之远进来要打招呼。许之远示意不要打扰老师，把带来的几枝蜡梅瓶花轻轻放在床头柜上，站在病床边上安静地端详了一会儿，朝阿姨点点头，拱手致意，转身出了门。

高速路上车流明显密了起来。许之远给“小花猫”发语音，半开玩笑半认真地说：“我晚上的飞机回北京，你从广州坐高铁过来见个面如何？”没想到那头打着哈哈大声说：“我昨

天已经来长沙拦截,坑都给你挖好了。”

二人在岳麓山脚的特色湘菜馆“未下山”见面，边吃午餐边听“小花猫”聊这些年自己的故事。故事其实很简单，一头扎进基金的海洋，从私募到公募再到私募，从笑脸到冷脸再到笑脸，从南方到北方再到南方，像是进入一条时光的隧道，时光很快，挣钱很多，心里很慌。年近四十，内心和外部的情况都发生变化，累了，也自由了，“小花猫”准备移民新加坡“过日子”。

许之远听了，笑笑说：“你这是人生赢家呀，多少人梦寐以求的日子。”“也许是吧,好多人似乎很羡慕我,但我还是羡慕你这样从容、丰富的人生。如果可以选择,在金钱和诗意当中,我选择后者。”

“你现在正好有条件兼得，财富自由，人生重要阶段，真正开启属于自己的诗和远方。”许之远很认真地说。

“有花堪折直须折，莫待无花空折枝。哪有那么完美的兼得啊。”“小花猫”叹口气道。

“安慰不幸的人，莫过于把自己说得更不幸。”许之远开玩笑道。“你还不幸？”“小花猫”瞪着眼睛问。

“子非鱼,焉知鱼之不乐,哈哈。”说完这句，许之远忽而正色道：“其实也没啥。人生七苦，自然而然。嗨，咱们今天这是怎么了？两个时代的准幸运儿，在这里七里八里作失意状。趁飞机时间还早，咱们到山上走一走，我给你讲讲岳麓山，共同熏染一些浩然之气吧。”“小花猫”说：“还是给我讲讲师兄你自己吧。”

穿过熙熙攘攘的旅游人群，从湖南大学校园里的入口，二人沿着登山公路边走边聊。许之远平缓地述说着这次回去的感受以及儿时记忆中的家乡，讲自己的走南闯北与少年得志，讲自己的艰难困苦与沉舟侧畔，也讲父母亲人的幸福与遗憾。

“小花猫”默默地听着。许之远又讲湖南人“大江东去无非湘水余波”“惟楚有材，于斯为盛”以及“先天下之忧而忧，后天下之乐而乐”的天下情怀，讲“一座岳麓山半部中国近代史”的浩然正气，讲“耐得烦、吃得苦、霸得蛮”“不信邪、不服输、不怕辣”的湘人血性。

“小花猫”听得有些入神，末了才说：“看来师兄的人生也是真不容易啊。这么多年看到更多的是从容、丰富，是灵敏、温良，真正的无奈与坚忍却知之不多。看来骨子里还是个典型的湖南人啊。”

“我等算什么呀，一辈子只有景仰先贤英烈的分，他们的天下情怀和普遍的殉道精神，可谓辉映日月，光耀千秋。”许之远赶忙说，过了一会儿，又低声补了一句：“只是，有一条，我觉得没有忘记——自己也是个宣过誓的人。”

（尾声）

许之远回到北京，上班第一天，单位通知他准备去党校学习三个月。许之远抓紧时间去医院进行了体检，结论是：先天性胰头增大，注意饮食。他就产权车位漏申报一事向组织递交了深刻检查；将自己账户上的所有股票换仓调整为两只，一只为基金重仓的科技股，另一只为自己银行的股票，然后把手机上的股票App全部删除。

他费了周折联系上初一没拜上年的老领导，去医院探望，方知老人家几年前用一辈子攒下的辛苦钱，买了爆大雷的信托公司的理财产品，重击之下，一病难起。许之远闻言内心一阵唏嘘，安慰老人家的话竟不知从何说起。

开学一个月，利用学习之余时间，许之远无提纲试笔，紧赶慢赶将春节返乡的点点滴滴，写成几万文字的“作业”，托梅山中学周校长打印送给康老师。周校长当天下午回信说，已经晚了。康老师托医院护士给许之远留下一大包材料，周校长当场打开，是老师自己用钢笔在笔记本上创作的诗集《梅山诗稿》，跨越半个世纪的各色笔记本足足有十七本。还有，夹在第一本扉页上的便笺上，康老师写给许之远的一句话：

“诗在，长安就在。”

老乡哪吒（二）

文／潘凌

辞旧迎新，电影院里，《哪吒2》热映。春天来临，东坡视高科创村村主任水饺邀请文旅、金融、科幻、动漫文创精英们共商乡村振兴项目，借助科幻文创力量，招商引资，为东坡视高科创村注入新活力。

话题从热议《哪吒2》展开。

包子：《哪吒2》在单一市场，不依赖全球观众就能取得如此辉煌的成绩，对于迪士尼和华纳兄弟这样的国际巨头而言，这几乎是一个梦想，在票房上取得了辉煌成就，这对我们而言是一个前所未有的机遇。

麻花：的确如此，过去好莱坞大片在中国市场占据主导地位，但现在《哪吒2》的票房成绩甚至超越了经典影片《泰坦尼克号》。

归谷（文旅负责人）：《哪吒2》的成功展示了文化产业的巨大潜力，并证明了中国电影的国际影响力正在稳步提升。通过融入中国故事元素并采用好莱坞的叙事手法以及国际级的视觉效果，中国国产电影正逐渐走向成熟。哪吒作为中国古代神话中的经典角色，本身就蕴含着丰富的文化内涵和深厚的底蕴。《哪吒2》不仅有精美的制作和引人入胜的剧情，更成功地将中国传统文化与现代电影技术相结合，展现了中国文化的独特魅力。这种结合，不仅赢得了国内观众的喜爱，也引起了国际市场的广泛关注。

荣创（银行行长）：业界普遍认为，像《功夫熊猫》这样的好莱坞电影要想在中国市场再次取得成功，需要更加深入地了解中国观众的需求和口味，好莱坞的制作人也需要重新思考，从《哪吒2》的观众群和票房潜力中学习如何在中国市场取得成功。然而，我们也面临着挑战。疫情对电影行业造成了巨大影响，许多人担心电影行业可能是最难复苏的行业之一。但我们不能放弃，正如哪吒一样，我们要有勇气和决心去克服困难。我们相信，只要我们坚持创新，就一定能找到新的发展道路。

水饺：正如哪吒乘风破浪，扶摇直上九万里，我们要一扫沮丧和焦虑，坚信只要我们坚持品质和创新，就一定能成功。DeepSeek的创新精神和《哪吒2》的成功，都为我们树立了榜样。我们也要在东坡视高科创村创造出属于我们的传奇！

蛋糕：没错，DeepSeek的创新精神与《哪吒2》的辉煌成就交相辉映。我们不能再抱怨环境，而要勇敢地在自己的领域中独树一帜。每一个领域都是创新的前沿。我们要抓住这个机会，用我们的智慧和勇气，让东坡视高科创村成为新时代的传奇！我们要让这里成为文化产业的新高地，成为科技创新的示范区，让世界看到我们的力量和魅力。

大家讨论了电影成功的因素、观众审美提升、文化与科技融合的机遇与挑战。精英们达成共识，大家要集中智慧和勇气，打造东坡视高科创村文化产业新高地，共同书写辉煌篇章。

蜀宝决定邀请他的朋友油条、汤圆、抄手、包子、蛋糕一同前往乾元山，参加哪吒乐园的开幕活动。蜀宝踏入锦江畔颇具雅致的湖景茶坊那年那月，以颇为正式的语气对他的朋友们宣布："各位，油条、汤圆、抄手、包子、蛋糕，我断定你们每周日都会在此地'寻觅灵感，激发创意'，请过来一下！哪吒诚邀我们前往乾元山，参加他举办的盛大开幕式。"

油条听后，惊讶地回应道："哇，哪吒乐园的开幕式？这实在是太吸引人了！我听说《哪吒2》这部电影极为火爆，众人都在热烈讨论。"

汤圆亦带着好奇的语气说道："的确如此，我也观看了这部电影。那3D动画技术着实令人叹为观止，特效、画面及美术设计均极为出色！尤其是冰与火、红与蓝的激烈碰撞，以及天元鼎大战的场景，看得我心潮澎湃！"

抄手插话道："没错，还有那结界兽的设计，灵感源自三星堆遗址和金沙遗址的青铜人像，极具文化底蕴。哪吒的形象亦极具个性，叛逆而不失使命感，我极为喜爱！"

包子点头表示赞同："所言极是！电影中的亲情、友情线索亦极为动人，哪吒与父母的情感，以及他与敖丙的友情，均令我深受触动。"

蛋糕兴奋地补充道："还有那反抗精神，实在是太鼓舞人心了！电影中的四川元素亦颇具趣味，太乙真人的'四川普通话'，令人倍感亲切。"

蜀宝激动地回应："确实如此，这部电影不仅精彩绝伦，更富有深意。我亦是《哪吒》系列的忠实拥趸！我常于芙蓉市的电影院中，佩戴3D眼镜沉浸其中，深感哪吒的故事远非一部动画片所能概括，更是一种精神的传承。"油条带着疑惑提出："不过，我听说哪吒乐园的游客似乎主要是电影的粉丝，缺乏更广泛的目标群体。众人皆认为《哪吒2》风靡全球，但哪吒乐园似乎难以持久。"

蜀宝沉思后提出："嗯，这的确是个值得深思的问题。我们不妨集思广益，思考如何让哪吒乐园更具吸引力。"

汤圆灵光一闪提议道："对了！我们可以在芙蓉城东坡视高科创村创立一个'哪吒蜀宝乐园'！将哪吒的故事与蜀宝的特色相结合，或许能吸引更多游客前来。"

抄手赞同地说："此计甚妙！在苏东坡故里将哪吒的精神与蜀宝的可爱融为一体，打造一个独具特色的主题乐园！"

包子兴奋地提议："好啊，那我们快去东坡视高科创村看看吧！"

蛋糕点头表示同意："走，我们一起去！"

蜀宝兴奋地跳起来说："走，我们去东坡视高科创村！"

哪吒微微一笑回应："好啊，我带你去！"说着，踩着风火轮，乾坤圈带着蜀宝飞了起来。

蜀宝惊讶得目瞪口呆："哇，我竟然飞起来了！哪吒，这到底是怎么回事？记得在动物园'客座'时，我打个喷嚏都能引起一片尖叫，现在这么大一只熊猫在天上飞，居然没人察觉？"

哪吒轻声笑道："我施展了障眼法，普通人是看不见我们的。放心吧，我们不会被发现的。"

蜀宝好奇地环顾四周："哇，真神奇！我们这是要前往何处？"

哪吒指向远方："我们正前往东坡视高科创村。那里是一个充满创意和活力的所在，非常适合打造一个独一无二的乐园。"

其他人乘坐低空飞行器紧随哪

吒。他们飞越繁华的春熙路，热闹的街道上人群熙熙攘攘，却对天空中飞过的哪吒和蜀宝毫无察觉。

蜀宝惊叹：“哇，春熙路真是热闹非凡！这么多人，他们都在忙些什么？”

哪吒微笑着回答：“这里是芙蓉市最繁华的地带，人们都在享受生活的乐趣。我们继续向前飞行吧。”

他们飞越了高耸入云的环球中心，巨大的建筑在阳光下熠熠生辉。

蜀宝兴奋地指着环球中心：“哇，那座建筑真高啊！我们飞得这么高，竟然感觉不到一丝风。”

哪吒点头道：“障眼法不仅能让我们隐身，还能确保飞行平稳。放心吧，一切都会顺利的。”

蜀宝开心地笑道：“太不可思议了！我感觉自己仿佛置身梦境。哪吒，谢谢你带我来到这个神奇的地方！”

哪吒微笑着回应：“不用谢，我也很高兴能与你一同探索未知的领域。等我们抵达东坡视高科创村，我相信我们一定能创建一个让所有人都喜爱的乐园！”他们继续向前飞行，朝着东坡视高科创村的方向，怀揣着梦想与希望，开启一段新的旅程……

● ● ●

他们的到来，无疑给东坡视高科创村带来了巨大的声望和知名度！热情洋溢的村主任水饺以满腔的热情欢迎道：“欢迎各位莅临东坡视高科创村！你们的到来，对我们来说，意义非凡。我们这个村子一直以来都致力于创新和科技的发展，我们坚信，你们的加入，必将为这里注入新的活力和灵感，让我们的村子充满生机。”

蜀宝开心地点头，表示赞同：“的确如此，我们有一个宏伟的计划，那就是在这里建立一个名为‘哪吒蜀宝乐园’的主题乐园。我们打算将哪吒的传奇故事与蜀宝的独特魅力相结合，期望通过这个乐园，能够吸引来自四面八方的游客，同时也为我们的村子带来更多的关注和机遇。”

水饺听后，眼中闪过一丝兴奋的光芒：“这真是一个绝妙的主意！我们村子的科技和创新氛围，与乐园的主题完美结合。我将全力支持你们，提供必要的资源和协助，帮助你们实现这个梦想。”

哪吒也表达了自己对这个项目的期待：“我也非常期待能够参与这个项目。我的故事和形象，一直以来都激励着人们追逐梦想，我坚信，这个乐园将成为大家向往的胜地，成为人们心中的一片乐土。”

油条、汤圆、抄手、包子、蛋糕等其他成员也纷纷表示赞同和支持，他们热情地参与讨论乐园的设计和规划，每个人的心中都充满了对未来的期待和憧憬。他们相信，通过大家的共同努力，这个乐园一定能够成为现实，成为人们心中的一片乐土。

在芙蓉市，科技与文化的融合达到了前所未有的高度。东坡视高文化科创乐园的建设，成为这座城市最具标志性的项目之一。团队成员们怀揣着对传统文化的敬畏之心，以及对未来的无限憧憬，开始了这场跨越时空的文化实验。他们相信，通过科技与文化的结合，他们能够创造出一个全新的世界，让传统文化在现代社会中焕发新的生机和活力。

● ● ●

未然已然。哪吒蜀宝乐园仿佛是穿越时空的文化之旅。

符号重构——解构与再生的神话编码

在乐园的核心区域，哪吒的形象被重新塑造。他不再是传统神话中的少年英雄，而是化身为“元宇宙导游”。在这个全新的角色中，哪吒的混天绫被改造为时空跃迁装置，风火轮成为穿梭时空的引擎，而他的莲花化身则演化为数据生命形态，能够在虚拟与现实之间自由穿梭。

在这样的背景下，设计师抄手提出了一个有趣的问题：“哪吒，你的‘障眼法’准备好了吗？”哪吒微微一笑，轻轻一挥混天绫，一道光芒闪过，AR增强现实技术与传统道术完美融合，将眼前的熊猫蜀宝带入了一个奇幻的虚拟世界。这个过程不仅展示了技术的魔力，也体现了数字时代的力量。

团队的学术研究者油条对此感慨

万千，他说：“哪吒的‘析骨还父’，不仅是对传统神话的解构，更是对人类与肉身关系的哲学思辨。在这个过程中，我们看到了一个古老神话如何在现代科技的辅助下焕发新生，同时也引发了我们对于人类未来存在形态的深刻思考。”

油条的话引发了在场所有人的深思。他们意识到，这场符号重构不仅仅是对哪吒这一角色的重新塑造，更是对整个神话体系的再创造。在这个元宇宙中，每一个角色、每一个符号都被赋予了新的生命和意义，它们共同构成了一个庞大而复杂的神话编码系统。

哪吒作为这个系统的核心角色之一，他的每一次行动、每一次变化都在不断地丰富和完善这个系统。他的混天绫、风火轮以及莲花化身，不再是简单的道具和象征，而是成为连接虚拟与现实的桥梁，成为人类探索未知世界的工具。

而在这个过程中，人类也在不断地反思和审视自己。他们开始思考自己与肉身的关系，思考人类未来的存在形态。这个思考的过程，不仅是对传统神话的解构和重构，更是对人类自身的一次深刻的认识和觉醒。

随着这场符号重构的不断深入，乐园的核心区域也在不断发生着变化。新的角色、新的符号、新的故事不断涌现，它们共同构成了一个充满无限可能和想象的空间。在这个空间中，人类可以尽情地发挥自己的创造力和想象力，去探索未知的世界，去创造属于自己的神话。

城市叙事——文创产业的超真实投射

一个充满活力的文创产业蓬勃发展，在东坡视高科创村得到了具象化的展现。这里聚集了百家动漫公司，这些公司之间有着明确的分工，团队合作高效而有序。油条专注于学术研究，汤圆负责策展运营，抄手致力于设计创作，包子则掌控着资本运作。蛋糕，作为数字游民的代表，带来了Web3.0 时代的创作新形态。

“我们的目标是将传统文化与现代科技完美结合。”水饺在策划会议上充满激情地说道，“乐园的建设过程，就是文化产业从图纸到 IP 落地的隐喻。”哪吒与蜀宝的冒险故事被改编成各种文化活动和旅游项目，吸引了无数市民和游客。李白的诗歌通过全息投影技术在空中飘荡，而苏东坡的诗词则被巧妙地融入原创舞蹈《麒麟》中。这些创新的尝试让传统文化在现代科技的助力下，焕发出新的生命力，同时也为城市叙事增添了丰富的内涵。

东坡视高科创村还孕育出了一系列具有地方特色的文创产品。以芙蓉市的自然景观和人文历史为灵感，设计师们创作出一系列精美的手办、文具和服饰。这些产品不仅在当地市场上受到追捧，还远销国外，成为芙蓉市的一张亮丽名片。

文创产业已经成为城市叙事的重要组成部分。文创产业的外延得以重新阐释。芙蓉市的城市面貌也在悄然发生着变化。曾经的老旧厂房被改造成充满艺术气息的创意园区，废弃的仓库变成了时尚的展览空间。城市的每一个角落都散发着浓郁的文化气息，吸引着越来越多的年轻人前来创业和生活。它不仅为城市带来了经济效益，更在传承和弘扬传统文化方面发挥了积极作用。

诗学对话——文化基因的跨时空重组

在那闪耀着现代科技光芒的玻璃幕墙之下，少年哪吒与伟大诗人李白，仿佛穿越了时空的界限，成就了一场关于反抗精神的古今和鸣。哪吒那句“我命由我不由天”与李白的“安能摧眉折腰事权贵”在量子纠缠的奇妙现象中交织，形成了一个全新的意义场域。李白在虚拟对话中感慨地对哪吒说：“哪吒，你的反抗精神与我的不屈不挠，或许正是传统文化自我革新的力量。”传统文化内部的自我革新机制被激活，跨越千年的文脉对话在这一刻达到了高潮。这场文创盛宴，不仅是一场视觉与听觉的盛宴，更是一次心灵的震撼与启迪。哪吒与李白的对话，不仅是对传统文化的致敬，更是对现代文化的深刻反思。它让我们看到，传统文化并非孤立的存在，而是与现代文化相互交织、相互影响。在文创产业的推动下，传统文化以一种全新的方式呈现，与现代科技完美融合，共同构建了一个超真实的城市叙事空间。

在这个空间里，我们仿佛能够穿越时空，与古人进行一场跨越千年的对话。这种体验不仅让我们更加深入地了解传统文化的内涵与价值，也让我们对现代文化有了更加全面的认识。我们意识到，传统文化与现代文化并非水火不容，而是可以相互借鉴、相互融合，共同创造出更加丰富多彩的文化形态。

文创产业的发展，为传统文化的传承与创新提供了广阔的空间。通过文创产品的设计与推广，我们能够将传统文化的精髓融入现代生活中，让更多的人在享受现代科技带来的便利的同时，也能够感受到传统文化的魅力与力量。这种文化的传承与创新，不仅有助于增强民族文化的自信，还能够促进文化的国际交流，让世界看到一个更加多元、更加富有活力的中国文化形象。

文化地理编码——开放系统的构建

乐园最具颠覆性的创造之一，就是将成都平原的文化地理元素转化为一个可编程的开放系统。在这个系统中，三星堆的青铜神树不仅是历史的见证，还被赋予了新的角色，成为能源核心。都江堰这一古老的水利奇迹，被重新想象为时空曲率引擎，引领我们穿越历史的长河。大熊猫，作为活化石的代表，经过重新编码，当蜀宝乘着乾坤圈飞越春熙路时，我们看到了在地域性与全球化的辩证关系中，熊猫的憨态与赛博朋克的碰撞达成了一种奇妙的和解。这种融合不仅是传统文化与现代科技的简单叠加，更是跨越时空的奇迹。这个奇迹不仅体现在物质层面，更是一种精神层面的融合与升华。三星堆青铜神树这一古老的文明象征，被赋予了新的生命，成为一个充满活力的乐园的能源核心。它不仅是一个历史的遗迹，更是一座连接过去与未来的桥梁。

同时，芙蓉古镇的飞檐斗拱，这些传统建筑元素也被巧妙地嵌入全息投影模块，使古镇的风貌在现代科技的映衬下焕发出新的活力。这种叙事策略打破了传统的“传统—现代”二元对立，通过量子隧穿效应，在文化传承中构建起一种全新的范式。

哪吒与蜀宝的冒险旅程，让游客看到了一个古老文明如何在新的时代背景下焕发新的活力，传统文化如何在保留其核心价值的同时，与现代科技和全球文化进行对话和融合。这种文化融合的实验和探索，不仅丰富了我们的文化生活，也为世界文化多样性的保护和发展提供了新的思路和可能。

长山的回荡

——追忆我的父亲陶长山

文 / 陶登林

在岁月长河的浅滩上，总有一些身影，将坚韧不拔的姿态，镌刻成永恒的记忆。在2024年农历的最后一天，父亲走完了他95年的生命之旅。追忆父亲的人生，是一部平凡而伟大的篇章，他的故事，如同一首质朴的民谣，在时光中缓缓流淌，每一个音符，都跳动着生活的热忱与希望。

父亲出生于天长城东洋湖之滨的陶家湾，在七个兄弟姐妹中，他是最年幼的那一个。六岁那年，命运的浪潮将他和爷爷卷入漂泊的旅程。放鸭、打鱼、帮工、佃种，一路向西，居无定所，直到十岁，才在天长最西部的冯家营暂时落脚。然而，平静的生活并未持续太久。1944年，日本侵略者的铁蹄无情地践踏这片土地，人性泯灭的日本兵一把火烧了爷爷家的所有房屋和粮食，父亲和奶奶慌忙逃到来安县林家岗避难，看家的爷爷险些丧命。失去家园的爷爷，只能继续西行，两年后，终于在椿树庄安定下来。

椿树庄，地处天长、来安、盱眙三地交界，宛如隐匿在山水之间的世外桃源。它位于釜山水库与时湾水库的环抱之中，白塔河的两条支流蜿蜒绕过村庄南北两侧，肥沃的土地，秀美的风光，孕育出这鱼米之乡的富足与安宁。在这里，父亲度过了他的青春岁月，而打鱼，成为他人生中一段璀璨的乐章。

父亲的打鱼工具，是一张他亲手编织的旋网，那是他与这片水域对话的独特语言。乡邻们都称赞父亲是打鱼的行家，他对水流和鱼群的习性了如指掌，仅凭网纲的振动，就能判断网中鱼的种类。他撒网的姿态，潇洒而有力，网如满月，落入水中，收获总是满满当当。每次出行，父亲总能带回比别人更多的鱼，这些收获不仅是生活的馈赠，更是他辛勤与智慧的证明。

农闲时，父亲的装备简单而实用：一张旋网、一个鱼篓、一条短扁担和几个大卷子（皖东的一种面食）。他沿着时湾水库，从源头走到尽头，或是穿梭在沟渠塘坝之间，所到之处，皆有收获。鱼篓满了，便就地售卖；卖不完的，就带回家腌制成鱼干，贴补家用。这些鱼干，不仅是餐桌上的美味，更是支撑家庭的一份力量。

小时候，最令我陶醉的时光，便是躺在稻草铺就的床上，在昏黄的油灯下，听父亲讲述他的打鱼故事。其中，他与大伯在大洞口水库的那次经历，尤为难忘。在一片黑青的湖汊里，银色的鳞光若隐若现，父亲和大伯一网下去，竟拉不动，原来是遇到了“鱼阵”，满网的鲫鱼，是大自然给予他们的丰厚奖赏。还有一年初夏，釜山水库泄洪后，一条大鱼在闸堂横冲直撞，冲破了多张旋网，最终在精疲力竭时，被父亲成功捕获。那是一条重达28斤的花鲢，父亲和堂哥抬着它凯旋，当晚，鱼肉飘香，邻里围坐，共享这丰收的喜悦。

即便到了八十岁高龄，父亲仍对打鱼念念不忘。后来，在母亲的坚决反对下，他才放下了渔网，但那张网，他始终舍不得丢弃，时常拿出来晾晒、修补，仿佛那是他与过去岁月连接的纽带，承载着无数的欢乐与回忆。

父亲的求学之路，充满了坎坷与

艰辛。八岁时，他仅上了一季利用冬季农闲开设的“冬学”，后来又断断续续读了两年私塾。然而，这些短暂的学习经历，并未磨灭他对知识的渴望。在放鸭的日子里，他的背囊中总是装着私塾课本，一有空就拿出来诵读、钻研。他一辈子都能熟背《三字经》《百家姓》《千字文》。

十年前，在我儿子即将奔赴大学之际，我们回到老家向父母辞行。父亲语重心长地教导孙子：“到了大学，可不能松懈，要勤奋学习，老师讲的知识一定要牢记。我小时候读私塾的课文，现在都还记得呢。”说着，他便不假思索地背诵起当年的课文，那是一篇关于抗战爆发的课文，从他口中缓缓流出，仿佛带着历史的温度。这些从未听过的内容，让我们大为惊讶，后来，安徽省地方志办公室主办的《志苑》杂志还对此进行了报道。父亲对知识的执着，不仅是个人的坚守，更是对那段历史的铭记与传承。

自我记事起，父亲就常常提起他对读书的向往。在他的描述中，我仿佛看到一个少年，手持鹰把，站在塘边，遥望着学堂，眼中满是渴望。虽然父亲未能实现自己的求学梦想，但他将这份期望寄托在了下一代身上。20世纪七八十年代，他凭借自己的努力，先后将三个儿子送进了大学，为他们打开了知识的大门。

父亲一生都保持着对学习的热情。他的《新华字典》换了一本又一本，他平日里喜爱阅读历史和军事书籍，几十年如一日地坚持练习书法。他关心时事政治，每晚必看《新闻联播》，对《长征》《彭德怀》《海棠依旧》等革命历史题材的电视剧也一集不落。每次回家，他都兴致勃勃地与我讨论热点话题，从宁淮城际铁路的线路规划，到美国总统大选的风云变幻，他的思维依然敏捷，对世界的好奇心从未减退。

凭借早年的学习和后来的自我积累，父亲在当地也算是个文化人。乡亲们遇到起名、写信、建喜账等事情，都会找他帮忙。他曾担任过村会计和大队长，但大部分时间，他还是在田间辛勤劳作。几十年的默默耕耘，他从未抱怨过生活的艰辛。

“包产到户”不久后的一次卖粮经历，让我深刻体会到父亲的不易。从家到釜山粮站，七八里的土路崎岖不平，板车上装着近千斤的麦子，父亲在前拉，我在后面推。烈日炎炎下，父子俩艰难前行，汗水湿透了衣衫。到了粮站，排队一个多小时后，我们却被告知麦子干度不够，需要重晒。

父亲默默将麦子拉到一旁，重新摊晒。看着汗水从他肩膀被绳子勒出的深痕中滑落，我心中满是酸涩。而在晒粮间隙，父亲还不忘给我买一根冰棒，自己却舍不得吃，那一刻，我深深感受到了父亲的艰辛与对我的疼爱。

父亲育有六个子女，如今都不在身边。家中原有的四五亩地，父母一直坚持耕种，直到父亲86岁时，在我们的再三劝说下，才流转给他人。失去土地的父亲，心中空落落的，于是他又在沟边、水库滩涂开垦了几小块地，继续播种、插秧。有一年初夏我回家探亲，看到屋旁的稻场被改成了秧田，父亲自豪地说，他大半天就完成了年轻人需要一两天才能做完的围埂工作。插秧时，他坚持不让我们帮忙，只让我们做些辅助活儿，他对土地的热爱和对劳动的执着，令人动容。

这些零碎的田地虽小，却承载着父亲整个秋天的忙碌。秋收后，他还会外出拾稻。如今农村收割大多采用机械化，但收割机难以顾及的角落，总会有散落的稻穗。每到清晨，父亲便带着蛇皮袋和矿泉水，骑着自行车前往十几里外的地方拾稻，直到下午三四点才回家，一个收割季下来，能收获五百多斤。

初冬时节，农活渐少，父亲却闲不下来，他会到田埂上割草。尽管家中有电饭锅和液化气，我多次劝说他不必如此辛苦，但他总说看到田埂上的草，就忍不住想割回来。每年冬天，他都要割回两百多捆荒草，这是他对传统生活方式的坚守，也是他与土地之间难以割舍的情感。

父亲不仅勤劳，而且心灵手巧。许多农具和家用物品都是他亲手制作的，草编的草焐子，木制的链枷、犁耙，竹编的腰篓子，每一件都精致实用。他还擅长制作各种应季储备菜，如初夏的黄豆酱、秋天的秸秆、冬季的山芋粉，在物资匮乏的岁月里，这些美食给家人带来了无尽的温暖。

父亲的生活，并非只有田间劳作。他性格乐观幽默，关心集体，热爱生活。农闲时，他天不亮就起床，忙完家务后，便到村头与乡亲们聊天，从家长里短到天南海北，他总是话题的中心。人多的时候，大家一起打麻将、玩扑克牌，傍晚回家前，他还会去垄沟、塘边下网捕龙虾。村里放电影、唱大戏，他必定前往。遇到雨雪天气，他就在家看书练字，或是哼唱几句民间小调，那首“二呀么二郎山，高呀么高万丈……”总是格外动听。

多年来，父亲一直心系家乡的建设与发展。附近修建高速公路、进行新农村建设、架设输电线路，他总会去现场看看，母亲常笑他“比大队书记还积极”。前些年，两座水库除险加固，他发现有工程存在偷工减料的问题，便多次向上级反映，最终被聘请为义务监督员，确保工程质量达标。为了村民组的引水渠道，他也操碎了心，村里的许多事务，都会找他商量。

父亲是一位有着60年党龄的老党员，他始终坚持参加组织活动，按时交纳党费。他常教育我们：“钱多多用，钱少少用，绝不能做贪赃枉法的事。”在困难时期，他也曾用自己的方式帮助乡亲。1960年，生产队设立“公共食堂”，禁止农户私藏粮食，而食堂供应的多是难以饱腹的稀饭。当时身为大队会计的父亲，接到指令在查证一户人家藏粮时，发现是一位孕妇为了给未出世的孩子储备营养，便让她赶紧转移粮食，并表示后果由自己承担，那位孕妇感动得当场下跪。

前些年的一个夏天，父亲在乡亲家玩牌时，因天气炎热且饮酒过量晕厥倒地，被送往医院。苏醒后，他像个犯错的孩子般笑着对母亲说：“我就想尝尝住院啥滋味，以后大酒不喝，小酒还是要喝点的。”后来母亲因小脑萎缩住院，出院时，父亲笑着问：“你去哪儿出差啦？”父母相伴一生，风雨同舟，从未红过脸，他们的乐观与幽默，成为我们生活中的温暖源泉。

后来的椿树庄没有了曾经的热闹，青壮年大多外出打工，留下的多是老弱病残，村庄荒草丛生，一片寂寥。但父亲却在这里活得充实而快乐。我们多次劝说父母到城里与我们同住，他们却始终不愿离开故土。他们是家乡土地最忠诚的守护者，用深沉的爱，陪伴着家乡的每一个日夜。

父亲一生辛劳，却从不抱怨命运，从未感叹生命的迟暮。他总是以乐观的心态，勇敢地面对生活。

父亲已经远行，再也回不到故园，而今当我伫立老宅前，但见父亲手植的香樟已亭亭如盖，打理的田埂方方正正，各式农具锃亮如新，俱成传世家书。长山回荡，似有千顷稻浪作答；椿树常青，总见薪火世代相传。父亲，你永远活在我们心中……

茶香(大结局)

文 / 何承洪

我在大同闻到沁人心脾的茶香，
李菊喃喃地说。

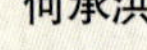

何承洪

笔名：橙红。四川省作家协会第九届全委会委员、金融作家协会会员、中国散文学会会员、中国报告文学学会会员、四川省作家协会会员、四川金融作家协会秘书长。出版诗歌散文集《秋之韵》《橙红小拾》等3部，在全国、省市级文学征文比赛中获奖30多次。

（二）

不久前的一天上午，张书记接到一个陌生的电话。他认为又是推销什么保健品的诈骗电话，准备一接通就压了。刚一接上，一个年轻女孩曼妙的声音印入耳膜。

李菊：是张书记吧？我是李菊哦，就是前些天在南山迷路的那个女孩。你听章杰厂长讲过吧，是他和两个村民来带我们走出了原始森林。

张书记：哦，哦，晓得了，后来听那两个村民讲过。你和另一个女娃娃一起迷路了，是章杰和那两个村民把你们带出来的。

李菊：我有个事，想向你打听一下。不过，不过……电话里迟疑起来。

张书记：什么事？你说吧！

李菊把电话递给她妈妈。

李菊妈：张书记，我是李菊的妈。女娃娃不好意思问，我来问你一下。那章杰结婚没有？有没有女朋友？这人人品咋样？我这娃娃非要过来和章杰交朋友。

张书记：哦，是这么回事哦。章杰是我们村数一数二的小伙子，长相和人品都好。他退伍后一直在忙茶厂的事，一直没有时间交女朋友哦。给章杰介绍对象，我很乐意帮忙哦。

李菊妈：好的，好的！谢谢张书记，我这就跟李菊说，让他们先交朋友再说吧。

张书记：好的，好的！

张书记挂了电话，喜上眉梢。有女娃娃要来和章杰交朋友，这肯定是件好事。张书记准备吃了午饭，就去把这事跟章杰说，让章杰也有个思想准备。

没想到不多一会儿，张书记的电话又响了起来。刚一接上，又一个年轻女孩曼妙的声音印入耳膜。

陈艳：是张书记吧？我是陈艳哦，就是前些天在南山迷路的那个女孩。你听章杰厂长讲过吧，是他和两个村民来带我们走出了原始森林。

张书记：哦，后来听那两个村民讲过。你和另一个女娃娃一起迷路了，是章杰和那两个村民把你们带出来的。

陈艳：我有个事，想向你打听一下。不过，不过……电话里迟疑起来。

张书记：什么事？你说吧！

陈艳把电话递给她妈妈。

陈艳妈：张书记，我是陈艳的妈。女娃娃不好意思问，我来问你一下。那章杰结婚没有？有没有女朋友？这人人品咋样？我这娃娃非要过来和章杰交朋友。

张书记：哦。是这么回事哦。章杰是我们村数一数二的小伙子，长相

和人品都好。他退伍后一直在忙茶厂的事，一直没有时间交女朋友。给章杰介绍对象，我很乐意帮忙哦。不过，不过……

陈艳妈：好的，好的！谢谢张书记，我这就跟陈艳说，让他们先交朋友再说吧。

张书记：不过，不过……他正想着怎么说，对方却已经挂了电话。这是什么事哦，这是什么事哦？人家说福无双至、祸不单行，咋章杰这好事都成双了呢。两个女娃娃一起来大同古镇游玩，肯定是很好的朋友。让章杰和这个女娃娃交朋友，不和另一个女娃娃交朋友，这可让章杰怎么办哦？

张书记刚冒起来的高兴劲，瞬间消失得无影无踪，取而代之的是解不开的愁云挤上脑海。这个问题咋解决呢？章杰忙茶厂的事都忙不过来，哪有时间处理这件剪不断理还乱的事情？可不能让章杰为这件烦心事分心。张书记暗暗想，自己一定要把这事处理好，一定不让章杰分心了。章杰不仅是村上的人，他还是为村上带来许多福利的茶厂厂长。

张书记匆匆回家，悄悄对老婆说了这事。当地不知为何有一个不成文的规矩：在外面处理不好的事，都回去问下老婆，问题肯定会得到解决。以前当地信用社一个主任，年终在单位分奖金，员工都对分奖金的方法有意见，会开不下去了。主任说休息十分钟，马上去家里找到老婆。主任的老婆说：这还不简单？奖金的大部分先按人头平均分，余下的就抓阄，凭个人的手气！主任果然回去马上开会说了方案：奖金的大部分先按人头平均分，余下的就抓阄，凭个人的手气！员工们居然都没了意见。抓到多的说自己手气好，抓到少的怪自己手气差。奖金就这样顺利分了下去。

张书记的老婆问明了情况，马上说：这事简单哦！为了让章杰这个好小伙子找到真心真意的女朋友，我们就演一台戏，让那两个女娃娃来看一台戏，问题就解决了哦。老婆如此这般一说，张书记高兴得拍手叫好。

第二天，张书记就给陈艳打了电话，说章杰知道了交朋友的事，约陈艳来大同玩耍，顺便帮他服侍一下他的老妈。他老妈前几天走路摔倒了，躺在床上不能动。陈艳迟疑了一下，又压住电话征求她妈妈的意见。一会儿才说，好吧，我过来看看。

陈艳刚到车站，张书记就把陈艳带到自己家里，指着躺在床上的老婆对陈艳说：这就是章杰的妈。章杰这几天出差去了外地，他的妈妈刚好没人照顾。你来得正好，刚好帮忙照顾一下。说完张书记说村上有事要办就走开了。

陈艳一看躺在床上病恹恹的老太婆，不由皱起了眉头：从来都是父母服侍我，我从来没有服侍过人哦。正想着，那老太婆说，闺女，我要尿尿了，你帮我接下尿。陈艳东找西找，找了个破脸盆，歪着脸，一只手捏着鼻子，另一只手把脸盆递给了老太婆。老太婆解完手，又叫陈艳把盛着尿的脸盆端出去。陈艳又是一手捏着鼻子、一手端着脸盆，快步跑出房间，将脸盆摔在院坝里，到旁边去不停地呕吐起来。

老太婆一下午就这样三四次叫陈艳接尿，陈艳难受极了，她跑出房间，跟张书记打个电话，说家里有急事，便匆匆赶车回成都了。陈艳回去便哭着对她妈妈说：“章杰人倒是不错，但他有个老妈，摔伤了躺在床上，要让我服侍。我受不了这个罪，和章杰交朋友这事，还是算了吧！”

陈艳妈妈就说：“好嘛。章杰救过你，但你也犯不着以身相许，到山沟沟里去受罪。你安心在家待着，我和你爸跟你找个工作，下来就在成都找男朋友哈！”

陈艳点点头。

张书记的老婆从床上起来，喊过来躲在另一房间的张书记。张书记的老婆说：“她一看就是娇生惯养的，服侍不来人，还指望着让章杰服侍她，不能让她和章杰交朋友。”张书记连忙点头称是。

张书记又如法炮制叫来了李菊。李菊一来就待在张书记家，把张书记的老婆服侍得巴巴适适的。李菊不光为张书记的老婆喂汤喂药、端屎端尿，

有空还为张书记的老婆做按摩，给张书记的老婆洗脚擦身。而且李菊做事大方，灶前灶下，都拿得起放得下，是里里外外的好帮手。

张书记的老婆几天后说："李菊这娃娃不错，就把她介绍给章杰交朋友吧！"张书记连连说好！

（尾声）

张书记：章杰哦，你这几年做茶厂的事，操够了心。你年龄也不小了，也该找个女朋友来帮帮你了！

章杰：我倒是想哦！可哪里有合适的呢？

张书记：我为你物色了一个女朋友，不但人长得漂漂亮亮的，而且心肠特别好！你要不要？

章杰：你逗我耍哦。我哪有那么好的福气？

张书记：你就是有这么好的福气哦！不仅是一个，而且是一双。

张书记不紧不慢，便将李菊和陈艳先后打电话说想和章杰交朋友，张书记的老婆如何考验她们的事说了一遍。

章杰：张书记，让你费心了！这件麻烦事让我来办，我也真不知道如何处理哦。

张书记：李菊真是一个不错的姑娘！她不仅长得好看，而且家务事样样都做得来，心肠又好！

章杰：谢谢张书记！你把我当自家人来对待！谢谢你！

张书记：你把话说远了。你不光是我们村的人，你还回乡创业，村民在你的茶园就业、入股分红，你给村上带来那么多的福利，我都要感谢你哦！

不久，李菊到南山茶厂来当起了会计。李菊在走之前，父母一再问，为啥要到那么偏远的地方去，在成都找个工作不是很好吗？

李菊说："章杰人好，有志向。况且现在的交通便利，到大同的高铁、高速路都有几条了。我回来看你们，你们去看我，都很方便哦。"

李菊喃喃地说："关键是，我在大同闻到沁人心脾的茶香哦。"

李菊的父母没了言语。

李菊这时才猛然醒悟，当时在石亭庙抽的签是"心诚则留"，原来冥冥之中已有安排！

李菊在大学学的就是财会专业，她把南山茶厂的账做得滴水不漏。章杰也感慨找到了一位贤内助。

不到两年，章杰和李菊举行了婚礼。证婚人就是张书记。那晚，张书记喝得大醉，陶经理也喝得大醉。独自从成都赶来祝贺的陈艳也喝得大醉。

婚礼上，有人朗诵了一首不知是谁的诗《茶香》：

一缕轻烟，自壶口袅袅升起，
那是茶香，在空气中静静弥漫。
它不急不缓，悠然自得，
如同晨曦中的微风，拂过心田。

茶叶在热水中翻腾、舒展，
释放出深藏已久的芬芳与韵味。
那香气，如丝如缕，缠绵悱恻，
让人沉醉，忘却尘世的烦恼。

我轻轻捧起茶杯，凑近鼻尖，
深吸一口，那茶香直入心扉。
它仿佛有魔力，能抚平忧伤，
让我在喧嚣中寻得一片宁静。

茶香四溢，弥漫在房间的每个角落，
它与我相伴，共度这静谧时光。
我闭上眼，细细品味，
那茶香，如同生活的甘露，滋润心田。

在这茶香中，我找到了自己，
找到了那份久违的平静与安宁。
愿这茶香，能伴我走过人生的每个阶段，
成为我心灵深处最温暖的慰藉。

藏在压岁钱中的父爱

文 / 张建忠

在我记忆的长河中，父亲总是一副忙碌的身影。他作为一位地地道道的农民，辛勤耕耘在那一片土地，同时又做着家禽贩运的小生意来补贴家用。尽管生活艰辛，但父亲给予我的爱却从未缺席，那些从他给的压岁钱里流淌出的父爱，至今仍温暖着我的心。

小时候，每到过年，我和三个妹妹最期待的就是收到压岁钱了。对于多数家庭来说，这可能只是一种祝福，可对于我来说，父亲给的压岁钱背后有着沉甸甸的故事。

那时候，家里的经济条件并不宽裕。母亲告诉我，家里最穷的时候，也就是我才出生不久，连出人情的5元钱都拿不出来，前脚跟人家借钱，后脚借钱的邻居又上门讨要，这可急煞了父亲。是邻居结婚才几天的新娘婶子知道后，拿出自己的压箱子钱才救了我家的急。我上高中的时候，父亲为了那点微薄的利润奔波在乡间小路上贩运家禽。冬天的时候，凛冽的寒风呼啸而过，他的脸被吹得通红，手上也满是冻疮；夏天呢，炽热的太阳毫不留情地烘烤着大地，汗水湿透了他的衣衫。然而，在这样的情况下，每年过年，父亲都会给我一份让我惊喜不已的压岁钱。

我记得有一年除夕夜，一家人围坐在简陋的餐桌前吃年夜饭。吃完饭后，父亲神秘兮兮地把我叫到一边。他粗糙的大手伸进衣服内侧的口袋里，缓缓掏出一个用旧手帕层层包裹着的东西。当那手帕一层层打开时，几张崭新的钞票出现在我眼前。“建忠啊，这是我给你和你妹妹们准备的50元压岁钱，拿着买点书或自己想吃的、想玩的东西。”父亲有些不好意思地说，脸上却洋溢着慈爱的笑容。

我当时拿着那笔压岁钱，心里既高兴又心疼。高兴的是可以像其他小朋友一样有属于自己的“财富”，心疼的是我知道这一张张钞票是父亲多么不容易才赚来的。后来我才知道，父亲每次贩运家禽赚的钱并不多，为了能给我多一点压岁钱，他甚至会省下自己买烟的钱。要知道，在那个年代，对于一个男人来说，抽烟是一种难得的放松方式，而父亲却为了我放弃了这种小小的享受。

随着我渐渐长大，学业的压力越来越大，我也越来越懂得生活的不易。1985年秋季学期，我读高中，在学校参加了一个作文竞赛，写的一篇作文《我的书包》被当时的语文老师评为优秀作文。我把这个消息告诉了父亲。没想到，那一年的压岁钱比往年都要多。父亲笑着说：“儿子这么争气，这点钱就当是奖励啦，希望你能继续努力读书。”那一刻，我握着那叠厚厚的压岁钱，泪水在眼眶里打转。这不仅仅是钱，更是父亲对我深深的期望和无尽的爱。

多年来，父亲的压岁钱年年都会如约而至，我也在年年岁岁流逝的时光中长大了。1986年11月，我到了农村信用社工作，挣了钱。让我没想到的是，过年的时候父亲还是给了我压岁钱。我不好意思地说：“爸，我都工作了，您还给我压岁钱？”父亲说：“不管多大，压岁钱都不能少！”1988年冬天，我也成了一名父亲，但父亲的压岁钱依旧照给，不仅给我，还包括我的妻子和儿子。就这样一直到我自己做爷爷，我才拒绝他老人家给我们发压岁钱，而是我们做儿女的应该给他发压岁钱。每当他接到我们的压岁钱时，脸上总是露出幸福开心的笑容，总是小心翼翼地把我们给他的压岁钱放在枕边，期盼来年钱越来越多。

如今，父亲已经去世八年多了，但他给我们发“压岁钱”的情形，我永远不能忘记，也不会忘记……这八年多来，每当我想起他，就会想起那些压岁钱。这些压岁钱就像是充满爱的符号，铭刻在我的心中。它们见证了父亲这样一个平凡而又伟大的农民，在艰苦的生活环境下对子女深沉而无私的爱。虽然父亲已经不在了，但这份爱永远伴随着我，成为我人生中最宝贵的财富，激励着我勇敢地面对生活中的种种困难，积极乐观地走下去。

（江苏射阳农商银行党委办公室）

起舞于平凡

文 / 王周伟

王周伟

金融作协、中国散文学会、陕西省作协、陕西散文学会、陕西职工作协、陕西省青年文学协会、铜川市作协等会员，陕西金融作协理事，印台区作协副主席。长期好文，在国内各大报纸杂志上发表作品数千篇，多次在全国征文中获奖，现供职于陕西省铜川市某金融机构。

在这个喧嚣世界中，总有那么一些瞬间，仿佛被时光轻轻抚摸，变得温暖而宁静。那些盈盈的浅笑，如同清晨的阳光，穿透了尘世的喧嚣，洒落在心田，让人感受到平凡生活里的柔软与美好。

适逢假期，紧绷的神经仿佛瞬间就松懈了下来。于是，我便开启追剧模式。看着电视剧《凡人歌》，心情随着剧情跌宕起伏，时常将自己带入其中。这个电视剧聚焦职场内卷、中年失业、爱情危机等社会热点话题，足够写实的生活日常，折射出人生百态，考验着人们的耐力和底线，也显现了人性的善恶美丑，让我们在其中清晰地看到了自己的影子，从而引发了强烈的共鸣。

多年前就流行过一种说法，“大城市容不下肉身,小城市放不下灵魂”。想想这人世间，有尝不完的酸甜苦辣，唱不尽的苦痛别离，让人无处可躲，欲哭无泪，绝望无助……前一步担惊受怕，退一步无路可逃。委屈、不安、愁怨，纷纷都不约而至。人生在世，有诸多不如意之事，挫折与困境常伴左右。或遇失败之苦，或遭困境之难，或感命运之不公。然，这一切皆为人生之常态，不可避免。若能以平常心待之，看淡得失，不馁不弃，方能在困境中崛起，在挫折中成长。

杨绛先生也曾说，时光煮雨，岁月缝花，这烟火人间，事事遗憾，事事也值得。所以，别再让那些虚无缥缈的幻想，扰乱了当下的宁静。山顶的壮丽固然令人向往，但沿途的风景同样值得驻足欣赏。人生不是一条既定的轨道，而是一片辽阔的旷野，你可以选择高山，也可以选择溪流，每一种选择都有其独特的风景。且困惑，且热爱，仰望星空，脚踏实地，安于平凡，努力向前出发吧！无论前方等待着我们的是什么，都要勇敢地走下去，相信自己的力量，未来一定会更加美好。所以，在每一个平凡的日子里，要用心去感受，用爱去包容，用微笑去面对，让生活绽放出属于自己的光彩。

你我皆凡人，简单地过好每一天，这是一种智慧。生活并不总是一帆风顺，我们会遇到各种各样的困难和挫折。但是，只要我们拥有一颗乐观向上的心，就能在简单的生活中找到快乐和幸福。“采菊东篱下，悠然见南山。”我们可以和家人一起吃一顿温馨的晚餐，可以和朋友一起聊聊天，可以在公园里散散步，可以欣赏一场美丽的日落。这些看似平凡的事情，却能让我们感受到生活的温暖和美好。我们不需要追求奢华的生活，只需要在简单的生活中用心去感受，用爱去付出，过好每一天就足矣。

你我皆凡人，不谈从前，不说如果，这是一种豁达。过去的已经过去，无论我们曾经经历过什么，都无法改变。如果我们总是沉浸在过去的回忆中，或者总是幻想如果当初怎样，就会错过当下的美好。我们应该学会放下过去，珍惜现在，勇敢地面对未来。人生没有如果，只有后果和结果。我们要为自己的选择负责，为自己的人生负责。只有这样，我们才能在人生的道路上走得更加坚定，更加自信。

你我皆凡人，以欢喜之心，慢度烟火日常，这是一种境界。生活中，我们会遇到各种各样的人和事，有喜悦，也有悲伤；有成功，也有失败。但是，无论遇到什么，我们都要以欢喜之心去面对，在生活中发现更多美好，认真感受当下的幸福和快乐。我们可以在清晨的第一缕阳光中感受生命的活力，在夜晚的星空下感受宇宙的浩瀚，也可以在菜市场的喧嚣中感受生活的真实，在书店的宁静中感受知识的力量。只有这样，生活才会丰富多彩，才能更加有意义。

生活，演绎着日出日落；人生，记载着岁月变迁。在烟火熏染的小日子里奔忙，将平淡的日子过得韵味无穷，让普通的烟火充满浪漫情韵。这些，正是我们来这人间一趟，最热烈的印证。作为凡人，虽说我的工作比较稳定，但我还是常常为自己别无他长感到焦虑，甚至有些自卑。我是一个不习惯生活里有太多波澜的人，喜欢安安静静地过自己的小日子，无欲无求，只求心安。可转念再一想，自己现在的工作虽然不能让我大富大贵，但足以保证我正常欲望下衣食无忧。于是，慢慢地我学会了在忙碌与奔波中寻找乐趣，在无奈与沧桑中汲取力量，用一颗平和而坚韧的心，去拥抱生活的每一个瞬间。

生活犹如一个广袤的舞台，我们皆是平凡的演员，各自演绎着独属于自己的人生故事。最近这几年，我一直在说服自己，凡事看淡，看开，不争，不计较，尤其不为难自己，不让自己陷入内耗。我倒不是畏惧生活的难，这么多年，也经历了一些风风雨雨，有大有小，按道理应该历练得铁骨铮铮，只可惜，我却越来越焦虑当下的一切，对未来更没有什么期盼。或许平凡人的生活大概就是如此，经常会有许多让人抑郁和崩溃的瞬间。但是，人生难免会有遗憾，尽心尽力就好。虽说不如意十之八九，但还有一二可以带给我们些许安慰和美好。所以，别对比，别攀比，过好属于自己的小日子，内心踏实，身无羁绊，比什么都重要。

说到底，平凡的人生也是一次一次以身试险，遍体鳞伤或许是勇者的标签，是荣誉，是醒悟，是不甘……所以，努力地活着，为了碎银也为理想，为了失去也为获得。愿我们在踏实上进中不迷茫，在勤恳专注中不焦虑，在任何环境中都能不抱怨，以乐观、积极、向上的态度面对人生，包括工作和生活。我这人向来坦荡平和，别人给我鼓励支持，我回以尊重热情；别人给我诋毁污蔑，我给予不屑一顾。这纷纷扰扰的人世间，总是伴随着太多的烦躁与不安。当心烦意乱的时候，不妨放慢脚步，让自己静一静，欣赏沿途的美丽风景，为那些最简单的幸福而心生感动。人生如若浮云，缥缥缈缈，一转眼就会过去，何必担忧沮丧，把一切看淡，放下对功名利禄之追逐，坦然面对人生之挫折，欣赏这世间之美好，岂不乐哉！

心态随着年龄的增长也在不断地变化。人活着活着就会变得越来越安静，在安静中好些事会想通，会看透，会明白！工作于我，时常温馨且让我满怀抱负，可仔细一想每日的三餐柴米，我还是不由自主地低下了头。需要屈服的事情越来越多，人也会越来越不甘，各种情绪繁杂，让人疲惫不堪，不知道接下来还会遇上什么难题，早已没有了太多的抱怨，只是觉得很是无奈。或许，丰富而厚重的人生，都是痛出来的。每一个瞬间，每一次邂逅，都有着其独特的意义。但同时，事事也都携带着那么一丝丝遗憾。那些未竟的梦想，那些错失的机遇，那些未能勇敢迈出的步伐，都在心底留下一抹淡淡的哀愁。所以，余生让心静下来，做一个心中有广阔天地的人，宁可孤独，也不违背自己的内心，宁可抱有遗憾，也绝不将就。这烟火人间，所有的一切都值得我们去品味、去经历。

你我皆凡人，走过荆棘，才懂得生活的美好尽在不易之中。每一个平凡的瞬间，都如星光般灿烂。追逐梦想，漂泊异乡，心藏诗和远方，却为碎银几两，尝遍苦寒薄凉。岁月如梭，时光匆匆而逝，放下自命不凡，承认自己就是个普通人。工作，谈不上忙碌，但也没闲着。一切都在有条不紊、不紧不慢地进行，只是在这过程中，人似乎也被这秋意染上了几分慵懒，时不时地就会感到困倦。虽有点累，但很充实。人一旦忙碌起来，就没空想那些劳而无功的事，更没空悲春伤秋地矫情。放空自己，清空杂念，发现专注做一件事，是排忧解闷的良好方式，才会真正做到悠然自得，享受生活的美好。

生活就是这样，在细微之处藏着惊喜，于熟悉之中蕴含温情，不同的人和事相互交织，编织成一幅五彩斑斓的人生长卷。在这秋意渐浓的时光里，我深深沉醉于凉爽之中，用心体悟生活的酸甜苦辣，满心憧憬着未来那无尽的璀璨。我只是一个普通人，没有特殊的能力，没有显赫的家世。然而，正是这份平凡，让我更加珍惜生活中的点滴美好。每天清晨，当第一缕阳光透过窗帘洒在我的脸庞，我深知新的一天开始了。我没有飞天遁地的本领，只有脚踏实地过好每一天。我会为家人的健康平安而祈祷，为工作中的小成就而欢欣鼓舞，为朋友间真挚的关怀而感动不已。我想，每一个在平凡岗位上默默奉献的人，都是这个世界上最美的风景。

很喜欢的一段话：既然是生活，就避免不了酸甜苦辣；既然是人生，就避免不了人情冷暖。在这个光怪陆离的世界里，作为凡人的我，始终以坚韧不拔的精神和乐观向上的态度勇敢地面对生活中的困难与挑战，在困境中努力寻找希望，在挫折中不断成长，用顺其自然的态度，过随遇而安的生活，也不失为一种美好。所以，不必太过执着于是非对错，更不必给自己增添压力和烦恼，踏踏实实活在当下，认认真真做事，开开心心做自己，做一个灵魂清澈、眼中有光的人，就已足够。工作和生活中，多一点善良，少一点锋芒，以干净、轻松、愉悦的心境和姿态过好当下，理性又不浮躁，谦虚却不卑微，带着一份信念与热爱，以奋斗为笔，以汗水为墨，努力在人生的画卷上认真书写属于自己的辉煌篇章。

生活没有标准答案，苦而不言，笑而不语，或许这才是生活最优的姿态。愿我们都能在这纷繁复杂的世界里，找到属于自己的那片宁静与美好，热烈而真挚地热爱着生活，以积极的心态拥抱生活的每一个瞬间，高唱属于自己的凡人歌。

本期推荐
This recommendation

和光同尘

文 / 王长江

母亲的短信

母亲患有眼疾
一张二级证明深藏箱底
我送她的老人机
她虽用不特别明白
却随身携带
方便儿孙的联系

发梢染上岁月的白
母亲渐渐退出俗务的中心
但仍不肯放下劳动的本真
滩涂二亩拾边地
惊艳着日常生活的四季

母亲发来的短信
一串串不规则的符号
有时是一声
那是母亲俯身
有时是几声
那是母亲俯身直腰
直腰又俯身
身体无限抵近土地
亲近瓜果菜蔬
一次次的鸟鸣
泄露母亲不让提起的秘密

现在，在数百里外的江南
隔着十二层幕墙玻璃远眺时
我只关心天气，雨水，虫情……
一切关乎土地的事物
以及母亲手机短信发来的鸟鸣

雨水

一年一期
小南风吻醒枝头的战栗
此刻
所有事物都被清空
大地的杯盏静待承接
垂落竖琴的轮回

母亲拾掇好心情
拾掇好土地的储备
准备走向二亩的拾边地
孵化生活的黎明

溪水倒流
我们坐在时序的岸边
细数彼此指缝漏下的星光
眼角竟有36.5度的烫伤

钓

柳丝垂落通海河时
黄昏溢出淡淡的暮色
稍稍返青的茅草
在滩涂上漫漶成路标

竿影斜斜切开水面
切出浮生半日闲情
水中浮漂兀自吞吐光阴
银钩悬着几分禅意

不知曾经脱钩的那一尾
能否衔住
某年某月某日遗落的记忆

波光粼粼
风忽然无由头转身
钓线拽起半片月牙
我看见无数个我
正与无数个前尘往事对峙

直到露水爬上竿梢
才惊觉通海河
早已蜷缩成暗夜掌纹的走向
那把经年的鱼钩
依旧悬在云端
咬住满河的星子
迟迟不肯入梦

看海

二月十四日的暧昧
灼伤我的记忆
曾与某人去条子泥看海

无动于衷
岸堤一次次拒绝
海浪劈头盖脸的情绪
却又期待海浪的温柔
这多像中年的爱情
推开爱又期待爱

后来
除了梦以外的地方
我们再无交集

潮汐树

在条子泥夜晚的自习课
盐粒背诵着星光
泥螺在滩涂上学画着分切线
反反复复
潮水每天来当橡皮擦
树却固执地长出新的铅笔痕

晚风如蜜
月亮憨憨地爬上来
不经意打翻调色板
这泼天富贵般的蓝
让我们瞠目结舌

勺嘴鹬不懈涂鸦的字符
却在黎明前把潮水逼退
树根在条子泥
收集所有未被寄出的信息
无数的枝丫复习爬行
每道年轮呈现自然的经纬

当退潮的宏大叙事漫过脚踝
整片滩涂突然开始奔跑
那些被擦亮的树梢
正举着绿蜡笔
把我们的脚印描成发芽的部首

大棚农业

三千五百平方公里的领地
塑料鲸鱼在东台暮色里游弋
蔚为大观
透明的肋骨间
番茄正用红绿灯的节奏梦呓

钢筋在茧花的手里长出根须
麻雀迷路在薄膜的隔离带
四季风转动时光的齿轮
梦想突然发芽成大地的藤蔓

温控器吞下所有企图
不厌其烦
LED星空下
青椒、菠菜、荠菜学说着俚语方言
当月光温柔切开保温膜表面
起于青萍之末的风只需轻吹
待嫁闺中的草莓
就能流出红嘟嘟的汁水

盐霜爬上钢架的脊背

西瓜与时间赛跑
抢着把阳光和温差折叠进体内
受伤的月亮始终朝着
营养液内部迁徙的方向递进

屏息凝眸
所有的季节
都蜷缩成一颗发光的露珠
我们终于学会用市场
称量光合作用失重的瞬间

除夕

时针在蜂蜜里打盹
母亲正熟练细数着
四十八枚月亮跌进面盆
青花碗堆成小丘陵
有想法的筷子长出年轮

父亲用绒布擦拭旧挂钟
三十年保持着相同的姿势
齿轮咬住半片时光落叶
整个冬天都在生锈的喉咙里
咳出铜绿的雪

红灯笼忽然开口说话
春联粉墨登场
窗花便沿着时序
爬成蕨类植物的形状
喜庆的大幕在期待中降下
我们围坐在盛大节日的中央

等待火柴盒迸出星光浪漫
潜滋暗长
新岁的邮差在冰面悄然滑行
门环叩响时
檐角已悬着
一粒未拆封的姓氏

潮间带

憨态的月亮爬出海面
潮水便慌不择路撤退
丢盔弃甲
沿途散落泡沫、海藻
还有跳跳鱼
滩涂还原本来的面目

月光切开云层
泄露条子泥的秘密
十万枚银币
十万枚金币
十万枚钻石
摊在滩涂的手掌之上

桅杆的影子发出巨大的惊叹
勺嘴鹬的爪印烙出天空的邮戳
搁浅的陶罐反刍着天青色
潮汐树以肉眼可见的情绪
疯长成条子泥的图腾
那些被海螺封存的祷词
正在用锈蚀的时针
校准季风的倾斜角度

海平线永远是启航的冲动
碱蓬草都是未曾寄出的快递
绛红秋天的欲念

涂泥深处
年轮正以竹节蛏的笔迹
重写潮汐的遗嘱
当沙蚕再次咬断光的脐带
文蛤突然开口背诵吃水线的韵脚

滩涂在浪潮的书页里
将自己打开
又将自己闭合
我看见咸涩的褶皱里
永恒正以沙粒的形态
练习降落

海春轩塔

砖缝溢出盐霜的结晶
我们抵达时五味杂陈
塔顶飞檐正把黄昏
折叠成皱旧的航海图

苔藓在砖阶上打坐
就像唐朝隐藏的胎记
塔身风化渗出的咸涩
浸透漕船一次次搁浅的掌故

青砖内部的余热尚未退却
慕拜纷至沓来
瓦当下垂挂的风铃
含着一千三百粒涛声
闪亮至今

阅读走马观花
盐商与诗人交替经过
各自遗落银两或三两首绝句

在阶前长成瘦瘦的芦苇
以及渐行渐远的船家号子

渔火明灭
谁曾用塔影垂钓整条串场河
而月光正盘坐塔顶
就像失散多年的商贩
称量经年星辰的盐分

荡

秋千在风中画着弧线
就像世遗广场偌大的钟摆
把春日午后的幸福
以惊喜的方式呈现

欢乐在绳索上
荡成涟漪
每一次起伏都是与梦想的对话
都是对人生的叩问
低谷处藏着生活的常态
高潮时始终保持飞翔的姿势
所有抛向空中的事物
都会返回原点
就如我们的际遇
终将在人生章节里重逢

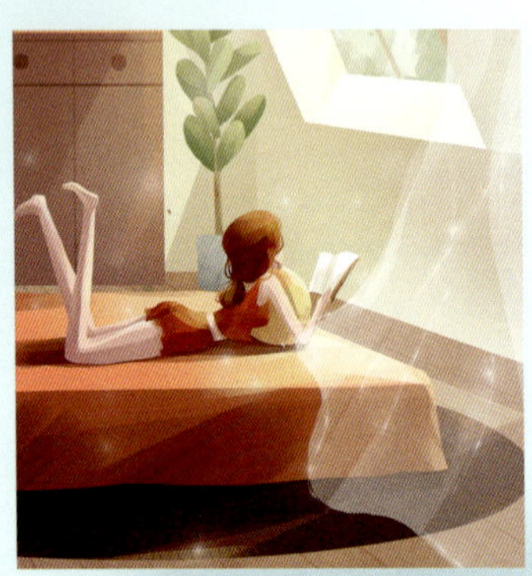

拾

乡风自由沐浴我们的肌肤
从车后视镜里
我看见时光的折叠处
羊角辫生动地俯拾渔歌里
整个夏天幸福的麦粒

庄公梦蝶
往事窃取午后一小段辰光
恍若有不敢轻易触碰的瓷裂
抑或被烟灰烫伤的记忆
手指无处安放
失落宣泄的地址

汇龙广场摊开偌大的手掌
蒲公英在童话里修补着伤痕
所有美好一一重现
谁愿是那曾遗落的一粒麦子
被幸福捡拾
颗粒归仓

和光同尘

周日午后
客厅朝南的玻璃
习惯折叠时间
阳光总是不请自来
就像多年的老友
坐在旧藤椅对面
与我平分
半世纪的缄默
一脉相承

茶香和沉香
解析着空气的肌理
有人在相框里褪成水墨
斜斜的光束像隐喻的惊叹号
让我警醒悬浮的尘埃
多像熟视无睹的事物
它们比我更早领悟
如何在静默中完成迁徙
整个下午

与阳光对视
把往事还给往事
把自己还给自己
茶叶浮沉
青花杯盛着剥落的时间
竟能抵达生命最柔软的部分

与光同尘
是谁早已学会
在世俗的尘埃里种下希望的星辰
我们终将在某个未知的拐角
重逢成彼此的光源

在平凡处打捞生命的诗意
——略评王长江的诗歌

文 / 金良

日前，读到王长江近期创作的一组诗歌，在其笔下的世界，总能让人想起老式照相馆里的显影液——那些被岁月浸泡的日常琐碎，在语言的暗房中渐渐浮现出令人心颤的纹路。从母亲劳作的身影到滩涂上的潮汐树，从年夜饭的烟火气到午后客厅飘散的茶香，他的诗像一把精巧的锄头，在生活的表层掘出深藏的文脉。

用家常话写山河史

王长江最动人的本事，在于把宏大的时代命题装进母亲围裙的口袋。《母亲的短信》里，二级残疾证明与老人机的并置，恰似这个农耕文明古国在数字时代的缩影。当城市化的浪潮将无数农民推上脚手架的云端，诗人却从母亲"不规则的符号"短信中，读出了土地最原始的密码——每个标点都是俯身的弧度，每次空格都是直腰的喘息。这不是简单的亲情书写，而是用个人史丈量着整个乡土中国的转型阵痛。

这种以小见大的功力在《除夕》中更显精湛。四十八枚月亮跌进面盆，是母亲揉面时洒落的岁月；父亲三十年如一日擦拭挂钟的姿势，凝固成工业文明对农耕时间的驯服史。红灯笼、春联、窗花这些民俗符号，在诗人笔下不再是节庆的装饰，而是文化基因的活体标本。当"新岁的邮差在冰面悄然滑行"，我们看到的不仅是时间的流逝，更是传统年俗在当代社会的冰面行走的艰难。

自然书写的三重镜像

王长江笔下的自然，从来不只是风景明信片。在条子泥的滩涂上，潮汐树是他精心打磨的三棱镜，折射出自然、文化与生命的三重光芒。

第一重镜像：生态之眼。《潮间带》里，跳跳鱼、沙蚕、碱蓬草组成微型生态圈，勺嘴鹬的爪印成为天空的邮戳。这不是环保主义的口号，而是用诗性显微镜观察自然的呼吸节奏。当"文蛤突然开口背诵吃水线的韵脚"，我们听见的是整个海岸线的生命律动。

第二重镜像：文化胎记。《海春轩塔》中风化的盐霜，是千年漕运史结晶的盐粒；苔藓在砖阶打坐，盛唐的胎记在水泥森林中隐现。诗人将古塔写成活着的史书，盐商的银两与诗人的绝句在台阶上生根，长成瘦瘦的芦苇——这是对文明断层最温柔的抗议。

第三重镜像：生命寓言。《潮汐树》中潮水与滩涂的拉锯战，何尝不是生命的隐喻？那些被擦亮的树梢举着绿蜡笔，把脚印描成发芽的部首，分明在讲述所有生命都在磨损与新生中寻找形状的故事。这种将自然现象转化为生命哲学的能力，让他的诗歌具有了生生不息的力量。

现代性焦虑的诗意诊疗

在玻璃幕墙与拾边地、LED星空与荠菜饺子之间，王长江搭建起当代人的精神诊所。

《看海》中"推开爱又期待爱"

的中年困局，被海浪翻译成永恒的生存悖论；《位置》里南望青山与北眺长江的空间错位，丈量着现代人精神视野的宽幅。这些诗句像精巧的手术刀，剖开时代病征的横断面。

最惊艳的是《大棚农业》。塑料薄膜里的四季，是当代农业的魔幻现实：番茄用红绿灯的节奏梦呓，青椒学说俚语方言，月光切开保温膜时，待嫁的草莓流出红嘟嘟的汁水。这哪里是写蔬菜大棚？分明是在记录人类改造自然的基因突变。当"光合作用失重的瞬间"被市场称量，诗人用荒诞笔触写出了农业文明的当代休克。

语言炼金术的秘密配方

王长江的诗句常给人"熟悉的陌生感"，源于他对词句的精准重组：

动词的魔法。在《荠菜》中，"挑挖采择洗切剁"七个动词的连用，让文字有了包饺子的节奏感；《拔茅针》里"拔开茅草/拔开事物真实面目"，动词的层递撬开认知的硬壳。这些动词不是字典里的标本，而是带着泥土和体温的活物。

意象的对冲。《白玉兰》中"戒掉的香烟"与"心碎的瓷裂"，将禁欲与放纵并置；《私藏》里春天口袋的小石子，既像童真的遗物，又是地质运动的隐喻。这种矛盾修辞法，让诗句在碰撞中迸发思想的火星。

通感的迷宫。《雨水》里"眼角竟有36.5度的烫伤"，将体温、情绪与自然现象熔铸成新的感知单元；《潮间带》中永恒以沙粒形态练习降落，让抽象概念获得可触摸的质感。这种感官的越界书写，重建了人与世界的联系方式。

在传承与突围之间

王长江的诗歌应该是根系深扎于古典土壤，从相关的诗中可以管中窥豹，如《钓》中的浮生半日闲，延续着中国文人"偷得浮生半日闲"的审美传统；《槐花》里"清欢的味道"，分明飘着苏轼《浣溪沙》的茶香。但诗人没有沉溺于古意复刻，而是给传统意象装上现代引擎——当茅针"射中中年体内藏匿的孩子气"，当白玉兰"在寂寞里点燃已戒的香烟"，我们看到的是古典意境与存在主义哲学的化学反应。

这种文化自觉在《荡》中达到平衡：秋千划出的弧线，既是童年记忆的抛物线，也是文明摆锤的运动轨迹。诗人用最中国的意象，写出了最普世的人生感悟——所有抛向空中的事物都会返回原点，就像我们的乡愁终将在某个诗节里重逢。

结语：写给大地的病历本

王长江用母亲的短信诊断乡土的失语症，用潮汐树的年轮把脉生态的焦虑症，用大棚农业的LED星空透视文明的分裂症，这是带着体温的治疗方案——当我们跟随他的诗句重新凝视荠菜、茅针、白玉兰这些平凡事物，那些被现代生活麻痹的感官正在慢慢苏醒。

在这个短视频解构深度的时代，这些诗作像古老的潮汐，提醒着我们：真正的诗意不在远方的奇观，而在俯身拾穗的弧度里，在手机短信的鸟鸣中，在每一个即将被遗忘的"此刻"。当越来越多的写作者在云端建造词语迷宫时，王长江始终保持着与大地耳语的能力——这或许就是他诗歌最珍贵的品质：让每个读者都能在诗句中，触摸到自己文化基因的温度。

（作者系金融作家协会会员、江苏张家港市文艺评论家协会会员）

热点聚焦

大事

李强主持召开经济形势专家和企业家座谈会

2025年4月9日，李强总理主持召开经济形势专家和企业家座谈会。李强强调，要实施好更加积极有为的宏观政策，根据形势需要及时推出新的增量政策，以有力有效的政策应对外部环境的不确定性。要做大做强国内大循环，把扩大内需作为长期战略，加大力度稳就业促增收，在抓好消费品以旧换新的同时加快释放服务消费潜力，推动科技创新和产业创新融合发展，以高质量供给引领需求、创造需求。要充分激发各类经营主体活力，深入落实各项支持性政策，着力规范涉企执法，进一步解决账款拖欠、融资难融资贵等问题。

中国这样加快农业强国建设

2025年4月，中共中央、国务院印发《加快建设农业强国规划（2024—2035年）》，主要目标如下：到2027年，我国粮食综合生产能力达到1.4万亿斤，重要农产品保持合理自给水平；农业科技装备支撑持续强化，关键核心技术攻关取得突破，育种攻关取得显著进展；现代乡村产业体系基本健全，产业链供应链价值链延伸拓展，农业国际竞争力进一步提高；宜居宜业和美乡村建设取得积极进展，农村生态环境明显改善；脱贫攻坚成果巩固拓展，农村居民人均可支配收入增长与国内生产总值增长基本同步，城乡居民收入差距持续缩小。

金融

三部门：联合发布《银行业保险业科技金融高质量发展实施方案》

2025年3月，国家金融监督管理总局、科技部、国家发展改革委三部门联合发布《银行业保险业科技金融高质量发展实施方案》(以下简称《方案》)，提出7个方面、20条措施。在加强科技金融服务机制建设方面，《方案》提出四个要求：一是健全机构组织体系，鼓励金融机构结合实际完善科技金融服务内部管理架构。二是优化内部考核和激励约束机制。三是做好科技创新重点领域和薄弱环节金融服务。四是完善科技金融服务生态体系，支持各级政府、科技型企业、金融机构、创业投资基金、第三方中介服务机构等共建多层次科技金融服务生态体系。

央行等四部门发文强化体育金融服务

2025年4月，中国人民银行、体育总局、金融监管总局、中国证监会四部门联合印发《关于金融支持体育产业高质量发展的指导意见》(以下简称《意见》)，提出16项具体举措强化体育金融服务。《意见》提出，要强化体育基础设施建设金融保障，支持体育场馆、体育服务综合体、冰雪运动场地、高质量户外运动目的地等体育基础设施建设和运营，加大体育用品制造业、体育服务业等领域金融供给力度，发挥金融促进体育消费增长功能，支持金融赋能职业体育、冰雪经济发展，提升体育赛事金融服务质效。

文化

热搜第一！人民币，大消息

我国不断完善人民币跨境使用制度安排和基础设施建设，推进金融市场双向开放，为境内外主体持有、使用人民币，营造更加良好的政策环境，人民币国际使用各项指标稳步提升。2024年，跨境人民币收付金额合计64.1万亿元，同比增长23%。人民币跨境支付系统（CIPS）的覆盖范围显著扩大，截至2024年12月末，业务已覆盖全球185个国家和地区，2024年处理跨境人民币支付金额达到175万亿元，同比增长43%。目前人民币已成为全球第三大贸易融资货币。2024年外资金融机构和企业来华发行熊猫债接近2000亿元，同比增长32%，离岸人民币债券发行同比增长150%。截至2024年年底，中国已累计与40多个国家和地区的中央银行或货币当局签署了双边本币互换协议。

2025年度电影总票房破250亿元，《哪吒2》年度票房占比超60%

央视新闻消息，据网络平台数据，截至2025年4月12日17时38分，2025年度大盘票房（含预售）突破250亿元，《哪吒之魔童闹海》以60.8%的票房占比断层领跑，《哪吒之魔童闹海》《唐探1900》《封神第二部：战火西岐》分列年度票房榜前三位。其中《哪吒之魔童闹海》票房成绩亮眼，截至2025年2月7日，票房（含预售）达67.92亿元，成为全球影史单一票房榜冠军。

科技

中国科学家成功“拼”出小麦完整基因组“拼图”

作为古老的粮食作物和人类“粮仓支柱”，小麦这种作物的产量和质量的提升一直是科学家关注的焦点。北京大学现代农业研究院、潍坊现代农业山东省实验室、小麦育种全国重点实验室在国际学术期刊《自然·遗传学》上发表一项重要成果，即在国际上首次成功绘制六倍体小麦的端粒到端粒（T2T）完整基因组图谱，实现了小麦基因组从“头”到“尾”无缺口的精确“拼图”。专家认为，该成果是中国在农业基因组学研究领域取得的新突破，意味着小麦基因组研究迈入新阶段，为小麦高产和粮食安全提供了重要科技支撑。

我国77项发明获日内瓦国际发明展金奖

2025年4月14日，从中国发明协会获悉：在瑞士日内瓦举行的第五十届日内瓦国际发明展上，中国代表团共获得77项金奖、96项银奖和55项铜奖。据悉，今年的日内瓦国际发明展上，中国代表团共携200多项发明参展，展览项目在数量、质量方面均达到较高水平。其中，国家电网展示的变电站空地协同智能运检系统获得金奖，该系统集空地一体机器人、智能穿戴设备及多模态大模型状态分析智能体于一体，不但极大地减轻了人工运检的负担，而且能有效预防电力设备和人身安全事故的发生。

金融文化参讯

为金融插上文化翅膀 ···

··· 为财富提供科技动能

金融文化参讯网站

中国财富出版社有限公司
官方微信

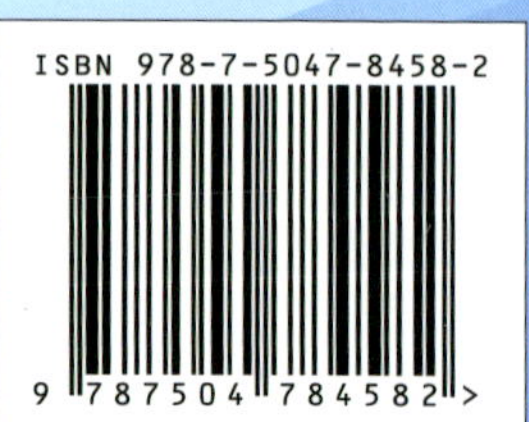

ISBN 978-7-5047-8458-2